시간의 수레를 타고

이시환의 심층 에세이
시간의 수레를 타고

도서출판 **신세림**

일러두기

*이 책은 세 영역으로 구분되는데 43편의 본문, 277개의 주석, 290장의 사진자료와 설명 등 세 축이 그것이다. 독자 개개인의 관심과 취향에 따라 본문만 읽을 수 있고, 사진만 감상할 수도 있으며, 주석까지 다 읽을 수도 있도록 디자인 감각을 최대한 살리려 노력하였다.

*인도·티베트·중국·아르헨티나·페루 등 외국여행을 하면서 받은 문화적 충격이 글감이 되었고, 지난 2006년 5월부터 2007년 10월까지 창작한 43편의 글들이 주제나 작품 구조와 문체의 성격상 7부로 나뉘어 편집되었다.

*43편의 본문에 동원된 낱말 가운데 별도의 해설이 필요하다고 판단되는 277개의 낱말에 대해서는 가능한 범위 내에서 주석(註釋)을 달았다.

*본문과 주석의 내용에 대한 신뢰도를 높이고 현장의 생동감을 불어넣기 위해서 관련 이미지들을 넣어 편집했는데, 이들 이미지는 필자가 직접 촬영한 것과 여행가 김익련 씨로부터 제공받은 것과 일부 유관자료에서 발췌한 것 등 세 부류이다.

*본문과 주석을 집필하는 데에 직간접으로 참고하고 인용한 문헌이나 자료 등에 대해서는 별도로 참고문헌 목록을 작성하였고, 독자의 편의를 위해서 주석 및 사진 목록 등을 첨부하였다.

*지명·인명·사원명 등 고유명사에 대해서는 현지에서 불려지는 대로 표기함을 원칙으로 하였으나 일부는, 특히, 티베트 관련 고유명사는 티베트어와 중국어 표기가 병행되고 있기 때문에 가능하면 한자말을 우리 발음으로 표기하였지만 예외도 있음을 밝힌다.

自序 자서

    이 책은 여행 후에 집필된 여행 수필이다. 그러나 여행을 떠나는 사람보다 이미 다녀온 사람들이 먼저 읽어 주었으면 한다. 이 책은 인도의 그 유명한 '카주라호' 사원이나 티베트의 '포탈라 궁' 가는 길을 가르쳐 주지 않기 때문이다. 다만, 동일한 곳을 여행했다면 동일한 것을 보았을진대 '어떻게' 보았는가가 다를 뿐이고, 그 다름의 속을 확인시켜 주리라 믿는다.

    그 '어떻게'를 결정짓는 것이 있다면 저마다 달리 가지는 '눈'인데, 그 눈을 단순히 '시력(視力)'이라고 말하는 이도 있을 것이고, '안목(眼目)'이라고 말하는 이도 있을 것이다. 시력이든 안목이든 상관없지만 이 책은 여러분을 '시간의 수레'에 태우고 나의 눈에 비친 낯선 바깥세상 속으로 안내해 줄 것이다. 끝까지 호기심과 인내심을 갖고 동승해 주기를 바라마지 않는다.

    한 가지 미리 말해두고 싶은 것이 있다면, 그것은 우리의 여행이 끝날 때쯤이면 누추하지만 그래도 나의 '집'이 얼마나 소중한가를 절감하게 되리라는 사실이다. 설령, 다람쥐 쳇바퀴 돌 듯 살 수밖에 없는, 고루한 일상이 펼쳐질지라도 나의 삶보다 더 소중한 것이 없음을 일깨워 주리라 믿는다. 여행이란 결국 자신의 '집'으로 되돌아오는 일이기 때문이다.

2008년 2월 12일

이나탄

*책을 펴내며
청소년 독자 여러분에게

　어느 중학교 입학식장에서의 일이다. 식순(式順)에 따라서 국민의례(國民儀禮)를 마치고 모두 제자리에 그대로 서있는 학생들에게 사회자 선생님은, "모두 착석(着席)!"이라고, 다음 행동을 지시하는 구령(口令)을 내린다. 하지만 학생들은 '착석'이라는 말을 전혀 알아듣지 못하는 듯 아무런 반응을 보이지 않고 그냥 그대로 서있다. 다만, 몇몇은 고개를 돌려 옆 사람의 얼굴을 서로 쳐다볼 뿐이다. 사회자 선생님은 의아스러운 듯 잠시 머뭇거리면서 말을 바꾸어 "학생들, 모두 자리에 앉으세요."라고 말하자 그때서야 비로소 학생들이 모두 자리에 앉는다. 이런 광경을 지켜보던 학부모들은 그 순간을 참아내지 못하고 웃음보를 터뜨리고 만다. 이내, 웃음바다가 되어버리는 입학식장이다.
　생각해 보면, 웃을 일만이 아니다. 학교 교육의 심각성을 적나라하게 보여준 상징적인 사건이 아닌가. 한 마디로 말해, 아이들의 미래가 걱정되는, 교육계의 심각한 일이 아닐 수 없다. 아니, 조금도 걱정할 일이 아니다. 아이들이 그 한자(漢字) 말 하나 모른다 해서 세상 살아가는 데에 어려움이 뒤따르는 것도 아니고, 또한 선생님은 왜, 굳이, '앉아', '일어서' 등 쉬운 우리말을 놓아두고 '착석', '기립' 등의 어려운 한자말을 쓰는가 말이다. 오히려, 세상이 바뀌고, 사람이 바뀌어

가고 있는 현실을 선생님이 모르고 있는 것은 아닐까.

웃음바다가 된 입학식장 한 가운데에 있던 나의 아들이 어느새 대학을 다니다가 군에 입대를 했다. 나는 젊은 날부터 지금껏 시와 문학평론을 쓴다고 세상과 담을 쌓고 살았다. 그 과정에서 아들의 교육적 발달과 인간적 성숙을 위해서 특별히 해준 것도 없다. 더욱 애석한 일은, 내가 써온 시와 문학평론이 세상 사람들로부터 멀리 떨어져 있는 것만 같은, 무관심이란 바다 가운데에 떠있는 외딴 섬 같다는 사실이다. 결과적으로, 나는 아들을 포함한 주변 사람들을 위해서 유익한, 필요한 글 한 편도 제대로 쓰지 못한 채 아들이 원하는 아버지조차 되지 못하고서 나이 오십을 넘기고 만 셈이다.

늦었지만 이에 자성하면서, 입학식장에 서있던 나의 아들과 같은 세대에게 혹 도움이 될까하여 그동안 여행하면서 보고 듣고 느꼈던 경험들을 되새기면서 나의 생각을 가급적 쉬운 문장으로 정리해 보았다. 그런데 나의 이 글들이 졸업식장의 그 '착석'이나 '기립'이란 용어처럼 어려운 말투성이로 여겨진다면 어찌할까. 솔직히 말하여, 내심 걱정이 된다. 본문의 내용을 이해하는 데에 보충설명이 필요한 용어들에 대해서는 가능한 범위 내에서 주석(註釋)을 달았고, 이해를 돕기 위해서 관련 이미지를 300여 장 가깝게 수록하였다. 부디, 이 책이 이국(異國)의 문화적 간접체험을 확대·심화시키고, 그 과정에서 어휘 및 문장력을 키우는 데에 도움이 되었으면 한다. 나아가, 삶의 본질에 대해 한번쯤 생각해볼 수 있는 계기가 되어 주기를 바라마지 않는다.

2008년 2월
정릉에서 **저자** 씀

차례 시간의 수레를 타고

*일러두기 / 4
*자서(自序) / 5
*책을 펴내며 －청소년 독자 여러분에게 / 6

제1부

관계(關係) / 16
야크(Yak) / 21
팅그리(定日)에서 만난 모래바람 / 26
초모랑마 베이스캠프에서 / 31
캉 린포체를 바라보며 / 41
아미산(峨眉山)의 금정(金頂)에서 만불정(万佛頂)까지 / 45

제2부

피졸라 호숫가에서 / 74
목욕재계하는 순례자들 / 78
촛불 밝힌 꽃배를 띄우는 마음으로 / 83
시바 신의 형상 앞에서 / 88
산책길에 만난 사두들 / 95
믿음이란 / 104
여인의 눈웃음 / 107
인도 거지들의 눈빛과 미소 / 114
신화(神話)에 매여 사는 사람들의 얼굴에 비낀 그림자 / 119

contents

제3부

144 / 강가 강(Ganges River)에서
149 / 불가사의한 주검
157 / 인도의 믿기지 않는 열녀(烈女)
161 / 볼모로 붙잡혀 있는 지하의 시신들
166 / 죽은 자들이 모여 사는 화려한 주택가
171 / 장례 풍습에서 읽는 티베트 사람들의 속마음
177 / 맛있는 눈
180 / 환생(還生)에 대한 반신반의(半信半疑)

재4부

212 / 우주의 중심이 된 링가(linga)
223 / 카주라호(Khajuraho) 사원의 에로티시즘에 대한 횡설수설
243 / 입 맞추고 포옹하는 부처님
249 / 상상력을 자극하는 팔코르최데 쿰붐의 남녀성교 벽화
258 / 명상의 단계

차례 시간의 수레를 타고

제5부

마취 혹은 환각제가 새어나오는 성(城) / 292

포탈라 궁 엿보기 / 303

벽화를 통해서 본 포탈라 궁의 이면사 상상하기 / 323

내통(內通) -물신 든 티베트 사원 / 338

남쵸 호수 가는 길 / 343

제6부

유혹과 협박 / 372

벤치에 홀로 앉아 -단상(斷想)·1 / 375

벤치에 홀로 앉아 -단상(斷想)·2 / 384

신(神)이라기보다는 삶의 지혜를 일깨워주는 스승인데 / 388

부처는 간 데 없고 / 403

부처의 두 가지 큰 전제와 조건부 환생론(還生論) / 410

부처님의 마지막 설법(說法) / 414

contents

제7부

468 / 태산을 오르내리며
474 / 한 눈에 들어오는 정원과 오래오래 바라봐야 보이는 정원
483 / 중국인들의 주법(酒法)

493 / 참고문헌 목록*
497 / 주석 목록*
503 / 수록 사진 목록*
510 / 후기*

1

관계(關係)
야크(Yak)
팅그리(定日)에서 만난 모래바람
초모랑마 베이스캠프에서
캉 린포체를 바라보며
아미산(峨眉山)의 금정(金頂)에서 만불정(万佛頂)까지

소와 비둘기

사진 속의 소와 비둘기는 인도의 것이 아니다. 네팔 카트만두 '덜밭 스퀘어Dorbar Square' 경내를 돌아보다가 소와 비둘기가 사이좋게 어울려 있는 모습이 이채로워 직접 촬영한 것이다. 힌두교와 불교를 믿는 사람들은 대체로 동물들에 대해서 관대하다. 동물뿐만 아니라 생명이 있는 모든 것들을 소중하게 여기는 경향이 있다. 생활공간에서 흔히 배회하는 소·개·염소 등에는 꼭 자기 것이 아니라도 먹이를 주기도 한다. 심지어는 사람에게 피해를 주기도 하는 원숭이나 쥐에게까지도 관대하다. 기차가 다니는 철로 역사에는 원숭이들이 사람들의 먹이를 가로채 가기도 하고, 인도의 수도인 뉴델리 기차역 주변에는 살찐 쥐들이 사람 똥과 각종 쓰레기가 널려 있는 철로 주변을 살금살금 기어다녀도 쫓아내거나 죽이지도 않는다.

관계
關係

빠하르간즈 지역의 주 도로

뉴델리 기차역 부근 빠하르간즈 지역(Paharganj Area)[1]에 있는, 한 티베트 사람이 운영하는 자그만 식당에 가기 위해서 나는 막 좁은 골목길로 들어서고 있었다. 그런데 앞에서 커다란 황소 한 마리가 걸어 나오고 있다. 그 검은 황소는 무엇을 그렇게 많이 먹었는지 배가 옆으로 튀어나와 골목길을 가득 메우고 있다. 어디로 비껴 설래야 비껴 설 수도 없는 상황이다. 그렇다고 가던 길을 포기하고 뒤돌아 나오려니 좀 우스꽝스럽고, 소더러 돌아가라고 먼저 밀어붙이자니 솔직히 겁부터 난다. 예기치 않게 벌어진, 인도(印度)에서의 이런 상황은 비단 이곳에서만은 아니다. 바라나시(Varanasi)의 고시가지(古市街地)[2], 그러니까 강가 강(Ganges River) 서쪽 둑을 중심으로 형성된 미로 같은 좁은 골목길에서는 더욱 잦다. 그곳은 골목길이 더 좁고 복잡하여 초행인 사람들이 한 번 들어섰던 길을 돌아 나오기조차 어렵다. 그런 곳에서 커다란 소와 우연히 맞닥뜨리는 경우가 적지 않은데 처음 당하는 때야말로 누구나 당황하지 않을 수 없을 것이다.

소 이야기가 나왔으니 말이지, 나는 인도 여행 중에 이런저런 소들을 참 많이 보았다. 야채시장 곳곳에 쌓아둔 무청과 버린 채소를 먹는, 여유 있는 소들을 보았고, 많은 사람들이 기차역 플랫폼 안쪽에서 누워 잠을 자고 있는 심야(深夜)에 갑자기 소 한 마리가 씩씩거리며 들어와 자던 사람들을 밀어내고 그들의 머리맡에 놓였던 과자 봉지 안으로 커다란 혀를 들이미는 경우를 보았고, 해수욕장 모래사장에 배를 깔고 누워서 평화롭게 멀리 수평선을 바라보는 소를 보았으며, 발 디딜 틈조차 없을 정도로 수많은 인파와 사이클 · 오토릭샤 · 승용차 · 트럭 등이 오고가는 네거리의, 노란 황색 선으로 구획된 안전지대에 누워있는 소를 보았고, 강가 강에서는 주인의 손길로 단체 목욕하는 소떼도 보았다. 뿐만 아니라, 이른 아침부터 골목골목을 누비다가 어느 건물 앞에 마련된 돌확에 담긴 물을 마시는 소를 보았으며, 갑자기 미친 듯 인파 속으로 뛰어들며 다른 소를 올라타려는 황소도 보았다.

이처럼 소는 인도인들에게서 아주 특별한 대접 – 방치가 소들에게 진정한 대접인지는 생각해 보아야 할 일이지만 – 을 받고 산다. 왜 그런지는 정확히 알 수 없지만 상식적 수준에서 몇 가지 이유를 유추해 볼 수는 있을 것 같다. 곧, 힌두교인의 특별한 사랑을 받는 시바 신이 '난디(Nandi)'[3]라는 검은 황소를 타고 다닌다고 믿기 때문에 소를 성스런 동물로 여길 수밖에 없는 이유도 있겠고, 인간이 죽으면 인간이 아닌 동물로도 환생할 수 있다고 믿는, 힌두교와 불교의 윤회론과 관련된 이유도 있겠다. 그런가 하면, 소가 배설해 놓는 똥은 말려서 땔감[4]으로 쓰이고, 소의 젖은 사람이 마시는 갖가지 요긴한 음료가 되며, 그

기차역 주변의 원숭이들

우유로 만드는 여러 가지 먹을거리[5]가 적지 않다는 현실적인 이유도 있겠다. 물론, 인도인을 제외한 절대다수의 지구촌 사람들에게는 소가 이보다 훨씬 큰 활용가치[6]가 있지만 말이다.

 어쨌든, 소가 사람들로부터 특별대접을 받는 인도에서 나는 또 다른 소들을 보았다. 너른 초원에서 쟁기질을 하는 소도 보았고, 철망을 씌운 한 야채가게 안으로 진입하다가 빗자루를 든 주인에게서 쫓겨나오는 소도 보았으며, 집안의 터에 묶여 있는 소도 보았다. 뿐만 아니라, 인도의 '경제 발전소'라 불리는 뭄바이(Mumbai)[7] 시내에 있는 고급 레스토랑에서는 비프스테이크로 닭고기 대신에 진짜 소고기가 접시 위에 올려지는 것을 보면, 더디겠지만 인도인들의 생활 속에서 소의 위상도 변하긴 변하리라 본다.

 나는 빠하르간즈 골목길에서 돌아서지도 못한 채 다가오는 소를 바라보며 - 혹시, 소가 나를 뿔로 받을지도 모른다는 불안감에 - 몸을 한 쪽 벽면에 바짝 붙여서 옆으로 비켜선다. 이것은 오로지 순간적인 상황판단에서 나온 나의 반사적인 행동이자 소 앞에서 인간으로서 가지는 최소한의 자존심이 반영된 행위인 셈이다. 그러자 그 소도 다른 한 쪽으로 약간 치우치듯 걷는다. 그렇지만 그의 불룩 튀어나온 배는 나의 옷깃을 툭 치듯 스치고 만다. 소는 그렇게라도 아무 일이 없었던 것처럼 유유히, 평화롭게 골목길을 빠져 나간다. 사실이 그렇듯 소와 나 사이에는 아무 일도 일어나지 않았다. 하지만 순간적으로 당황했던 자신을 생각하니 웃음이 절로 나온다.

나는 주문한, 버섯과 닭고기를 찢어 넣고 계란을 풀어 넣어 시원하게 국물 맛을 낸, 한 그릇의 수제비[8] 앞에서 곰곰이 생각해 본다. 그렇다. 관계(關係)로구나. 관계! 얼마나 인간과 소가 오랫동안 더불어 살아왔으면 그런 상황에서도 주저 없이 서로 자연스럽게 비껴 다니는 관계가 형성되었을까. 얼마나 돈독한 신뢰관계를 구축해 왔으면 소가, 인간과 차량들로 붐비는 도로 위를 나란히 함께 걷는 것일까.

그렇다. 인간과 인간 사이에서도, 인간과 자연 사이에서도, 자연과 문명 사이에서도, 문명과 인간 사이에서도 얼마든지 새로운 관계를 구축해 나갈 수 있지 않을까 싶다.

지금껏 살아오면서 혹 불편했던 관계가 있었다면 내가 먼저 관계 개선을 시도하자. 아니, 내가 먼저 믿음을 주자. 이것이, 오늘 한 성실한 티베트 사람이 끓여 준, 한 그릇의 수제비 앞에서 내가 무상으로, 아니, 낯선 인도 소의 덕으로 얻는 깨달음이다.

-2007.03.14. 14 : 26

검은 대지와 하얀 설봉을 상징하는 듯한 야크 한 마리

해발고도 8,201미터의 초오유 산(Cho Oyu Mountain)이 하얗게 눈이 부시다. 그 앞쪽으로 검은 대지가 있고 눈 녹은 물이 고여 있는 작은 호수가 있다. 그 물속에 서있는 야크가 마치 검은 대지와 하얀 설봉을 상징이라도 하듯 온통 검은 몸속에 앞쪽 얼굴만이 하얗다. 고산지대에서 살아가는 그의 몸에 밴 외로움이 오히려 깨끗해 보인다.

야크
Yak

 말[馬]도 아니고 산양(山羊)도 아니다. 얼굴이나 두 뿔, 네 다리로 보아 소[牛] 같긴 한데 전체적인 몸집이 그보다는 조금 작고, 옆구리와 잔등에 나있는 검은 털이 유난히 길다. 게다가, 목이 짧은 것으로 보아서는 분명 내가 보아온 소는 아니다. 이른바, 티베트 고원 해발 4,300~6,100미터 지역에 서식하고 있다는 '야크(yak)'[1]라는 야생 혹은 사육되는 동물이다.
 얼핏 보아, 그 야크 스무 마리 정도가 무리지어 하얗게 빛을 반사하는 초모랑마 쪽으로 바람을 거슬러 걸어가고 있다. 그 무리 속에는 여남 명의 크고 작은 사람들도 끼여 있는데, 이들 야크를 물과 풀이 있는 곳으로 이끌고 다니며 살아가는 유목민인 것 같다.
 큼지막한 야크들에

6월에도 하얗게 눈이 덮여있는 초모랑마 쪽으로 무언가 짐을 잔뜩 싣고 떠나는 야크 무리와 그 뒤를 따르는 마차. (마차는 관광객이 머무는 초모랑마 베이스캠프에서 출입통제선까지 약 3킬로미터 정도 가는 왕복 유료 교통수단임.)

이른 아침 길을 떠날 준비를 하고 있는 유목민과 야크

게는 등짐 보따리가 두 개 혹은 네 개가 양쪽으로 나뉘어 실려 있고, 그들 중 일부의 꼬리에는 빨강색의 물감이 칠해져 있기도 하다. 사람들은 모자를 쓰거나 천으로 머리와 목을 가렸으며, 두텁고 칙칙한 옷을 입고, 낡은 운동화를 신고 있다. 수염까지 깎지 않은데다가 주름의 골은 깊고, 피부는 검게 탔으며, 튀어나온 광대뼈 부근은 터서 갈라져 있기도 하다. 그런 그들은 대체로 살집이 없어 보이는 깡마른 체격들이다. 이들 조건 하나 하나는 열악한 환경 속에서 살아가는 그들만의 고단한 현실을 말해주고 있는 듯하다.

　그들은 설산(雪山)에서 내려오는 물줄기를 따라 넓게 펼쳐진 돌밭에서 천막을 치고 하룻밤 혹은 여러 날을 머물기도 한다. 다시 날이 밝으면 돌무더기들이 이따금 무너져 내리기도 하는 산등성이 비탈길을 따라 풀이 자라는 곳을 향해 언덕을 넘고 고개를 넘어갈 것이다. 배가 고

프면 야크의 젖으로 차를 끓여 마시고, 보릿가루를 반죽하여 떼어 먹기도 한다. 물론, 그들 짐 보따리 속에는 콜라캔을 비롯하여 몇 가지의 공산품도 들어있긴 하다. 하지만 그들의 의식주는 열악하기 그지없다. 담배를 권하고 있는 나에게 끼고 있는 실장갑을 달라고 조르는 것을 보면 이 하찮은 장갑조차 그들에게는 아주 요긴한 모양이다.

그들은 한 여름에도 병풍처럼 쳐진, 눈부신 설산을 가까이 두고, 하늘과 땅이 부려놓는 해발 5,000미터 내외 고원의 강렬한 햇살과 살갗을 파고드는 바람, 그리고 땅에 바짝 엎드린 풀들을 키우는, 뿌연 흙탕물길이 어우러지는 이 곳에서 야크와 동고동락(同苦同樂)한다 해도 틀리지 않는다. 평생을 이곳 고원에 살며 오로지 야크의 수를 늘리고, 처자식을 거느리며, 유랑하는 게 전부인 그들에게 야크는 마실 젖을 주고, 땔감을 주고, 죽어서는 가죽을 주고, 고기를 주고, 육자진언(六字眞言)[2]을 새길 뿔을 준다. 뿐만 아니라, 더불어 살며 무거운 짐을 운반해 주고, 고단한 몸을 태워 이동하는, 유일무이한 교통수단까지 되어 주기도 한다.

그런 야크와 더불어 울고 웃는 저들의 삶이라는 울타리 안을 잠시 훔쳐보면서, 나는 이 낯선 롱북사원[3] 앞에 서서 나의 '야크'가 무엇이며, 지금 어디쯤에 와있는가를 생각해 본다. 아파트 빌딩 숲

돌모래가 금방이라도 흘러내릴 듯한 산기슭을 따라 이동하는 야크 무리와 유목민

에서 에어컨 바람을 쐬고, 이따금 베란다에 서서 밤하늘에 기우는 달을 바라보지만 끊임없이 질주하는 차량의 대열 속에서 핸드폰을 걸거나 받아야 하고, 하루 종일 컴퓨터 앞에서 씨름을 하며 커피를 마시고, 라면이 아니면 비프스테이크를 먹으며 웃고 우는 나의 '야크'는 진정무엇이며, 그 야크와 더불어 나는 지금 어디를 헤매고 있는가?

  나의 실장갑을 받아들고서 얼굴에 미소를 짓던 그는, 자꾸만 뒤돌아보며 손을 흔든다. 그러나 그는 야크 무리와 함께 산등성이 하나를 온전히 넘어서, 마침내 하늘의 성(城)처럼 보이는 설봉(雪峰) 쪽으로 그 뒷모습을 마저 감추어 버린다.

-2007. 8. 30. 16 : 10

팅그리에서 바라본 설봉(雪峰)과 황빛은 모래산

지금도 눈에 선하다. 잠잠하지 숨 막힐 정도로 정적(靜寂)만이 감도는 세상이다. 하늘은 마냥 푸르러 깊고, 높은 봉우리에는 하얀 눈이 덮여 있고, 바로 그곳에서 흰 구름이 피어나고 있다. 그런 설산 밑으로는 풀 한 포기 나무 한 그루 자랄 수 없는 모래산이 언덕과 골을 이루며 끝없이 뻗쳐 있다. 바로 이 땅 위로 강렬한 햇살이 쏟아지고, 둘레 모래비람이 휘몰아친다. 내가 선 그리스를 착용하고서도 하루종일 주머니와 가방 속에서 신 그 라스를 찾았던 포도 바로 이곳이다.

팅그리에서 만난 모래바람
定日

잉크를 풀어놓은 듯 파란 하늘에 티 한 점이 없다. 그런 하늘이 내 머리 위로 너무나 가깝게 내려와 있는 듯 나의 눈 밖 세상은 온통 시리다. 내가 서있는 곳이 해발고도 5,000여 미터 이상 되는 무인지경(無人之境)의 산비탈길이고 보면 그럴 만도 하다. 정말이지, 이곳에서는 몇 걸음만 떼어도 금세 내 머릿결로 파란 물방울이 맺혀 흘러내릴 것만 같다.

이곳으로부터 그리 멀지 않은 남서쪽으로는 구겨진 은박지를 들쓴 채 분사되는 햇살을 받는 7, 8000미터 급 설봉들이 병풍처럼 쭉 이어져 있고, 그 눈부신 설봉들은 두 다리 사이로 헐벗은 민둥산들을 풀어내놓고 있다. 크고 작은 그 민둥산들은 다시 구릉과 계곡을 펼쳐 놓는데, 그야말로 풀 한 포기 나무 한 그루 제대로 자랄 수 없는, 숨 막히는 곳이다. 돌멩이들이 널려 있는 계곡의 평지는 화성(火星)의 어느 지표면을 떠올리게도 한다.

사륜구동 지프를 타고 먼지바람을 일으키며 산기슭을 넘고, 더러 물길을 건너, 그 구릉과 계곡의 평지를 달리다보면 간혹, 사람 사는 집들이 보이고, 염소나 야크 떼도 보인다. 그래도 초록빛이 감도는 곳은 물기가 있는 곳이지만, 이따금 돌모래가 무너져 내리는 산기슭이나 입을

초모랑마 베이스캠프에서 탕그리로 가는 길

 굳게 다물고 있는 듯한 평지는 물 한 방울 없는 사막이나 다를 바 없다. 그야말로 그 자체가 고원(高原)에 펼쳐진 천연 요새다. 바람이 불면 부는 대로 바람길을 내어 놓고 있는 산기슭 모래밭이야말로 이 땅의 역사를 고스란히 전해주는 것만 같다.
 그러나 저 설산(雪山)에서 눈 녹은 물이 일 년 내내 흘러 내려오면서 작은 내[川]를 이루고, 하천을 이루고, 다시 그것들이 모여 강물을 이루는 곳도 있다. 그곳 사람들은 구세주(救世主) 같은 그 물길을 이리저리 돌려서 보리싹도 틔우고, 유채꽃도 피우고, 야크떼를 방목하기도 한다. 그들 헝클어진 머리카락 위로는 하얀 구름이 이따금씩 피어났다가 사라지지만, 직사광선은 그들의 얼굴에 김미섯과 종양을 디러 일으키고, 두 눈마저 멍들게 한다. 그들의 얼굴은 이미 동상 입은 피부처럼 검게 변색되어 갈라져 있고, 나의 눈을 바로 보려 애쓰지만 바로 보지도 못한다. 아뿔싸, 티 없는 하늘을 가깝게 산다는 것이 이처럼 냉혹하단 말인가.

초모랑마 베이스캠프에서 네팔[1]의 코다리로 이어지는 국경도시(國境都市)인 장무(樟木)[2]로 가는 길목인 이곳, 팅그리(定日)[3]까지 지프를 타고 와 나는 지금 도로 위에 서있다. 선 그라스를 착용하고서도 허둥지둥 주머니와 가방 속에서 선 그라스를 찾는 이곳 고원(高原)에서 우산(雨傘)을 양산(陽傘) 대신 펼쳐 들고, 잠시 도로 좌우로 초라한 건물들이 밀집된 지역을 둘러보기 위해서 걷고 있는 중이다.

그런데 돌연, 모래바람이 불어 닥치는데, 그 깨끗하고 투명했던 허공이 황사바람으로 가득 차서 그것 외에는 아무것도 보이지 않는다. 순식간에 바짓가랑이 사이로 흙먼지와 모래들이 곤두박질쳐 들어오고, 그것들이 펼쳐든 우산을 두들기는 소리는 마치 널따란 유리창을

팅그리에서 알람으로 가는 길

두들기는 우박이나 싸락눈 같다. 나는 우산을 두 손으로 꼭 붙잡고 바람이 불어오는 쪽을 향해 서서 꼼짝 달싹 못하고 있었는데 어느새 입안에서는 모래가 굴러다니고 있다.

팅그리 도로변에 집을 짓는 인부들의 모습

작렬하는 태양과 은백색의 눈부신 설봉, 그리고 숨 막히는 민둥산과 적막한 평원이 일으키는, 어느 날의 모래바람처럼 나는 이 곳을 스치듯 그렇게 지나가지만 결코 아름다운 곳도 아니고 아름답지 않은 곳도 아닌, 이 허허벌판에 서있지 아니한 것이 없음을 문득 깨닫는다. 이곳 높고 높은 설봉들이 깊은 바다로부터 솟아났듯이 이곳 바위가 모래가 되고 그것들이 바람과 물길에 쓸려서 먼 바다에 다다르지 않는가. 그렇듯 이곳에서 사막이 시작되고, 사막은 다시 깊은 바다가 되리라.

-2007. 08. 22. 18 : 15

황금산으로 변한 초모랑마

　일 년 열두 달이 지나도 눈이 부시도록 하얀 눈으로 뒤덮여 있어 인간 세상과는 다르게 거룩해 보이기까지 했던 초모랑마 봉우리가 6월 어느 날 일몰의 햇살을 받고 온통 황금빛으로 변해 있다. 이 땅의 바람도 그곳으로부터 불어오고, 이 땅의 강물도 그곳으로부터 흘러 내려온다. 이곳 사람들로부터 '세상의 어머니'로 통하는 이유를 알 듯하다.

초모랑마 베이스캠프에서

- 이 글은 지난 2007년 6월 16일과 17일 티베트 초모랑마 베이스캠프에서 2박 3일 머물 때에 필자에게 일어난 일과 그 감회를 기록한 것에 지나지 않는다.

설봉에서 내려오는 뿌연 강물

천막 밖에서 누군가가 다급하게 소리친다. 나를 부르는 소리 같다. 어두운 천막 안에서 누워 쉬고 있던 나는 놀라 신발을 끌며 나선다. 그러자 그는 나에게 활짝 웃어 보이며, 고개 하나를 넘으면 바로 손에 닿을 법한, 뜻밖의 '황금산'을 가리킨다. 아니, 펄펄 끓는 황금물을 뒤집어쓰고서 막 솟아 있는 것만 같은 웅장한 산이다. 뿐만 아니라, 정상부의 능선에서는 이따금씩 황금가루가 날리는데 그것은 마치 후광(後光)처럼 신비를 더해준다.

분명, 해는 기울어 보이지 않건만 막 태동된 황금산은 커다란 등불처럼 허공중에 내걸려 이 땅을 훤히 밝히고 있질 않는가. 나는 내 가슴이 두근거리는 소리를 듣지만 입이 열리지를 않고, 두 다리마저 굳어버린 듯 넋 나간 모습으로 서있다. 한참 뒤에야 세상의 어머니라는 뜻의 '초모랑마'로 불리는 에베레스트 산[1] 베이스캠프에 서 있는 자신을 의식하게 되었고, 눈이 부셔서 거룩하기까지 했던 낮 동안의 설산(雪山)이 저녁햇살에 반사되어 온통 황금빛을 띠며 세상을 새롭게 비춰 보이고 있다는 사실이 지각된다.

반세기를 살아왔지만 처음 보는, 황홀한 풍경이다. 아니, 내 가슴을 더욱 고동치게 하는, 대자연의 경이로운 작품이다. 나는 살아 숨쉬는, 저 황금산을 가슴에 품어 안고 천막 안으로 돌아와 간이침대에 눕는다. 그리고는 곧장 상상의 나래를 펼치지만 이내 고단한 잠 속으로 빠져들고 만다. 세상 사람들은 이렇게 멀리 서서 너를 바라볼 뿐이지만 누구는 황금물이 녹아내리는 네 정수리까지도 걸어 들어가리라.

너를 품에 안고 내가 뒤척이는 동안에도 지구는 여느 때처럼 돌고 돌아 어느새 이른 아침 세상을 빚어내고 있다. 황금빛으로 반짝이던 산봉우리는 하얀 눈으로 뒤덮여 언제 그랬냐는 듯 초연한 모습으로 바뀌어 있다. 살갗을 파고드는 찬바람도 그곳으로부터 불어오고, 굽이치며 흐르는 이 살빛 강물도 그곳으로부터 흘러 내려온다. 강물을 끼고 양쪽으로는 금방이라도 흘러내릴 듯한 높은 산이 이어져 있어 계곡을 이루고 있지만 그 폭이 아주 넓어서 자갈밭이 널따랗게 펼쳐져 있고, 그 한쪽으로는 우마차가 다닐만한 길도 나 있다. 그리고 그 길 양쪽으로는 대형 천막 이십여 동이 길게 쳐진, 이른바 '초모랑마 베이

일반 관광객이 묵는 베이스캠프의 천막

스캠프'가 조성되어 있다. 그 안에서 곤하게 잠들어 있는 사람들이 일어나기도 전에 마부(馬夫)는 손님을 태울 마차를 끌고 자동차 진입 제한선이 있는 공터로 가고, 자갈밭 돌틈에서는 이름모를 풀꽃들이 막 잠에서 깨어나 기지개를 켜고 있다.

나는 아침식사도 거른 채 자전거를 빌려 타고 그 설산을 향해 나아간다. 평평한 길인 듯 보이지만 실은 경사진 길이며 상당히 굽어 있기도 하다. 그리고 꽤나 높은 고개 하나를 완전히 넘어가면 비교적 너른 평지가 나타나지만 그곳에 다다르면 또 다른 봉우리가 그 설산을 가로막는다. 바로 그곳 한쪽에 치우쳐 중국 변경 지역을 지키는 군인들의 막사가 있고, 그 부근에서 손님을 싣고 온 모든 마차가 정지하고, 마차를 타고 온 사람이든 걸어온 사람이든 관광객들은 그곳에

전문 산악인 캠프

낮게 솟아있는 언덕에 올라서서 그 설산을 배경으로 사진을 찍고 한참 동안을 쳐다보다가 되돌아가곤 한다.

하지만 오늘 아침은 중국인으로 보이는, 부지런한 여남 명의 젊은 사람들만이 낮은 언덕 너머에 있는 물길 앞에서 더 이상 진입하지 못하고 서있다. 나는 그들 다음으로 자전거를 타고와 이 출입 봉제선에 막 도착해 있는 것이다. 물길을 건너자니 등산화는 물론 최소한 정강이까지는 흠뻑 젖어야 할 것 같다. 이 물길을 건너가야 하나 아니면 그

베이스캠프에서의 필자 모습

냥 되돌아가야 하나, 나는 잠시 서서 망설인다. 드디어 나는 뒤로 물러서서 자전거를 올라타고 힘차게 페달을 밟아 물길을 가로질러 건너가는데, 자전거가 서너 바퀴 물속 자갈밭에서 돌고나더니 비틀비틀 넘어질 듯하다가 가까스로 건너가는 데에 성공한다. 이런 나의 모습을 뒤에서 불안스럽게 지켜보던 중국인들이 일제히 소리치며 박수를 보낸다.

이제 다시 또 널따란, 축구장만한 돌밭이 펼쳐지고, 그곳 한쪽으로는 아주 깨끗하고 산뜻해 보이는 여러 빛깔의 천막들이 쳐 있는데 그 주변으로 군데군데 서있는 사람들의 모습이 보인다. 나는 힘차게 페달을 밟으며 보란 듯이 그곳으로 달려간다. 하지만 금세 숨이 차고, 가슴이 답답해지면서 입안이 건조해짐을 느낀다.

그렇게 그곳에 당도해 보니 서양인들은 천막 안에서 잠을 자고 있고, 얼굴빛이 까만 티베트인들은 생선 통조림을 까고 야채를 썰며 무언가를 부산하게 요리하고 있다. 내가 말도 통하지 않는 그들에게 담배 한 갑을 주머니에서 꺼내 주면서 피우라고 하자 그들은 일손을 놓고 담배를 입에 물고 불을 붙여댄다. 그리고 내가 차 한 잔을 부탁하자 아주 커다란 컵에 비린내가 나는 야크 젖으로 만든 차를 내온다. 그 차 한 잔으로 입안을 적시고, 나는 다시 자전거를 타고 그 평평한 돌밭길을 가로질러 간다. 하지만 잠시뿐 곧, 좁고 힘한 길로 접어들면서 더 이상 자전거를 탈 수 없게 된다. 나는 하는 수 없이 자전거에서 내려 끌고 간다. 가다보니 이제는 끌고 가기조차 힘이 든다. 길은 좁은데다가 곳곳이 크고 작은 돌들로 가로막혀 있기 때문이다. 그래도 한동안은 힘을 내어 끌었지만 정말이지 더 이상 힘에 부쳐 끌 수가 없다. 어느새 입안이 씁쓸해지고 숨이 더욱 가빠진다. 나는 이쯤에서 돌아가야 하나 생각해보지만 쉽사리 기약할 수 없는 이 기회를 놓치고 싶지 않다는 생각이 든다. 나는 자전거를 비탈에 기대어 놓고 조금 높은 곳으로 올라가 그 설산을 바라본다. 설산은 여전히 눈앞에 있는데 여기서 돌아갈 수야 없지 않은가. 하지만 걸어 들어갈수록 숨이 가빠지고, 입술이 마르고, 가슴이 답답해진다. 갈수록 태산이다. 급

강물이 흘러내려오는 인근 돌밭의 야생화

35

6월 어느 날의 초모랑마 위용

기야 입안에서는 쓴물까지 나온다. 정말, 나는 되돌아가야 하는 걸까? 아니면, 이쯤에서 자전거를 놓고 계속 걸어가야 할까? 잠시 갈등 속에 서있다. 나는 자전거를 산비탈에 기대어 놓고 계속해서 걸어 들어가기로 결정한다. 그리하여 한참을 걸어간다. 하지만 가도 가도 끝이 없다. 그렇게 가깝게 보이던 설산이 나의 머리 위로 모습을 드러냈다 감췄다 할 뿐이다. 나는 자신도 모르게 점점 흥분되어 걸어가지만 역시 제자리인 것만 같다. 그 때마다 불안한 생각이 엄습하고, 나는 길에서 벗어나 높은 곳으로 올라가 그 설산을 재차 확인하곤 한다.

정말이지 사람이라곤 단 한 사람도 보이지 않는다. 풀 한포기 제대로 자라지 못하는 이 산비탈에 어느새 뜨거운 햇빛이 쏟아져 내린다. 나는 손목시계를 통해서 정오가 지나고 있음을 확인한다. 그러니까, 내가 머물던 베이스캠프로부터 적어도 네 시간 이상을 자전거를 타거나 끌고, 아니면 자전거조차 버리고 홀몸으로 걸어온 셈이다. 베이스캠프에는 각국의 수많은 사람들이 와 있지만 여기 이곳까지 걸어 들어온 사람은 아무도 없다. 나는 자신에게 최면을 걸 듯 더욱 힘을 내어 걷기 시작한다. 그렇게 얼마를 더 걸었을까. 한 시간 이상은 족히 된 것 같다. 그럼에도 불구하고 설산은 그대로다. 내가 오판한 것일까. 아니면 설산이 나를 속이는 것일까. 분명, 고개 하나를 넘으면 금방이라도 잡힐 듯 가까이에 있었는데 가면 갈수록 더 멀리 달아나는 것만 같다. 이제는 불안과 오기가 교차한다. 하지만 '그래, 네가 도망갈 테면 가보라.' 나는 속으로 중얼거리며 계속 걸어간다. 그렇게 하나의 작은 언덕을 넘어가면 또 다른 언덕이 나타난다. 급기야는 불안한 마음에서 뒤돌아보면 지금껏 걸어온 길조차 보이지 않는다. 내가 출발했던 베이스캠프도, 차를 얻어 마셨던 전문 산악인들의 캠프도 보이지 않는다. 한쪽으로는 가파르고 높은 산비탈이요, 다른 한쪽으로는 계곡에 움푹움푹 파인 커다란 웅덩이에 물이 고여 있고, 그 너머로는 높고 가파른 산맥이 끝없이 이어져 있을 뿐이다.

나는 잠시 바위에 기대어 쉬면서 심호흡을 한다. 이제 조금만 더 가면 당도하리라. 이곳은 발밑에서 먼지가 풀풀 이는, 아니 간간이 돌무더기가 흘러내리는 척박한 산비탈이지만 조금만 더 가면

금방이라도 무너져 내릴 것만 같은 산기슭의 돌 모래

가장 가까이 가서 촬영한 초모랑마

이 여름날에도 전혀 다른 세상인 '설원(雪原)'으로 들어가는 대문(大門) 앞에 당도하리라. 이렇게 상상만 해도 나는 금세 황홀해진다. 나는 다시 힘을 내어 걷는다. 그런데 이상하게도 내가 걸어가는 길이 방향을 바꾸고 있다. 곧장 내려가야 그 대문이 있는 쪽으로 가는데 왜 나의 길은 자꾸만 산위로 올라가는가. 나는 길이 잘못되지 않았나 생각이 들어 길을 벗어나서 더 높은 곳으로 올라가 본다. 올라서는 순간, 바로 눈앞에는 엄청나게 깊은 계곡이 있고, 그 계곡에서는 눈 녹은 물이 콸콸 쏟아져 내리면서 내는 소리가 우렁차게 울려 퍼지고 있다. 나는 설원으로 들어가는 대문을 지척에 두고 이 계곡 때문에 산 하나를 올라가야 하나 생각하니 갑자기 눈앞이 캄캄해진다. 앞으로 몇 시간을 더 가야 이 계곡을 건너 설원에 당도하며, 그곳으로부터 뒤돌아 나와 숙소인 베이스캠프까지 돌아가려면 또 얼마나 많은 시간이 걸릴지 좀처럼 가늠되지 않는다. 이제는 돌아갈 길이 더 걱정된다. 순간, 나는 더 이상 접근해서는 안 된다는 판단을 내린다. 나는 계곡 너머로 보이는 초모랑마의 봉우리와 봉우리 사이로 쏟아져 내려오듯 쌓여있는 눈과 움푹 파인 낭떠러지 같은 곳으로 쌓이고 싸여 굴러 내려오는 듯한 눈들이 또 다른 세상을 축소시켜 놓은 것만 같은 별천지(別天地)를 목을 빼어 오래오래 바라본다.

아무도 없는 저 설원에 가서 나는 마냥 뒹굴고 싶었는데 아쉽지만 단념해야만 한다. 그리고 돌아서서 올라왔던 길을 다시 내려가야 한다. 아침도 굶고 물 한 병도 없이 여기까지 오느라 목이 많이 탔다. 숨도 많이 찼다. 조금만 욕심을 부리면 가슴마저 답답해졌다. 이제 남은 일이란 천천히 내려가다가 어느 비탈에 기대어 놓았던 자전거를 찾아서 베이스캠프까지 끌며 타며 가는 일이다.

돌이켜보면, 나는 잠시 홀렸던 것 같다. 찬바람도 그곳으로부터 불어오고, 이리저리 끌어다가 농사짓는 강물도 그곳으로부터 흘러 내려오는 초모랑마의 저 과묵한 눈빛에 홀리지 않고서야 내가 어찌 이곳까지 홀로 걸어 들어왔겠는가.

그러나 숨 막히도록 척박한 이곳에 생명의 숨결을 불어넣는, 지상 최고의 설봉을 지척에서 바라보아야만 한다. 어제 저녁, 황금물이 녹아내리던 황금산의 정수리에 걸어 들어갈 엄두조차 내지 못하고 멀리서 바라보아야 했던 것처럼 나는 이쯤에 서있는 것만으로도 황홀하다. 그렇듯 내 나이 오십을 먹도록 시다운 시 한 편을 쓰지 못하고 허허벌판에 홀로 서있는 기분이지만 내 인생이란 깃발이 아직도 떨럭이고 있다는 사실만으로도 나는 기쁘기 이를 데 없다.

-2007. 08. 11. 11 : 51

캉 린포체 = 카일라시 산

힌두교에서는 시바 신의 고향으로, 불교에서는 수미산으로, 본교에서는 최고의 신이 임재하고 있는, 가장 성스러운 산으로 여기는, '카일라시'의 봉우리이다. 세 종교의 신자들이 끊임없이 순례하고, 인근에 성스럽게 여기는 호수와 관련 사원들이 있어 종교적 축으로까지 불리는데 오늘날 티베트·네팔·인도 등을 통해서 수많은 사람들이 찾는다.

캉 린포체를 바라보며

늘 지척(咫尺)에 있는 듯 아주 가까이 바라다보이지만 막상 그곳에 다가가면 갈수록 더 멀리 달아나 버리는 듯한 산(山)이 있다. 일 년 열두 달이 지나고 네 계절이 바뀌어도 변함없이 그 꼭대기는 온통 하얗게 눈이 부시다. 과연, 저것이 하늘에서 내려 쌓인 눈[雪]인지, 아니면 허공중에 걸려있는 흰 구름[白雲]인지, 아니면 하얀 빛깔의 바위덩이[浮石]인지, 아니면 하늘의 궁전[天宮]인지 실제로 가까이 가보기 전에는 아무도 단정 지을 수가 없다. 그래서 멀리 서서 바라볼 수밖에 없는, 순박한 사람들의 눈에는 그것이 마냥 신기하게만 보인다.

그러나 그곳에 가려고 집을 나선, 호기심 많은 사람들 가운데에는 가까이 가보지도 못하고 구사일생(九死一生)으로 돌아온 사람이 몇이며, 이런저런 이유로 목숨마저 잃어버린 사람 또한 몇이던가. 그만큼 산은 인간들의 접근을 쉬이 허락하지 않는다. 그래서 사람들에게 산은 실로 두려운 존재이면서 수많은 이야기들을 낳게 하는 진원지(震源地)이기도 하다. 그리하여 그 일부는 전설(傳說)이 되고 신화(神話)가 되는 것이 아닌가.

하지만 산 속에서는 여전히 맑은 물이 흘러나오고, 온갖 꽃들이 피었다지고, 별의별 새들이 생명의 찬가(讚歌)를 부르기에 분주하고, 한

북쪽에서 바라본 캉 린포체

번도 보지 못한 짐승들까지도 어울려 살아간다. 그런가하면, 너무나 고도(高度)가 높아 산소가 희박하고 강한 바람과 추위로 생명체가 살아가기에 아주 열악한, 그래서 인간의 접근조차 쉽지가 않은, 경이로운 기운에 휩싸인 곳도 있다. 뿐만 아니라, 이곳이든 저곳이든 산봉우리에 머물며 하계(下界)인 인간세상을 두루두루 내려다보고 있는, 보이지 않는 존재(存在)도 있을 법하다. 이를 두고 산신(山神)이라 해도 좋고, 힌두교인들처럼 시바(Shiva) 신이라 해도 좋고, 불교인들처럼 수미산(須彌山)[1]에 머무는 부처라 해도 상관없다. 이렇게 조금만 상상의 나래를 펴도 인간의 접근을 어렵게 하는 산은 사람들이 살고 있는 땅과 전혀 다른, 신비로운 세계가 되고 만다.

　마침내, 산은 우리에게 경외심(敬畏心)을 갖게 하면서 온갖 상상력을 불러일으키지만, 우리들은 그런 산에 대해서 특별한 의미들을 부여한다. 산세가 장엄하고, 자원이 풍부하며, 우리 한민족(韓民族)의 발상지라 하여 우리가 백두산(白頭山)[2]을 성스럽게 생각하듯이 인도인들 가운데 힌두교[3]인들은 히말라야 산맥[4]에 있는, 저 캉 린포체(Kang

Rinpoche)⁵⁾를 시바 신이 머무는 곳이라 하여 아주 신령스럽게 여긴다. 동시에 티베트 라마교⁶⁾ 신자들은 우주의 중심인 수미산(須彌山)이라 여기고 오체투지로써 순례하기도 한다.

그리하여 우리는 중국과 북한의 영토가 되어있는 백두산 등정을 꿈꾸지만 힌두교인들과 불자들은 캉 린포체 순례길을 꿈꾸며 기원한다. 뿐만 아니라, 속세(俗世)의 사원(寺院)에다가 캉 린포체의 산세를 조각하여 새겨 넣고, 그의 다른 이름인 '카일라시'를 사원, 음식점, 숙박업소 등의 명칭으로까지 빌려 쓰기를 주저하지 않는다.

하지만 백두산에 갔다 오고나면 상상하던 때의 그 신비함이나 성스러움이 크게 상쇄되어 버리고 말듯이 정도 차이는 있겠지만 저 캉 린포체도 결국은 마찬가지가 되고 말 것이다. 그렇듯 신비롭고 경이롭게만 보였던, 그 어떤 대상도 ─ 그것이 산이든 사람이든 자연현상이든 상관없이 ─ 가까이하면 할수록 그 실상(實狀)과 실체(實體)가 드러나 보이기 시작하면서 처음 가졌던 감정에 변화가 일게 마련이다. 따라서 대상(對象)과 일정한 거리를 유지하면서 그에 대해 꿈을 꾸듯 일방

마나살로바 호수 바깥쪽에서 본 캉 린포체

적으로 상상하며 바라볼 때가 좋은 법이다.

오늘은 이쯤에서 너를 바라보는 것으로 만족하고 싶다. 수많은 사람들의 영적(靈的) 고향이나 다를 바 없는, 저 눈 덮인 캉 린포체에 대한 신비로움과 아름다움과 경이로움을 빼앗고 싶지 않기 때문이다.

-2007. 03. 26. 13 : 48

아미산 금정사의 사면십방보현금상
아미산(峨眉山)의 제2봉인 3,077미터의 금정(金頂)에 오르면 제일 먼저 맞이하는 사면십방보현금상(四面十方普賢金像)이다. 보현보살이 인간세상을 두루두루 내려다보고 있는 것만 같은데 그 모습이 너무 화려하고 웅장하여 소심한 나에게는 오히려 어색하고 불편하게 느껴진다. 그러나 나는 이곳에서 유별나게 금(金)을 좋아하는 사람들을 생각하며, 그의 열 가지 간절한 소원을 새삼 새기어 본다.

아미산의 금정에서 만불정까지
峨眉山　　金頂　　　　万佛頂

 나는 금정(金頂) 9부 정도 되는 산비탈에서 모노레일 위를 천천히 달리는 관광열차를 타고 약 10여 분 정도 후에 만불정(万佛頂)의 9부 높이에서 내렸다. 전체 탑승 가능 인원이 60여 명밖에 안 되는 소형 관광열차에서 나는 중국인 여남 명의 남녀와 함께 내렸다. 중국인들은 50대 중반쯤으로 보이는 여성들 속에 40대 중반으로 보이는 남자 두어 명이 끼어 있었다. 결과적으로 내가 타고 온 관광열차에서는 열댓 명도 안 되는 사람들이 내린 셈이다.
 나는 초행길인 만불정으로 올라가는, 잘 다듬어지고 정비된, 낯선 길을 따라서 천천히 걸어갔다. 물론, 중국인 남자 두 명이 바로 뒤따라 오고 있었고, 그들 뒤로 여성들이 무리지어 올라오고 있었다.
 내가 걸어가는 길 양쪽으로는 키가 크고 작은 나무들이 우거져 있었고, 나의 오른쪽, 그러니까, 서남쪽으로는 경사면이 널따랗게 펼쳐져 있었고, 더 멀리는 명암을 드리운 산봉우리들이 그림처럼 끝없이 이어져 있었다. 그리고 왼쪽으로는 만불정으로 이어지는 산비탈의 경사도가 높아서 멀리 바라볼 수가 없었다.
 그런데 이상한 것이, 이곳이야말로 나에게는 아주 낯설고 생소한 지역임에 틀림없는데, 게다가, 아는 사람이라곤 단 한 사람도 없는 상황

금정의 금정사 전경

하에서 한 걸음 한 걸음 발걸음을 옮겨 놓을 뿐인데 어이하여 나의 발걸음은 부드러운 구름 위를 맨발로 걷는 것처럼 가벼워지고, 마음까지 예전에 느껴보지 못했던 상쾌함으로 바뀌어 버리는가. 금방이라도 나는 춤을 출 듯한 발걸음과 자유로워진 손동작에 맞추어 노랫소리가 입 밖으로 절로 나올 것만 같다. 아니나 다를까, 뒤따라오던 여성들이 손뼉을 치며 함께 부르는 노랫소리가 들려온다. 그 노랫말의 의미를 알아들을 수는 없었지만 분명한 것은 나처럼 기분이 대단히 좋을 때에나 나오는, 자연발생적인 노랫소리 같다는 사실이다. 참으로 이상한 일이다. 무엇이 너나할 것 없이 만불정을 오르는 사람들을 즐겁게 하는 것일까? 나는 뒤따라오며 부르는 중국인 여성들의 노랫소리를 들으며, 만불정 정상을 향하여 계속 걸어 올라간다. 걸어가다가 돌아가는 길의 돌출부에서는 잠시 서서 걸어 올라온, 고즈넉한 길과 하늘과 맞닿아 있는 능선 아래를 멀리 내려다보기도 한다. 물론, 내가 그랬던 것처럼 잠시 후에는 뒤따라오던 그들도 약속이나 한 듯이 나처럼 똑 같은 자리에 서서 멀리 바라본다.

어느새 가파른 계단길이 나오자 나는 자동적으로 머리를 들어 올려 다본다. 3,099미터나 된다는 만불정 정상에 다가온 모양이다. 그야말로 산꼭대기에는 새로 건축된 만불각(万佛閣)이 위풍당당하게 서 있다. 흔히 그렇듯 중국의 명산(名山) 정상에는 절[寺]이나 사당[廟]이 세워져 있다. 우리처럼 높은 산을 배경으로 산비탈에 건물을 짓는 게 아니라 중국인들은 산의 정상부에 건물 짓기를 좋아한다. 그것도 지붕의 처마 끝이 사각이든 팔각이든 일제히 하늘로 치켜 올라가 그 기세가 등등해 보인다. 아니, 하늘을 가까이 하고 두려워하는 사람들의 마음이 아니라 되레 오만스러워 보이기까지 한다.

나는 그 만불각의 아래층과 위층을 두루 둘러보고, 가파른 낭떠러지가 있는 동북쪽으로 난 길을 따라 내려오면서 고개를 갸우뚱거린다. 내가 지금 꿈을 꾸고 있는가. 아니면 천상의 세계 어딘가에 와 있기라도 한단 말인가. 사람이라곤 아무도 보이지 않는, 이 길이 꼭 나를 위해 준비해 둔 것 같은 착각에 빠져 버리기 때문이다. 정말이지, 구름은 한참 밑인 산 중턱에 걸려있고, 나는 구름 위 산정 한 능선을 따라 걸어 내려오면서 선선한 바람을 온몸으로 맞는다. 더러, 휘파람을 불기도 하고, 더러, 바람에 살랑대는 풀꽃들의 수줍은 얼굴들을 훔쳐보기도 하며, 양 길가에 울타리처럼 줄지어 서있는 키 작은 나뭇가지 사이에서 숨바꼭질하다가 호기심 어린 눈빛으로 낯선 나를 바라보는 새들과도 눈을 맞춘다. 그런가하면, 겁 많은 다람쥐 녀석이 나의 길을 안내라도 하듯이 앞장서서 종종걸음으로 가다가 뒤돌아서서 빨리 오란 듯이 손짓을 한다. 급기야 나는 바람결에 맞추어 콧노래를 흥얼거리고, 두 팔을 벌려서 가볍게 몸을 움직여 보기도 한다. 그러나 보는 사람은 아무도 없다. 뒤따라오던 중국인들조차 만불각에서 오래 머무는

만불정의 만불각

지 이제는 나 외의 누구의 기척도 감지(感知)되지 않는다.

　아미산(峨眉山)[1]의 무엇이 나를 이토록 황홀하게 하는 것일까. 어제의 근심 걱정은 어디론가 다 사라져 버리고, 무거웠던 몸뚱이조차 한결 가벼워졌으니 말이다. 이 모든 게 보현(普賢)보살[2]의 덕이란 말인가, 아니면 덥지도 춥지도 않은 이곳 산정의 상쾌한 기온 때문일까. 아니면 인적이 드문, 초행길 산에서 홀로 누릴 수 있는, 이 신선함과 자유 때문일까. 아니면 예부터 허령동천(虛靈洞天)이라 불리는 아미산만의 하늘과 땅이 주는 영험(靈驗)한 기운을 내가 받았음일까. 아무리 생각해보아도 '이것이다'라고 딱히 꼬집어 말할 수는 없을 것 같다. 그래, 나는 한 번 더 가보고 싶은 곳이 생긴 셈이다.

-2007. 07. 24. 13 : 05

주 석

제 1부

관계(關係)

1) 빠하르간즈 지역 (Paharganj Area)

뉴델리 기차역 앞 왼쪽(11시 방향) 오 거리로부터 동쪽으로 종심 약 1.2 킬로미터 정도 되는, 승용차 두 대가 가까스로 비껴갈 정도의 길이 나 있는데 그 길 좌우 양쪽으로 수많은 골목길이 뻗어있다. 골목길마다 낡은 2~3층의 건물들이 좌우로 밀집되어 있으며, 시꺼먼 전신주에 전선들이 아주 어지럽게 뻗어있거나 늘어져 있다. 이 일대는 시장(市場)이라 해도 틀리지 않는데, 입구에는 2인조 경찰이 무장한 채 서있고, 안으로 들어서면 여행자들을 위한 게스트하우스를 비롯하여, 별의별 크고 작은 상점들이 밀집되어 있다. 예컨대, 환전소·pc방·음식점·이발소·신발 가방 기념품 옷 등을 파는 가게·옷 수선소·바(Bar) 등이 꽃이나 향료 과일 등을 파는 길거리 좌판과 함께 어우러져 있다.

빠하르간즈 지역의 뒷골목

거리에는 밤낮을 가리지 않고 인파가 붐비고, 그 인파 속을 헤집고 사이클 릭샤 (자전거를 이용하여 두세 명 정도의 사람을 태워 갈 수 있도록 만든 운송 수단)와 오토 릭샤(오토바이를 개조하여 4명 정도 타고다닐 수 있는 운송수단)가 어렵게 오가기도 한다. 가끔, 커다란 소도 길거리 쓰레기 더미를 뒤지기 위해서 골목길을 어슬렁거리고, 노숙자와 볼품사나운 개가 함께 늦잠을 자는 모습이 곧잘 눈에 띄기도 한다. 뿐만 아니라, 소변을 보는 공중변소에서 나는 지린내와 곳곳에 모아놓은 쓰레기 더미, 그리고 묽은 소똥 냄새 등이 뒤섞여 이상야릇한 악취가 진동한다.

2) 바라나시 고시가지(古市街地)

강가 강[갠지즈강] 서쪽 둑을 따라, 그러니까, 남쪽 Nagwa Ghat로부터 북쪽 Raj Ghat까지 약 5킬로미터쯤 되는 길이지만 안쪽(서쪽)으로 크고 작은, 퇴색한 건물들이 들어서 있는데, - 강 동쪽은 대단히 넓은 모래 사장이 펼쳐져 있다 - 이 지역은 대형시장이 있는 평지로 나가기 전까지는 아주 좁고 복잡한 골목길이 뻗어 얽혀있다. 이곳에는 숙박업소와 각종 음식점, 예컨대, 이탈리아식 음식을 파는 가게로부터 독일식 음식을 파는 가게 · 일본식 음식을 파는 가게 · 한국식 음식을 파는 가게 등등이 박혀 있으며, 이외에도 요가 강습소 · 인도음악 강습소 · 기념품과 옷 생필품 등을 파는 가게 · CD점 · 우체국 · 환전소 · 찻집 · 담배 가게 등등이 들어서 있다. 골목길 곳곳에는 쓰레기와 소똥이 널려 있으며, 주로 사람 · 소 등이 걸어 다니지만 가끔 오토바이도 어울리지 않게 지나간다. 물론, 강가 강변으로 내려가는 골목길이 여러 곳에 나있으며, 강변에는 약 20여 개의, 널리 알려진 가트(Ghat : 강, 언덕 또는 오르막길에 놓이는 층층계단)가 있다. 이들 가트에서는 주로 목욕 · 세탁 · 뿌자(Puja : 시바 신에 게 바치는 기도 儀式) · 시신 화장 · 영화 촬영 등이 이루어진다.

강가 강 서쪽 둑 계단길에 건축된 고건물들

그런 강변을 걷다보면, '사두(Shadu)'라 자칭하는 사람들이 이방인에게 시바 신의 축복을 기원해 준다며 손짓하기도 하고, 어린 아이들은 꽃, 빤{Paan : 비틀(betel)이라 하는 인도산 후추과 상록식물의 열매와 다른 재료들을 섞어 나뭇잎에 싸서 먹도록 만든 음식} · 챠이{Chai : 홍차 잎에 물과 설탕 그리고 약간의 우유와 생강 또는 카더멈(cardamom)을 넣고 펄펄 끓여 마시는 범국민적 차} · 기타 장난감 같은 기념품을 팔기도 하며, 곳곳에 설치된 가판대에서는 음료수와 기타 간식거리를 팔기도 한다. 그런가 하면 이발하는 사람 · 마사지를 받으라는 사람 · 명상하는 사람 · 보트를 타라고 호객하는 사람 · '자치기' 하는 아이들 · 크리켓 경기를 하는 젊은이들 · 화장(火葬)에 대한 전문 가이드 등을 쉽게 만날 수 있으며, 소·염소·원숭이 등도 곳곳에서 눈에 띤다. 물론, 한쪽 구석에는 서점과 사원도 있고, 앉아서 명상할 수 있도록 펼친 우산 모양의 콘크리트로 된 시설물도 설치되어 있으며, 작은 배를 수리하는 사람들도 보인다.

3) 난디(Nandi)

카주라호 사원 내에 있는 '난디' 조형물

시바 신이 타고 다닌다는, 등에 혹이 나 있는 검은 황소. 이 '난디'를 사원 앞에 조형물로서 모셔 놓은 곳도 적지 않다. 이 난디는 시바 신을 모시는 시종 가운데 하나로 간주되며, 소의 얼굴을 한 난쟁이로도 조각되기도 한다.

4) 땔감으로서의 소똥

넓은 마당에서 말리고 있는 소똥

기차를 타고 황량한 들판을 가로질러 가다보면 철로 주변, 인근 마을 농가에서 소똥을 둥그런 모양으로 담벽에, 안마당에, 혹은 양지바른 길거리에 널어놓은 것을 흔히 볼 수가 있다. 그리고 강가 강 서쪽 강변을 걷다보면 콘크리트로 구축된 한쪽 경사면에 원반 모양의 소똥을 아주 질서정연하게 널어놓고서 햇볕에 말리고 있는 풍경을 볼 수 있다. 다 땔감으로 사용하기 위한 소똥이다. 소똥은 사람 사는 골목길이라면 어디에서도 볼 수 있다. 막 싸 놓은 물똥 – 먹이가 달라서인지 우리 소(한우)가 싸는 똥과는 그 빛깔과 묽기가 많이 다르다 – 까지 말이다.

5) 우유를 이용한 음료

인도인이 즐기는 유제품은 매우 다양하다. 예를 들면, 도히(Dohi : 매운 음식을 먹을 때에 함께 마시는 응유), 빠니르(Paneer: 채식주의자들이 즐겨 먹는다는 발효되지 않은 치즈), 라씨(Lassi : 차게 마시는 요구르트), 기(Ghee : 요리용 기름으로 쓰는 걸러진 버터), 기타, 챠이(Chai), 팔루다(Faluda), 밀크바담(Mikk badam), 농축우유(Khoya) 등이 있다.

6) 소의 활용가치

소의 활용가치는 우리에게 대단히 크다. 소가 살아서는 노동력과 우유를 제공해 주지만 죽어서는 버릴 것 하나 없이 식용 또는 각종 공산품 원료로 온몸을 준다 해도 틀리지 않는다. 고기·가죽·뼈·내장·털·뿔 등이 요긴하게 쓰이며, 심지어는 담석증에 걸린 소로부터 '우황'이라는 귀한 약재까지도 얻는다.(소가 인간에게 매우 유용하기 때문인지 문학적으로도 좋은 글감이 되어 왔다.)

7) 뭄바이(Mumbai)

원래는 일곱 개의 섬으로 된 지역이었으나 1720년 토지개발계획에 따라 한 개의 섬으로 만들어졌고, 이곳의 원주민인 콜리(Koli) 어부들이 믿어왔던 여신인 '뭄바(Mumba)'의 이름을 따서 1996년 개명되었다 한다. 6세기부터 힌두왕조의 통치를 받았으나 14세기에는 이슬람교인

뭄바이 최고의 호텔
타즈 머헐(Taj Mahal)

들의 침략을 받았고, 1534년에는 포르투갈에 양도되기도 했다. 그러나 캐서린이 영국 찰스 2세와 결혼할 때에 가장 큰 섬을 지참금으로 떼어주기도 하는 등 그 역사가 순탄하지 못했음을 짐작할 수 있다.

현재의 뭄바이는 인도 마하라스트라 주(州)의 주도(州都)로서 국가의 재정과 산업의 중심지답게 대단히 활기차며, 특히, 힌두영화산업이 발달되어 있다 한다. 2,000만 인구가 사는 세계 최대의 도시 가운데 하나이지만 대기오염·교통체증·주택난 등으로 심한 몸살을 앓고 있다.

구시가지에는 식민지 시대에 세워진 장중한 석조건물들이 많이 있고, 철도가 발달되어 있지만, 증가하는 인구를 감당하기가 어려운 듯 보인다. 그래서 현재는 새로운 도시계획에 의거 신도시를 건설 중에 있으며, 아라비아 해의 끝자락에 있는 항구도시로서 인도의 경제력을 실감할 수 있는 도시 가운데 도시임에는 틀림없다. 웨일즈 왕자 박물관 3층 자료보존 스튜디오에서 뭄바이 시의 역사를 영화로도 볼 수 있다.

호텔·박물관·갤러리·극장 등이 많고, 대형 시장이 발달되어 있다. 버스나 마차를 타고 시내 관광을 즐길 수도 있다.

8) 수제비

'툭바(Thugpa)'라 불리는 티베트 국수를 한국 손님들의 입맛에 맞추어 요리한 음식인데 필자가 편의상 붙인 이름임.

야크(yak)

1) 야크(yak)

라싸 시내 한 정육점 앞 길거리 트럭에서 내려지고 있는 야크 고기덩이

소목 소과의 야생동물로 티베트 고원 가운데 해발고도 4,300~6,100미터가 되는 일부의 지역에 분포하고 있는 것으로 알려졌지만 오늘날은 소와의 교배(交配)로 티베트 지역 어디에서나 흔히 볼 수 있다. 털은 원래 짧고 검은 색이지만 옆구리와 꼬리부분은 길고 흰색도 있다. 그리고 뿔은 바깥쪽에서 안쪽으로 휘어지며, 목이 짧고, 우리의 소보다는 키와 몸집이 작은 편이다. 그러나 티베트 사람들은 그 야크를 통해서 우유와 고기와 뿔과 가죽과 땔감 등을 얻고, 운송수단으로도 활용하기도 한다. 때문에 야크는 티베트 사람들과 동고동락해 온, 가장 가까운 동물로서 힘의 상징이며, 재산의 척도가 되기도 했다.

오늘날은 야생에서 가축으로 방목·사육되는데 온몸이 하얀 털의 야크도 간혹 눈에 띄고, 관광객이 많이 몰리는 남쵸[4] 호숫가에서는 사람을 등에 태우고 물속에 서서 사진을 찍도록 훈련되어 있기도 하다. 그리고 이른 아침 티베트의 수도인 라싸 시내 정육점 앞 길거리에서는 네 등분된 야크 고깃덩이가 트럭에서 내려지는 모습도 어렵지 않게 볼 수 있다. 현재, 야크 고기는 여러 가지 방법으로 가공, 진공포장되어서 일종의 육포(肉脯)로 관광객들에게 팔리고 있기도 하다. 뿐만 아니라, 레스토랑에서는 소고기 대신에 야크고기가 접시에 올려지고, 야크유로 만든, 비린내가 나는 차를 어디에서든 마실 수 있다. 뿐만 아니라, 이들 유목민의 전통적인 노래와 춤이 어우러지는 마당에서도 어김없이 야크가 등장한다. 그리고 웬만한 음식점에 가면 크고 힘이 세 보이는 야크 수놈 사진이 벽에 걸려 있는 모습을 흔히 볼 수 있다. 뿐만 아니라, 산비탈 작은 마을에 가면 마을 입구에 돌무더기가 있고, 그 위로, 혹은 가정집이나 상점의 출입문이 있는 처마 밑에 육자진언을 새겨 넣은 야크 뿔이 장식품처럼 올려져 있기도 하다. 그만큼 야크는 티베트 사람들의 생활 구석구석에서 중요한 자리를 차지해왔다는 뜻일 것이다.

2) 육자진언(六字眞言)

옴·마·니·반·메·훔 : 이 육자진언의 의미에 대해서는 제5부의 글 〈신(神)이라기보다는 삶의 지혜를 일깨워주는 스승인데〉의 주석 '옴마니반메훔'을 참고하기 바람.

육자진언 석각

3) 롱북사원

초모랑마 베이스캠프로 들어서는 길목에 있는 불교사원으로, 사람들은 흔히 이곳에 먼저 들러 안전한 산행을 기원한다. 이 사원 앞에 서면 초행

길인 사람도 초모랑마가 멀지 않음을 직감할 수 있다. 그곳으로부터 세차게 불어오는 바람에 룸달이 나부끼고, 눈 녹은 물이 흘러 내려오는 강 줄기도 보이는 등 낯선 풍경 앞에서 자신도 모르게 긴장되기 때문이다. 이미 사원 앞 공터는 야영지처럼 여행자들의 천막이 여러 동 쳐있고, 사원의 스님은 끊임없이 찾아오는 사람들이 귀찮은 듯 무표정이다.

4) 남쵸(納木錯) 호수

남쵸호숫가의 불비는 관광객들

티베트 수도인 라싸에서 북서쪽으로 약 200킬로미터 정도 떨어져 있는데 버스나 지프로 약 3~4시간 정도 걸린다. 중간 중간에 소변을 보기 위한 간이화장실을 들러야 하고, 두 군데 이상의 체크포인트도 거쳐야 하며, 해발 5,190미터의 '라켄라(那根拉)' 고개를 넘어가게 되는데 그곳에 내려서 기념사진도 찍고 잠시 주변 풍광을 감상하기 때문이다.

'남쵸' 라는 말은 티베트어로 '하늘 호수' 라는 뜻이라는데, 그만큼 하늘과 가깝게, 다시 말해, 높은 곳에 있다는 의미로 붙여진 이름이다. 이 호수는 해발고도 4,718미터에 있으며, 총면적이 1,920평방킬로미터에 달한다 한다.

구름 한 점 없는 파란 하늘빛과도 같은 물빛이 수평선을 이루고 있지만 그 뒤편으로 펼쳐진, 7,162미터의 '녠첸탕구라봉(念靑唐古拉峰)' 이 하얀 눈을 머리에 이고 있는 모습과 어울려 온통 눈이 부시다.

라싸에서 이 남쵸 호수를 가려면 인원수에 맞는 버스나 지프를 이용하여 가게 마련인데, 중국여행사를 통해서 가이드와 함께 가야만 한다. 그리고 호수 주변에는 천막이 쳐있는데 그곳이 바로 숙소를 겸한 음식점이다. 뿐만 아니라, 주차장에서부터 걷거나 말을 타고 호수의 물이 있는 곳까지 – 어림잡아 약 250미터정도 되어 보이는 지정된 코스이지만 – 이

동하며, 물가에 도착해서는 훈련된 야크를 타고 얕은 물속에 서서 사진을 찍기도 한다. 물론, 대부분은 현지 티베트인들이 이 일에 종사하며, 그들은 적극적으로 호객행위를 한다.

관광객들이 더러 짧은 거리를 굳이 말을 타고 가는 이유는 고산지대에서의 산소부족으로 빨리 걸으면 두통이 나거나 가슴이 답답해져 오기 때문이다. 특히, 노약자는 라켄라(那根拉) 고개를 넘어서면서부터 이미 경미한 두통을 느끼거나 속이 매스껍고, 가슴이 답답해져 옴을 느끼게 된다. 심지어는 버스 안에서 구토를 하는 사람도 있다. 그래서 호수에 도착하면 모든 사람이 아주 천천히 걷는다.

당일치기를 하든 숙박을 하든, 이 호수에 오는 사람이라면 라싸 시내에서 미리 음료수를 비롯한 간식거리를 부족하지 않게 구입하여 오는 것이 좋다. 왜냐하면, 현지는 물가가 비쌀 뿐만 아니라, 필요한 물품을 파는 가게 또한 마땅히 없기 때문이다. 심지어는 가는 길에 화장실 같지 않은 간이 또는 임시 화장실에서 소변을 보아도 돈을 요구하기도 한다.

팅그리(定日)에서 만난 모래바람

1) 네팔(Nepal)

히말라야산맥 중앙부의 남쪽에 위치한 왕국으로, 북쪽으로는 티베트와, 동서남쪽으로는 인도와 인접해 있다. 수도는 카트만두이며, 면적은 14만 7000㎢, 인구는 약 2,300만 명으로 아리안족(80%)·몽고족(17%)이 대부분이다. 종교는 힌두교(89.4%)와 불교(9%)가 중심이며, 산

네팔의 전형적인 시골 풍경

스크리트어에서 갈라져 나온 네팔어가 공용어로 쓰이지만 10여 개 소수부족어도 사용된다. 농업에 바탕을 둔 시장경제체제이며, 전체 인구의 약 90%이상이 농촌에 살고, 노동인구의 90%가 농업에 종사한다. 그렇지만

관광이 주요 외화 수입원으로 그 비중이 매우 높다. 부처님이 태어난 '룸비니'가 있고, 8,000미터 이상 되는 높은 산봉우리가 많다(에베레스트·칸첸중가·마칼루·초오요·다울라기리·마나슬루·안나푸르나 등). 그리고 카트만두 계곡에 모여 있는 네와르족의 조각과 회화·건축물 등은 네팔의 자랑스러운 문화유산으로 각국의 여행자를 불러 모으고 있다 해도 과언이 아니다.

2) 장무(樟木)와 코다리

장무의 숲과 산비탈에 건물들

네팔사람(네팔리)들은 '카사'라 하고, 티베트 사람들은 '덤'이라 부르는 장무(해발고도 2,300미터)는 계곡을 이루는 U자형의 가파른 산등성이에 건물들이 밀집되어 있어 우리 시각에서 보면 별장촌 같다. 이곳에는 출입국관리사무소(세관)·숙박업소·식당·서점·약국·기타 각종 상점(의류·환전소·은행·기념품 판매·핸드폰 등)들이 모여 있다. 티베트 다른 곳에서는 거의 볼 수 없는 초록의 숲이 우거져 있고, 계곡엔 물도 풍부하다. 네팔과 티베트를 오고가는 대형트럭들로 붐비고, 네팔리가 자주 눈에 띠기도 한다. 실제로 적잖은 네팔사람들이 살고 있다 한다. 이곳으로부터 네팔과의 실질적인 국경선인 '우정의 다리'까지는 약 8킬로미터가 되며, 이 다리를 건너가면 곧바로 네팔의 출입국관리사무소가 있는 '코다리'라는 작은 마을이다.

팅그리 도로변 풍경

3) 팅그리(定日)

티베트의 수도 '라싸'로부터 네팔로 가기 위해, 혹은 네팔의 국경도시인 '코다리'에서 라싸로 가기 위해 거치는 길목으로, 티베트 남서쪽에 위치해 있다. 해발고도 4,390미터로 남쪽으로는 히말라야 산맥을 경계로 평원이 펼쳐져 있으며, 8,000미터 급 설산 봉우리를 가장 많이 볼 수 있는 지역이기도 하다. 흔히, 관광객들은 이곳에서 하루 정도 묵으며 에베레스트[초모랑마] 베이스캠프나 라싸 혹은 네팔로 넘어가기 때문에 도로 양쪽으로 건물들이 줄지어 있는데, 숙박시설·식당·은행·음식점·자동차 정비소·기타 상점 등이 있다. 건물들은 대체로 오래되고 낡았지만 콘크리트로 신축중인 큰 공사장도 몇 보인다. 도로에는 자동차들이 질주하는데 이따금씩 짐을 실은 트럭이 오고가고, 그 대부분은 관광객을 실어 나르는 지프들이다. 그리고 집에서 기르는 소·돼지·개 등이 길거리로 나와 도로가에서 어슬렁거리기도 한다. 공사장에서는 남녀할 것 없이 눈만 내놓고 머리와 얼굴 전체를 천으로 가리고 일을 한다. 아마도, 직사광선과 잦은 모래바람을 피하기 위해서일 것이다.

초모랑마 베이스캠프에서
1) 초모랑마 = 에베레스트 산

네팔과 티베트 영토 내에 있으며, 해발고도 8,850미터(1998년 미국 탐사대가 산 정상에 GPS 장비를 설치했으며, 그에 따른 높이이다. 물론, 중국과 인도에서도 이 산의 높이를 각각 측정 발표했는데 조금씩 차이가 난다)로 지구상에서 가장 높은 산이다. 네팔에서는 '사가르마타(하늘의 이마)'라 부르고, 티베트에서는 초모랑마(세상의 어머니)로 불린다. 그리고 현재 중국어로는 주무랑마 펑(珠穆朗瑪峰)으로 불린다. '에베레스트'라는 말은 1865년 이후 인도 측량국장을 지낸 영국인 관리였던 조지 에버리스트 경의 이름에서 유래되었다 한다.

캉 린포체를 바라보며
1) 수미산(須彌山 : Sumeru)

아비달마구사론(존자 세친 지음, 삼장법사 한역, 권오민 국역) 제8권

'분별세품'에 세상 곧 우주가 어떻게 짜여있는가를 상세하게 기술하고 있는데, 그것에 의하면 '기세간(器世間) 3계(界)론'으로 요약된다. 기세간이 일종의 하드웨어라면, 3계는 소프트웨어인 셈인데, 기세간은 세상을 떠받치고 있는 기둥 위로 9산(山) · 8해(海) · 4대주(大洲)가 있고, 3계는 밑에서부터 욕계(欲界) · 색계(色界) · 무색계(無色界)로 되어 있다 한다.

기둥은 원통형이며, 밑으로부터 풍륜 · 수륜 · 금륜으로 연결되어 있고, 금륜 위 중앙으로 수미산이 솟아 있다. 이 수미산은 '묘고산'이라고도 하며, 금 · 은 · 패유리 · 수정 등 4가지 보배로 되어 있으며, 신이 머무는 궁전이 있다 한다.

그리고 이 수미산은 8산 · 8해 · 4대주로 둘러싸여 있는데, 8산이란 유건달라 · 이사타라 · 걸지낙가 · 소달려사나 · 알습박갈라 · 비나달가 · 니민달라 · 천륜위 등으로, 유건달라 ~ 니민달라를 내산(內山)이라 하며 모두 금(金)으로 되어 있다 한다. 천륜위를 외산(外山)이라 한다.

8해(海)란 여덟 가지 공덕수(달고, 차가우며, 부드럽고, 가벼우며, 맑고 깨끗하며, 냄새나지 않고, 마셔도 목구멍에 손상되지 않으며, 배가 아프지 않음)로 되어 있는 7해 곧 내해(內海)와 짠물로 차있는 1해 곧 외해(外海)로 되어 있다.

4대주란 남쪽의 섬부주, 동쪽의 승신주, 서쪽의 우화주, 북쪽의 구로주 등이며, 섬주부 밑에 8한(寒) 8열(熱) 지옥이 있다 한다.

욕계란 6욕천, 8대지옥, 4대주, 방생과 아귀의 처소 등을 합쳐 20처(處)로 되어 있는데, 6욕천이란 사대왕중천 · 삼십삼천 · 야마천 · 도사다천 · 낙변화천 · 타화자재천 등이며, 8대지옥이란 등활지옥 · 흑승지옥 · 중합지옥 · 호규지옥 · 대규지옥 · 염열지옥 · 대열지옥 · 무간지옥 등이다.

그리고 욕계 위에 있는 색계란 4정려로 되어 있는데, 제1정려로부터 제3정려까지는 각각 3처가 딸려 있으며(3×3=9), 제4정려만 8처가 딸려 있다. 곧, 무운천 · 복생천 · 광과천 · 무번천 · 무열천 · 선현천 · 선견천 · 색구경천 등이 그것이다. 그리고 제1정려에 딸린 3처란 범중천 · 범보천 ·

대범천 등이고, 제2정려에 딸린 3처란 소광천·무량광천·극광청천 등이고, 제3정려에 딸린 3처란 소정천·무량정천·변정천 등으로 모두 합하여(3×3 +8) 17처(處)가 된다. 이 색계의 17처와 그 아래에 있는 욕계 20처를 합쳐서 '유색계'라 한다.

그리고 가장 위에 있는 무색계는 4처로 되어 있는데, 곧 공무변처·식무변처·무소유처·비상비비상처 등이 그것이다.

따라서 수미산이란 석가모니 부처님의 말씀에 근거하여 후대의 종교이론가들(대승불교에서는 이들조차 부처님의 말씀을 설명하기 위해 오신 '보살' 또는 '존자'로 말하지만)이 구축해 놓은 상상의 산으로, 우주의 중심이라는 상징적 의미가 있을 뿐이다. 그런데 일부의 사람들은 티베트 서북쪽에 있는 카일라시 산을 수미산으로 여기기도 하는데 이는 분명 이치상 맞지 않는 일이다. 또한, 힌두교에서는 이 카일라시 산의 정상 부근을 Gods of Desire Realm으로 여기기도 한다.

참고로, 불교의 수미산에 해당하는 힌두교의 산은 '메루산(Mt. Meru)'으로, 역시 금으로 되어 있으며, 그 영적 우주적 만다라(Spiritual Cosmic Mandala)는 다음과 같다.

〈다음 : Kailash Mandala pp.112~113〉

*Gods of Formless Realm
*Gods of Form Realm
*Gods of Desire Realm
*Wheel of Life : God, Demi-God, Human, Animal,
　Hungry Ghost, Denizen of Hell

*Thorns - Gravel Water - Joyless Realm
*Sand - Water - Joyless Realm

*Swamp - Water - Joyless Realm

*Smoke - Joyless Realm
*Fire - Joyless Realm
*Great darkness - Joyless Realm
*Great wailing - Joyless Realm

2) 백두산(白頭山)

　북한의 함경 남·북도와 중국 동북지방(東北地方：滿洲)의 길림성(吉林省)이 접하는 국경에 걸쳐 있는 산으로 높이는 2,744m(중국측 발표는 2,749.6m)이다. 백두산은 우리 한민족의 발상지이면서 동시에 삶의 터전이요, 정신적 고향으로 성스럽게 여겨졌다. 그리하여 백두산과 관련하여 수많은 전설들이 구전(口傳)으로, 혹은 산재되어 있는 여러 문헌 속에서 전해져 왔지만 잊혀져 가는 상황 하에서 지난 2002년 중국 연변민간문예가협회(대표 : 김동훈) 회원들에 의해서 그 자료들이 수집, 정리되어 한 권의 전설모음집 〈민초들의 삶 속에 투영된 백두산 이야기 73 : ISBN 89-85331-87-6〉이란 이름으로 서울 '신세림' 출판사에서 발행된 바 있다.

3) 힌두교

강가 강에서 행해지고 있는 시바 신에 대한 기도 의식

　기원전 1,000년 전부터 인도 땅에 존재했다하며, 창시자나 그 중심이 되는 권위자가 없는 것이 다른 종교와 크게 다르다. 다만, 스스로 존재하며 영원한 실체로 말해지는 브라만(Brahman)이 상정되어 있을 뿐이다. 이 브라만은 모든 신들의 근원이며, 절대자로서, 궁극적 실재이며, 형태가 없지만 모든 존재의 근원으로 말해지기도 한다. 힌두교에서는 많은 신들이 존재하는데 그들 신조차 이 브라만이 형상을 띠고 나타난 것으로 여긴다. 믿음의 대상과 숭배방식은 지역과 사람에 따라 다르지만 힌두교라는 이름 아래에서는 몇 가지 공통점이 있다. 곧, 브라만은 인간 내면의 참다운 자아인 '아트만'과 동일하며, 창조신인 브라마와 유지신인 비시누, 그리고 파괴신인 시바 신 등이 브라만의 세 측면에 지나지 않는다고 여긴다. 그리고 모든 생명체는 동일한 근본을 가지기에 존중되어야 한다는 믿음에서 살생과 육식금지 등이 강조되며, 업에 따라 윤회를 거듭하고, 윤회의 사슬에서 벗어나는 것이 삶의 궁극적인 목적이라고 믿는다. 또한, 신분상의 계층도 브라만의 뜻으로 받아들이고, 윤회의 사슬에서 벗어나는 것을 해탈이라 하며, 그것을 이루기 위해서 나름대로 수행 방법을 모색한다.

4) 히말라야 산맥

대 히말라야·아삼 히말라야·트랜스 히말라야 등으로 구분되는 히말라야 산맥은 인도지각판이 유라시아지각판과 충돌하여 생긴 조산대로 신기습곡산맥이다. 그러니까, 중생대 말에서 신생대에 걸쳐 형성되었고, 고도가 높고 기복이 심한 것이 큰 특징이다. 초모랑마는 아삼 히말라야 산맥에 있고, 캉 린포체는 트랜스 히말라야 산맥에 있다.

5) 캉 린포체 = 카일라시 산(Mount Kailash)

티베트 사람들은 '캉 린포체(Kang Rinpoche)' 또는 '캉 티제(Kang Tise)'라 부르며, 해발고도 6,638미터(네팔에서는 6,714미터로 말함)로 티베트 고원의 남동쪽에 있는 Mt. Gurla mandata와 북서쪽에 있는 Mt.

『카일라시만다라』책표지

Kunlung 사이에 있다. 이 카일라시 산은 여러 종교의 축으로서 신도들의 순례지가 되어 있지만 종교마다 각기 다른 의미를 부여하고 있다. 곧, 티베트 불교(라마교)에서는 수미산이라 하고, 인도·네팔의 힌두교에서는 시바 신의 고향 또는 낙원이라 하며, 티베트 원시 물활론적 샤머니즘인 본교에서는 산신(山神)인 게코(Gekho)의 크리스탈 신전이라 한다. 특히, 이 산은 인더스 강·셔틀러취 강·브라마푸트라 강·야롱창포 강 등 인도나 티베트로 흐르는 큰 강의 발원지이며, 인근에 2개의 호수, 곧 Manasalovar 호수와 Rakshas Tal 호수를 갖고 있어 해당 종교인들은 더욱 성스럽게 생각한다. 특히, 마나살로바 호수를 아주 신성시 여기는데 본교에서는 각별한 의미를 부여하고 있다. 곧, 이 호수의 물이 인간을 비롯하여 모든 생명체의 원기를 불어넣어 주며, 이 호수에서 목욕하면 지혜와 지식으로 충만하게 되며, 신의 뜻을 이해하게 된다고 믿는다. 이 호수는 해발고도 4,510미터에 있고, 그 둘레가 88킬로미터이며, 가장 깊은 곳이 70미터에 이른다 한다. 어쨌든, 이런 자연적 혹은 종교적 배경으로 이 캉 린포체는 2개의 신화 곧, The Gesar myth와 Myth of King Norzang을 갖고 있다. 자세한 내용은 Tsewang Lama가 지은 〈Kailash Mandala〉를 참고하기 바람.

6) 라마교

7세기 인도로부터 전래된 탄트라[7]불교를 국교로 채택한 티베트에서 오늘에 이르기까지 독자적으로 발전시킨 티베트 불교(Tibetan Buddhism)에 대한 별칭으로, 라마(스승)에 의해서 수행의 방법을 비롯한 제반 종교적 활동이 이끌어지는 불교이다. 티베트 불교는 주로 인도의 학자·고승 등(파드마삼하바·샨타락시타·아티샤 등)에 의해서 전래·변화·개혁되지만, 그리고 그 과정에

라마교의 상징처럼 된 경전기(經轉機)

서 5개의 종파(①닝마파 : 파드마삼바바 ②카담파 : 아티샤 ③카귀파 : 말파 ④게룩파 : 종카파 ⑤샤카파 : 독미)가 형성되지만 한 가지 공통점이 있다면, 수행자가 종교적 목적 달성을 위해서 아주 비밀스런 방법을 사용한다는 점이다. 비밀스런 방법을 사용하기 때문에 '밀교(密敎)'라는 또 다른 별칭이 붙지만, 여기서 종교적 목적이란 석가모니 부처님처럼 진리를 깨달아 온갖 고통으로부터 벗어나 기쁨을 누리는 일이고, 비밀스런 방법이란 단계적인 명상을 통해서 '신격(神格)' 또는 '존자(尊者)'라 불리는 존재들과 동일하게 되는 상태를 '빠르고, 쉽게' 체험 유지하는 훈련 곧 수행을 일컫는다. 그 방법에 대해서는 구체적인 설명이 불가피한데, 이를 약술하면, 첫째, 신격이라는 존재에 대한 인지(認知)가 전제되며, 둘째, 그 신격 앞에서 자신의 존재(부족함·불완전함)에 대한 반성·성찰이 요구되고, 셋째, 자신과 신격을 동일시하는 훈련(상상·사고력집중)을 하는데 바로 이 과정에서 만다라·얀트라·만트라 등의 도구[8]를 이용하며, 동시에 라마 곧 스승의 인도(引導)가 절실히 요구된다. 이 비밀스런 방법에 대해서는 대일경(大日經)과 금강정경(金剛頂經) 외 탄트라 경전[9]에서 엿볼 수 있다. 이처럼 종교적 목적 달성을 위한 수행상의 중요한 역할을 하고, 죽어서도 다시 환생하여 중생을 제도하는 일에 관여하는 존재가 곧 '라마'라는 믿음이 전제되기 때문에 오늘날에도 그에 전적인 신뢰를 보내고 있는 것이고, 그(들)에 의해서 이끌어지기를 바라는 종교적 믿음 체계를 라마교라 할 수 있다.

7) 탄트라(Tantra)
제4부의 글 〈입 맞추고 포옹하는 부처님〉의 주석 '탄트라'를 참고하기 바람.

8) 만다라·얀트라·만트라
제4부의 글 〈상상력을 자극하는 팔코르최데 쿰붐의 남녀 성교 벽화〉의

주석 '명상이나 정신집중에 도움을 주는 도구들' · '만다라' · '만트라'
등을 참고하기 바람.

9) 탄트라 불교경전
제4부의 글 〈상상력을 자극하는 팔코르최데 쿰붐의 남녀 성교 벽화〉의
주석 '대일경' · '금강정경' · '밀교수행법' 등을 참고하기 바람.

아미산(峨眉山)의 금정(金頂)에서 만불정(万佛頂)까지
1) 아미산(峨眉山)

아미산 내 청음각

아미산(蛾眉山)은 중국인에게보다 외국 사람들에게 더 잘 알려진 산으로 중국 사천성(四川省) 분지(盆地) 서남쪽에 있다. 1996년 러산대불(樂山大佛)과 함께 세계자연문화유산으로 지정되었다. 이 아미산은 산서성(山西省)의 오대산(五台山), 절강성(浙江省)의 보타산(普陀山), 안휘성(安徽省)의 구화산(九華山) 등과 함께 중국 불교 4대 성산(聖山)으로 꼽힌다. 그런 만큼 이 아미산은 불교(佛敎)와 무술(武術)로써 유명하다.

도교경전에 '虛靈洞天', '靈陵大妙之天'으로 기록된 것으로 보아 처음에는 도교(道敎)가 유행했던 곳으로 판단된다. 그런데 동진(東晉)시기에 고승(高僧) 혜지(慧持) · 명과선사(明果禪師) 등이 이 아미산에 들어와 수행하면서 보현(普賢)보살의 도량(道場)으로서 자리를 잡게 되었다. 당송(唐宋) 이후에 나날이 불교가 발전 · 흥성하여 명청(明淸) 시기에 최고조로 발전하여 그 전성기를 누렸다 한다. 여러 나라에서 불상(佛像)과 스님들이 들어오고, 마침내 '佛國仙山'이라는 이름을 날렸다. 불확실한 통계이지만, 역대 창건된 사묘(寺廟)가 무려 200여 곳[座]에 이르렀다는데 현재 남아있는 사묘는 새로 지은 사묘를 합하여 20여 곳밖에 되지 않는다.

일설에 의하면, 일본군과 홍위군에 의해 많이 파괴되었다 한다. 현재는 보국사(報國寺)·복호사(伏虎寺)·뇌음사(雷音寺)·순양전(純陽殿)·청음각(淸音閣)·만년사(萬年寺)·홍춘평(洪椿坪)·선봉사(仙峰寺)·세상지(洗象池)·금정사(金頂寺)·만불각(万佛閣)·화장사(華臧寺) 등이 널리 알려져 있다.

그리고 아미산의 무술(武術)은 춘추전국시대에 태동하여 명대에 아미파가 확고하게 형성되었으며, 자기방어적(自己防禦的) 기법(技法)으로서 부드럽다[和風格]. 물론, 오늘날에도 소림·무당(武當)파 무술과 함께 중국 3대 무술파의 하나로 자리매김하고 있다. 아미파는 亦柔亦剛·內外相重·長短竝用하며, 武德·人術·養氣 등을 중요하게 생각한다. 뿐만 아니라, 正直·善良한 마음을 전제로 인도주의적인 정신과 浩然之氣 함양을 목표로 한다.

그러나 현재 아미산 일대에서 얼마나 많은 사람이 전통적인 무술을 연마하고 있는지에 대해서는 필자에게 아무런 정보가 없으며, 아미파 무술 실연(實演)도 보지 못했다.

아미산의 주봉(主峰)은 금정(金頂: 3,077미터)과 만불정(万佛頂: 3,099미터)이며, 금정에는 금정사와 사면십방보현금상이 있으며, 만불정에는 만불각이 있다. 금정에서 만불정까지는 등산로가 있으나 인위적으로 통제하고 있으며, 현재는 모노레일 소형 관광열차를 타고 천천히 10여 분 정도 간다.

세상 사람들은 이런 아미산의 10대 볼거리[10大胜景]로, 雙橋淸音·大坪霽雪·金頂祥光·夢峰晴云·白水秋風·靈岩疊翠·九老仙府·聖積晚鐘·洪椿曉雨·象池夜月 등을 꼽아왔는데 요즈음에는 새로운 시설물들이 들어선 탓인지 관점이 바뀌어, 金頂金佛·万佛朝宗·小平情綠·淸音不湖·幽谷靈猴·第一山亭·磨崖石刻·秀甲瀑布·迎賓準·名山起點 등으로 말하기도 한다. 또한, 아미산의 절정이 바로 금정인데 이 금정의 4대 볼거리를 日出·海雲·佛光·聖灯 등으로 친다.

그리고 이 아미산은 지형지세가 특수하고, 산밑과 산정의 온도차(6월의 경우에 산밑이 섭씨24.1도인데 산정은 9.0도이다. 반면, 1월에는 산밑이 6.9도인데 산정은 영하 6.0도이다)가 심하고, 강수량이 또한 풍부하여 3,200여 종의 고등식물이 서식하고 있으며, 2,300여 종의 동물이 살고 있다 한다. 이런 의미에서 중국인들은 이 아미산을 '식물왕국' 내지는 '천연박물관' 이라 자랑하기를 주저하지 않는다.

아미산 경내에는 2성급 호텔로부터 5성급 호텔이 있으며, 그밖에 산장도 있다. 그 대부분이 아미산 관광의 기점인 旅遊客運中心 부근과 금정을 오르기 전에 있는 뇌동평, 그리고 금정에 있다. 그리고 토산품으로는 茶葉 · 雪魔芋, 中藥材 등이 있다.

2) 보현보살(普賢菩薩)

아미산 금정사 내에 있는 보현보살상

문수보살(文殊菩薩)과 함께 비로자나불[3]을 협시(脇侍)하는 보살로서 문수보살이 여래의 왼편에서 부처님의 지덕(智德)과 체덕(體德)을 맡는다면 보현보살은 오른쪽에서 이덕(理德) · 정덕(定德) · 행덕(行德) 등을 맡는다. 특히, 중생의 목숨을 길게 하는 덕을 가졌다하여 '보현연명보살', '연명보살(延命菩薩)' 이라고도 부르는데, 흔히 흰 코끼리를 탄 모양과 연화대에 앉은 모양 등으로 묘사되어 왔다. 금정사에 있는 사면십방 보현금상은 연화대 위로 네 마리의 코끼리가 있고 그 위로 보현보살이 가부좌한 모습이다.

보현보살은 모든 부처님의 본원력(本願力)에 근거하여 중생에게 이익이 되는 원(願)을 세워서 수행하는 것을 그 임무로 삼고 있다. 이것을 '보현의 행원' 이라 하는데, 흔히 이를 십대원(十大願)으로 요약한다. 곧, ① 모든 부처님께 예배 · 공양하고(禮敬諸佛) ②모든 부처님을 우러러 찬탄

하고(稱讚如來) ③모든 부처님을 널리 공양하며(廣修供養) ④스스로의 업장을 참회하고(懺悔業障) ⑤남의 공덕을 따라서 기뻐하며(隨喜功德) ⑥부처님이 설법해 주기를 청하고(請轉法輪) ⑦부처님이 이 세상에 오래 머무르기를 청하고(請佛住世) ⑧항상 부처님을 따라 배우고(常隨佛學) ⑨항상 중생들에게 순응하며(恒順衆生) ⑩두루 모든 것을 가지고 회향하는 것(普皆廻向) 등이다. 이 10대원은 금정에 위치한 금정사에 새로 조성된 사면십방보현금상(四面十方普賢金像) 밑면에 황금빛으로 잘 새겨져 있다.
 이 10대원은 모든 불자들이 실천해야 한다는 것으로 강조되어 왔으며, 우리나라에서는 고려 광종 때의 균여(均如)가 보현보살의 십대원을 소재로 하여 〈보현십원가 普賢十願歌〉[4]를 지어서 널리 유포시키기도 하였다.

3) 비로자나불(毘盧遮那佛)

 모든 부처님의 진신(眞身)인 법신불(法身佛)을 일컫는다. 그러니까, 보리수 아래에서 깨달음을 얻은 인간으로서의 석가모니는 이 비로자나불이 중생을 제도하기 위해서 시공으로 응신(應身)하여 나타났다고 보는 것이 대승불교의 기본 시각이다. 이처럼 수많은 부처와 보살들을 이 지구상에 나타나게 하는 진정한 부처님인 셈인데 이 비로자나불을 사람들은 법신불이라 하여 몸 신(身)자를 써서 표현하는데 이는 분명히 모순어법이다. 이 부처님은 《화엄경》이나 《대일경》이나 《금강정경》 등 많은 경전에서 보통 사람의 육안으로는 볼 수 없는 광명(光明)으로 묘사된다. 그런데 이들 경전에서는 보현보살(普賢菩薩)을 비롯한 수많은 보살들이 이 비로자나불의 무량한 광명에 의지하여 설법(說法 : 부처님의 말씀을 설명하는 행위)하는 형식을 취하고 있다.

4) 보현십원가(普賢十願歌)

 고려 광종 때에 균여(均如)가 지은 향가(鄕歌)로 보현십종원왕가(普賢十種願往歌) 또는 원왕가(願往歌) 등으로도 불린다. 창작연대는

963~967년 사이로 여러 설이 있다. 균여는, 혁련정을 통해서 지은 자서전인 《균여전》에서 《화엄경》 보현행원품(普賢行願品)의 어려운 종취(宗趣)를 소재로 하여 지은 향가를 통해서 중생을 교화하고자 한다고 그 창작동기를 밝히고 있다. 전체 11수로 되어 있는데 보현보살의 십대원의 순서를 그대로 취하되 제목만 '~품'을 '~가'로 고치고, 그 밖의 다른 글자는 거의 그대로 쓰면서 10수의 향가를 창작하였다. 그리고 〈총결무진가 總結无盡歌〉를 덧붙여, 11수로 짜 놓았다. 곧, 예경제불가(禮敬諸佛歌)·칭찬여래가(稱讚如來歌)·광수공양가(廣修供養歌)·참회업장가(懺悔業障歌)·수희공덕가(隨喜功德歌)·청전법륜가(請轉法輪歌)·청불왕세가(請佛往世歌)·상수불학가(常隨佛學歌)·항순중생가(恒順衆生歌)·보개회향가(普皆廻向歌)·총결무진가(總結無盡歌) 등이 그것이다. 전체적인 내용은 보현보살이 제시한 열 가지 원을 작자 스스로 행하고자 하는 다짐이다.

2

피졸라 호숫가에서
목욕재계하는 순례자들
촛불 밝힌 꽃배를 띄우는 마음으로
시바 신의 형상 앞에서
산책길에 만난 사두들
믿음이란
여인의 눈웃음
인도 거지들의 눈빛과 미소
신화(神話)에 매여 사는 사람들의 얼굴에 비낀 그림자

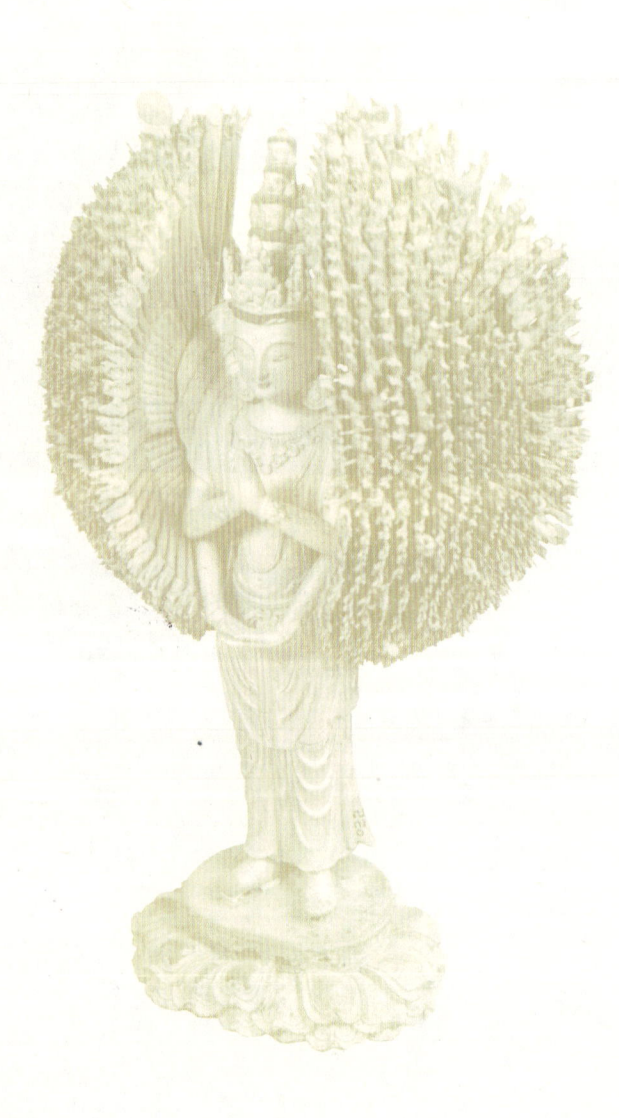

화려한 호텔이 되어버린 왕의 여름궁전

세상이 변하여 왕의 여름궁전이 호텔로 탈바꿈해서 호수 가운데에 그림처럼 하얗게 떠있다. 그야말로 그림속의 떡이 되어있는 것이다. 호숫가 다른 한 쪽에서는 아낙네들이 빨래하느라 허리를 굽힌 채 분주한 손놀림이 계속되고 있다. 돌이켜 보면, 언제 궁이 부르튼 아낙의 손을 어루만져 준 적이 있던가.

피졸라 호숫가에서

황혼에 물든 피졸라 호숫가와 시티팰리스

나는, 호숫가[1] 한 쪽 구석진 곳의 주인 격인, 커다란 보리수 밑동에 기대어 앉아있다. 눈에 들어오는 풍경들을 아무런 생각 없이 바라보기도 하지만 가끔씩은 두 눈을 지그시 감기도 한다.

그런 내가 있는 곳으로부터 물가 쪽으로 다섯 계단쯤 아래에서는 네 명의 여인들이 빨래를 한다. 옷감에 비누칠을 하고, 그것을 손으로 문지르고, 호수에 넣어 흔들고, 쥐어짜는 일을 되풀이하는 데에 여념이 없다. 하지만 그들이 걸치고 있는 전통적 복장인 싸리[2]와 온갖 장신구[3]들이 거추장스러워 보인다.

다시 그곳으로부터 우측으로 열댓 걸음정도 떨어진 곳에서는 바로 뒤편에 있는 아주 작은 신전에 들르기 전에 목욕하는 중년 남자도 있지만, 자신들이 끌고 온 개와 염소를 목욕시키는 젊은 사내들도 있다. 그리고 더 멀리는 '호수 궁전'[4]이라 불리는, 하얀 색의 호텔이 물위에

피졸라 호수와 어우러진 시내 백색 건물들

그림처럼 떠있다. 한 때 이 지역을 통치하던 자의 무더운 여름날 궁전이 호화로운 호텔로 탈바꿈하여 손님들을 맞이하고 있다. 아주 돈 많은 사람들이나 그곳에서 숙식(宿食)을 하지만 대다수의 사람들은 멀리서 바라볼 뿐이다.

　여전히 보리수 밑동에 기대어 앉아있는 나의 좌측으로는, 호수를 끼고 조성된 장방형 정원이 야외 레스토랑이 되어 외국에서 온 손님들을 맞이하고 있다. 커다란 나무들이 군데군데 서서 만들어내는 그늘진 곳으로는 고급스런 식탁과 의자들이 배열되어 있고, 그곳에서는 주로 서양 사람들이 삼삼오오 앉아서 점심식사를 오래오래 즐기며, 이 '피졸라' 호수의 풍광(風光)을 감상한다. 한편, 호수 건너편에는 소위 '시티 팰리스(City Palace)'라 하여 오래된 궁전과 부속건물[5]들이 밀집되어 있어 과거 영화(榮華)를 말해주듯 제법 웅장하면서도 위엄 있게 서있다. 그리고 그 아래 왼쪽 끝에서는 수십여 명의 여인네들이 모여서 빨래하느라 분주하게 움직인다.

그런가 하면, 기 십여 명이, 낡았지만 울긋불긋한 천으로 장식한 유람선을 타고 지나며 이 곳 정적을 잠시 깨뜨리기도 한다. 그리고 간간이 비스듬히 누워서 독서하는 남녀를 태운 작은 목선이 유유히 지나간다. 그렇듯, 이방인들은 이곳의 과거와 현재를 즐기기에 여념이 없어 보이는데 현지인들은 그들을 상대로 돈을 벌기에 정신이 없는 것 같다. 손님의 눈치를 살피며 노를 젓고, 부산하게 오토릭샤⁶⁾를 운전하고, 주방에서는 특별 음식을 요리하고, 그림을 그려 팔고, 차를 나르고, 게스트 하우스에서는 계산기를 두드리고, 골목길 곳곳에서는 돌을 조각하며 행인들을 부른다. 한 마디로 말하여, 살아있는 것들은 오로지 살기 위해서 저마다 분주할 따름이다.

박물관으로 쓰이는 한 궁전의 화려한 장식(Mor Chouk)

12월 하순이긴 하지만 이 남국(南國)의 햇살을 직접 쬐기에는 너무 따갑다. 나는 여전히 호숫가 보리수 밑동에 기대앉아서 가끔씩 두 눈을 지그시 감기도 한다. 눈을 감아야 몸 밖 세상이 더 잘 보이고, 자신의 몸을 휘감고 지나가는, 물기 머금은 서늘한 바람의 촘촘한 올까지도 들여다보이기 때문이다.

―2007. 03. 19. 12 : 05

목욕하기 위해 호숫가 계단을 내려가는 순례자들

    브라마 신이 떨어뜨린 연꽃잎이 호수가 되었다는 푸시카르 호숫가로 목욕하러 내려가는, 12월 어느 날의 순례자들이다. 젊은 사람들이라기보다는 나이가 제법 들어 보이는 어른들이다. 색상이 하려해 보이지만 보잘 것 없는 터번과 누추한 복장, 야윈 몸과 불안해 보이기까지 하는 걸음걸이가 나의 상상력을 자극하지만 나는 그저 저들의 겉모습을 훔쳐볼 뿐 마음속을 들여다보지는 못한다. 다만, 달걀조차도 먹지 않는다는 저들의 종교적 신념이 가냘픈 육신과 청정한 영혼을 물가로 인도하고 있음엔 틀림없으리라.

목욕재계하는 순례자들

주인보다 먼저 일어난 사막의 낙타

아침해가 떠오르긴 했지만 높은 산에 가로막혀 밤새 이곳 모래 위와 이부자리로 엉겨붙은 습기를 말리기에는 조금 더 기다려야 할 것 같다. 고단한 몸을 사막 모래 위로 뉘인 채 하룻밤을 잔 여행자들은 이제 다시 또 낙타를 끌고 떠날 차비를 하기에 분주하다.

멀리 보이는 사막의 끝자락에 작은 호수가 신기루처럼 떠 있고, 그 주변으로는 2, 3층의 하얀 건물들이 줄지어 서있다. 그 가운데에서도 높은 언덕에 위치한 사원을 찾는 사람들의 발길은 끊이지 않고, 그곳 잔잔한 수면 위로는 어느새 산을 넘어온 아침햇살이 깨끗하게 쏟아져 내리고 있다. 그 무렵, 어디에선가 한 무리의 사람들이 호숫가 동쪽 계단으로 몰려가고 있다.

하지만 이들보다 먼저 커다란 소 세 마리가 바닥을 드러낸 호숫가 한 쪽을 차지한 채 누워서 되새김질을 하고 있고, 비둘기 떼까지 무리지어 있다. 간혹, 원숭이 두세 마리가 소리를 지르며 질주하듯 그들 속으로 파고들어 소란을 피우기도 하지만 이곳을 찾은 이방인들은 호숫가 위쪽 계단에 서서 그 낯선 풍경을 말없이 바라볼 뿐이다.

계단을 내려가는 한 무리의 사람들은 분명 여자가 아닌 남자들인데 치마인지 바지인지 분간하기 어려운 하얀 천¹⁾을 아랫도리에 걸치고, 머리에는 한결같이 터번²⁾을 두르고 있다. 특히, 깡마른 몸매와 수척한 얼굴에 자란 구레나룻과 수염, 그리고 까무잡잡한 피부에 깊은 주름 등으로 미루어 보면 5, 60대 정도는 족히 되어 보이지만 실제 나이보다 더 늙어 보이는 사람들인지도 모른다.

푸시카르 호숫가 풍광을 감상하는 여행자들

그들은 중간쯤에 있는 비교적 폭이 넓은 계단에서 좁은 몇 계단을 더 내려가 자신들의 초라한 신발과 각양각색의 윗옷을 벗어 가지런히 개어 놓고는 호숫가로 하나 둘 내려간다. 그들은 그곳 콘크리트로 구축해 놓은 장방형 둑³⁾으로 걸어가면서 가볍게 준비운동을 하듯 팔과 상체를 움직이다가 마침내 조심스럽게 배꼽까지 넘기는 물속으로 하반신을 밀어 넣는다.

물속에 늘어간 그들은, 각자 태양을 향해 서서 양손바닥을 자신의 가슴에 대었다가 합장한 후 이마에 댄 채 기도하듯 머리를 주억거린다. 이런 간단한 의식을 마치는 족족 자신들의 팔과 가슴에, 그리고 머

목욕 후 터번의 물기를 털어내고 있는 순례자들

리칼에 물을 적신다. 그리고는 머리와 온 몸에 비누칠을 하는 이도 있지만 대개는 비누칠을 하지 않고 상체 구석구석을 손으로 문지르기 시작한다. 그런 다음 물속으로 잠수했다가 수면위로 떠오르는 동작을 여러 번 되풀이한다. 물론, 물속으로 손을 넣어 자신들의 사타구니와 항문까지 깨끗하게 씻는지는 보이지 않아 알 수 없지만 대개는 흰 천으로 된 바지를 겸한 팬츠 같은 옷을 입고 들어갔다가 그대로 나온다. 그런가하면 자신들의 옷가지를 주물러 때를 뺀 다음 그것을 기저귀 같이 길게 펼친 채 양쪽 끝을 팽팽히 잡아당기며 물기를 털어대는 이들도 있다.

그렇게 목욕을 마친 이들은 대개 두 손바닥을 모아서 담아온 물을 자신들이 벗어 놓은 옷가지에 뿌리고 나서 주섬주섬 챙겨 입는다. 그들의 이런 동작은 아주 느릿느릿 이루어지지만 동작 하나하나에는 오랜 세월 동안 되풀이 되어 온 자연스러움과 익숙함이 묻어 있다.

브라마(Brahma)[4] 신이 연꽃잎을 떨어뜨렸을 때에 생겼다는 푸시카르(Pushkar) 호숫가[5]의 12월 하순 어느 날 아침 풍경이다. 이곳 사람들은 이 호수를 신성시하여 신발을 벗고 계단을 내려가 목욕을 하며, 술·고기 등 음식을 가리고, 심지어는 달걀조차도 먹지 않는다 한다.

비록, 이들 같은 순례자보다 단순한 관광객들이 더 많고, 이곳에 사는 대다수 사람들 역시 그들을 상대로 장사하기에 여념이 없는 이들이지만 이 아침 이 호숫가에서 무리지어 목욕재계(沐浴齋戒)하는 저들이야말로 내게는 천사처럼 보인다. 아니, 하늘에서 호숫가로 나풀나풀 떨어지던, 그 하얀 꽃잎들이 사람의 모습으로 둔갑(遁甲)하여 지금 내 눈에 들어온 것은 아닐까? 그 형색이야 볼품없기 짝이 없지만 그들의 얼굴빛은 참 밝고, 그 속에 박힌 눈동자는 더욱 초롱초롱하기 이를 데 없는 것이 꼭 딴 세상 사람들인 것만 같으니 말이다.

-2007. 02. 28. 13:32

디아스를 손에 들고 기도하는 힌두 여인들

　네팔의 여인들이 티즈(Teej Festival) 축제 기간 동안에 촛불 밝힌 꽃배를 만들어서 강물에 띄우기 전 잠시 강가에 서서 가족의 무병장수와 복을 기원하는 기도를 시바 신에게 올리는 모습이다. 불과 20여 년 전만 해도 우리는 정월 대보름날을 맞이하여 떠오르는 달을 보며 저마다 소원을 빌었고, 섣달 그믐날 밤에는 집안에 어두운 악귀들을 몰아내고 잠입해 들지 못하도록 구석구석에 불을 밝히고, 집안 식구들은 뜬눈으로 밤을 새우기도 했었다. 뿐만 아니라, 정월 보름날 밤에는 마당 가운데에서 마른 대나무를 태웠는데, 타면서 내는 요란한 소리와 함께 훨훨 솟아오르는 불꽃처럼 집안의 재복(財福)이 넘치고 넘치기를 천지신명께 기원했었다. 오늘날은 그저 불꽃놀이와 촛불집회가 대신하지만 그 간절함과 믿음에 있어서는 예전 같지가 않다. 다른 역사 다른 문화를 가지고 살아가는 지구촌 사람들에게도 기원하는 방식은 다르겠지만 인간으로서 똑 같은 소망이야 있지 않겠는가.

촛불 밝힌 꽃배를 띄우는 마음으로

힌두성지 가운데 한 곳인 바라나시의 강가 강에 가면 강물에 떠다니는 '디아스'[1]라 불리는, 일종의 '촛불 밝힌 꽃배'를 쉽게 볼 수 있다. 직경 10센티미터 정도 되어 보이는, 종이 또는 바나나 잎으로 만든 원반형 접시 위로 아주 작은 꽃 몇 송이나 꽃잎이 놓여있고, 그 가운데에는 － 일부는 푸른 잎으로 더 장식을 하기도 하지만 － 아주 자그마한 촛불이 타고 있다. 특히, 동이 트기 전 강변을 거닐거나 작은 배를 빌려 타고 나가 강심에서 일출을 기다리노라면 그 디아스를 사라고 호객행위를 하는 사람들이 접근한다. 그들이 신성하다고 하는 이 강가 강물에 그것을 띄우면 시바 신의 축복과 함께 개개인의 소원이 이루어진다하여 적지 아니한 순례자나 여행자들은 기꺼운 마음으로 구입하여 그것을 강물에 띄우곤 한다. 그리하여 강기슭과 강심 곳곳에서는 촛불이 타고 있는 꽃배가 사람들의 기원을 담아 수련(睡蓮)처럼 떠다닌다.

뉴델리 기차역 부근 빠하르간즈 지역(Paharganj Area)[2]의 복잡하고도 악취가 진동하는 골목길에 있는 작은 식당의 40대 주인 남자는, 매일 아침 대부분이 여행자들인 손님을 맞느라 2층 주방과 아래층 홀을 좁고 가파른 계단을 통해서 오르락내리락하느라 대단히 분주하다. 그런 와중에도 그가 빠뜨리지 않고 하는 일 한 가지가 있는데, 그것은 식당 한 쪽 벽에 걸어 놓은, 코끼리 얼굴에 불룩하게 튀어나온 배를 가진 사람 모양의 '가네시(Ganesh)'[3]라는 신상(神像)에 경배(敬拜) 드리는 일이다. 곧, 꽃송이들을 실에 꿰어 만든, 목에 거는 염주 같은 '줄꽃'을 싱싱한 것으로 바꾸어 걸고, 맞은 편 창틀 위에 놓인 보잘 것 없는 향로(香爐)에 향을 피우고, 잠시 합장한 채 기도하는 행위이다.

어둠 속 강물에 떠가는 디아스

아마도, 복(福) 중에 복인 재복(財福)을 가져다준다는 가네시에 대한 믿음에서 일 것이다.

인도에서 태동한 3대 종교인 힌두교·불교·자이나교 등의 사원(寺院) 수십 여 동(棟)이 바위산 돌 속으로 구축된, 경이로운 엘로라 석굴[4]로부터 약 1킬로미터 정도 떨어진 곳에 한 힌두사원[5]이 있다. 그 주변으로는 작은 시장(市場)처럼 조성된 상점들이 모여 있고, 그곳에서는 별의별 물품들을 진열해 놓고 파는데, 특히 사원의 출입문 좌우 상점과 바로 앞쪽 거리 좌판에서는 신(神)께 헌화(獻花)·헌물(獻物)할 수 있는 갖가지 물건들을 사고파느라 정신들이 없다. 남녀노소 구분할 것 없이 사람들은 신발을 벗고, 줄을 서서 사원 안으로 걸어 들어가는데 결국 시바 신의 상징인 남근(男根)과 같은 원통형 기둥 앞으로 가서 저마다 정성껏 가져온 꽃과 과일과 과자류 등을 헌화·헌물하고, 경우에 따라서는 헌금(獻金)도 하며, 경배(敬拜) 드리면서 기도한다. 비록, 사원은 초라하지만 기도에 효험이 있는 탓인지 현지인들이 끊임없이 몰려들어와 북새통을 이루고 있다.

고아 주(州) 남단 '팔롤렘(Palolem)'이라는 해안가에 있는 한 게스트 하우스에 딸린 레스토랑 한 쪽 구석에 성모(聖母) 마리아 상을 모셔 놓고, 그 앞에는 촛불 대신 빨간 전구를 켜놓고, 마리아 상에 줄꽃을 걸어 놓은, 아주 작은 신전이 있다. 대다수의 손님이나 종업원들은 그곳에 눈길 한 번 주지 않지만 어느 날 아침 주인이 나타나 빨간 전구에 전원을 넣고, 마리아 상에 꽃을 바꾸어 걸고, 잠시 서서 기도한 후 자신의 가슴에 성호(聖號)를 그린다. 과거, 고아 주가 포르투갈 식민지였던 탓인지 그곳에서는 그 많고 많던 불교·힌두교·자이나교·이슬람교 등과 관련된 사원이 거의 보이지 않고 성당이나 교회가 곧잘 눈에 띈다. 심지어는 사업장이나 가정집에서도 예수 그리스도나 십자가·성모 마리아·기타 성인(聖人)들의 상을 모셔 놓고 헌화하고, 촛불을 밝히고, 경배 드리기도 한다. 한 마디로 말하여, 이곳에서는 경배 드리는 대상(對象)이나 신(神)이 바뀌었을 뿐 경배 방식만은 조금도 다름이 없다.[6]

비록, 물질적으로는 옹색하지만 자신들이 믿는 신에게 촛불을 밝히고, 싱싱한 꽃을 바치면서, 저마다의 소원을 기원하며, 기도드리는 저들의 마음만은 아름답지 않은가. 물론, 소원을 빈다 해서 꼭 성취되는 것은 아니

식당 주인으로부터 싱싱한 꽃목걸이를 받은 '가네시' 신

지만 저들의 간절한 믿음 속에 겸손이 배어 있기 때문이다. 마치 이른 아침에 옥상에 올라가 떠오르는 태양을 향해 서서 자신의 두 손을 펴 가슴에 댄 다음 합장한 채 머리를 몇 번 주억거리는, 우다이푸르[7]에서의 젊은 사내의 모습을 우연히 훔쳐볼 때처럼, 나는 저들의 동작을 가까이에서 바라보며 내 어릴 적 어머니 모습을 떠올린다.

  어머니는 막 솥에서 떼어낸 떡시루를 뒤뜰 장독대 항아리 위로 옮겨 놓는다. 그 떡시루 안에는 신새벽에 떠온 맑은 물이 정안수로 놓여지고, 촛불이 켜진다. 아직도 김이 모락모락 피어오르는 떡시루를 앞에 놓고, 어머니는 천지신명(天地神明)께 합장한 채 머리를 조아려 경배드린다. 하지만 아직 집안 식구들은 아무도 잠에서 깨어나지 않았다. 가족들의 생일을 맞이하여, 혹은 새해를 맞이하여 가족들의 건강과 행복을 기원하기 위해서 어머니는 며칠 전부터 음식을 가리고, 말과 행동을 조심스럽게 삼가하며, 몸과 마음을 깨끗이 해 온 터이다.

-2007. 03. 10. 13:55

재미있는 시바 신의 형상

　사람들은 단 한 번도 보지 못한 신(神)일지라도 마치 자신의 눈으로 직접 본 것처럼 그 형상물을 만들어 놓아야 직성이 풀리는 모양이다. 아니, 직성이 풀린다기보다는 그래야만이 신이라는 존재를 자신의 내부로 쉽게 끌어들일 수 있고, 또한 그림으로써 신에 대한 믿음이 더욱 공고해지기 때문일 것이다.

　특히, 인도인들은 신들에 대해서 인성(人性)을 부여하여 신의 위상과 역할과 특성을 직극직으로 드러내어 표현하기를 좋아하는 것 같다. 그들이 각별하게 숭배하는 시바 신의 모습을 한낱 고행하는 수행자로, 혹은 요가의 대가로, 혹은 부부의 정이 돈독한 가장으로 표현하는 것도 같은 맥락일 것이다.

　그림은 시바 신(남신)과 부인인 파르바티(여신) 그리고 코끼리 머리를 지닌 아들인 '가네시'라는 신상이다. 나는 이런 신상들을 보면서 그것에 투사된 인간의 마음을 먼저 읽게 된다.

시바 신의 형상 앞에서

'우다이푸르(Udaipur)' 시가지에 있는 한 게스트하우스에서 이틀 밤을 머물 때였다. 나는 옥상에 마련된 식당에서 저녁식사를 하고 있었다. 식탁 앞에 앉아서도 시가지와 '피졸라' 호수의 일부와 그 건너편 '시티팰리스'가 훤히 내다보인다. 이 정도면 내가 지불하는 음식값이나 숙박료에 비해 너무나 전망이 좋다. 나는, 인도인의 정서를 소리를 통해서 느껴 보기 위해서 특별히 인도의 명상음악을 요청하여 들으며, 야채 스프와 닭고기 요리에 시원한 맥주 한 잔을 곁들이고 있었다.

그런데 갑자기 내 옆 식탁으로 시끄러운 사람 두 명이 와 앉는다. 어느 서양인 한 사람과 게스트 하우스의 지배인인, 얼굴색이 가무잡잡하고 수염을 기른 전형적인 인도인이다. 그들은 내가 모처럼 갖는 여유로운 침잠(沈潛) 따위는 안중에도 없는 듯 큰 소리로 대화를 나누기에 정신이 없다. 급기야는 벽에 걸린 포스터를 떼어와 질문하고 설명을 하느라 논쟁을 하다시피 주위를 온통 소란스럽게 하고 만다. 나는 자신도 모르게 고개를 돌려 언짢은 심사를 내비치게 되고, 그들은 그런 나를 의식한 듯 소리를 낮추어 말하려 애쓰기도 한다. 어쨌든, 가만히 그들의 대화를 들어보노라면 코브라가 어떻고, 삼지창이 어떻고 하는 것이 시바 신의 모습에 대한 서양인의 의구심을 지배인이 해소시켜 주고 있는 상황 같았다.

처음 보았을 때 나 역시 심히 의아스럽게 생각했던, 바로 그 인물상이다. 저 사람은 도대체 누구인가? 분명, 사람은 사람인데, 그것도 아름다운, 아니 예쁜 사람인데 한 손에는 삼지창이 들려 있고, 다른 한 손에는 그의 어깨 위로 머리를 치켜들고 있는 코브라의 몸통이 잡혀 있다. 얼굴과 팔, 목에는 화장을 진하게 한 듯 재를 발라서 희뿌옇게 보이고, 이마에는 붉은 점이 찍혀 있다. 그리고 목에는 크고 작은 목걸이가 여러 개 걸려있고, 긴 머리의 일부는 땋아 정수리 쪽으로 올려져 있고 나머지는 그냥 어깨 위로 늘어뜨려진 상태다. 눈썹은 짙고, 눈은 깊고 맑으며, 코는 길고 바르게 솟아있다. 입술은 두텁지도 얇지도 않아 전체적인 얼굴과 잘 조화를 이루는 것 같고 붉은 립스틱이 칠해져 있다. 그런 그의 전체적인 모습은 꼭 여자만 같은데 남성이라 하며, 그가 곧 인도인들이 가장 많이 섬기는, 수행중인 시바 신의 모습이라 하니 황당할 수밖에 없지 않은가.

아니, 황당해 할 일만도 아니다. 지금껏 자신의 모습을 한 번도 보여주지 않아서 볼 수 없었던 신(神)의 형상에 대해서조차 우리는 임의로 상상하거나 유추하여 그리고, 조각하고, 조형하고, 혹은 기호로써 상징화하여 표현해 오지 않았는가. 예수 그리스도나 부처나 공자처럼 실존했던 인물들일지라도 그들의 형상을 만들어 놓고 경배드림으로써 그들의 존재에 대한 믿음을 더욱 공고히 해왔던 것처럼 형태가 없거나 지금껏 한번도 보지 못한 대상일지라도 그에 대한 믿음을 갖게 하려면 형태가 있는 것처럼 그리고, 본 것처럼 그 대상을 형상화해야 하는 것이 우리 인간에게는 요긴한 일일 것이다. 다시 말해, 인간은 존재하지도 않는 신에 대해서는 존재하는 것처럼, 그리고 보지 못한 신에 대해

부처

예수와 성모마리아

공자

옥황전에 모셔진 옥황상제

중국 태산 신

루동빈을 모신 사당

서는 직접 본 것처럼 모두의 눈으로 확인할 수 있도록 형태와 색깔로 써 표현해 놓아야만 하는 입장에서 벗어나기 어렵다는 뜻이다. 그렇게 라도 해야 사람들은 '신'이라는 관념적 존재를 형상물과 동일시하여 쉽게 자신의 내부로 끌어들일 것이고, 또, 그럼으로써 신에 대한 신뢰를 갖게 될 것이기 때문이다.

  그런 탓인지 인도의 힌두교인들은 시바 신을 비롯하여 많은 신들의 모습을 변형된 인간의 형상으로 표현하고 있고, 중국인들도 하늘의 신, 곧 천제(天帝)를 사람의 모습과 조금도 다를 바 없게 표현해 놓고 있다. 그런가하면, 시바 신을 경배하는 힌두교인들은 발기된 남근 같은 돌기둥을 '우주의 중심' 내지는 '힘의 상징'이라며 오늘날까지도 그것에 헌화하고 우유와 귀한 약물까지 뿌리기도 한다. 그런가하면, 수많은 사람들은, 부처와 그의 제자들이나, 성모 마리아와 예수 그리스도나 기타 성인(聖人)으로 평가되는 인물들이나, 공자(孔子)·노자(老子) 등의 인물상 앞에서 촛불을 밝히고, 향을 피우고, 기도하기도 한다. 그런가하면, 아무것도 없는 벽을 향해 무릎을 꿇고 엎드려, 혹은 십자가 앞에서, 혹은 일원상 앞에서, 정좌한 채 기도하지 않는가.

  무릇, 인간이란 자신의 불완전성을 메워줄 능력을 갖춘 신(神)을 창조하고, 그 신에 의지하며 살아가는 속성을 지니고 있다. 그것도 생각할 수 있는 능력을 가지고 있기에 가능한 일이지만 말이다.

  그리고 인간은 자신의 꿈을 현실 사회에서 모두 실현시키지 못하기 때문에 – 사실, 원천적으로 그럴 수밖에 없는 것이지만 – 살아있는 동안은 부단히 꿈을 꾸게 마련이다. 오늘보다 나은 내일을 생각하고, 이승에서 이루지 못한 꿈은 저승에서라도 이루어지기를 기대하는 것이 바로 인간이다. 특히, 현실적인 삶이 힘들고 절망적일 때에는 더욱 그러한 것 같다. 역설적으로 말해, 절망이 있기에 희망을 꿈꾸는 셈이다. 우리는 그 희망을 미래에, 아니면 다음 생에, 아니면 천국에서, 아니면 극락에서 꽃 피우리라 믿고 싶어한다. 그런 믿음에 힘을 실어주는 것이 바로 종교이고, 그 종교의 한 가운데 있는 것이 바로 신이다. 따라서 신이야말로 인간 스스로가 끌어들인, 자신의 꿈을 실현시켜 주리라 믿는 대역적(代役的) 존재로서 인간에 의해 창조된 것이 아닌가 싶다. 오늘 내가 목격한, 사람이 만든 시바 신의 형상을 놓고 벌이는 두 사람의 설전(舌戰) 역시 넓은 의미에서 본다면 긍정과 부정을 통한 신을 창조하는 행위가 아니겠는가.

-2007. 04. 14. 17 : 47

사두의 얼굴-1

 2006년 12월 10일 강가 강변 한 가트에 앉아 수행중인 사두의 모습이다. 그는 웃옷을 다 벗고 아침햇살을 온몸으로 받으며 손에 들린 염주를 흔들고 있었는데, 그의 굳게 다문 입술은 결연한 의지를 엿보게 하고, 검게 탄 피부와 깡마른 몸은 고행하는 그의 검약한 생활을 짐작하게 한다. 그리고 두툼해 보이는 안경렌즈는 그도 나이를 먹어가고 있다는 사실을 환기시켜 주는데 부족하지 않다.

사두의 얼굴-2

2006년 12월 13일 카주라호에 있는, 한 자그만 사원에 머무는 사두 모습이다. 그의 얼굴과 피부가 화장한 것처럼 하얗게 보이는 것은 그의 바로 앞에 있는 화톳불의 재를 발랐기 때문이다. 그는 수염을 기르고, 상투를 틀고, 목걸이를 착용했으며, 귀걸이는 보이지 않지만 양 귓불에 구멍을 뚫은 흔적이 역력하다. 두 눈은 약간 충혈되어 있으며, 열악한 환경에서 고행을 하는 탓인지 약간 파리해 보인다.

산책길에 만난 사두들

나는 한 달 동안 인도 여행을 하면서 참으로 많은 사두(Sadhu)[1]를 만났다. 아니, 만났다기보다는 그저 오며가며 그들이 내 눈에 띄었을 뿐이고, 내가 일방적으로 그들을 바라보았을 뿐이다. 솔직히 말하여, 나중에는 내가 먼저 그들을 피하려 했지만 말이다.

귀국 후 다시 한 달이 지나는 현 시점에서 나의 머릿속에는 사두 네 분이 남아 계신데, 그 가운데 세 분은 모두 바라나시[2] 강가 강변에서 우연히 마주쳤거나 나에게 호의적인 제스처를 취한 분들이었다. 그리고 나머지 한 분은 카주라호에서 우연찮게 찾아가 뵌 분이었다.

**

나는 아침식사를 간단히 마치고 강변으로 산책을 나갔었는데 그곳에는 여전히 강가 강물이 흐르고 있었고, 강 건너 너른 모래사장과 강변 돌계단을 거닐거나 앉아있는 사람들의 이마위로 아침햇살이 쏟아지고 있었다. 그 가운데 유독 한 사람이 내 눈에 들어와 박힌다.

그는, 상체에는 아무것도 걸치지 않았으며, 겨우 가랑이 사이를 긴 천으로 가린 것 같은 옷차림[3]을 하고 있다. 검게 그을리고 깡마른 몸에 노화(老化)가 현저하게 진행된 탓인지 전신의 피부가 쭈글쭈글 말라보이기까지 한다. 그는, 계단을 내려오는 사람들이나 주변의 행인 따위는 전혀 의식하지 않는 듯 오른손의 엄지와 검지 사이에 긴 염주를 걸쳐 놓고 계속해서 위아래로 흔들어대고 있다. 그런데 희한하게도 손을 흔드는 속도와 그 동작의 크기가 아주 균일하다. 어쩌면, 그는 오랫동안 반복되어 온, 그래서 몸에 밴 자신의 그런 단순행위를 통해서 잡념을 잊고 화두(話頭)에 집중하는지도 모를 일이다. 정말이지, 그는 과연 무슨 생각을 하는 것일까? 아니, 아무런 생각조차 없이, 그야말로 무심한 상태에서 마음의 평정(平靜)을 누리고 있는지도 모를 일이다.

  그런 그에게 다가가 "당신은 지금 무슨 생각을 하고 있습니까?"라고 묻고도 싶었지만 굳이 그의 집중된, 혹은 텅 비어 있을 마음의 고요를 깨뜨리고 싶지는 않았다. 그래서 나는 그의 모습을 가까이에서 바라보는 것만으로 만족하며, 먼 옛날 보리수 아래에서 명상삼매에 빠진 부처를 떠올리기도 했다.

바라나시 강가 강 한 가트에서 만난 두 사두

**

  아마도, 그를 만나기 전 날이었던 것 같다. 나는 오후 시간에 강변 계단을 횡으로, 그러니까, 상류 쪽에서 하류 쪽으로 쭉 걸어가고 있었다. 한참을 걷다보니 비교적 너른 계단에 아주 그럴싸해 보이는 사두 두세 사람이 앉아 있었다.

그들은 한결같이 늙어 보이지만 다른 사두와는 달리 생기(生氣)가 느껴진다. 우선, 복장도 화려하거니와, 수염과 머리를 길게 기르고 삼지창의 지팡이⁴⁾를 들고 있으며, 기다란 염주까지 목에 걸고 있다. 겉으로 보아도 종교적 수행자 내지는 지도자처럼 보이는 게 사실이다. 설령, 고행하는 사두라 해도 일정한 권한과 임무가 공식적으로 부여된, 제도권 안의 사두가 아닐까하는 의구심마저 든다.

그런데 내가 '당신들이 바로 사두입니까?' 라고 다가가 묻기도 전에 한 노인양반이 자신을 바라보는 나에게 "내가 바로 사두다."라고 말하는 것이 아닌가. 그가 입 밖으로 내뱉는 말을 온전하게 알아들을 수는 없지만 분명 '사두' 라는 단어가 명료하게 들려온다. 드디어 우리는 가까이 마주 앉지만 말이 통하지 않아 서로 웃으면서, 하고 싶은 많은 말들을 삼켜야만 한다. 그러나 그는 함께 사진 찍는 일을 기꺼이 응해주면서 나에게 염주 알 하나를 건네주기도 한다. 나도 합장하면서 고맙다는 인사를 잊지 않는다. 아니, 건강하게 오래오래 사시라는 속세의 기원을 담아서 손을 흔들며 미소까지 지어 보인다.

**

어느 새 어둠이 강물을 끌어안고, 너른 대지를 품에 안기 위해서 두 팔을 크게 펼쳐든다. 도심이야 아직도 오가는 사람들로 북적대면서 이 어둠의 팔을 완강히 거부하겠지만 이 곳 강변 화장터는 간간이 켜있는 가로등이 힘겹게 서있긴 해도 모두가 제 자리에 선 채 어둠의 품안으로 안기기를 거부하지 않는다. 심지어는 여남 구의 시신들이 여기저기에서 불타고 있어도 멀리서 보면 아이들이 경사진 들판에서 쥐불놀이 하는 것처럼 가물가물 보인다.

나는 신분이 높은 사람만 화장한다는 화장터 위쪽 구석진 곳을 막 둘러 나오려는 참이었다. 무언가가 어둠 속에서 꿈틀거리는 듯 바스락거리는 소리가 들린다. 내려다보니 골판지를 세워 개집처럼 만들어 놓고, 그 안에서 가부좌를 틀고 앉아 명상하는, 아니 고행을 자임하고 있는, 말조차 잊은 사두가 아닌가.

충격이 아닐 수 없다. 이렇게 늘 시신이 불타고 있는 화장터 한 구석에서 육신을 학대하다시피하며 영혼의 불을 밝힌 사두이다. 얼핏 보아하니, 그는 이미 허리까지 굽어 있으며, 헝클어질 대로 헝클어진 머리칼 위로는 장작과 시신이 타면서 내는 숱한 불티가 내려앉고, 검은 연기는 끊임없이 솟아오르며 인근 건물들의 처마를 그을리고 있다. 이런 와중에 그는 과연 무슨 생각을 하고 있으며, 무엇을 얻고자 하는 것일까?

**

며칠 후 나는 이 곳 어지러운 강가 강을 떠나 한적한 카주라호[5]로 갔다. 그곳에서 에로틱한 조각으로 유명한 사원(寺院)[6]들과 작은 마을들을 둘러보기 위해서 나는 자전거 페달을 힘차게 밟으며 언덕길을 넘어 들길을 가로지르고 있었다. 그 때였다. 커다란 나무가 서 있고, 그 옆으로는 빨간 깃발이 대나무 끝에 걸려 나부끼고 있었다. 바로 그 옆 둥근 지붕 끝 첨탑이 보이는 것으로 보아 이 마을 사람들이 찾는, 작은

네팔 카트만두 인근 '파슈파티나트' 힌두사원에서 만난 사두

사원임을 나는 어렵지 않게 알아차릴 수 있었다.

 호기심에 나는 일행(一行)⁷⁾과 함께 그곳에 들어갔다가 그만 붙잡히고 말았다. 그곳에는 한 사람의 사두와 동네 어른 둘과 청년 한 사람이 다 꺼진 듯한 화톳불을 가운데 놓고 빙 둘러 앉아 뭔가 대화를 나누고 있었다. 나는 신발을 벗고 먼지투성이인 시멘트 바닥을 걸어 들어가 옹색한 곳에서, 게다가 말도 잘 통하지 않을 사두와 대화를 시도한다는 것 자체가 왠지 여느 때와는 달리 썩 내키지 않았다.

 내가 껄끄럽게 걸음을 떼어 놓자 사두와 소박하게 보이는 이웃 사람들은 아주 친절하게 '어서 오라.'고, '여기에 앉으라.'고 자리를 가리키며 우리를 맞이한다. 나와 일행이 자리를 잡자, 사두는 손님이 왔다고 한 꼬마 아이를 부르더니 냄비에 물을 떠오라고 말한 후, 손수 다 꺼진 것 같은 재위로 작게 자른 코코넛 껍질을 몇 개 올려놓더니 입으로 바람을 불어넣어 어렵싸리 불을 피운다. 얼마 후 그 위로 물과 홍차, 그리고 약간의 우유와 설탕이 들어있는, 시커멓게 그을리기도 했지만 다 쭈그러진 냄비를 올려놓고서 펄펄 끓여댄다. 소위, 인도인들이 즐겨 마시는 '챠이Chai'라는 차(茶)를 우리에게 대접하기 위해서이다.

희뿌옇게 재를 바른 얼굴[8]에 미소를 띠며 사두는, 끓인 차를 걸러서 여섯 개의 잔에 나누어 따른 다음 함께 마시자고 손짓으로 권한다. 그렇게 우리는 딴에 각별한 정성이 깃든 차를 마시면서 서로의 눈치를 살피듯 궁금한 점들을 물어보기 시작한다.

"당신은 하루 종일 이곳에 앉아 무슨 생각을 하십니까?"라고 묻자, 그는 오로지 "신(神)에 대해서만 생각한다."고 말한다. 물론, 그곳에 함께 있던 젊은 청년이 영어를 힌디어로 통역한다. "가족은 있느냐?"라고 묻자, "나를 낳아준 부모님은 있지만 내가 낳은 자식은 없다." 라고 말한다. "하루에 무엇을 어느 정도 먹고 사느냐?"라고 묻자 "하루 한 끼니 정도를 먹고 이렇게 차를 마시거나 담배를 피우며 산다."고 말한다. "현재 몇 살이냐?"라고 묻자 "65세"라고 엉거주춤 대답한다. 그의 가녀린 손이나 얼굴 내지는 귀 밑 살결로 보아서는 40대 중반 정도나 될까 말까 싶은데 그는 참말이라고 강조한다.

이렇게 대화의 실마리를 풀어가려는데 사두는 불현듯 자신의 왼편에 앉아 있는 일행의 손을 펴 보이라더니 그의 손금을 살핀다. 그리고는 몇 살까지 살 것이고, 현재 사랑하는 사람이 둘이라는 등 의외의 말 몇 마디를 하고는 피식 웃어 보인다. 일행이 놀라는 표정을 감추지 못하는 동안에도 사두의 몸에서는 한기가 들린 것처럼 가시가 돋친다. 이윽고 그는 나에게도 하얀 이가 다 드러나도록 활짝 웃으며 손을 펴

보이라고 한다. 하지만 나는 극구 사양하고 만다. '손금을 보려면 적어도 너희들보다야 한 수 위인 종로나 대학로가 아니면 중국에 가서 보아야지 내가 왜 여기서 그대에게' 하며 나는 속으로 피식 웃는다.

그러자 이제는 깊게 숨겨 놓았던 것인지 아닌지 알 수 없지만 어디에선가 꺼낸 잎담배 같은 것을 종이에 꽁꽁 말아 불을 붙인 다음 그것을 빨아들이는데 그 동태(動態)가 사뭇 가관이다. 왼손으로는 그 담배를 잡고 오른손으로는 자신의 입 주변을 막고서 대여섯 번 이상을 연속적으로 빨아들이는데 양 볼이 푹 꺼져 들어간다. 그리고는 천정을 바라보며 길게 내품는다. 그렇게 두어 번 하고는 이웃사람들에게도 피우던 담배를 넘겨주며 권한다. 그것을 받아든 마을사람도 아주 자연스럽게 똑 같은 동작을 취한다.

"그것이 잎담배냐?"라고 묻자 "아니다."라고 말한다. 그래서 "그렇다면, 그것이 무엇이냐?"라고 다시 묻자 서슴없이 "마리화나"라고 대답한다. 그러면서 옆에 앉아 있던 일행에게도 그것을 권한다. 그러자 사양 못하는 그는 똑 같이 해보이려고 애써 흉내를 내보지만 역시 어설프기 짝이 없다. 모두가 약속이나 한 듯 웃는다. 다시 "마리화나를 즐겨 피우느냐?"라고 묻자 "그렇다."라고 주저하지 않고 말하는 사두다.

참으로 이해할 수 없는 일이다. 소위, 사두라는 자가 하루 종일 이곳

카트만두 '덜밭스퀘어' 경내에서 만난 사두

101

에 앉아 오로지 신만을 생각하고, 하루 한 끼니의 식사를 하면서 가끔 차를 마시거나 마리화나를 피운다니…… 게다가, 온몸에 가시가 돋도록 추위를 타면서도 옷 한 벌 제대로 입지 않고 수행(修行)이랍시고, 아니, 고행(苦行)이랍시고 앉아 있다니 과연 그의 그런 삶 속에는 내가 모르는 또 다른 세계라도 있긴 있는 것일까.

**

나는 고개를 갸우뚱거리면서 다소 미안한 마음으로 자리를 털고 일어났다. 그리고는 다시 낡은 자전거를 타고 눈부시게 부서지는 햇살 속 작은 호숫가를 비틀거리듯 지나, 이곳 마을 사람들이 신전 앞에서 줄지어 경배 드리던 천년 전 왕국[9]으로 서서히, 소리 없이 빨려 들어가고 있다.

-2007. 02. 01. 11:34

사원 앞에서 백팔배를 올리고 오체투지(五體投地)로 순례하는 사람들

오체(五體)라 함은 두 팔 두 다리 그리고 머리를 말 할 것이다. 간단히 말하여, 온 몸을 땅에 던지듯 바싹 엎드려 간절한 마음으로 절하는 행위를 오체투지라 하는데, 보통은 세 걸음을 걷고서 땅에 엎드려 절하는 방식을 취한다. 불교 신자들이 자신을 최대한 낮추고 신을 존숭하는 마음에서 취하는 경배 방식의 하나인데, 티베트 사람들은 특정의, 사원(조캉사·타시룬포사·팔코르최데 등)이나 불탑(쿰붐)이나 호수(마나슬로바·남쵸 등)나 산(캉 린포체) 등을 시계방향으로 오체투지 순례한다. 티베트를 여행하다보면 곳곳에서 볼 수 있는 풍경이다.

믿음이란

버려진 두 구의 시신

나는 오늘 우연하게도 '카일라시' 산에 대한 책자[1]를 보다가 순례도중 엎드려 죽은 두 구(具)의 시신을 보았다. 한 구는 무릎을 꿇고 엎드려 이마를 땅에 댄 상태에서 살은 다 없어지고 굽은 등뼈와 갈비뼈만 고스란히 남아 있는 상황이고, 다른 한 구는 전신을 길게 엎드린 상태에서 얼굴과 어깨 등의 살들이 그대로 뼈에 바싹 말라붙어 있는 상황이다. 뼈가 원형 그대로 남아있고, 살점이 그대로 붙어있는 상태에서 마르는 것으로 보아 이곳에는 굶주린 호랑이도, 독수리도, 하이에나도 살지 않는 모양이다. 나는 그 정지된 시간 속으로 유영해 들어가기를 주저하지 않는다.

'카일라시' 산이라 하면, 대다수의 티베트 사람들이 믿는 불교에서는 '수미산'이라 여기고, 힌두교에서는 시바 신이 살고 있는 곳 또는 시바 신의 고향으로 여기며, 티베트 사람들이 한 때 믿었던 전통적인 샤머니즘인 본교[2]에서는 가장 높은 산신(山神)인 게코(GEKHO)가 머무는, 가장 성스런 곳으로 여기고 있는, 말 그대로 신들의 산이 아닌가. 이 신들의 산을 어느 날 오체투지로 순례하던, 그 사람들 가운데 한 사람들임에 틀림없을 것이다.

나는 이 두 구의 시신을 들여다보며, 이들이 엎드린 채 더 이상 움직이지 못하고 숨을 쉬지 못하게 되었을 최후의 순간, 아니 그 직전의 마음속은 과연 어떠했을까를 상상해 본다. 어쩌면, 신의 품에 안겨서 기쁨의 눈물을 흘리다가 그만 몸과 마음의 모든 것을 땅에 내려놓게 되는, 최후의 순간을 맞이했는지도 모른다. 어쩌면, "신이시여, 이 구차한 생명을 거두어가소서."라고 마음속으로 생각하면서 의식의 끈을 놓아버렸는지도 모를 일이다. 어쩌면, "신이시여, 내 이제 당신의 품에 이렇게 안겼으니 더 이상 바랄 것이 없도다."라고 생각하면서 비로소 신의 나라 눈부신 성문(城門)이 열리는 것을 보면서 눈이 감겼는지도 모를 일이다. 아니, 어쩌면, "신이시여, 나를 왜 이렇게 힘들게 하나이까? 부디, 나를 굽어 살펴주시옵소서."라고 다소 원망 섞인 소원을 빌다가 그만 숨이 멎어버렸는지도 모를 일이다. 나는 저들의 마지막 말을 듣거나 저들의 마지막 속마음을 들여다보지 못해서 알 수가 없다마는 내 임의로 상상하면 그렇다는 것이다.

그러나 분명한 것이 있다면, 신은 저들에게 새 생명의 기운을 불어넣어 주지 않았으며, 신은 저들에게 새 희망을 안겨서 저들의 육신과 영혼을 되돌려 보내주지도 않았다는 사실이다. 저들의 염원은 정지된 동작 그대로에 굳어 있을 뿐이며, 저들의 생명은 그렇게 끝이 나있을 뿐이다. 신이시여, 당신은 여전히 입을 열지 않을 테지만, 저들은 당신의 품에 안겨 사는 행복을 '믿음'이란 것으로써 마음껏 누렸나이다. 신이시여, 진정 기쁘시나이까? 신이시여, 인간의 믿음이란 이처럼 스스로 행복해지기 위해서 스스로 쌓는, 황홀한 탑인가요? 아니면 스스로 파고 들어가는 함정 같은 덫인가요?

-2007. 08. 28. 17 : 19

세상이여, 나를 보라

너무 작아 보잘것없지만 진한 향기로 유혹하는 풀꽃을 보라. 향기는 그다지 멀리 가지 못하지만 화려한 모양새와 빛깔로 목숨을 거는 화려한 꽃을 보라. 힘과 긴 머리털로써 위엄을 드러내 보이며 암컷을 차지하는 당당한 수사자를 보라. 그렇듯 세상이여, 나를 보라 외치는 한 여인이 있거늘 그녀의 몸에 주렁주렁 매달린 장신구와 화려한 복장이 공작의 부챗살처럼 나를 유혹하네.

여인의 눈웃음

한 여인이 나에게 미소를 짓는다. 나는 호텔 로비 소파에 앉아있고, 그녀는 내 앞쪽에 다른 사람들과 함께 서 있다. 나는 그녀를 유심히 올려다본다. 그녀도 나를 바라보다가 눈이 마주치자 웃어 보인다. 나에 대한 호기심일 수도 있고, 아직은 무엇이라 꼬집어 말 할 수 없지만 대단히 호의적인 웃음임에 틀림없다. 하지만 그녀의 웃음 속에는 무언가 하고픈 많은 말을 숨기고 있는 것만 같다. 나를 자주 바라보며 미소 짓는 그녀의 촉촉한 눈빛이 말해주고 있다.

그녀의 얼굴은 우리처럼 광대뼈가 솟아있고 갸름하지는 않지만 둥글넓적한 것이 편안해 보이긴 한다. 눈동자는 검지만 콧대는 아주 우뚝하다. 눈썹도 남자처럼 짙고, 피부는 조금 거칠어 보이지만 가무잡잡하니 아주 건강해 보인다. 치아도 앞니 두 개가 좀 커서 그렇지 비교적 균일하고 깨끗해 보인다. 전체적인 피부색이야 나보다는 더 검고 아프리카 흑인보다는 덜 검은 편이다. 그리고 양 눈썹 사이로는 빨간색으로 기다랗게 점이 칠해져 있고, 그 위쪽 이마에는 아주 작은 표주박 같은 모양의 장신구가 매달려 있다. 그것으로부터 나온 실이 머리에 쓴 두건과 연결된 듯 보인다. 그리고 그녀의 목에는 줄이 짧은 목걸이 두어 개에 긴 목걸이 서너 개가 더 걸려 있다. 줄이 짧은 목걸이에 매달린 연꽃 모양의 형상이 나의 시선을 끈다. 자세히 보면 목걸이 하나하나의 빛깔이 다르고 그 모양 또한 다르다. 그녀의 검지와 중지에는 반지가 끼워져 있고, 양 팔목에도 화려한 빛깔의 원형 팔찌가 여러 개 채워져 있다. 뿐만 아니라, 그녀의 양 귓불에는 커다란 귀걸이가 매달려 있고, 시꺼먼 양 발목에도 발찌가 여러 개 채워져 있는 것이 보인다. 그런 그녀의 키는 1미터 68센티미터인 나보다도 더 커 보인다. 젖가슴도 아주 풍만하다. 풍만하다해서 단순히 크다기보다는 그것이 양 바깥쪽으로 조금 기울어져 있으면서 그 끝이 약간 치켜 올라간 형상으로 아주 건강해 보인다. 게다가, 그녀는 라자스탄(Rajasthan) 주[1]의 전통적인, 화려한 장식이 달린 옷을 입고서 자신의 일행들이 잠깐 대화를 나누는 사이에 한눈을 팔며 내게 밉지 않은 눈웃음을 치고 있는 것이다.

나는 그녀의 추파(秋波)도 추파지만 화려한 색상의 옷차림과 많은 장신구를 착용한 여인의 겉모습[外樣] 속에 감춰진 그녀의 속마음에 더 큰 관심이 간다. 말이 나왔으니 말이지, 현란한 복장에 다종다양한 장신구를 착용하여 주위 사람들의 시선을 끌려는 인간의 보편적인 욕구는 어느 누구에게나 있게 마련이지만 인도인과 견줄만한 국민은 아직 보지 못한 것 같다. 피부색이 검은 아프리카 사람들이 옷과 장신구를 화려한 빛깔로 선택하는 경향이 있듯이 인도인들도 피부색이 어두운 데다가 오래된 전통적인 문화 때문인지 그것들의 재질과 모양은 별도의 문제로 치더라도 그 색상만은 아주 화려하기 짝이 없다.

여성들의 전통적인 옷인 '싸리'를 보아도 주홍색·분홍색·노란색·녹두색 등으로 아주 화려하며, 남자들의 터번 역시 그 색깔로써 신분을 나타내기도 하지만, 흰색·청색·홍색·보라색·검정색 등으로 생활환경

아잔타 1번 석굴에 그려진 벽화 : 부처님이 출가하기 전까지 왕자로서 생활했던 카필라 성 사람의 화려한 장신구를 엿볼 수 있다.

속에서도 눈에 잘 띄는 색상이 주류를 이룬다.

　장신구는 남녀노소와 신분을 가리지 않고 착용하는 경향이 있는데, 그 종류는 매우 다양하거니와 동시에 착용하는 그것의 수량도 많고, 그 색깔 또한 화려하기 이를 데 없다. 대다수의 여성들에게서 흔히 볼 수 있는 장신구로는, 귀걸이·코걸이·목걸이·반지·팔찌·발찌·발가락지·이마에 붉은 점·머리핀이나 머리빗 등을 들 수 있는데 손가락이나 발가락에 끼우는 반지나 발가락지가 하나씩이 아니고 동시에 여러 개를 착용한다는 점이 크게 다르다. 드물게 보이지만 어떤 사람은 다섯 손가락 중에서 엄지만을 빼고 모두 하나씩 착용하기도 하고, 또 어떤 사람은 2~3개의 손가락에 몇 개씩의 반지를 착용하기도 한다. 뿐만 아니라, 손목과 발목에 착용하는 팔찌와 발찌도 그 수량이 몇 개인지 헤아리기조차 어려울 정도로 양 팔과 양 발목에 몇 개에서 십여 개 이상을 착용하기도 한다. 그런가하면, 목에 거는 목걸이도 줄이 긴 것과 짧은 것들을 동시에 착용하여 3~5개 이상을 착용하기도 한다.

　이처럼 몸에 걸치는 의복의 색상이 화려하고, 많은 장신구를 착용하는데 그 빛깔이 화려한 것은 역시 가무잡잡한 피부를 가진 자신을 주위 사람들의 눈길과 관심 속에 두기 위함이란 근원적인 이유가 전제되어 있을 것이다. 마치, 저마다 다른 모양 다른 빛깔 다른 향기로 꽃을 피워 벌·나비·새들을 유혹함으로써 수정(受精)되기를 바라는 식물이나, 화려한 동작과 변색(變色)·변모(變貌)를 통해서, 그리고 다른 경쟁자를 제압하는 힘으로써 암컷을 유혹해야하는 수컷 동물들의 생존전략과도 같은 이치라 여겨진다.

　그러나 그들 동식물과 다른 점이 있다면, 의복과 장신구를 통해서 자신을 돋보이게 하려는 근원적 이유 말고도, 부(富)의 척도이면서 직

엘로라 32번 석굴의 암비카(Ambika) 신상 :
사자 위에 앉아 있는 여신의 화려한 장신구를 확인할 수 있다.

간접으로 신분을 나타내는 중요한 수단이 되어 있다는 사실이다. 인도에서는 나이가 지긋한 노인으로부터 아주 어린 아이에 이르기까지, 한 마디로 말해, 왕에서부터 길거리에서 구걸하는 거지들에 이르기까지 장신구를 착용하지 않은 사람이 없을 정도인데 이처럼 장신구에 각별한 관심을 갖고 착용하기를 좋아하는 인도인들의 문화는 과연 언제 어디서부터 온 것일까? 솔직히 말하여, 나는 인도인의 장신구 변천사에 대해 아는 바 없지만 아잔타 석굴 벽화에 묘사된 카필라 성 왕실 사람들이 착용한 장신구를 유심히 들여다 보아도, 그리고 엘로라 석굴에 조성된 시바 신 등의 형상을 보아도 오늘날 사람들이 착용하고 있는 장신구와 별반 다르지 않음에 놀라지 않을 수 없다. (머리에 쓴 왕관과 머리장식품, 그리고 화려한 목걸이, 팔찌 등이 잘 말해 준다.) 물론, 카필라 성 사람들은 기원전 500년 이전부터 지금의 네팔 타라이 지방에서 살아왔고, 아잔타 석굴과 엘로라 석굴은 기원전 3세기에서부터 AD 900년에 걸쳐 조성되었다는 학자들의 견해를 받아들이면 카필라 성 사람들보다 300~1,400년 후대인들에 의해서 묘사된 것임을 감안하더라도 인도인들의 장신구 착용은 아주 오랜 역사적 전통 속에서 내려온 것임을 알 수 있다.

그만큼 인도인들은 일찍부터 장신구나 의복을 통해서 자신을 꾸미는 일에 눈을 뜨고, 그것을 즐기는 여유를 누렸으며, 미(美)에 대한 감각을 그들이 지어 온 궁전이나 성(城)이나 사원(寺院)에, 그리고 그림이나 조각 등에 잘 반영시켜 왔다는 생각이 든다. 특히, 화려함의 대명사라 할 수 있는 공작[2]을 국조(國鳥)로 채택하고, 궁전의 문(門)을 공작무늬로 장식하기를 좋아하는 것을 보면 아름다움[美]과 꾸미기[修飾]에 관한 한 남다른 안목을 지닌 민족[3]이지 않나 싶다.

지금 내 앞에 서서 나를 유혹하는 듯한, 이 건장한 여인의 꾸며진 아름다움 또한 그들의 뿌리 깊은 미의식(美意識)을 대변해 주는 듯하다.

-2007. 04. 21. 12 : 40

남매 거지의 천진스런 웃음

 뉴델리 빠하르간즈 거리에서 만난 남매 거지의 모습이다. 아니, 단순히 돈을 구걸하는 거지라기보다는 유치한 광대다. 누이는 북장단을 치고, 동생은 자신의 몸을 구부려 원형 테 속으로 빠져나오는 묘기를 이방인의 발걸음에 맞추어서 길을 걸으며 보여주는 놀이꾼이다. 그리고는 새까만 오른손의 다섯 손가락을 모아 자신의 입에 댔다가 펴 보이며 돈을 달라고 미소까지 지어 보인다. 인도를 이해하는 첫 단추로서의 미소다.

인도 거지들의 눈빛과 미소

 나는 지금 뉴델리 기차역으로 가기 위해서 '빠하르간즈' 지역의 주도로를 걷고 있다. 이곳은 여느 때와 마찬가지로 오고가는 사람들로 붐빌 뿐만 아니라 이상야릇한 냄새까지 진동한다. 그런데 불현듯 어디선가 나타난, 한 꼬마 아이가 내 걸음걸이와 보조를 맞추어 두세 발짝씩 앞에서 재주를 부리듯 희한한 동작을 취해 보인다. 그는 직경 3, 40센티미터가 될까 말까하는 원형 테를 가지고 자신의 두 발끝과 머리를 모아 그 테 안으로 집어넣고서 빠져나오는 묘기를 계속 되풀이한다. 가만히 보니 내 옆에서는 그와 동행하는 이인지 누이로 보이는 여자 아이가 작은 북을 치며 장단을 맞추고 있다.
 '아니, 이 아이들이 왜, 하필이면 내 앞에서, 그것도 이 더럽고 혼잡한 길거리에서 이런 짓을 할까.' 나는 의아스럽게 생각하며 주변을 두리번거리며 걷고 있는데, 아이는 같은 동작을 계속해서 되풀이한다. 한 열댓 번 정도나 했을까, 그는 돌연 하던 동작을 멈추고 돌아서서 내 앞에 손을 탁 내미는 것이 아닌가? 순간, '아, 그렇구나. 바로 나에게 돈을 달라는 뜻이었구나. 오로지 돈을 벌기 위해서, 그야말로 호구지책(糊口之策)으로 묘기라고 배워 이방인인 나에게 나름대로 보여준 것이었구나.' 하는 생각이 스쳐지나간다.

제법 똘똘해 보이는, 그 아이는 1미터 30센티미터도 채 되지 않는 키에 먹지 못해 야윈 듯, 아니 제대로 자라지도 못한 듯 왜소한 몸이지만 제법 나이가 들어 보인다. 하지만 그의 손톱 밑으로는 새

이방인에게 악기를 연주해 주고 손을 내미는 악사들

까만 때가 끼어 있고, 얼굴은 물론 팔다리 목 가릴 것 없이 시꺼먼 땟자국이 역력하다. 아니, 머리칼은 두엄자리에서 자다가 막 일어난 녀석처럼 먼지투성인 데다가 까치가 둥지를 틀었어도 여러 곳에 틀어 놓았다. 옷은 또 어디서 주워 입었는지 팔소매와 바지 밑은 짧은데, 반팔 반소매도 아닌, 어정쩡한데다가 묵은 때까지 절어 있다. 게다가, 이미 해어진 대로여서 차마 눈 뜨고 바라보기조차 민망할 지경이다. 지금 그런 몰골을 한 그가 까만 눈동자를 반짝이며 나의 눈을 올려다보고 있다. 아주 작고 새까만 손을 내민 채 …… 그것도 손가락 다섯 개를 모아 자신의 입에 갖다 댔다가 다시 내 앞에서 활짝 펴 보이는 동작이 한없이 나를 우울하게 한다. 시방, 이것이 사람의 자식인가, 아니면 살아있는 인형인가. 나는 자신도 모르게 고개를 흔들어댄다.

순간, 나는 불쌍하다는 생각에서 망설이다가 동전이 아닌 지폐를 꺼내 주지만 이윽고 눈에는 눈물이 핑 돌고 만다. 무엇이 이들을 저 볼썽사나운 몰골로, 이 허허벌판에 내몬 것일까. 인도를 여행해 본 사람들은 이미 느꼈겠지만 구걸하는 거지들이 왜 그렇게 많은지, 슬픔이 밀

피리 연주를 하며 뱀을 부리는 사람

려오는 것도 잠시뿐 나중에는 헛웃음마저 나는 게 눈 앞의 현실이 되고 만다.

동네 꼬마 아이들이 몰려나와 호기심어린 눈으로 바라보며 초콜릿이나 볼펜을 달라고 까만 손을 내미는 것은 얼마든지 보아줄 수 있다. 어느새 다가와 내 동의도 없이 악기를 연주하며 노래를 부른 다음 손을 내미는 부부나 가족도 이해할 수 있다. 뭄바이 같은 대도시에서 젖먹이 아이를 둘씩이나 품에 안고 차도를 무단횡단하며 달려와서는 갑자기 손을 내미는 젊은 지어미도 지아비도 이해할 수는 있다. 아이들을 둘 셋씩 끌어안고 어두운 길거리에서 일찍부터 잠자는 이들도 이해할 수 있다. 3등 완행열차 안에서 먼지를 폴폴 일으키며 발밑에 쓰레기를 걷어가는 장애 아동의 손 내미는 행위도 이해할 수 있고, 차마 눈뜨고 바로 쳐다볼 수 없는 기형적인 몰골의 사람이 다가와 손을 내미는 것도 이해할 수 있다. 사진을 찍으라고 포즈를 취해 준 다음 손을 내미는 사람도, 피리를 불어 코브라의 머리를 들게 하고 돈을 요구하는, 이런저런 사람들도 다 이해 할 수 있다. 누워 잠자는 사람들이 어찌나 많은지 대합실로 들어설 수조차 없는 역 광장 한 쪽에 서서 모기와 씨름하고 있는데, 어느새 이방인임을 알아차리고 얼른 다가와서는 미소 지으며 손을 내미는, 젊은 부녀자들도 이해할 수는 있다.

그렇지만 한 가지 이해할 수 없는 게 있다. 그 많고 많은 거지들의 절대 다수는 돈을 받지 못해도 웃으며 돌아서는 선량한 눈빛을 지니고 있다는 점이다. 그 선한, 그 맑은 눈빛이, 그 밉지 않은 미소가 어디서 나오는지 나로서는 알 수 없다. 혹시, 적당히 구걸해서 먹고사는 자신들의 생활에 만족하는 것은 아닐까. 아니면, 돈을 받아내지 못해도 굶어 죽거나 얼어 죽지 않는 자연의 혜택을 누릴 수 있는 데에서 오는 여유 때문일까. 아니면, 내가 아니어도 누군가는 꼭 베푸는 사람들이 있다는 안위(安慰) 내지는 희망이 있기 때문일까. 나는 지금도 그들의 선량한 눈빛과 수줍은 듯 웃어 보이는 미소로부터 영 자유롭지가 못한 게 사실이다.

-2007. 03. 13. 17:30

잠시 휴식을 취하는 노동자들

    시간이 정지된 그림 같은 사진이다. 길바닥에 주저앉은 여섯 명의 노동자들을 향해서 한 명의 노동자가 마주보고 앉아 무언가 힘주어 말하고 있다. 그는 터번조차 벗어던졌고, 이마에는 붕대까지 붙이고 있다. 심각하게 말하고 경청하는 것으로 보아 이들에게는 공동의 관심사나 문제가 있는 듯하다. 이들의 남루한 옷차림과 몰골이 말해주는 것처럼 몸뚱이를 많이 움직이어 사는 삶이란 고단한 법! 모든 사람이 다함께 힘들면 그 고단함도 가벼워지게 마련이지만 그렇지 않을 때엔 더욱 힘들어지는 것이 인간의 마음이다. 뭄바이의 복잡한 기차역사 내에서 짐을 운반하는 수많은 사람들, 도비가트에서 일평생 세탁만을 하는 사람들, 시장에서 물건을 온몸으로 나르는 사람들, 평생 동안 화장터에서 시신을 태우는 일만 하는 사람들…… 그들의 육신과 마음이 고단한 만큼 다른 사람들에게는 행복을 가져다 준다.

신화(神話)에 매여 사는 사람들의 얼굴에 비낀 그림자

나는 '푸시카르' 호숫가에 있는 한 게스트하우스 잔디밭 나무 그늘 밑에서 책을 읽고 있었다. 12월임에도 불구하고 내가 머무는 방문 앞에는 작은 국화와 사루비아가 피어 있으며, 간간이 두세 마리의 원숭이들이 쫓고 쫓기는 듯 쏜살같이 지붕 위를 달려가며 비명을 지르곤 한다.

침대가 하나 내지 둘씩 들어가 있는 방이, 얼핏 보아 스물 대여섯 개 이상 되어 보이는, 이 게스트하우스는 일천 평방미터 정도의 정원이 비교적 잘 꾸며져 있다. 군데군데 격자형으로 잔디밭이 조성되어 있고, 크고 작은 나무들이 심어져 있으며, 일부는 야채를 가꾸는 텃밭으로 관리되고 있다. 잔디밭에는 원탁과 나무의자가 놓여 있어서 가끔 투숙객들이 모여 앉아 대화를 나누곤 한다.

그런데 오늘 낮은 게스트 하우스 전체가 텅 빈 듯 아주 조용하다. 모두들 호숫가로, 시장으로, 사원으로, 혹은 사막으로 저마다 구경하기 위해서 나간 것 같다. 울타리 넘어 호수로 내려가는 계단에서는 요란한 악기 연주소리가 들리고, 긴긴이 사람들의 박수소리도 들려온다. 또 누군가가 연주단과 함께 즉흥적인 공연을 하는 모양이다.

나는 그에 아랑곳하지 않고 한 편의 시를 읽고나서 잠시 생각에 잠

사람이 많이 모이는 푸시카르 호수가 큰 나무 밑에서 장단에 맞추어 춤을 추는 서양인

기고, 다시 또 한 편의 시를 읽고 생각에 잠기기를 되풀이하며 '홀로 있음'의 여유를 만끽하고 있었다. 그런데 어느새 다가왔는지 한 여인이 눈앞에서 어른거린다. 그녀는 방마다 문을 열고 들어가 청소하느라 손에는 빗자루와 걸레와 비닐봉지가 들려 있다. 손님들이 모두 외출한 시간을 이용하여 방청소를 하는 종업원으로서 입고 있는 옷이 썩 어울리지는 않는 것 같다. 그 빛깔이 너무나 호사스럽고, 머리와 온몸을 감싸는 듯한 복식(服飾)이 몸을 자주 움직이기에는 좀 거추장스러워 보이기 때문이다.

　나는 시집을 읽으면서 나의 방을 청소하는 그녀의 동작을 유심히 바라보았다. 젊고 예쁘장한 그녀는 청소를 한답시고 그저 쓰레기통이나 비우고, 흐트러진 침대시트를 바로 잡고, 담요 한 장 정도를 가지런히 개어 놓는 정도로 간단히 방안청소를 마친다. 방안에서 나온 쓰레기를 곧바로 비닐봉지에 넣으면 될 것을 그녀는 그대로 문밖으로 끌고 나와 깨끗한 잔디밭을 오히려 더 어지럽힌다. 그리고는 다시 그것들을 쓸어 내듯 빗자루로 잔디밭 한 쪽 구석으로 몰아간다. 공연한 짓을 하고 있는 것이다. 그런 동작을 바라보는 나의 눈과 마주치자 그녀는 표정 하나 바꾸지 않고 여전히 느릿느릿 빗질을 한다. 그야말로 볼 테면 보라는 식이다. 모르긴 해도 그녀는 하기 싫은 일을 마지못해서 하는 것처럼, 아니 시간이나 때우기 위해서 청소하는 시늉만 내는 사람처럼 대단히 성의 없이 움직이고 있다. 참으로 이해할 수 없는 일이다.

혹시, 지배인이나 주인한테 심한 꾸지람이라도 들은 것일까. 아니면, 일평생 청소나 하고 살아야 하는 자신의 운명 같은 처지를 한탄하는 것은 아닐까. 마지못해서, 소극적으로 청소하는 그녀의 태도에는 분명한 이유가 있겠지만 나로서는 알 수가 없다. 그러나 분명한 것이 있다면, 자신이나 주인에 대해서 태업(怠業)이라도 하고 있는 듯 불평불만이 가득 차있어 보인다는 사실이다. 걸레를 들고 있으면서 손에 물을 묻히지도 않고, 방문을 열고 왔다갔다하지만 그저 눈에 띄는 쓰레기나 줍고, 그것들을 다시 잔디밭에서 끌고 다니다가 비닐봉지에 담아가는, 그것도 아주 느릿느릿 이어지는, 그녀의 굼뜬 동작은 눈 뜨고 보아 주기가 정말 밉살스럽기 짝이 없다.

혹시, 델리의 인디라 간디국제공항[1]의 젊은 사원에게서 무언가 지시를 받고 서있던 늙은 청소부의 무표정과도 관련 있지 않을까? 혹시, 뭄바이 시내에 있는 마하럭시미 도비 가프(Mahalaxmi Dhobi Ghat)[2]에서 빨래하며 늙어가는 수많은 남자들의 거친 피부와 깊은 주름 속에 묻힌 체념과도 어떤 관계가 있는 것은 아닐까? 혹시, 강가 강변 화장터에서 일평생 시신이나 태우는 일을 하는 사람들의 무감각해진 일상과 어떤 관계가 있는 것은 아닐까? 나는 그녀의 태만한 표정 속에서 왜 이들의 얼굴을 함께 떠올리는지 잠시 생각에 잠긴다.

만약, "당신은 일평생 남의 빨래나 하며 살라고 신(神)이 이 세상에 내보냈어."라고 누군가가 당신에게 말한다면 당신은 어찌하겠습니까? 아니, "당신은 일평생 화장터에서 시신(屍身)을 태워야하는 운명으로 신이 이 세상에 내보냈어."라고 누군가가 당신에게 말한다면, 아니, "당신은 일평생 신에게 바쳐야 하는 꽃을 재배하고 그 꽃으로 꽃다발을 만들며 살라고 이 세상에 내보내졌어." 라고 누군가가 당신에게 말한다면 당신은 진정 어찌하겠습니까?[3] 그것도 당신 개인에게만 국한되는 일이 아니라 자식들에게까지도 세습되는 운명이라면 당신은 진정 어찌하겠습니까?

오르차(Orchha)에 있는 한 궁전 내부 보수공사 중 포즈를 취해준 다음 웃으며 손을 내미는 중년 여인

절대다수의 사람들은 '있을 수 없는 일'이라며 펄펄 뛰겠지만, 아니 대답할 가치조차 없는 일이라며 무시해 버리고 말겠지만 '인도' 라는 나라에서는 아직도 신분이 정해져서 태어난다니 믿기지 않는 일일 뿐이다.[4] 아니, 타임머신을 타고 먼 과거로 거슬러 올라가 신화 속에 매여 사는 사람들의 얼굴에 비낀, 어두운 그림자 속 체념과 불평불만을 대면하는 것만 같아 씁쓸하기 짝이 없다. 그러나 내가 보지 못하고 내가 느끼지 못하는 또 다른, 그림자 속에 드리워진 그들만의 안주(安住)

의 평안과 다음 생에 누리게 될 희망을 배제해버린 것이 아닐지도 모르겠다.

　그렇다! 속단(速斷)하기 전에 나 자신을 먼저 들여다보아야 하리라. 내가 '상투'⁵⁾를 잘라내는 데에 얼마나 많은 시간을 허비해야 했으며, 우리가 양반과 쌍놈이란 굴레로부터 벗어나기까지 얼마나 많은 아픔을 견뎌내야 했던가. 저들의 신화를 받아들일 수 없고, 저들의 현실을 이해할 수 없다하지만 내가 먼저 잘라내야 할 또 다른 상투는 없는지 돌아보고, 혹시라도 잃어버린 상투를 다시 찾을 필요는 없는지도 한번쯤 생각해보아야 하리라.

-2007. 04. 26. 19 : 12

주석 註疏

제2부

피졸라 호숫가에서

1) 피졸라 호수(Lake Pichola)

마하라나 우다이 씽 2세가 도시를 건설하면서 바디풀(Badipol)이라는 석조댐을 만들어서 확장된 호수로서 길이 4킬로미터 폭 3킬로미터 크기이며, 깊이는 그다지 깊지 않다 한다. 그러나 이 호수가 있음으로 해서 '우다이푸르'라는 도시가 더욱 아름다워 보일 뿐만 아니라 목욕·빨래·유람 등으로 시민들의 일상생활에 활기를 불어 넣는 것 같다.

2) 싸리(Sari)

인도 전역의 여성들이 일상복으로 입는 전통적인 옷으로 레이온·면·조젯·공단·실크 등이 주재료이며, 색상은 아주 다양하며 화려하다. 길이 6미터에 폭 1미터 정도가 되며, 금·은·구슬·반짝이는 금속조각, 기타 술 등으로 장식하기도 하는데 모두 수제품이다.

3) 장신구

장신구를 착용한 인도 여인

사회적 지위·경제적 능력·개성 등을 직간접으로 반영하며, 금·은·합금·보석·준보석 등으로 만들어지며, 여러 가지 모양과 색상이 있다. 신체의 보이는 부분에 장식하는 것으로는 반지·팔찌·발가락지·발찌·귀걸이·코걸이·목걸이·기타 머리 장식품 등이 있는데 대체로 색상이 화려하며, 동시에 여러 개의 장신구를 착용하는 큰 특징이 있다. 예컨대, 팔찌나 발찌, 그리고 목걸이, 반지 등을 하나씩만 착용하는 것이 아니라 동시에 여러 개를 신체 여러 곳에 착용하는 경향이 있다. 이는 피부색이 검은 것과 무관하지 않은 듯싶으며, 장신구 사용은 기원전 고대사회로부터 오늘날에 이르기까지 지속되어 왔으며, 왕으로부터 거지에 이르기까지 전 국민이 다 착용하는 것 같다. 심지어는 그들이 만드는 신의 형상물에도 화려한 장신구가 새겨져 있다. 그 적절한 예가 아잔타·엘로라 석굴 등에 있는 신의 조각상이나 벽화 등이다.

4) 호수궁전

저그니와스 아일랜드(Jagniwas Island)에 있는 호수궁전은 마하라나 저갓 씽(Maharana Jagat Sing) 2세가 1754년에 지은 여름 궁전으로 안뜰, 연꽃이 피는 연못, 망고나무(인도에서는 망고나무와 보리수를 성스러운 나무로 여기고 있으며, 연꽃은 국화(國花)이다)의 그늘이 지는 수영장 등이 딸려 있다. 현재는 초호화판 호텔로 사용 중이다.

호수 궁전의 정원

5) 시티 팰리스(City Palace)

피졸라 호수 위로 우뚝하게 솟아있는 발코니·탑·둥근 모양의 지붕 등이 웅장하게 서있는데 그 안으로 들어가 보면 여러 이름을 가진 궁전들이 연결되어 있으며, 성(城)으로 둘러 싸여 있다. 현재는 박물관·전시장·기타 상점 등으로 사용하고 있다. 마하라나 우다이 씽 2세가 처음 건축을 하기 시작하여 여러 마하라나들이 덧붙여 증축하였지만 전체적으로는 통일된 구조와 일관성을 유지하고 있다 한다. 이 시티 팰리스는 인도 라자스탄 주에서 가장 큰 궁전이다.

6) 오토릭샤

4명 정도의 사람이 뒤에 탈 수 있도록 오토바이를 개조하여 만든, 대중적 택시이며, 실제로 거리에 따라 요금이 산정되는 기계가 부착되어 있다. 물론, 비바람을 피할 수 있도록 천과 두꺼운 비닐이 쳐 있다.

목욕재계하는 순례자들

1) 치마인지 바지인지 분간하기 어려운 하얀 천

'도띠'를 입은 농부

인도 남성들은 대체로 서양식 바지와 셔츠를 입지만 도띠(dhoti)·룽기(lungi)·문두(mundu)라 불리는 고유의 옷을 곧잘 입는다. 도띠는 헐렁한 흰색 옷으로 양다리 사이로 둘러 입는다. 룽기는 바지 끝이 꿰매어져 있어 마치 튜브 같고, 허리에 주름을 잡아서 편안해 보인다. 문두는 룽기와 비슷하지만 언제나 흰색을 띠는 것이 특징이다. 또한 끝단을 허리에 끼워 넣어 입기 때문에 치마처럼 보인다.

2) 터번(turban)

사막 위 라자스탄 사람들의 터번

현재 인도인이나 시크교인, 그리고 이슬람교도의 남자들이 머리에 둘둘 감는 천으로 모양·색깔·크기 등은 매우 다양하다. 특히, 크기는 사회적 신분에 따라 다르며 신분이 높을수록 커지는 것이 일반적이라 한다. 그 기원에 대해서는 페르시아인이 썼던 긴 천 조각으로 둘러싼 원뿔형 모자로 알려져 있으나 분명하지가 않다. 인도 사람들의 생활 속에서 본 터번을 토대로 상상력을 발휘해본다면, 아마도 먼지바람이 많이 이는 사막을 오고가거나 그런 곳에서 살던 사람들이 먼지바람이나 햇볕으로부터 머리를 보호하기 위해서 사용하기 시작했던 것이 아닌가 싶다. 터번은 강한 모래바람 속에서 얼굴과 머리를 보호해주는 가리개로도 전용이 가능할 뿐만 아니라, 오랜만에 목욕을 할 때에는 몸을 닦는 수건[타월] 구실을 하는 것이 목격됐기 때문이다. 이런 현실적인 이유에서 출발한 것이 오늘날 모양내기[패션]나 특정 종교의 상징적 의미가 부여되기에 이른 것이 아닐까 싶다.

3) 장방형 둑

호숫가 한 쪽 계단이 끝나는 지점에 이어서 설치된, 가로 세로 35~45미터 정도 되어 보이는 사각형 모양의 콘크리트 구조물로 그 안에서 순례자들이 목욕한다.

4) 브라마(Brahma)

절대자이며 실체인 브라만(Brahman)이라는 신의 한 형태로서 우주 창조 시에 활발하게 활동했는데, 그 후에는 초연하게 명상 중에 있다 한다. 학문의 여신으로 통하는 사라스와티(Saraswati)라는 이름의 배우자가 있으며, 동서남북 네 방향을 향하고 있는 네 개의 머리를 가진 모습으로 묘사된다.

5) 푸시카르(Pushkar) 호수

인구 1만 5천여 명이 채 안되는 '푸시카르'라는 작은 도시에 있는 호수로, 브라마가 연꽃을 떨어뜨렸을 때에 생겼다 한다. 직경 300여 미터 정도 되어 보이는 이 호수에는 지대가 낮은 한 쪽에 콘크리트로 둑이 설치되어 있고, 전체 둘레의 4분의 3 정도는 회백색의 건물들로 둘러싸여 있으며, '가프(Ghats)'라 하는 층층계단이 구축되어 있다. 주변에는 원숭이 · 비둘기 · 소 · 사두 등이 적지 않다.

푸시카르 호수

촛불 밝힌 꽃배를 띄우는 마음으로

1) 디아스(촛불 밝힌 꽃배)

디아스

바나나 잎이나 좀 두꺼운 종이로 원반형 작은 그릇을 만들고, 그 속에 다홍색 꽃송이와 작고 푸른 나뭇잎 등으로 장식하고, 그 가운데에는 촛불을 밝혀 강물에 띄우는, 일종의 촛불 밝힌 꽃배이다. 이를 강물에 띄우고 소원을 빌면 시바 신의 축복과 함께 성취된다는 믿음에서 행해진다. 필자가 현장에 있을 때는 2006년 12월 초순으로 강변과 선상에서 1개에 10루피씩 팔았다.

2) 빠하르간즈 지역(Paharganj Area)

제1부의 글 〈관계(關係)〉의 주석 '빠하르간즈 지역(Paharganj Area)'를 참고하기 바람.

3) 가네시(Ganesh)

코끼리 머리에 팽만한 복부, 그리고 한 손엔 깨어진 상아를 쥐고 있는 모습으로 묘사되고 있는 행운의 신으로 시바 신의 아들이며, 글 쓰는 사람들의 수호자로 통한다. 그가 왜 코끼리 형상을 띠고 있는지에 대해서는 한 전설적인 이야기가 전해지고 있다. 곧, 시바 신의 부인인 '파르바티'가 남편이 없을 때에 아들 '가네시'를 낳았고, 자신이 목욕할 때에 아들로 하여금 망을 보도록 했는데, 시바 신이 하필 그 때에 당도하여 부인을 만나려 하자 아들이 그를 완강하게 제지하였다는 것이다. 그러자 화가 치민 아버지 시바는 그런 그가 자신의 아들인 줄도 모르고 단번에 칼로 목을 베어 버렸다는 것이다. 그러나 그가 곧 자신의 아들임을 알게 되고, 이를 불쌍히 여긴지라 눈에 가장 먼저 띠는 것으로써 그의 머리를 대신하려

했는데 그것이 곧 코끼리였다는 것이다.

5) 힌두사원

힌두성지에 가면 힌두사원 일색이라 할 정도로 관련 사원이 많은데 관광지가 되어버린 곳을 제외하고, 현지인들이 왕래하여 종교활동을 펴고 있는 사원들은 외국인 출입이 직간접으로 통제되고 있다. 어떤 곳은 입장료를 받기도 하고, 어떤 곳은 웃옷을 모두 벗게 하기도 하며, 어떤 곳은 아예 입장을 허가하지도 않는다. 물론, 입장이 가능한 곳에서는 신

카주라호의 한 사원

발을 벗게 하는 것은 기본이고, 대체로 사진촬영까지도 금하고 있다. 시바 신을 모신 곳이 가장 많고, 간혹, 브라마 신과 가네시 신, 그리고 기타 신과 여신 등을 모신 곳도 있다. 엘로라 가까이 있는 이 사원은 Grishneshwar Temple로 시바 신의 상징인 남근 같은 원통형 기둥 앞에 당도하기 전 이방인 남자들의 웃옷을 벗게 한다.

4) 엘로라(Ellora) 석굴

우랑가바드(Aurangabad)에서 약 30킬로미터 쯤 떨어져 있는데 바위산 – 물론, 산위 표면에는 약간의 잡목과 풀이 우거져 있어 그 밑이 온통 바위덩어리라는 것을 알아차리기 어렵다 – 2킬로미터에 걸친 급사면을 약 500년 동안에 걸쳐 파고들어가 34동의 사원 – 실제로는 더 많이 있음. 산위로 올라가면 계곡을 따라 작은 석굴사원들이 많이 있는데 아마도 앞쪽으로 배열된 34동에 비하면 보잘 것이 없기 때문에 공식적으로 집

엘로라 석굴 중 가장 유명한 '카일라시' 사원

계하지 않은 것 같다 - 을 구축해 놓았는데, 이 가운데 12동이 불교사원(A.D 600~800)이고, 17동이 힌두교 사원(A.D 600~900)이며, 5동이 자이나교 사원(A.D 800~1000)이다. 이들은 암석조각의 정수로 여겨지며, 세계문화유산으로 등재되어 있다.

6) 촛불 밝히고 꽃을 바치며 기도하는 경배

인간은 신(神)과 신을 상징하는 형상물이나, 신과 관련된 중요한 인물상 등을 조성해 놓고, 그 앞으로 나아가 경배 드리면서 기원한다. 기원하는 내용이야 사람마다 다르겠지만 넓게 보면 개개인의 안녕과 건강과 복락일 것이다. 그리고 경배 드리는 방법도 사람마다 종교마다 조금씩 다르겠지만 일반적으로는 헌화·헌금·헌물하고, 찬양·독경·강론하며, 예의를 갖추는 동작 곧 깨끗한 몸과 마음으로 합장하고 절을 한다.

이렇게 저마다 경배하는 신 앞에 나아갈 때처럼 평소 몸과 마음을 정결하게 하고, 이웃을 대하며, 하루하루를 열의(熱意)와 성의(誠意)로써 진지하게 살아간다면 적어도 사람이 사람을 죽이는 짓과 오만함과 나태(懶怠)와 무지(無智) 정도는 쉬이 사라지지 않을까 싶기도 하다.

7) 우다이푸르(Udaipur)

1568년 마하라나 우다이 씽(Maharana Udai Sing) 2세가 건설했다는 도시로 라즈풋 족의 뛰어난 기술이 반영되었는데, '피졸라' 라는 인공호수로 더욱 운치가 있으며, 시티팰리스는 세계적으로 유명한 무굴제국의 건축물과도 비견될 만하다 한다. 특히, 호수 궁전(Lake Palace) - 지금은 호화로운 호텔로 개조되어 사용되고 있고, 007영화 시리즈 '옥토퍼시' 의 배경이 되기도 했다 - 은 비록 후기 건축물이지만 라즈풋 족의 독특한 문화가 절정에 이른 듯하다. 이 우다이푸르에는 궁전·사원·저택·호텔 등이 많으며, 공연·예술·회화가 발달하였고, 특히 공예품 생산지로서도 대단히 유명하다. 현재의 인구는 약 40만에 가깝다.

산책길에 만난 사두들

1) 사두(Sadhu)

제3부의 글 〈강가 강에서〉의 주석 '사두(Sadhu)'를 참고하기 바람.

2) 바라나시

제6부의 글 〈단상(斷想)·1〉의 주석 '바라나시'를 참고하기 바람.

3) 가랑이 사이를 긴 천으로 가린 것 같은 복장

다리 사이로 헐렁한 흰색 천을 둘러 입는 '도띠(Dhoti)'라는 이름의 바지 같기도 하고, 그것이 변형된 팬츠(Pants) 같기도 했다.

4) 삼지창의 지팡이

시바(Shiva) 신이 세상의 온갖 악을 물리치기 위해 가지고 다닌다는데, 아마도 사두가 현실사회에서 그 임무를 대행하기라도 하려는 듯 그 상징화된 물건을 휴대하는 것 같다.

5) 카주라호

제4부의 글 〈카주라호(Khajuraho) 사원의 에로티시즘에 대한 횡설수설〉의 주석 '카주라호'를 참고하기 바람.

6) 카주라호의 에로틱한 사원들

제4부의 글 〈카주라호(Khajuraho) 사원의 에로티시즘에 대한 횡설수설〉의 주석 '카주라호 사원'을 참고하기 바람.

7) 일행(一行)

제4부의 글 〈입 맞추고 춤추는 부처〉의 주석 '일행(一行)'을 참고하기 바람.

8) 사두의 얼굴을 포함한 노출된 피부에 바른 재

인도인들로부터 널리 사랑을 받고 있는 시바 신은 요가의 대가로도 묘사되는데 곧, 덥수룩한 머리에 발가벗은 몸과 수척한 얼굴에 재를 바른 수행자의 모습이 그것이다. 대개의 사두들은 자신의 얼굴과 몸에 희뿌연한 재를 바르고, 간혹 자신을 찾는 신자들의 이마에도 그 재를 발라준다. 카주라호에서 만난 사두 역시 자신의 얼굴과 상체에 희뿌연한 재를 바르고 있었고, 방문자의 이마에도 그것을 발라주고 있었다. 이 같은 행위는 수행 중에 있는 시바 신의 모습과 유사하게 함으로써 그의 축복을 받을 것이라는 막연한 믿음이 전제된 것이 아닌가 싶다. 현지에서 수행중인 사두들을 살펴본 결과, 그들은 웃옷을 걸치지 않은 채 일정한 장소에서 명상을 주로 하기 때문에 기온이 떨어지는 밤이나 새벽에는 추워서 화톳불이라도 피워야만 한다. 변변한 옷가지나 이불도 없는데다가 최소한의 식사로 생명을 유지하는 정도의 열악한 환경에서 살기 때문에 가까이 할 수밖에 없는 화톳불의 재가 어느 새 고행 또는 수행의 상징이 되어버린 것인지도 모른다. 이런 시각에서 본다면, 오늘날 사두가 자신의 얼굴에 재를 바르는 행위는 '내가 곧 수행자'라는 사실을 안팎으로 재확인하는 일로서 관습이 되어버린 것이 아닐까 싶다.

9) 천년 전 왕국

9~13세기에 걸쳐 약 500년 동안 통치했던, 이곳 카주라호를 수도로 하고서 많은 신전(85棟으로 기록되고 있지만 현재는 25동만 남아 있음)을 짓고 살았던 챤델라(Chandella) 왕국을 가리킴.

믿음이란

1) 카일라시에 대한 책

Kailash Mandala -A Pilgrim's Trekking Guide : Tshewang Lama, Humla Conservation and Development Association

(Kathmandu), Jaico Publishing House(Mumbai), ISBN 81-7224-128-3

2) 본교(Bon)

티베트의 토착종교로서 물활론(物活論)적 샤머니즘의 성격을 띤다. 대기·대지·지하의 신들과 악령들이 존재한다고 믿으며, 그

포탈라 궁에 소장된 본교 경전

들에 대한 숭배방식으로 재물을 바치고 주술을 활용한다. 불교가 국교로 채택되면서 양자간의 대립 갈등이 생겼고, 그 과정에서 서로 영향을 주고받기도 했다. 물론, 문헌상으로는 경전도 포탈라 궁에 소장되어 있고, 현재까지 살아있는 사원도 티베트 내에 있다. 특히, 캉 린포체[카일라시 산] 주변에 관련 사원이 있고, 신도들은 이 산과 주변 호수를 순례한다. 그러나 필자는 경전의 내용을 확인할 수 없었고, 본교사원을 직접 둘러보지는 못했다.

여인의 눈웃음
1) 라자스탄(Rajasthan)

궁전과 성(城)이 많아 '왕들의 땅'이라고 불리는 라자스탄 주는 인도의 북서부에 위치하고 있으며, 약 6,000만 명이 살고 있고, 주도(州都)는 자이푸르(Jaipur)이다. 독립성과 자존심이 강한 라즈풋(Rajput) 족이 중심이 되어 기백과 신화로 건설했다 할 정도로 이 지역에는 웅장한 성(城), 화려하면서도 정교한 궁전(宮殿), 색깔 있는 도시(都市) 등이 많다. 우다이푸르(Udaipur)·자이살메르(Jaisalmer)·조드푸르(Johupur)·푸

빈두 만찬다가 지은 『印度의 城과 宮殿』이란 책표지

시카르(Pushkar) 등의 도시가 다 이 라자스탄 주에 있다. 성과 궁전에 대한 정보는 Bindu Manchanda가 저술한 〈FORTS & PALACES OF INDIA -Sentinels of History〉가 있다.

2) 공작(孔雀)

인도인들이 즐겨장식하는 공작 모자이크

꿩과에 속하는 새[鳥類]로 한자어로는 월조(越鳥)·남객(南客)·화리(火離)라고 한다. 학명은 Pavo cristatus L.인데 인도 아삼과 실론 등지에 분포 서식했었으나 현재는 반 가금화(家禽化)되어 전 세계적으로 사육되고 있다. 조선시대 유명한 백과사전인 물명고[4]와 오주연문장전산고[5]에도 소개되고 있지만 공작의 목 어깨 가슴 꼬리 등에 있는 자청색과 갈색 하트 모양의 무늬들이 어우러진 모습은 대단히 아름답다. 특히, 긴 고리 깃을 세워 부챗살처럼 활짝 폈을 때에는 가히 환상적이라 할 만하다.

3) 인도인

오늘날의 인도인은 주로 북방의 아리안(Aryan) 족[6] 70%와 남방의 드라비다(Dravidian) 족[7] 25%로 구성되어 있다지만 인도 전역을 여행하다 보면 꼭 두 민족으로 대별되지 않는 것처럼 다양한 형질의 인도인을 만나게 된다. 아마도 이는 인도가 오늘에 이르는 긴 역사 속에서 인근 여러 나라의 침략을 받고, 영국과 포르투갈 식민통치를 오래 받았다는 역사적 사실과 인근 동양인의 유입 등과 무관하지 않을 것이고, 또한 영토가 워낙 넓기 때문에 서로 다른 환경적 요인이 작용했으리라는 점도 간과할 수 없다고 본다. 그래서인지 신장·체격·두상·얼굴형태 등이 다양하게 나타나는 편이다. 그럼에도 불구하고 한 가지 공통점이 있다면 가무잡잡한 피부색이다. 이 피부색이야 일조(日照)와 생활양식, 그리고 영양(營養) 등의 조건이 결정짓겠지만 흑인과 황인의 중간쯤에 해당하는 것 같다.

4) 물명고(物名攷)
1820년대 유희(柳僖)가 여러 가지의 물명(物名)을 모아 한글 또는 한문으로 풀이하여 만든 일종의 어휘사전.

5) 오주연문장전산고(五洲衍文長箋散稿)
19세기의 학자 이규경(李圭景 : 1788~1863)이 쓴 백과사전 형식의 책으로 총 1,417 항목에 달하는 방대한 내용이다. 역사·경학·천문·지리·불교·도교·서학·풍수·예제·제이(災異:재해나 자연현상의 이상 징후)·문학·음악·병법·풍습·서화·광물·초목·어충(魚蟲)·의학·농업·화폐 등에 관한 내용이 망라되었다.

6) 아리아인 (Aryan)
선사시대에 이란과 인도 북부지역에 살던 민족을 일컬음.

7) 드라비다 지역인종 (Dravidian local race)
인도(또는 힌두) 지리적 인종의 하위 집단으로 유전학적으로 고립된 혈통에 해당한다. 주로 인도 남부의 드라비다어를 쓴다. 중키에 짙은 피부색, 건장한 몸집 등을 지녔으며, 머리는 앞뒤로 긴 장두형(長頭型)이다. 인도 북부의 아리아 지역인종보다 코가 낮고 넓다.

신화神話에 매여 사는 사람들의 얼굴에 비낀 그림자
1) 인디라 간디국제공항
인도의 중요한 국제적 관문인 델리의 도심으로부터 약 20킬로미터 정도 떨어져 있으며, 시설은 비좁고 낙후되어 있다. 그래서인지 불필요한 사람들이 들어갈 수 없도록 아예 입구에서부터 여권 검사를 한다. 다른 공항과 다른 점이 있다면, 휴대용 가방에도 일일이 꼬리표를 달아야 하고, 검색대를 통과한 다음에 짐을 부친다. 그리고 12월과 1월에는 안개로 운항이 지연되거나 결항되는 사태가 간혹 발생한다.

2) 마하럭시미 도비 가뜨(Mahalaxmi Dhobi Ghat)

칙칙해 보이는
도비가트(야외 대형 세탁소)

뭄바이 시 북쪽에 '마하 럭시미' 라는 기차역이 있는데 바로 그 옆으로 뭄바이 시에서 관리 운영하는 대형 야외 세탁소가 있다. 이 세탁소를 '도비 가뜨' 라고 하는데 수 천여 명의 남자들이 노천에서 매일 수 톤씩의 빨래를 한다. 이들은 천민[6] 가운데 천민으로 일평생 빨래만 하며 산다고 하여 그 같은 사실을 확인하기 위해서 적지 아니한 관광객들이 가까이 접근하여 사진촬영을 하기도 하는데, 이곳은 시멘트로 만들어진 커다란 물통이 곳곳에 있고, 수로(水路)가 나 있으며, 빨래판석 등이 있다. 이 일대는 온통 검은 빛깔인데 대조적으로 곳곳에 하얀 빨래들이 널린다.

3) 스리 미낙시 템플(Sri Meenakshi Temple)

타밀 나두의 '스리미낙시' 사원

드라비디안(Dravidian : 남인도 문화와 언어를 일컫는 일반적인 용어) 건축양식을 따른 뛰어난 건축물로, 1560년 '위시워나트 나역' 이 설계하여 '띠루멀라이 나역' 의 통치기간에 건설되었다. 약 6헥타르 면적에 신과 동물들로 화려하게 장식한 고뿌럼(Gopuram : 피라미드 모양의 탑)이 45~50미터 높이로 12개나 솟아 있다. 이 사원의 신전마다 매일 꽃을 바치는데 여기에 필요로 하는 꽃들만을 재배하고, 그것을 수확하여 꽃다발을 만드는 일을 하는 사람이 있는데 그 사람 역시 신이 자신에게 그런 임무를 부여했다고 믿으며 일평생 그 일만 하며 산다.

4) 인도의 카스트 제도

카스트(caste)라는 용어는 '족속', '혈통', '계보'라는 뜻의 스페인어인 casta에서 유래되었으며, 가문·결혼·직업에 의해 결정되는 특정한 지위를 가진 집단으로 풀이된다. 이 카스트에 해당하는 인도 말로 '자티'가 있는데 이 자티는 가장 작은 족내혼제 사회단위, 즉 보통 어떤 구역의 주민을 가리킨다. 인도에는 3,000여 개의 카스트와 2,500여 개의 하부 카스트가 있다 한다.

그러나 이들의 활동영역을 현실적으로 제한하는, 힌두사회의 오랜 전통과 관습으로는 성직자(聖職者)·무사(武士)·상인(商人)·천민(賤民)·불가촉천민=하리잔 등 다섯 계층으로 구분되어 있다.

5) 상투

삼국시대부터 근대사회 이전에, 장가든 남자가 머리털을 끌어 올려 정수리 위쪽으로 틀어 감아매는 머리형태를 일컫는다. 상투머리가 1895년 을미개혁 때에 내린 단발령(斷髮令)에 의하여 금지되고, 대신 중머리 하이칼라머리가 나왔으나, 지금도 수구적인 극히 일부의 사람들은 상투머리에 두루마기를 입고 갓을 쓰고 다닌다.

6) 천민 가운데 천민 = 불가촉천민(不可觸賤民 : untouchable)

불가촉천민을 해방시키기 위해서 많은 노력을 기울였던 마하트마 간디에 의해서 '하리 비시누 신의 자녀들' 또는 줄여서 '신의 자녀들'이라는 뜻으로 하리잔(harijan)이라고도 불리는데, 전통적인 인도 사회에서 가장 낮은 계층에 속하는 수많은 집단 또는 카스트 체계에도 속하지 않는 사람들을 일컬어왔다. 그러나 1949년에 제정된 인도의 헌법에서는 분명히 불가촉천민이라는 말의 사용과 그와 관련된 사회적 차별행위를 불법으로 규정하였으며, 1955년 제정된 불가촉천민법에 의해 교육과 직업상의 혜택이 주어졌고, 의회에서도 대표권이 부여되었다. 관련법에서는 더러운 일과 관련된 직업이나 일을 하는 사람을 불가촉천민으로 규정하였는데 예를 들면, ①어부 ②소를 죽이거나 죽인 소를 치우는 일 또는 가죽무두질을 하면서 생계를 잇는 사람들 ③똥·오줌·땀·침 등 인체의 배설물과 관련된 일을 하는 사람들, 청소부나 세탁부 ④소·집돼지·닭 등의 고기를 먹는 사람 등이다.

3

강가 강(Ganges River)에서
불가사의한 주검
인도의 믿기지 않는 열녀(烈女)
볼모로 붙잡혀 있는 지하의 시신들
죽은 자들이 모여 사는 화려한 주택가
장례 풍습에서 읽는 티베트 사람들의 속마음
맛있는 눈
환생(還生)에 대한 반신반의(半信半疑)

네팔 카트만두 인근 파슈파디니트 힌두사원 내 가우리 가트에서 화장하는 모습

  필자는 인도의 힌두성지 가운데 한 곳인 바라나시 강가 강변 화장터에서 시신 태우는 장면을 적지 않게 목격하였다. 이른 새벽 자그만 목선을 타고 가 강변 이곳저곳에서 불타는 시신들을 일정한 거리를 두고 배 위에서 한참을 쳐다보았다. 그리고 허가를 받고서 어둠 속에서 여전히 불타고 있는 시신들을 화부들 곁에서 이리저리 살펴보기도 했다. 뿐만 아니라, 우연히 한낮에 다른 화장터에서 벌어지는 장례의 처음과 끝을 지켜볼 수도 있었다. 그러나 나에겐 관련 사진 한 장도 없다. 카메라로 사진을 찍으면 죽은 자의 영혼이 카메라에 붙들려 하늘에 오를 수 없다 하여 사진촬영 자체를 금하기 때문이다. 그런 상황에서 굳이 카메라를 꺼내들어 그들의 심기를 불편하게 할 필요가 없었다.

  위 사진은 2007년 6월 네팔의 카트만두 인근 파슈파티나트(Pashupatinath)라고 하는 힌두사원 내로 흐르는, 좁은 바그마티(Bagmati) 강변에 있는 가우리(Gauri) 가트에서 화장하는 모습을 필자가 직접 촬영한 것이다. 네팔에서는 인도와 달리 화장하는 모습을 누구나 가까이에서 구경할 수 있고 사진촬영도 허가한다. 그만큼 개방적인 셈이다. 죽은 자의 신분에 따라 화장하는 위치가 다른 것은 인도와 같으나 시신의 얼굴이 천으로 가려지지 않아 그대로 노출되는 점이 다르다.

강가 강에서
Ganges River

    대나무 들것에 실린 시신(屍身) 한 구(具)가, 큰 소 한 마리만 마주쳐도 비껴 설 자리가 없는, 복잡하고도 좁은 골목길을 빠져나와 강변에 조심스럽게 놓인다. 강변에는 시신이 불타는 계단식 화장터가 군데군데 모여 있고, 무심하게도 강물이 출렁이는 강가에는 버려진, 들것·꽃·종이와 천 조각·타다 남은 나뭇가지·재 등 온갖 쓰레기가 널려 있다.

    잠시 후 들것에 실린 시신은 강물[1]에 적셔졌다가[2], 다시금 장작더미 옆으로 놓인다. 이윽고 들것과 시신 위로 장식된, 노랗고 다홍 빛깔의 생화(生花)를 실로 꿰어 만든, 흔히 스님들이 목에 거는 긴 염주를 생각게 하는 '줄꽃'을 분리시켜 한쪽에 놓고, 시신을 덮고 있는 옷가지 같아 보이는 천을 걷어낸다. 그러자 동작 빠른 한 아이가 기다렸다는 듯이 얼른 집어 달아난다. 그리고는 굵은 장작이 여러 층으로 쌓아 올려진 더미 위로 하얗고 엷은 천으로 감싸인 시신이 올려지고, 시신 위로는 여남 개의 가느다란 장작이 더 올려진다. 그리고는 시신 타는 불쾌한 냄새를 줄이기 위해서일까, 비닐봉지에 든 톱밥 같은 향나무가루를 흩뿌리고, 그다지 크지 않은 캔에 든 마가린 빛깔의 끈끈한 기름 두세 통을 장작더미 위로 골고루 쏟아 붓는다.

그러는 사이 삭발한 상주(喪主)는 짚으로 만든 것 같은 불쏘시개에 종자불[3]을 붙여 들고 시신이 놓인 장작더미 주변을 왼쪽으로 한 바퀴 돈 다음 장작더미에 불을 옮겨 붙인다. 금세 불길은 번지어 거칠어지고, 곧 형태가 있는 것들을 모두 한 입에 집어삼키려는 듯 커다란 입을 벌린 채 허공중으로 몸을 날리는 여러 마리의 비호(飛虎)가 된다.

하지만 키가 큰 시신의 두 발은 장작더미 밖으로 나와 있고, 얼굴을 포함한 머리통은 하얀 천으로 감싸여 있지만 장작더미 밖으로 이목구비가 뚜렷하게 보인다. 아마도 보통사람들보다 키가 컸던 모양이다. 얼마 후 코와 두 눈에서는 검붉은 피가 나오기 시작하여 하얀 천을 적시며, 약간 뒤로 제껴진 이마를 거쳐 정수리 쪽으로 흘러내린다. 그러는 사이에도 불길은 더욱 거칠어지고, 이를 지켜보는 구경꾼들의 다리 사이로는 털갈이가 진행 중인, 볼품사나운 개 한 마리가 어슬렁거린다.

얼마 후 가장 거친 불길에 휩싸인 시신의 복부쯤에서, 그것도 옆구리가 터진 듯 뜻밖에도 가느다란 물줄기가 솟구치기 시작한다. 마치 작은 분수의 물줄기처럼 한참동안이나 강약을 반복하면서 포물선을 그리며 불길 속으로 떨어진다. 이윽고 시신의 목이 탁 꺾이고, 장작더미의 가운데 부분이 무너져 내리듯 푹 꺼지자 화부[4]는 타고

시도 때도 없이 실려 오는 시신들(인도)

화장터 옆 강물 속에서 무언가를 찾고 있는 사람들(네팔)

있는 장작을 재정리해 놓으며 그동안 밖으로 나와 있어 불길이 잘 닿지 못한 두 발을 긴 막대기를 이용하여 거센 불길 쪽으로 밀어 넣으려 안간힘을 쏟는다.

그러는 사이 장작도 시신도 거의 타버리고, 이제는 숯불이 되다시피 한 잔불이 몇 토막의 굵은 뼈들을 끌어안고 있다. 화부도 주변정리를 하듯 타다 남은 장작들을 모아 불길 속으로 밀어 넣곤 한다. 그럴 때마다 불길이 치솟지만 잠시 뿐 그마저 다 타고 나면 상주는 강물을 바라보며 사위어가는 잔불을 뒤로 한 채 성스럽다는 강물이 담긴 그릇을 시신이 타던 잔불 위로 떨어지도록 머리 위로 힘껏 들어올려 던진다. {그럼으로써 모든 일이 종료되었음을 선언하며, 비로소 죽은 한 사람의 영혼을 생로병사의 굴레(業)로부터 자유롭게 떠나보냈음을 알리는 것 같다.[5]}

얼마 후 불길이 다 잦아들었다 싶으면 고스란히 남은 잿더미를 파헤치고 급기야는 채에 쓸어 담아 강물 속에서 흔들어대며 무언가를 열심히 찾아내려는 사람들의 동작이 수면위로 어른거린다.

시신들은 시도 때도 없이 들것에 실려 내려오고, 그렇게 강변 계단 화장터에서는 밤낮없이 적멸(寂滅)에 든 시신들이 불태워지고 있다. 특히, 기온이 크게 떨어지는 밤에는 시신이 불타고 있는 바로 옆에서 커다란 소가 누워 아주 평화롭게 되새김질을 하고 있고, 타다만 시신의 발(足)을 물어온 개는 다른 한 쪽에서 배를 깔고 누운 채 분주하게 오가는 사람들일랑 아랑곳하지 않고 뜨거운 듯 조심스레 뜯고 있다. 그런가 하면, 모든 게 부질없다는 듯 장작과 시신이 함께 불타면서 치솟는 불티와 검은 연기가 허공중으로 흩어지건만 화장터 난간 한쪽 구석 골판지를 세워 만든 개집만한 공간에서는 가부좌를 틀고 앉아 명상삼매(瞑想三昧)에 빠진 늙은 사두(sadhu)[6]의 숨소리가 들리는 듯하다.

-2007. 01. 24. 13 : 31

붐 지저스 대성당(Basilica of Bom Jesus)
 나는 지구촌의 근대사를 유럽이 썼고, 현대사를 미국이 쓰고 있다고 생각한다. 과거 유럽의 식민 통치를 받았던 지역을 가보면 엄청나게 화려하고 웅장한 성당들을 많이 남겨놓았는데 이것이 무엇을 말해주는가?

 과거 침략자들은 현지의 수많은 인명을 살상했으며, 자원과 노동력을 탈취하여 부귀영화를 누렸고, 폭력적이고 야만적인 자신들의 삶을 합리화시켜주는 사치스럽고 모순된 종교적 활동의 무대를 그렇게 만들고 장식해 놓았던 것이리라.

 포르투갈의 옛 식민지 가운데 한 곳이었던 인도의 고아 주의 '올드 고아'를 가도 적지 않은, 그런 성당들을 확인할 수 있다. 나는 성 카제탄 성당(ST. CAJETAM CONVENT), 아시스의 성 프란시스 수도원(CHURCH OF ST. FRANCIS OF ASSISI), 세 성당(SE CATHEDRAL), 성 오거스틴 타워 유적(RUINS OF AUGUSTINE'S TOWER) 등을 둘러보고, 이제 썩지 않은 성 프란시스 제비어의 주검이 모셔져 있다는 붐 지저스 대성당을 바라보고 있다. 직접 들어가 보기 전에 나는 잔디밭에 앉아서 잠시 숨을 고르고 있다.

불가사의한 주검

인도 올드 고아(Old Goa)[1]에 가면 붐 지저스 대성당(Basilica of Bom Jesus)[2]이 있는데 로마 카톨릭계에서는 아주 유명하다. 그곳에는 성 프란시스 제비어(St. Francis Xavier)[3]의 '불완전한' 유해[4]를 모신, 은(銀)으로 된 관(棺)이 화려한 장식물[5] 위로 안치되어 있기 때문이다.

성 프란시스 제비어(St. Francis Xavier) 초상화

성 프란시스 제비어는, 배를 타고 1541년 4월 7일 포루투갈의 리스본을 출발하여 모잠비크(Mozambique)와 케냐의 마린디(Malindi)를 거쳐서 1542년 5월 6일에 인도의 고아에 도착했고, 이 때로부터 약 10여 년 동안 선교활동을 펼쳤는데 그의 헌신적인 활동은 일본에까지 미쳤다 한다. 그는 1552년 8월에 중국 연안 산시안(Sancian) 섬에 도착, 그해 12월 3일에 병들어 죽게 되는데, 그의 주검과 관련하여 실로 불가사의한 이야기들이 전해지고 있다. 곧, 그가 죽자 하인이 유해(遺骸)를 고아로 올려 보내라는 명(命)에 대비하여 시신을 가능한 한 빨리

부패시키기 위해서 - '부패'라는 말보다 '탈골'이라는 말이 더 적절하다고 생각되지만[6] - 생석회 네 포대를 쏟아 부었다는데 두 달이 지나도록 시신은 썩지 않고 온전한 모양을 유지했다는 것이다. 결국 시신은 고아로 보내졌고, 이를 본 사람들은 '기적(奇蹟)'이라 여겼고, 급기야는 총독 주치의가 나서서 약품처리 여부를 확인하기 위한 의학적 조사를 실시하였다 한다. 그 결과 "죽은 성인의 내부 장기가 손상되지 않고 그대로였으며, 어떠한 방부제도 사용한 흔적이 없다."라고 주치의가 선언했다는 것이다. 그 뿐만 아니라, 가슴 부위에 자그만 상처가 있어 예수회 교도 두 사람이 그곳에 손가락을 넣어 보았다는데 그 때의 정황에 대해 주치의가 말하기를 "그들이 손가락을 빼자 피가 묻어 있었고, 내가 냄새를 맡아보니 피는 전혀 오염되지 않은 상태였다."라는 것이다.[7]

이를 믿어야 할지 묵살해야 할지 정확한 판단이 서지 않는 게 부인할 수 없는 나의 마음이다. 이런 불가사의한, 그의 주검과 관련해서는 인도 고고학회에서 발행한 《OLD GOA》[8]라는 책자의 부록에서도 소개되고 있지만 위의 이야기와는 상당히 다르다. 물론, 세인들 사이에서 사실과 다르게 와전되거나 부풀려져 구전(口傳)되어 오다가 적당히 기록되었는지도 모를 뿐 아니라 어떤 특정의 세력이나 단체가 그것을

인도 고고학회에서 발행한
『OLD GOA』라는 책의 표지

기도(企圖)했었는지도 더더욱 모를 일이라는 점을 우리는 전제해 둘 필요가 있다고 본다.

여하튼, 《올드 고아 OLD GOA》라는 책자에서 그의 주검과 관련하여 기록되기를, 그는 고아에 온 지 10년 후인 1552년 12월 3일에 46세를 일기로 중국 연안 산시안(Sancian) 섬에서 병들어 죽었다 한다. 그의 시신은, 처음에는 산시안 섬에 묻혔는데 바로 뒤이어 그의 믿음직한 수행인에 의해서 말라카 (Malacca)의 언덕에 위치한 성모교회

성 프란시스 제비어의 화려하게 장식된 무덤

(The church of Our Lady)로 옮겨졌다. 그리고 4개월 후에 그의 후계자가 관을 열었을 때에는 시신이 살아있는 듯 깨끗한(fresh and life-like) 상태인지라 이를 기사(奇事)[9]라 여기고(Feeling the impact of the miracle), 1554년 3월 16일에 시신을 고아로 보냈다는 것이다.

고아로 옮겨진 시신은 처음에는 성 폴 대학(St. Paul' College)에 보관되었지만, 1613년에는 봄 지저스(Bom Jesus) 수도사의 집[10]으로 옮겨졌다 한다. 그가 죽은 지 70년 후인 1622년에야 비로소 그에 대한 시성식(諡聖式)이 있었는데 그 후부터 그의 시신은 은(銀)으로 만든 관(棺)에 넣어져 봄 지저스 대성당 Gospel side에 안장되었다가 다시 같은 교회 내 The Epistle side에 있는, 예술적으로 공들여서 만든 장식물 같은 무덤(An artistic mausoleum) 안으로 옮겨져 오늘에 이르고

있다는 것이다.

아, 이를 진실로서 받아들여야 할지 한낱 인간의 부분적 혹은 전면적 조작으로 여겨야 할지 아직도 나는 판단이 서질 않는다. 우리가 사는 동안에 이미 확인할 수 있었듯이, 시신에 약품처리를 하지 않았어도 - 시신이 묻힌 자연적 공간의 특수한 여건이나 죽을 당시의 개체의 신체적 조건 등에 따라서 다소 다르겠지만 - 수개월이 지난 시점에서도 전혀 부패하지 않는, 아주 드문 경우가 있는 점으로 미루어 보아 그의 주검의 초기상황 - 여기서는 죽은 지 약 2~4개월 정도 지났어도 부패하지 않고 원형 가깝게 유지할 수 있었다는 정도로 생각하지만 - 을 같은 맥락에서 받아들일 수는 있을 것이다.

그러나 그의 주검에 나타난 특수한 자연적 현상을 두고, 인간은 자신의 판단기준에 의거해서 얼마든지 신(神)의 역사(役事)로 해석할 수

은(銀)으로 만든 관 안에 든 성 프란시스 제비어의 시신

있었을 것이고, 나아
가서는, 그에 대해 종
교적 혹은 정치적 목적
달성을 위해서 교묘하
게, 그리고 은밀히 조
작할 수도 있었으리라
는 점을 배제할 수 없

무덤 아래쪽에 조각된 장식

다고 본다. 상상컨대, 그의 후임자로 파견된 사람에게 조작을 은밀하
게 그 누군가가 명령했다면 그의 주검과 관련하여 그 같은 이야기들은
얼마든지 가능했을 것이고, 또 그럼으로써 감쪽같이 세상 사람들을 속
일 수도 있었을 것이기 때문이다.

　포루투갈 사람들은 - 비단 그들만도 아니지만 - 인도의 고아를 강
점(强占)·통치하는 과정에서 수많은 토착민들을 죽이고, 자신들의 종
교를 전도하였다. 그들은 자신들의 행위를 정당화하기 위해서 선교 목
적 내지는 미개국 계발·계몽·시혜를 운운하면서 로마교황청과 상부상
조하는, 그야말로, '누이 좋고 매부 좋은' 관계를 유지·발전시켜 왔을
터이다. 그런 과정에서 정치적 혹은 종교적 목적 달성을 위한 조작은
얼마든지 있을 수 있으리라는 생각이 든다. 이것이 온전하지 못한 인
류사의 현실이니까 말이다. 우리는 바로 그 점을 간과해서는 아니 될
것이다.

　오늘날 하나님을 믿고, 일평생 헌신봉사하며 살아가는 사람들이 적
지 않은데, 왜 그들에게는 제비어 같은 기사 내지는 기적이 일어나지
않으며, 또한 하나님은 왜 꼭 그런 식으로만 당신의 뜻을 우리에게 전
하려 하는가? 유치하지만 나는 의문을 품지 않을 수 없다.

성 요셉 대성당

문제의 기적이나 기사가 오늘날의 밝은 세상에서는 과거 어두운 세상보다 현저하게 적게 나타나는데, 아니 거의 나타나지 않는데 이것은 무엇을 의미하는가? 그저, 하나님이 보시기에 오늘의 종교인이 어제의 그들보다 좋지 않기라도 한단 말인가. 물론, 그야 내가 판단할 수는 없는 노릇이지만 나는 생각한다. 그동안의, 기적(奇蹟)이 기적이 아니고, 기사(奇事)가 기사가 아니라고 말이다.

우리가 기적을 기적이라 하고, 기사를 기사라 하는 까닭은, 어디까지나 초자연성(超自然性)에 있는데, 그 초자연성마저도 따지고 보면 인간이 가지는 당대의 판단기준에 의거한 것일 뿐이며, 그 기준이라는 것도 언제든지 변할 수 있는 인간의 능력일 뿐이라는 사실이다. 이를 전제한다면 우리는 기적이나 기사라 여겨왔던 현상들에 대해서도 보다 신중하게 접근할 필요가 있다고 본다.

캐나다 퀘벡 주 몬트리올에 가면 성 요셉 대성당(L'oratoire st-Joseph)[11]이 있는데, 대성당 안 박물관에는 부패하지 않는다는, 아니 한동안 부패하지 않았다는 앙드레(André) 신부의 심장이 특별히 안치되어 있다. 살아있는 사람들이 그를 신의 역사로 받아들였기 때문이다. 하지만 아주 작은, 투명하지 않아 두터워 보이기까지 하는 유리 구멍으로 들여다봐야하는데, 나의 눈으로는 심장의 형태나 크기, 그리고 그것의 부패 여부나 현재의 상태를 판단하는 데에는 역시 역부족이다. 작은 유리구멍 밑으로는 그저 붉은 빛깔로 어렴풋하게 그 무언가가 보였을 뿐이기 때문이다.

  여하튼, 성 프란시스 제비어의 주검이 오랫동안 부패하지 않았다는 것이나, 앙드레 신부의 심장이 부패하지 않았다는 것을 두고 ― 사실, 그 자체도 사실인지 아닌지 단언할 수도 없지만 ― 기적(奇蹟) 내지는 기사(奇事)라 여기는 것은 마치, 인류가 신(神)의 모습을 단 한 번도 보지 못했으면서 신의 형상을 자신의 판단 기준에 의해서 구체적으로 드러내려는, 강한 성향을 띠고 표현하는 행위나, 또한 그럴 수밖에 없는 입장에서 벗어나지 못하는 인간 한계와도 무관하지 않으리라.

  그렇듯, 무신론자이지만 신이 존재하기를 기대하는 나는 다시 생각한다. 현재의 인간이 알지 못하기에 초자연적이라 여기는 여러 현상들 앞에서 쉽게 신의 역사(役事)를 떠올리는 것은 인간의 나약함이자 자신의 소망을 이입시켜 만든 초월적 존재에 대한 의지 심리를 노출시키는 일 외에 다름 아니라고 말이다.

                                                                    -2007. 02. 14. 18 : 47

뭄바이 시내 길거리에 전시된 그림 한 점

그림을 바라보고 있노라면 음악·회화·조각·종교 등에 있어 남다른 감수성과 창의적 상상력을 지닌, 전형적인 인도인의 정서를 그대로 전해 받는 느낌이 든다. 거무숙숙한 피부에 붉은 립스틱과 티카, 그리고 하얀 빛깔의 귀걸이와 목걸이가 먼저 시선을 끈다. 하지만 그보다는 근원적인 매력이 숨어있다. 무언가 깊은 생각을 품고 있는 듯한 갸름한 얼굴의 고적함과 유난히 긴 목에 그녀의 외로움이 묻어있고, 황토색의 터번은 그녀의 고단한 떠돌이 생활을 짐작하게 한다. 막 피리불기를 끝냈는지 사슴 세 마리로부터 아낌없는 찬사를 받고 있다. 마치 한 곡만 더 연주해 달라고 애원하는 듯한 간절함이 사슴의 눈빛과 몸짓에 묻어있다. 부처님이 위없는 도를 깨우치시고 곧바로 녹야원으로 와 옛 수행동지들에게 최초의 설법을 하실 때에 그곳에 있던 사슴들까지 가까이 몰려와 함께 귀를 기울였다는 이야기가 문득 떠오른다. 부처님은 깨달음의 진리를 말씀하심으로써 살아있는 것들로 가득한 세상과 통하셨지만 그녀는 피리연주를 통해서 상통(相通)하는가보다.

인도의 믿기지 않는 열녀
烈女

　우리에게도 '열녀(烈女)'[1]라는 개념이 머릿속 깊이 자리잡고 있을 때가 있었다. 곧, 남편이나 남편될 사람이 어떠한 이유에서든 먼저 죽게 되면 그 후에 부인이나 부인될 사람이 스스로 목숨을 끊음으로써 '정조(貞操)'[2]를 지켰을 때에 우리는 '열녀(烈女)' 또는 '열부(烈婦)'라 하여 칭송하고, 그에 대한 기념비까지 세워서 널리, 오래토록 알리려 노력해 왔다. 뿐만 아니라, 그 구구절절한 사연은 민담(民譚)[3]이나 설화(說話)[4]로 자연스럽게 꾸며져 구전되거나 기록으로 남겨지기도 했다. 이 같은 현상은 가부장제[5] 사회의 가치관이 지배하던 조선시대에 두드러지게 나타났음은 부인할 수 없는 사실이다. 물론, 요즈음에는 '어리석다' 내지는 '있을 수 없는 일'이라고 폄훼(貶毁)되기도 하지만 말이다.

　어쨌든, 열녀는 하나뿐인 자신의 목숨을 끊기 위해서 대체로 사약(死藥)을 복용하거나, 목을 매달거나, 깊은 물속에 뛰어들기도 하고, 식음(食飮)을 전폐하기도 했다. 실행에 옮기기에는 어느 것 하나도 쉽지가 않다. 아니, 대단히 어려운 일들이다. 어떠한 방법이든지 간에 결연한 의지나 그 의지를 생성케 하는 확고한 신념 없이는 불가능한 일임에 틀림없다.

그런데 20세기 말, 좀더 정확히 말하여, 1987년 9월, 인도(印度)의 라지스탄(Rajasthan)⁶) 주(州)의 '데오랄라(Deorala)'라 하는 마을에서는 믿기지 않는 사건이 발생했다. 곧, 결혼한 지 7개월밖에 되지 않는, 18세의 위키페디아 룹 카와르(Wikipedia, Roop Kanwar)라는 이름을 가진 부인이 죽은 남편의 시신을 화장(火葬)하는 장작더미 위로 올라가 침착하게 기도하며 불에 타 죽었다는 것이다.⁷) 그리하여 그런 일이 있은 후 일주일도 채 되지 않아서 50만 명이나 되는 사람들이 전국 각지에서 몰려와 그녀의 죽음을 추모하고, 그녀의 사당(祠堂)을 짓는데 필요한 후원금을 기꺼이 냈다는 것이다.

하지만 일부에서는 그녀의 가족과 마을 사람들이 강조하는 진술과는 달리 18세밖에 되지 않는 어린 신부가 약물에 취해서 억지로 불길 속에 들어갔다고 말해지는 것으로 보면 무언가 석연치 않은 구석이 있어 보인다. 만일, 부정적으로 바라보는 일부 사람들의 말이 옳다면, 그녀의 죽음은 결과적으로 돈과 명예를 염두에 둔 채 관련자들이 여건을 조성하여 자살을 유도하거나 강요하여 발생한, 간접 살인의 희생양으로 전락될 수도 있을 것이다. 이는 상상하기조차 싫은 일이지만 인간은 언제나 어떤 목적 달성을 위해서라면 타인의 죽음조차도 수단으로 여기고, 그 진실을 은폐하거나 조작하기도 했다는 사실을 유념해 둘 필요는 있으리라.

여하튼, 어느 쪽의 말이 옳은지는 알 수 없으나, 인도에서는 이처럼 남편의 시신을 화장하는 불길에 자신의 몸을 던져 자살하는 행위를 '사티(Sati)'라 하는데 하필, 같은 해 12월 중앙정부에서는 문제의 사티를 금하는 법령을 제정, 통과시켰다 한다. 그럼으로써 사티를 행한 여성의 가족이 갖게 되는, 자살한 여성의 재산에 대한 권리를 박탈함과 동시에 그녀를 추모하고 기념하는 축제인 '사티 멜라(Sati Mela)' 까지도 전면 금지하고 있다 한다.

참으로 이해할 수 없는 일이다. 얼마나 그런 일이 많으면 관련법이 다 만들어지는가. 그리고 그녀의 남편은 왜, 결혼 초에 죽었으며, 그 때 그의 나이는 몇 살이었는지, 그리고 그녀는 어떠한 상태에서 왜, 어떻게, 불길 속 장작더미 위로 뛰어 올라갈 수 있었는지, 그러한 행동을 가능하게 했던 그녀의 정신적 믿음의 근간(根幹)이 있다면 무엇이었는지, 그녀의 신체적 정신적 건강상태나 가치관까지도 심히 의심스러운 것은 부인할 수 없는 사실이다.

남편 없이 살아가기 힘든 현실이라는 무게를 이겨내지 못하고 고생 고생하며 평생을 살아갈 바에야 한 사람의 영예로운 죽음으로써 가족이라도 살릴 필요가 있지 않겠느냐는 판단에서 자행했거나, 주위 사람들에 의한 희생양이었는지, 아니면 그녀의 가족과 마을 사람들의 이구동성(異口同聲)처럼 오로지 죽은 남편에 대해 일부종사(一夫從事)[7]하는 미음에서 결행한 수절(守節)[8]이었는지를 알 수 없으니 참으로 안타깝기 그지없다. 아니, 범부(凡夫)에 지나지 않는 나로서는 상상조차 못할 일이지만 그런 내가 은연중 그녀에게 무리한 요구를 하고 있는 것은 아닌지 모르겠다. 아니, 원천적으로 불완전한 인간에게 내가 너무 많은 것을 기대하는 것은 아닌가!

-2007. 03. 09. 14:51

페루 리마 구시가지 산프란시스코 교회의 카타콤

욕심 많은
아니, 영악한 누군가에 의해
수만 명에 이르는 사람들이 죽어서도
물이 되어 바람이 되어
다시 살지 못하고
수백 년 동안이나 손발이 꽁꽁 묶여 있네,
부가 넘치던 산프란시스코 교회
어두운 지하 밀실에서.

욕심 많은
아니, 무지한 누군가에 의해
수만 명에 이르는

육탈(肉脫)한
크고 작은 뼈들이 모여
수백 년 동안이나 부활을 음모하고 있네,
지금도 화려한 산프란시스코 교회
어두운 지하 미로에서.

하지만 꿈을 이룬,
곰팡내를 풍기는 뼈와
이들 포로의 주인은
단 한 사람도 없어 유감일 뿐이네.
심히 유감일 뿐이네.

볼모로 붙잡혀 있는 지하의 시신들

왠지 썩 내키지는 않지만 좁고 어두침침한 계단을 조심스럽게 내려간다. 미로처럼 이어진 지하통로는 더욱 비좁아지고, 길이 꺾이는 곳마다 작은 백열전구가 흙벽에 붙어 켜있긴 하지만 어두침침하기는 매한가지다. 그런 통로를 따라 쭉 걸어가다 보면 어느새 곰팡내 같기도 하고 마른 흙먼지 냄새 같기도 한, 결코 유쾌하지 않은 냄새가 먼저 지각된다. 대개는 자신의 코를 의심하듯 킁킁거리며 앞사람의 뒤통수만을 바라보면서 따라가게 마련이지만 앞서가는 사람들이 삼삼오오 모여서 수군거리는 곳마다 육탈(肉脫)한 지 아주 오래되어 보이는 뼈들이 흩어져 있다. 비교적 크고 굵은 것도 있지만 작고 가는 것들도 보인다. 간간이 두개골도 보이고 부석부석 마모되어가며 자리를 이탈한 갈비뼈도 보인다. 그런 인간의 뼈들이 진열된 지하 3층까지는 내려가 볼 수 없지만 영락없는 우물처럼 4~5미터 깊이로 동그랗게 파인 곳을 늘여다 볼 수는 있다. 그곳에는 물 대신 사람의 두개골과 팔다리뼈는 물론이고, 가는 갈비뼈들이 고스란히 놓여 있다. 이 곳에 온 누군가가 떨어뜨린, 사탕을 포장했던 듯한 은박지 등과 함께 말이다.

도대체 여기는 어디인가? 지금 나의 머리 위로는 페루(Republica del Perú)[1] 리마(Lima) 구시가지 중심가에 있는 산프란시스코 교회[2]

가 짓누르고 있다. 한 때 영화를 누릴 만큼 누렸던, 호사스럽기 그지없는, 침략자들의 신전 가운데 신전을 내 머리가 떠받치고 있는 셈이다. 그런데 그 교회의 지하 밀실에는 엄청난 양의 육탈된 뼈들이 갇히어 있다. 그렇다. 분명, 갇히어 있다는 표현이 더 적설할지도 모른다. 죽어서조차 한 줌의 흙이 되지 못하고, 한 방울의 물도 되지 못하고, 한 점의 바람도 되지 못한 채 이곳에 볼모로 붙잡혀 있다는 생각이 드니 말이다. 아니, 그도 아니다. 오로지 부활(復活)을 꿈꾸고, 오로지 영생(永生)을 기도(企圖)하는 영악한, 아니 욕심 많은 무리들인지도 모를 일이다. 아니, 소리 없는 그들의 또 다른 음모(陰謀)를 내가 엿듣고 있는 것은 아닐까.

    기록에 의하면, 식민시대에 장례를 치른 이곳 일반 시민의 것이라는데 지하 1층에만 2만 5천여 구(具)에 해당하는 분량이 있다 한다. 남미 최고의 정복자 '프란시스코 피사로(Francissco Pizzarro 1475~1541)'[3]가 황금의 도시로 소문난 잉카제국[4]을 손에 넣기 위해 '그리스도교 포교'라는 명분을 앞세워 이곳에 쳐들어와서는 1532년 '카하마르카'에서 당시 잉카제국의 황제였던 '아타우알파(Atahuallpa)'[5]를 사로잡고, 다음해 8월 29일에는 그를 교수형에 처함으로써 오늘날의 페루는 약 300년 가까운 긴 세월동안 스페인으로부터 식민통치를 받았다.

    그 과정인 1567년에 착공하여 7년 후인 1574년에 완공된 이 산프란시스코 교회는 왜 이토록 많은 시신들의 뼈들을 볼모로 붙잡아 두고 있는 것일까? 아니, 영광스럽게도 이들을 모셔 놓고 있는 것일까? 과연, 그 진짜 이유는 무엇이며, 그 진짜 목적은 어디에 있는 것일까?

    생각해 보면, 어렵지 않게 유추해 볼 수는 있다. 그리스도교를 포교

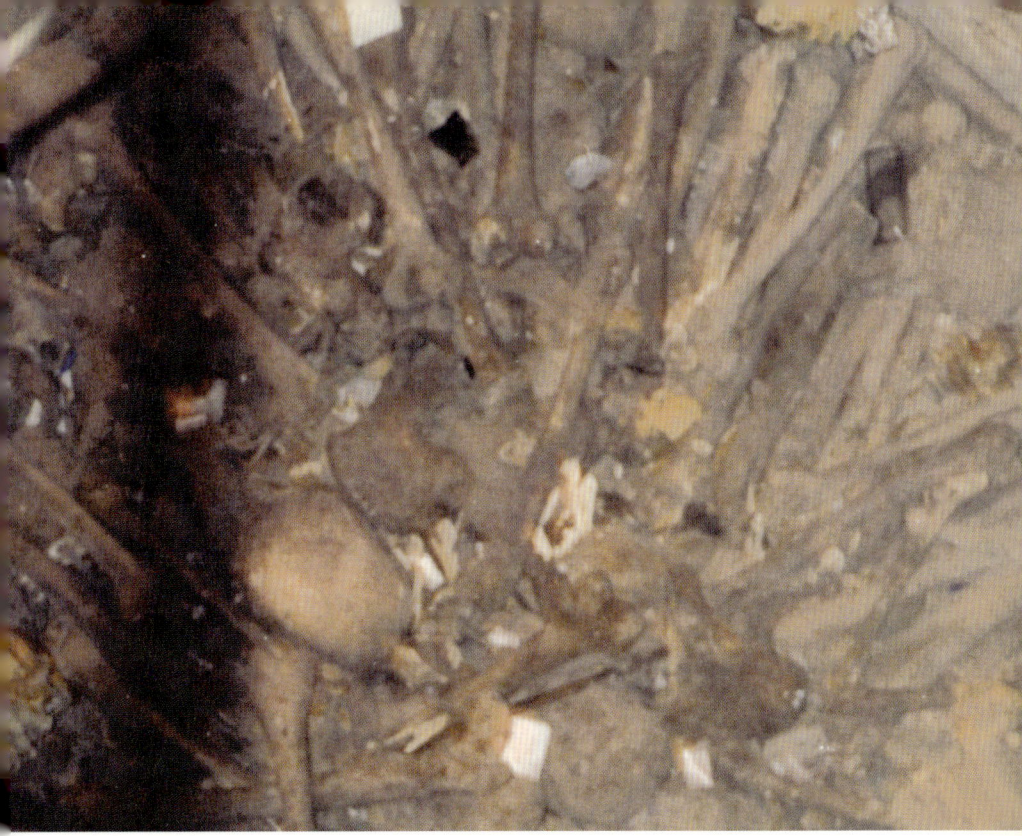

산프란시스코 교회의 카타콤 : 흩어져 있는 두개골

하러 왔으니 - 오늘날의 사도라 하면 의당 누구나 암송해야 하는 사도신경에 명기된 것처럼 - 전능하신 하나님 아버지를 먼저 믿게 하고, 성령으로 잉태하여 동정녀 마리아에게 나시고 십자가에 못 박혀 죽으시고 장사한지 사흘 만에 죽은 지 가운데에서 다시 살아나시며, 하늘에 오르시어서 하나님 우편에 앉아 계시다가 저리로서 산자와 죽은 자를 심판하러 오신다는 예수 그리스도를 믿게 하고, 우리들의 죄를 사하여 주는 것과 몸이 다시 사는 것과 영원히 사는 것을 믿도록 하기 위해서는 만인이 지켜보는 가운데 교회 안으로 유·무명의 주검들을 끌어들일 수밖에 없었는지도 모른다. 분명, 그렇게 해서라도 '심판'과 '부활'을 믿는 자신들의 굳건한 신앙심과 교리를 천하에 입증해 보이려 했는지도 모를 일이다.

그러나 지하에 묻힌 수많은 사람들 가운데 어느 누구 한 사람도 몸이 다시 살아났다는 소리를 나는 아직 듣지 못했고, 그들 가운데 다시 살아나 지금껏 살고 있다는 사람 또한 아직 보지 못했다. 성인(聖人)이라 하여, 훌륭한 사제라 하여, 당대 사회에 크게 기여한 공로자라 하여 시신을 미라로 만들어 안치해 놓은 지구촌의 성당이나 교회[6]도 적지 않은데, 다시 말해, 이런저런 이유에서 시신(屍身)들을 끌어안고 있는 성당이나 교회가 참 많은데 그들 가운데에서 다시 살아난 사람은 아직 단 한 사람도 없다는 사실이다. 이것이야말로 나에게는 절망이 아니라 희망이다. 만일, 그렇지 않고서 그동안 한 사람이라도 보란 듯이 우리 앞에 다시 살아났다면 이 세상의 영악한 무리들이 먼저 줄지어 살아나기 위해 수단·방법 가리지 않을 테니까 말이다. 천성적으로 무디고 굼뜬 나에게는 차라리 이 절망이 희망임을 어찌하랴.

-2007. 02. 21. 18: 42

아르헨티나 부에노스아이레스 레콜레타 공동묘지
죽은 자들이 모여 살고 있는 화려한 주택가

죽은 자들이 모여 사는 화려한 주택가

8월 15일, 한 겨울이 서서히 물러갈 즈음, 사람들이 모여 사는 도심 거리에는 봄을 재촉하는, 가는 비가 부슬부슬 내린다. 행인들 속에는 우산을 받쳐 든 이도 있지만 대개는 아직 우산을 펼치지 않고 있다. 더러는 가죽잠바를 입거나 바바리코트를 걸친 채 횡단보도 신호등 앞에 우두커니 서있기도 하다.

비는 이내 그치려는지 오락가락하지만 옷소매나 바짓가랑이를 파고드는, 소리 없는 바람은 시종 사람곁을 따라다닌다. 정말이지, 이렇게 을씨년스러울 때에는 아담하게 꾸민 커피숍 편안한 의자에 앉아 창밖을 바라보며 마시는 커피 한 잔이 그립다.

이 같은 날에, 나는 왜 공동묘지를 향해 걸어가는 것일까. 그곳에 가면 먼저 죽은 이들로부터 어떤 위로라도 받을 수 있지 않을까, 기대하는 것은 아니겠지. 그렇다고 내 마음에 어떤 상처가 있다거나 근심걱정이 있는 것도 아닌데, 그저 있다면 약간의 무료함뿐이지 않는가. 어쩌면, 한 번도 가보지 않은 길을 걸으며 나름대로 보고, 느끼고, 생각해보는 시간을 가짐으로써 되풀이되는 일상(日常)의 나른함으로부터 벗어나고픈, 내재된 욕구가 이미 작용하고 있는지도 모른다.

어쨌든, 나는 부에노스아이레스(Buenos Aires)[1] 레콜레타 지구에 있는 공동묘지 안으로 걸음을 옮겨 놓으며, 생뚱맞은 듯 머리를 좌우로 흔든다. 과연, 이것들이 무덤이며, 과연, 이곳이 무덤들이 모여 있는 공동묘지라는 말인가.

레콜레타 공동묘지 입구

입구에는 천국(天國) 가는 길을 안내해 주는 성당(聖堂)[2]도 있고, 오랜 세월을 말해주듯 잘 가꾸어진 정원수들이 아름드리 서있기도 하다. 뿐만 아니라, 이곳 만인으로부터 존경받는 장군의 동상[3]도 자랑스럽게 서있고, 큰 길은 작은 길을 내어놓고 작은 길은 더 작은 골목길을 내어 놓는다. 그런 길들을 따라 골목골목으로 들어서면 영락없이 단독주택이 그대로 축소된 것만 같은 납골당(納骨堂)[4]들이 쭉 이어져 있는데 마치 도시계획에 의해서 잘 구획되고 정비된 모범적인 여느 주택가와 같다는 생각이 들 정도이다.

이들 저택을 짓는데 사용한 주재료는 분명 돌은 돌일진대 그저 평범한 돌은 아닌 듯하고, 집집의 정문으로 들여다보이는 것이 있다면 윤기 넘치고 화려하지만 먼지를 뒤집어 쓴 채 뚜껑이 굳게 닫힌 관(棺)들이 아닌가. 대개는 한 구(具)가 아니면 두 구, 두 구가 아니면 서너 구까지 가지런히 놓여 있는 것이 곧잘 눈에 띈다. 물론, 이들 관 속에는 각기 다른 시신(屍身)이 들어있을 터이고, 그런 관들을 모시고 있는 집집은 그 크기와 재질·모양·관리상태 등이 조금씩 다르다. 더러는 불투명한 색유리나 단단한 돌문이 가로막고 있어 집안을 들여다 볼 수 없게 만든 집들도 있다. 하지만 그 문들은 온갖 정성이 깃든 형태와 맵시로 조각되고 장식되어 있는 것이 흡사, 살아 있는 자들의 집으로 착각할 만하다.

마리아 에바 두아르떼 페론의 무덤

기록에 의하면, 1882년에 개설된 이곳 22,500평방미터 안에는 6,400 동(棟)의 납골당이 조성되어 있으며, 그중 70여 동이 국가의 문화재로 지정되어 있고, 그 가운데에는 13명의 역대 대통령과 유명인사의 것들이 포함되어 있다 한다. 우리에게 '에비타'로 널리 알려진 마리아 에바 두아르떼 데 페론(Maria Eva Duarte de Peron)의 관이 들어가 있는 집도 바로 여기에 있다. 그녀의 납골당 바깥 문살 틈으로 누군가가 꽂아놓고 간 꽃다발과 꽃송이가 시들어 있다.

그래, 산 자의 마음일 뿐 다 부질없는 일이 아닌가. 꽃을 꽂아놓고 간다 해서 그녀가 알 것이며, 이토록 화려하게 별관(別館)을 지어서 죽은 자들을 모신들 그들이 알겠는가마는 어쨌든, 죽은 자에 대한 산 자의 예의(禮意)이고 바람[願]일 뿐이리라.

나는 죽은 자들이 모여 사는 것만 같은, 이 화려한 마을에서 죽은 자와 산 자 사이에 가로 놓인 정적(靜寂)의 넓은 마당을 홀로 걸어 나온다. 가랑비는 멎었지만 여전히 을씨년스러운 이곳, 밀집된 납골당들의 지붕과 지붕을 민첩하게 넘나들며 이방인을 경계하는 검은 고양이들의 눈빛을 나는 피하지 못한다.

그렇다. 이곳이 겨울이면 여름인 곳이 있듯이 아르헨티나의 낯선 이 공동묘지가 있다면 이렇다할 묘비 하나 없이, 그저 양지바른 산등성이에, 언덕에, 밭두렁 그 어디에서든 봉긋하게 솟아 있다가 어느 덧 있는 듯 없는 듯 사라져가는 이름 없는 내 이웃들의 묘도 있다. 무덤조차도 치장하려 애쓰는, 욕심 많은 사람들의 납골당이나 화려한 돌무덤보다 수줍은 할미꽃을 피우며 대지의 일부가 되어가는, 소박한 흙무덤이 나에게는 더 아름답게 보이는 것이 역시 촌놈은 촌놈인가 보다.

-2007. 02. 22. 17:38

사람의 시신을 먹어치우는 독수리들

땅을 파고 시신을 묻을 만한 마땅한 장소도 흔치 않다. 설령, 묻는다 해도 잘 썩지도 않는다. 그렇다고 화장(火葬)하는데 필요한 장작을 마땅히 구할 곳도 없다. 사람이란 근원적으로 아니 죽을 수도 없고, 모든 사람이 보기 꺼리는 것이 바로 사람의 주검이고 보면 어떠한 형태로든 가능하면 빨리 그것을 처리해야 하는 것은 당연하다. 특히, 보시(布施)와 환생(還生)이라는 종교적 관념에 평생 집착할 수밖에 없는 사회적 환경 속에서 살아가는 이들에게 특별한 자연적 환경까지 작용하여 아주 자연스럽게 일반화된 장례방법이 있으니 그것이 바로 독수리에게 시신을 먹이는, 이른바 조장(鳥葬)인 것이다. 하늘을 나는 독수리에게 먹이려니 시신의 사지(四肢)를 절단하고, 두개골을 부수고, 살점을 발라내어 보릿가루와 섞어서 먹기 좋게 해야 하는 것이다. 그 과정을 지켜보는 일이 이방인에게는 충격적이지만 그들에게는 너무나 자연스런 일상이 되어 있다. 그야말로, 궁여지책(窮餘之策)이 최선책이 된 것이다. 그러나 왠지 허전하다. 독수리 떼가 몰려와 인간 육신의 고깃덩이를 놓고 성찬(盛饌)을 즐기고 나면 흔적조차 없이 사라져 버리는, 그림자 같은 한 인간의 공허함이 남기 때문이다. 그래서 그들은 시신을 다 먹어치우고 힘차게 하늘로 날아오르는 독수리의 모습을 바라보며 애써 의미를 부여한다. 죽은 자의 영혼이 하늘나라[天上]에 올라 다시 좋은 곳에 태어난다고 말이다.

장례 풍습에서 읽는
티베트 사람들의 속마음

누구는, 죽어서 시신이 소금물로 깨끗이 씻겨진 다음 티베트[1] 고원의 건조한 청풍(淸風)에 말려진다. 그리고 향유(香油)로 칠해진 다음 사원 내 '영탑(靈塔)'이라 불리는 곳에 있는 장식된 관 안으로 안치된다. 오랫동안 그를 추모하고 기리기 위해서일 것이다. '라마'라 불리는 환생자(還生者)나 크게 깨달았다는 성현(聖賢)에게나 해당되는, 극히 드문 일이다. 이를 탑장(塔葬)[2]이라 한다.

누구는, 죽어서 하얀 천으로 감싸인 채 강이나 하천가로 옮겨져 통째로, 아니면 사지(四肢)가 절단되어 물속으로 던져진다. 물고기의 먹이감이 되라는 뜻에서이다. 과부(寡婦)·고아(孤兒)·거지·천장사[葬儀師] 등과 같이 신분이 비천하거나 가난한 사람들에게 해당되는 일이다. 이승에서 돈이 없어 보시(布施 또는 報施)다운 보시를 못하고 살았으니 죽어 몸뚱이라도 물고기의 먹이가 되게 함으로써 스님도 이웃노아닌 물고기에게 보시한다는 생각에서이다. 물론, 부처가 말씀하신, 보시와 다르고,[3] 천한 사람에 대한 생각도 크게 다르지만 말이다.[4] 어쨌든, 이를 수장(水葬)이라 한다.

누구는, 죽어서 특별한 절차도 없이 외진 산기슭 구덩이 속으로 던져져 그냥 묻히어 버리기도 한다. 임질이나 천연두 등 전염병에 걸려 죽은 자나 살인자 내지는 살인 미수범들에게나 해당되는, 아주 불명예스런 일이다. 그 무엇으로도 환생하지 말라는 의도에서인데 이를 토장(土葬)이라 한다.

누구는, 죽어서 값비싼 장작더미 위로 올려진 채 불길에 휩싸여 태워지고, 다 타지 못한 뼈들은 잘게 부수어져 산천에 뿌려진다. 고승(高僧)이나 부유한 사람들에게 해당되는 일이다. 이를 화장(火葬)이라 한다.

누구는, 죽어서 특정인[天葬師]에 의해 특정 장소[천장터]에서 망치·도끼·칼·돌 등으로 사지(四肢)가 절단되고, 뼈에 붙은 모든 살점들이 발라내지고, 두개골과 뼈들은 잘게 부수어져서, 그것도 독수리가 잘 먹을 수 있도록 '참파'라 불리는, 버터차에 구운 보릿가루를 반죽한 것과 섞이어서 독수리 무리의 성찬(盛饌)이 되기도 한다. 그럼으로써 영혼이 하늘나라로 올라가거나 부유한 집에서 다시 태어난다고 믿는다. 티베트 보통 사람들에게 해당되는 일이다. 이를 천장(天葬) 또는 조장(鳥葬)이라 한다.

이처럼 불교왕국이었던 티베트 사람들은, 사람이 죽으면 위의 다섯 가지 방식으로 장례를 치르는데, 이들 장례의 절차나 방식을 들여다보면 그 이면에는 '환생(還生)'과 '보시(布施)'라는 두 개의 키워드에 단단히 묶여 있다는 생각이 든다.

사실, '환생'과 '보시'는 '무상(無常)'과 '공(空)'이라는 개념과 더불어서 불교(佛敎) 교리를 함축하고 있는 키워드 중에 키워드이다. 곧, 부처는, 인간을 비롯하여 모든 존재는 허상(虛像)이기 때문에 무상하며, 결국에는 공으로 귀결된다는 사실을 알고, 사는 동안에 느끼는 온갖 고통을 덜어내거나 그로부터 온전히 벗어나기 위해서 모든 욕심을 버리고 모든 집착으로부터 벗어나야 한다고 가르쳤다.[5] 또한 그 같은 사실을 깨닫기 위해서 늘 명상으로 정진(精進)하고, 계율을 잘 지켜 절제된 생활을 하고, 특히, 고통 받는 사람이나 수행자들에게 보시해야 한다고 강조하였다. 그렇게 노력하는 사람들에게 그 대가로서 주어지는 것이, 다시 말하면, 부처가 자신의 가르침을 믿고 따르는 자에게 제시한 상(賞)과 같은 것이 바로 '선업(善業)을 지으면 좋은 곳에 태어나고 악업(惡業)을 지으면 나쁜 곳에 태어난다.'는 '조건부' 환생론인 것이다.

그런데 부처를 믿고 따르는 사람들은 그의 가르침 중에서도 현실적으로 먼저 와 닿는 문제, 곧 삶의 욕구와 욕망을 채우려는 쪽으로만 관심을 갖고, 오히려 그에 집착하는 경향을 보이고 있다. 부처가 욕심과 욕망을 비우기 위해서 일평생을 살았다면 우리는 반대로 욕심과 욕망을 채우려고 노력하며 살고 있다 해도 틀리지 않는다. 보시라는 것도 따지고 보면, 부처가 제시한, '비우기'의 한 방법이자 약자를 돕는, 바꿔 말해, 자비심을 실천하는 현실적인 방편이었으며, 또한 직접적인 생산 활동을 하지 않는 자신을 포함한 제자들, 곧 수행자들의 의식주 문제 해결을 위한 중요한 방책이었다.

그렇지만, 오늘날의 불자(佛子)들과 그들을 믿고 따르는 중생들은 보시와 환생과의 관련성만을 염두에 둔 탓인지 오히려 현실적 복락을 추구하는 쪽으로만 노력한다. 비워야 한다면서 실제로는 '채우기'에 골몰하고 있는, 다시 말해, 삶의 욕구 충족이라는 본능을 지니고 살아야 하는 현실을 그들이 그대로 보여주고 있는 것이다. 곧, 보시를 다음 생의 복락을 얻기 위한 수단으로 여긴다거나, 물질적으로 가난하거나 몹쓸 병에 걸려 죽었다하여 그 사람들을 천하다고 여기는 것은 분명 부처의 가르침을 오해해도 크게 하고 있는 부분들로서 그 같은 현실을 잘 말해 준다고 본다. 부처는 인간을 근원적으로 동일한 존재로 여기는 평등심을 가지고 있었으며, 생활 속에서 복락을 구하기 위한 집착보다 그것을 버리기 위한 금욕적 삶을 강조했는데, 그들은 인간을 차별하거나 복락을 구하는 방식으로서 그의 가르침을 받아들이고 있는 것이다. 한 마디로 말해, 부처의 가르침을, 유기적인 관계 속에서 전체를 꿰뚫어 보지 못하고 부분적인 요소만을 떼어내어 강조함으로써 자신들에게 유리한 쪽으로, 그러니까, 생의 욕구를 충족시키기 위한 현실적 수단으로서 합리화시키는 오류에 빠져 있는 것이다.

하늘을 나는 독수리가 내려와서 시신을 다 먹어치우고 다시 하늘로 날아오른다 해서 죽은 자의 영혼이 하늘에 오르리라고 믿는 것이나, 시신을 땅속에 묻어버렸다고 해서 그의 영혼이 하늘에 오르지 못하고 환생하지도 못한다고 믿는 것은 그야말로 옛 사람들의 무지한 사고에서 벗어나지 못하고 있는 유치함일 뿐이다. 이런 유치함이야말로 바로 부처의 가르침을 온전히 이해하지 못한 결과가 아니고 무엇이랴.

시신을 땅속에 묻든 물속에 던지든, 또 동물의 먹이가 되게 하든 아니 하든, 미생물에 의해 부패시키든 불에 태우든 자연생태계 안에서는 다를 바가 하나도 없거늘 신분에 따라 장례 방식을 차별하는 것이 무슨 의미가 있겠는가. 다 부처의 가르침과는 유리된, 산자의 현실적인, 불완전한 생각의 반영일 뿐이다. 분명한 것이 있다면, 지구상의 어떠한 장례 방식도 자신들의 삶을 가능하게 하는 자연적 사회적 환경 요인에 의해서 결정되고, 그것에 자신들의 종교적 믿음을 애써 부여한다는 사실이다.

좀더 덧붙이자면, 사람이 죽으면 어떠한 방식으로든 시신을 처리해야 하는데 그 방식은 '고정된 관념'에 의해서 이루어지고, 그 고정된 관념이란 것은 민족(民族)이나 국민(國民)마다 다를 수는 있지만 오래된 관습(慣習)이나 종교적 가치관에 의해서 자연스럽게 형성된다는 사실이다. 그리고 그 종교적 가치관이나 오래된 관습도 결국은 주어진 자연환경(自然環境)과 인간이 만들어가는 사회적 환경(社會的 環境)이라는 현실(現實)에 맞게 재해석되고 변화되는 것으로서 상대적일 뿐이라는 사실이다. 따라서 같은 종교적 가치관을 가지고 있어도 현실적 여건이 다르면 관습이 달라지고, 관습이 달라지면 장례 방식 또한 달라지게 마련이다. 티베트 사람들의 특수한, 자연적 사회적 환경[6] 속에서 특수하게 이루어지는 장례방식이 잘 말해준다고 본다.

무릇, '장례'는 크게 세 가지 원칙이 적용될 수밖에 없다고 본다. 곧, 하나는 죽은 자에 대한 산자로서의 예의(禮儀)를 갖추는 일이며, 다른 하나는 죽은 자에 대한 산자로서의 기원(祈願)이 실현되도록 일정한 절차를 밟는 일이다. (물론, 전자는 다분히 관습적이지만 후자는 종교적이다.) 그리고 또 다른 하나는 시신을 처리하는 과정이나 방법 자체가 산자에게 끼칠 수 있는 좋지 아니한 감정이나 불편한 일 등이 생기지 않도록 현실적인 방법을 강구해야 한다는 점이다. 부처의 시각에서 본다면, 그 어떤 장례도 다 부질없는 일이 되고 말지만 욕심 많은 우리 인간들은 자신들의 고정된 관념, 곧 믿음에 기대어서 스스로 위로 받을 수 있는 장례 방식을 만들고, 그 절차에 소망을 담는다. 그래야 죽은 자를 보내는 산자로서 마음이 편해지기 때문이다.

-2007. 05. 04. 20 : 33

좋은 먹잇감이 되는 눈동자

시신을 숲 속에 버렸을 때에 제일 먼저 찾아오는 손님이 생태계의 청소부로 통하는 파리이다. 파리는 습기가 있는 시신의 눈·코·입·귀 등 구멍이란 구멍에 들어가 알을 낳는다. 그 알들이 부화하여 된 유충은 시신의 단백질을 다 먹어치우면서 성장하여 파리가 되고, 시신이 놓였던 주변은 더욱 왕성하게 식물들이 자란다.

아프리카 야생에서는 사자 무리가 몸집이 큰 코뿔소를 잡아먹을 때에 살점을 먼저 물어뜯지만 독수리는 이미 찢긴 소의 뱃속으로 자신의 머리를 집어넣어 내장을 먼저 잡아당겨 먹거나 몸집에 비해 아주 자그맣게 박혀있어 잘 보이지도 않는 눈동자를 꼭 찍어내어 먹는다. 사람이 참치의 눈을 즐겨 먹듯 독수리가 야생에서 동물의 눈을 즐겨 먹고, 티베트 천장터에서는 시신의 눈을 즐겨 먹는다. 이것이 자연이다.

맛있는 눈

　어떤 사람들은, 생태[1]나 대구[2]의 몸통만 넣고 끓이는 것보다는 머리까지 넣고 끓인 탕을 더 좋아한다. 특히, 그들은 얼큰하고 시원한 국물도 국물이지만 생선의 눈을 젓가락으로 파내어 입안으로 곧잘 밀어 넣는다. 이내 그것은 미끌미끌한 감촉을 남기며 자연스럽게 눈알과 분리되어 목구멍 안으로 넘어가지만 조금 단단한, 작은 눈동자는 그대로 입안에 남아서 씹히기도 하고 입 밖으로 뱉어지기도 한다. 그런가하면, 참치[3]의 눈은 전혀 익히지 않은 채 술잔에 넣어져 사람들의 목구멍 속으로 술술 미끄러져 들어간다. 아마도, 두뇌작용을 활발하게 하고, 혈중 콜레스테롤을 낮추는 작용을 한다는 도코사헥사에노산(Docosahcxaenoic acid)이 많이 함유되어 있다는 이유에서 어느새 우리들의 기호식품이 되어버린 탓일 것이다.

　그런데 사람 시신(屍身)의 사지(四肢)를 절단하고 살점을 모두 발라내어, 그것도 두개골까지 잘게 부수어서 독수리에게 먹이는 것으로써 장례(葬禮)를 치르는 티베트의 천장(天葬) 터에서는 독수리에게 죽은 사람의 눈이 가장 인기가 높다. 그것을 서로 먼저 쪼아 먹으려고 심한 몸싸움도 불사하는 것을 보면 분명 그렇다. 실로 놀라운 일이 아닐 수 없다. 독수리에게도 그 DHA가 요긴한 모양이다.

사람이나 독수리나 할 것 없이 모든 생명체는 생명현상을 유지하거나 고양시키는 데에 필요한 영양소를 몸 밖에서 공급받아야 하기 때문에 원천적으로 경쟁(競爭)을 피할 수는 없다. 그렇기에 체내(體內) 부족한 물질이 먼저 요구되고, 동시에 본능적으로 그에 대한 식욕(食慾)을 느끼게 되며, 나아가서는 맛있게까지 느껴지는 것이 아닐까 싶다.

-2007. 05. 23. 18 : 46

망고에 대한 추억

나는 인도 여행 중에 망고나무를 보았고, 그 열매 또한 많이 먹어 보았다. 그 뒤 내가 그 추억을 떠올릴 때면 망고나무의 생김새나 열매맛보다 부처나 나가세나 스님이 먼저 생각난다. 부처님은 망고 농장에 들러 그 나무 밑에서 설법하시기도 했지만 휴식을 취하기도 했으며, 나가세나 스님은 밀린다 왕에게 '윤회'라는 개념을 설명해 줄 때에 이 망고를 예로 들어서 했기 때문이다.

이제, 나는 망고하면 윤회를 떠올리게 되고, 윤회하면 웃음이 절로 난다. 내가 먹고 버린 망고의 씨앗에서 새싹이 돋지 못하도록 씨 자체를 없애 버린다 해서 그 망고나무가 윤회의 사슬에서 해방되었다고 말할 수 있을까. 그리고 망고 씨에서 자란 망고나무에 망고 아닌 사과나 수박이 과연 열릴까. 그 망고나무에 사과가 열리고 수박이 열리기를 바라거나 기도(企圖)하는 것 자체가 인간의 욕심이나 헛된 수작이 아니고 무엇일까. 나는 눈을 감고 육도(六道) 윤회론을 생각하면 망고나무에 웃음이 주렁주렁 매달리는 것을 본다.

환생에 대한 반신반의
還生　　　　　　　　半信半疑

　　태어난 지 4년도 채 되지 않은 어린 아이가 "여기는 내가 머물 곳이 아니다"라고 자신의 어머니 아버지에게 하대(下待) 말을 한다. 마치, 자신이 부모보다 더 나이가 많거나 지위가 높은 사람처럼 말이다. 뿐만 아니라, 어느 고승(高僧)이 가까이 두고 사용하던 물건들을 그 아이에게 보여주었더니 "어, 이것은 내가 쓰던 물건이네"라고 말하기도 한다. 그런가 하면, 고승이 머물던, 어느 산비탈 사원에 데려가자 자신이 살던 시절을 회상하듯 사원에 대해 설명하기도 하고, 그 때와 달라진 점들을 말하기도 한다. 한편, 어느 고승은 언제 어디서 자신이 환생(還生)할 것이라며 예단(豫斷)하여 기록해 놓는 경우도 있다하니 믿을 수도 없고 아니 믿을 수도 없는 노릇이다.
　　이쯤 되면, 그곳 사람들은 고승의 영혼(靈魂)이 그 아이의 몸으로 환생(還生)한 것으로 판단할 것이고, 또한, 환생에 대해 관심 있는 자나 관련자들은 그 환생자(還生者)를 찾아 나설 것이다. 적어도 그곳 사람들에게는 불교(佛敎)의 핵심사상을 함축하는 '윤회(輪廻)'와 '환생(還生)', 그리고 '업(業)'이라는 키워드가 집단무의식적으로 유전되고 있었을 것이다. 그리하여 그들의 사회는 환생자라 여겨지는 그에게 특별 교육을 받게 할 것이며, 극진한 예우도 받게 해줄 것이다. 이것은 상상으로나 가능한 가공(加工)의 세계가 아니라 현실로서 불교왕국인 부탄이나, 지금은 중국의 일부로 편입되었지만 옛 티베트에서 일어난 일이기도 하다. 물론, 전생에 대한 기억을 확인하여 환생했다고 믿는 실례는 다른 불교국가인 스리랑카에도 있다.

 이처럼 사람이 죽으면 그의 영혼이 한 번 이상 다른 사람의 몸을 빌려 태어나는 것을 환생(還生)이라 하는데 이 환생이야말로 인도에서 태동된 힌두교와 불교가 가지는 중요한 사상이다. 아니, 그 두 종교의 존립기반이라 해도 틀리지 않는다. 마치, '죽은 몸이 다시 사는 것과 영원히 살 수 있다'는 공약(公約)이 기독교의 존립기반이 되듯이 말이다. 만약, 힌두교에서 말하는 것처럼 이승에서 짓는 업(業)에 따라 다음 생의 신분이 결정된다면, 그리고 불교에서 말하는 것처럼 그 업에 따라 천상·인간·아수라·축생·아귀·지옥 등 여섯 계층[2]에 다시 태어나거나, 아예 그 어디에서 그 무엇으로도 태어나지 않는다면 – '나가세나' 스님[3]이 '밀린다' 왕[4]에게 말하기를 "죽을 때에 생존에 대한 집착을 가지고 죽는다면 다시 태어날 것이고, 생존에 대한 집착 없이 죽는다면 다시 태어나지 않을 것이다."라고 말했지만 – 우리는 심각해지지 않을 수 없을 것이다. 더욱이, 사람의 영혼이 죽은 몸을 떠나 – 심지어는 살아있는 몸에서도 영혼이 이탈할 수 있다[5]고 주장하는 무리들도 있지만 – 사람이 아닌 다른 생명체로 다시 태어난다면 우리는 하루하루를 어떻게 살아야 하는지, 심각한 반성과 함께 끝없는 고민을 피할 수는 없을 것이다.

 그렇다면, 환생을 가능하게 하는 영혼(靈魂)이란 무엇일까? 과연, 조건이 갖추어지면 인간의 몸에서 이탈하여 다른 생명체로 옮겨 다니며 다시 태어날 수 있는, 눈에 보이지 않는, 전생을 기억하는, 정신과 인격과 지성의 유전인자라도 된단 말인가? 나 같은 무신론자들에게는 한낱 한시적으로 존재하는 물질로 이루어진 복잡한 구조물의 기능에 지나지 않는다고 생각되겠지만 유신론자들에게는 그렇지가 않은 모양이다. 곧, 그들은 영혼을 인간 생명이나 존재의 비물질적인 원칙으로서 개체의 개성과 인간성을 발현시키는 본질이라고 규정한다. 그렇기 때문에, 옛 사람들이나 종교인들은 대체로 영혼불멸설(靈魂不滅說)을 믿어 왔고, 죽은 자에 대한 영생(永生)을 기원해 왔다. 뿐만 아니라, 불교계에서는 윤회와 환생을 입증하기 위해서 나름대로 여러 가지 방법을 동원해 오기도 했다. 예컨대, 최면(催眠)을 걸어서 전생(前生)을 말하게 한 다음 그 내용과 역사적 사실을 비교한다든가, 아니면 죽은 자 가운데에서 깨어난 사람들을 인터뷰하여 그들의 진술을 토대로 사후세계(死後世界)를 입증해 보이려는 노력 등이 그것이다. 그럼에도 불구하고, 우리는 인류의 몸에서 빠져나간 수많은 영혼들이 다 어디로 가 머물며, 그 영혼들이 환생을 거듭하며 영생하고 있는지에 대해서는 확신할 수 없어 유감일 따름이다.

불경(佛經)의 초기경전 가운데 하나인 《밀린다王問經》[6]에 기록된 '밀린다' 왕과 '나가세나' 스님 사이에 행해진 질의응답 내용 가운데 일부이다.

"스님이 말씀하신 윤회라는 것은 무엇을 뜻합니까?"

"이 세상에서 태어난 자는 이 세상에서 죽고, 이 세상에서 죽은 자는 저 세상에서 태어나며, 저 세상에서 태어난 자는 저 세상에서 죽고, 저 세상에서 죽은 자는 다시 딴 세상에서 태어납니다. 윤회가 뜻하는 것은 바로 이런 것이지요."

"이해하기 쉽게 예를 들어 설명해 주시겠습니까?"

"어떤 사람이 잘 익은 망고[7]를 먹고 씨를 땅에 심었다고 합시다. 그 씨로부터 망고나무가 자라 열매를 맺을 것입니다. 그 나무에 열린 망고를 따먹고 그 씨를 땅에 심으면 다시 나무로 자라날 것입니다. 이렇게 망고나무는 끝없이 이어갈 것입니다. 윤회라는 것도 이와 같습니다."

이처럼 불경은 친절하게도 윤회를 설명하고 있지만, 윤회가, 윤회가 아님을 스스로 입증하고 있다 해도 틀리지 않는다. 간단히 말해, 망고의 씨앗이 인간의 영혼이라고 말해질 수 없기 때문이다. 무릇, 영혼이란 인간의 몸을 떠나 존재하지 않으며, 설령, 존재한다 하여도 그것은 아무런 의미가 없다. 다만, 윤회나 환생처럼, 영혼에 대한 고대인(古代人)의 생각이나 믿음이 대(代)를 이어 유전되어 왔을 뿐이고, 그 과정에서 직간접으로 현실생활에 영향을 미쳤을 뿐이다. 그리하여 믿음이란 언제나 제 현상을 아전인수(我田引水) 격으로 해석하려는 경향을 강하게 지니게 마련이어서 입증할 수 없는 설화(說話)들을 만들어내고 있는 것이다.

어쨌든, 우주 안에 존재하는 물질이나 물질 간 관계나 제 현상 가운데에는 사람의 감각기관으로 인지할 수 없는 것들이 있고, 또한 사람의 이성적 판단능력으로는 도저히 알 수 없는 것들도 얼마든지 있을 수 있다는 사실을 배제해서는 아니 될 것이다. 그렇다고, 논리나 당위를 배제한 채 억지 주장을 해서는 더더욱 곤란할 것이다. 사실을 사실대로 이해하려는 노력이 곧 우리를 구원해줄 것이고, 이 시대 우리가 믿을 수 있는, 유일한 신(神)이라면 신일 것이다.

-2007. 04. 03. 13: 29

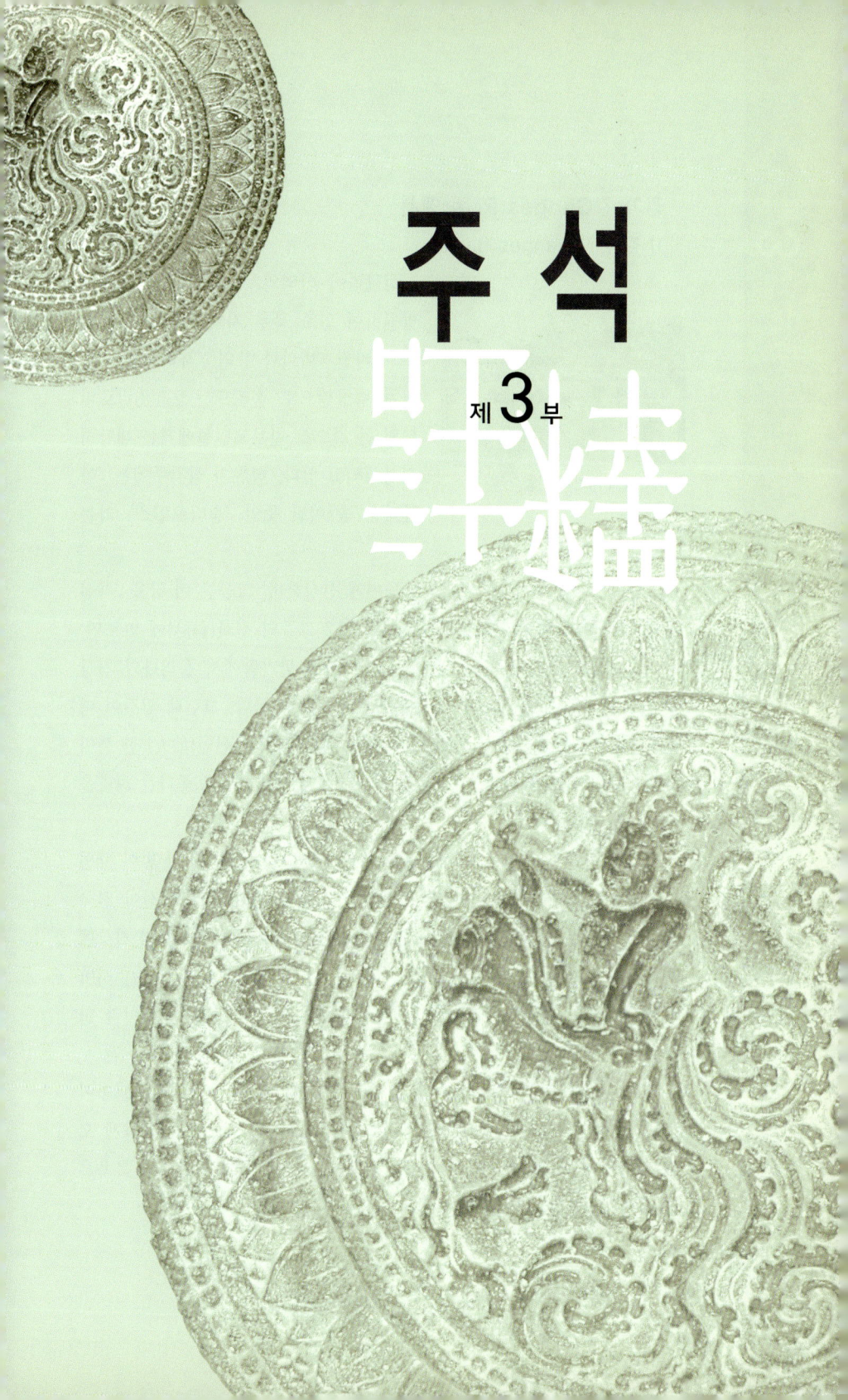

주석 註釋

제 3 부

강가 강Ganges River에서
1) 강가 강(Ganges River)

바라나시 구시가지 앞을 흐르는 강가 강

히말라야 산맥의 '간고토리' 빙하에서 발원하여 인도 북부 지역을 흐르면서 힌두 성지인 '바라나시'와 '하리드와르'를 거쳐 벵골만으로 흘러드는 2,506킬로미터의 큰 강으로 힌두교인들에게는 대단히 신성시되고 있다. 하류의 삼각주에는 '아름다운 숲'이란 뜻인 '순다르반스'라는 큰 홍수림이 있다.

그렇다면, 이 강이 왜, 힌두교인들에게 신성하며, 그들은 이 강을 '자신들의 젖줄이며 어머니'라고까지 말하는가? 그들의 신화(神話)에 따르면, 이 강은 원래 천상에 사는 '비시누' 신(神)의 발가락에서 흘러나와 천상의 극락세계 곳곳을 적셔주는 풍요로운 강이었다 한다. 그런데 인간이 머물고 있는 지상에 가뭄이 들었고, 이를 안타깝게 여긴 선인(仙人) 한 분이 고행으로써 기도한 결과 이 강물을 지상으로 끌어내려도 좋다는 허락을 받았다는 것이다.

그러나 거대한 물줄기가 하늘에서 지상으로 곧바로 떨어진다면 이 땅의 모든 것이 파괴되어 버리고 말 것이라는 사태를 예견한 시바 신이 결국 자신의 머리로써 강물을 받아 그 거대한 물줄기들을 조각냄으로써 지상에 안착시킨 것이라는 것이다. 그래서 이 강은 시바 신의 머리칼이요, 시바 신이 목욕하는 곳이요, 시바 신이 명상하는 곳이라고 믿게 된 것이라 한다.

하지만 흘러드는 생활하수와 인간·동물들(소·양·말·개·원숭이 등)의 배설물, 그리고 버려지는 시신과 각종 쓰레기 등으로 심각하게 오염되어 있다. 그럼에도 불구하고 힌두교인들은 이 곳에서 빨래와 목욕은 물론 심지어는 떠 마시기까지 한다.

2) 시신을 장작더미 위로 올려놓기 전에 들것 채 강물에 적시는 행위나, 시신을 다 태운 후 흐르는 강물을 바라보며 강물이 담긴 그릇을 시신이 불타던 곳으로 던지는 행위

일종의 종교적 의식으로서 '강물이 신성하다'는 대전제 아래 강물이 육신의 죄를 씻어냄으로써 죽은 자의 영혼이 천상의 세계로 자유롭게 날아가도록 해 준다는 믿음에 기초한 것이고, 또한 인간의 죽음을 시바 신에게 알리면서 그의 은총을 기원하는 것 같다.

3) 종자불

24시간, 아니, 일년 내내, 아니, 강가 강변의 마니카르니까 가트(Manikarnika Ghat)가 화장터가 된 이래 단 한 번도 꺼진 적이 없도록 별도로 모셔 놓고 관리해 오는 불씨.

4) 화부(火夫)

화장터에서 일하는 천민 가운데 천민으로 이들은 힌두사회의 네 계급 가운데 하나인 수드라(Sudra:천민)에도 속하지 못하는, 소위 불가촉민(不可觸民 Untouchable)으로 '돔(Dom)'이라 부른다. 그러나 이들은 협회를 만들어 자신들의 권익을 스스로 보호하고 있고, 경제적으로는 상당한 부(富)를 형성한 것으로 알려지고 있다.

참고로, 힌두사회의 신분계급에 대해서 말하면, Brahmin:성직자, Kshatriya:무사, Vaishya:상인, Sudra:천민 등 네 가지 계층(Varna)이 있고, 이 네 계층 밑으로는 'Scheduled Castes'라 하여 Dalit(불가촉민)이 있다.

그들의 신화에 따르면, 브라마(Brahma) 신에 의해 천지창조가 이루어질 때에 신의 입에서는 Brahmin이, 팔에서는 Kshatriya가, 허벅지에서는 Vaishya가, 발에서는 Sudra가 각각 나왔다 한다.

그리고 힌두교인들은 세속의 삶이 순환한다고 믿는데, 이승의 삶은 전

생의 업(業 : Karma)에 따라서 결정되고, 다음 생은 이승의 삶을 어떻게 사느냐에 따라 결정되어 얼마든지 신분상의 변화가 이루어질 수 있다고 믿는다. 이런 믿음이, 필자의 눈에는 그들에게 속박이 될 수도 있고, 희망이 될 수 있음에 틀림없지만 지배자의 편리한 아전인수(我田引水) 격의 통치수단으로밖에는 달리 보이지 않는다. 물론, 부처께서도 이승에서의 삶을 착하게 살라는 뜻에서 이 윤회론을 수용, 많이 강조하였다.

힌두교인들은 인도 전체 인구 10억 가운데 약 82%에 해당한다.

5) 목샤(Moksha)

탄생과 죽음이라는 순환의 굴레로부터 '해방'을 의미한다. 힌두교인들은 성스런 도시 가운데 하나인, 강가 강이 흐르는 '바라나시'에서 죽어 이곳 화장터에서 화장을 하면 이 '목샤'를 이룬다고 믿는다. 그러니까, 힌두교인들도, 부처가 말씀하신 것처럼 윤회에서 벗어나는 것이 인간으로서 가질 수 있는 최고의 소망으로 여긴다.

불가(佛家)의 초기경전 가운데 하나인 '長阿含 般泥洹經'에 기록되기를

"너희들은 청정한 계율(戒律)을 지니고 선정(禪定)을 닦으며 지혜(智慧)를 구하여라. 청정한 계율을 지니는 사람은 탐욕과 성냄과 어리석음을 따르지 아니하고, 선정을 닦는 사람은 마음이 산란하지 않게 되며, 지혜를 구하는 이는 애욕에 매이지 않으므로 하는 일에 걸림이 없다. 戒·定·慧가 있으면 덕이 크고 명예가 널리 퍼지리라. 또한, 세 가지 허물을 떠나면 마침내 아라한(阿羅漢)이 될 것이다. 지금의 이 몸으로 삼매(三昧)를 얻고자 하면 부지런히 깨닫기를 구해 이 생이 다하도록 청정한 도(道)에 들어가라. 마땅히 실행할 것을 행하면 죽은 뒤에 다시 윤회(輪廻)하는 세상에 태어나지 않을 것이다."

라 하였다.

그러나 힌두교는 기원전 1,000년 이전에 태동되었고, 불교는 기원전 6세기에 태동되었다고 보는데, 불교도 자이나교(Jainism)와 마찬가지로 힌두교의 카스트제도에 대한 반발로부터 출발하였다는 설이 내포하고 있는 의미를 생각한다면, 그리고 힌두교에서 불교를 통합 수용하려고 부처를 비시누(Vishnu) 신의 스물두 가지 화신 가운데 하나로 보고 있는 점을 감안한다면 오늘날 불교와 힌두교 간의 유사성이 어느 정도는 이해된다.

6) 사두(sadhu)

인도의 사두

일반적으로 인도에서 사두는 모든 종교 수행자 또는 성자(聖者)를 뜻하는데 공통점이 있다면 가족·사회적 책임·물질적 소유 등을 다 버리고 명상·헌신·성서연구·고행·순례 등을 통해서 영적 탐구에 인생을 바치는 사람들이라 할 수 있다. 사두 가운데에는 시바 신을 믿는 산니아신 또는 다슈나미 산니아신, 비시누 신을 믿는 바이라긴, 요가를 수련하는 고행자인 요긴 또는 요기, 자이나교 수행자인 무니, 불교의 수행자인 비구 또는 비구니 등이 포함되어 있다. 사두는 특정 교단에 속한 사원에서 공동생활을 하거나, 혼자 또는 작은 집단을 이루어 정착하거나 떠돌기도 하고, 작은 오두막이나 동굴이나 커다란 나무 밑에서 고립된 생활을 하기도 한다. 그들은 대제로 청빈·금욕·고행의 수도 생활을 하기 때문에 신체가 건강하지 못할 뿐만 아니라 여행자들에게 돈을 구걸하는 거지에 가까운 사람으로 전락된 경우도 적지 않다. 그들의 옷과 장신구 머리 등은 교파에 따라 현저하게 다르다. 바라나시·하리드와르·푸시카르 같은 힌두성지에서는 언제든지 어렵지 않게 만나볼 수 있다. 필자는 인도에서 바라나시·푸시카르·카주라호 지역에서 여러 유형의 사두들을 보았고, 통역을 통한 불완전한 대화를 나누어 보기도 했다.

또한, 네팔의 수도인 카트만두 인근 한 힌두사원이 있는 계곡에 모여 있는 반나(半裸)의 사두들과 수많은 사람들이 모이는 도심 속에서 구걸하다시피하는 사두들도 만나볼 수 있었다.

불가사의한 주검

1) 올드 고아(Old Goa)

현재 인도 고아 주(州)의 주도(州都)인 빤짐(Panjim)으로부터 동쪽으로 약 9킬로미터 떨어진, 옛 포르투갈 식민지의 수도.

2) 봄 지저스 대성당(Basilica of Bom Jesus)

1594년에 착공하여 1605년에 완공되었는데 중심 건축물은 도금한 제단과 3층으로 된 성 프란시스 제비어의 대리석 묘이다. 붉은 흙벽돌과 타일 등으로 지어졌다.

3) 성 프란시스 제비어
 (St. Francis Xavier : 1506. 4. 7.~1552. 12. 3.)

성 프린시스 제비어 상

스페인 태생으로 1525년 프랑스 파리 St. Barbara 대학으로 유학, 1530년 예술학사학위를 받고, 사제직을 받음. 1537년 6월 2일 베니스에서 Pope Paul 3세로부터 사제로서 정식 임명되었다. 그는 여섯 명의 출중한 사제들 가운데 선택되어 포르투갈의 남쪽 식민지 백성들에게 기독교를 전파할 목적으로 인도의 고아로 파견되는데, 배를 타고 1541년 4월 7일 포르투갈의 리스본을 출발하여 모잠비크(Mozambique)와 케냐의 마린디(Malindi)를 거쳐 1542년 5월 6일에 인도의 고아에 도착한다. 이 때로부터 약 10여 년 동안 일본에까지 가서 선교활동을 펼쳤으며, 1552년 8월에 중국 연안 산시안

(Sancian) 섬에 도착, 그해 12월 3일 그곳에서 병들어 죽는다. 그는 성 이그나티우스 로욜라(St. Ignatius Loyola)의 제자이자 예수회 교단의 창시자이기도 하다.

4) 불완전한 유해

성 프란시스 제비어는 1552년 12월 3일에 죽었는데 그의 유해는 1553년부터 여러 차례 절단되었다. 유해를 '말라카'로 옮기기 위해서 무덤을 열고 작업하는 과정에서 목뼈가 부러지고, 시신의 신선도를 확인하기 위해서 무릎 주위의 작은 살점을 떼어낸 것으로부터 시작된다. 그 후 1554년에는 포르투갈의 한 부인이 발가락 한 개를 절단해 갔으며, 1615년에는 팔의 일부가 경배를 위해서 로마의 The Church of Gesu로, 1890년에는 다른 발가락이 잘려나갔고, 1916년에는 오른 손이 잘려 The Jesuit province of Japan으로 보내졌다. 그 후에도 장기(臟器)와 신체의 다른 부분들이 나누어져 여러 곳으로 보내졌다 한다. 그러니 봄 지저스 대성당 안에 안치된 현재의 유해는 불완전할 수밖에 없지 않은가.

5) 화려한 무덤 (An artistic mausoleum)

투스카니(Tuscany) 군주인 코스마스(Cosmas) 3세에 의해 봉헌되었는데, 프로렌스(Florence)의 유명한 조각가인 Giovanni Batista Foggini가 10년에 걸쳐 완성한 후 고아로 보내져서 1698년에 조립된 것이다.

6) 부패(腐敗)와 탈골(奪骨)

단백질이 미생물에 의해 분해·변패되는 것이 부패인데, 부패는 세균이 번식하기 좋은 조건인 20~40℃ 정도의 온도에, 습도가 높은 조건에서 일어나기 쉽다. 주로, 고초균(Bacillussubtilis)·클로스트리디움(Clostridium)속·프슈도모나스(Pseudomonas)속 등과 장내 세균 중 몇 종류가 부패를 일으키는 미생물로 알려져 있다.

탈골은 시체의 뼈만 남기고 살이나 기타 수분 등이 다 없어진 상태를 말하는데 과연 시신에 생석회를 많이 뿌렸을 때에 부패나 탈골이 빨리 이루어지는지에 대해서는 전문가의 판단이나 실험이 필요하다고 생각한다. 다만, 상식적으로 생각해 본다면, 생석회(quicklime)는 칼슘의 알칼리성 무기 화합물인 산화칼슘(CaO)으로 공기 중에 방치하면 수분과 이산화탄소를 흡수하여 수산화칼슘(소석회)과 탄산칼슘으로 분해된다. 또, 물을 작용시키면 발열(發熱)하여 수산화칼슘이 된다. 이런 생석회는 석회비료·산성토양 개량제·석회 플라스터(석회모르타르)·혼합 시멘트 등 토목 건축 재료·표백제의 원료·카바이드·석회질소 및 이것에서 유도되는 아세틸렌계 멜라민계 제품의 기본원료·소다 공업 등에서의 산성 폐가스 포집제·해수(海水) 마그네시아의 제조·소독 등 매우 다양하게 사용된다 한다. 특히, 수분 포집제(捕集劑)로서 건조제로 사용되는 점과 강한 알카리성으로 피부에 닿으면 점막을 상하게 하는 점 등을 고려해 본다면 시신의 부피를 줄이는 데에 작용할 것으로 유추된다. 곧, 시신 속에 함유된 수분을 생석회가 흡수하여 수산화칼슘이 되면서 시신은 줄어들고, 그 때에 발생하는 많은 열이 시신의 장내 세균 등으로 하여금 활발한 활동을 하게 함으로써 부패시키는 속도를 더해 주는지 모르겠다. 이렇게 유추해 보면, 인도인의 말에 어느 정도 일리가 있어 보이나 필자로서는 정확한 판단을 내릴 수 없다.

7) 전해지는 말

〈인도〉, Sarina Singh 외 10명, 2006. 5. 22. 5쇄, 주)안그라픽스(파주), P.948 (Indea, Lonely Planet Publications, 10th edition, Aug. 2003의 한글역본.)

8) 인도 고고학회에서 발행한 〈OLD GOA〉
World Heritage Series 〈OLD GOA〉, ARCHAEOLOGICAL SURVEY OF INDIA, 2004, New Delhi, pp.86~94

9) 기사(奇事)
글자 그대로 해석하면 기이한, 불가사의한 일(현상·사건 등 포함)로 풀이할 수 있으나 기독교라는 종교적 의미로는 하나님의 권능과 직접적인 개입으로 나타나는 자연계의 초자연적 현상을 일컫는다.

10) 수도사의 집(Professed House)
현재의 올드 고아 주도로(主道路) 남쪽에 위치한 봄 지저스 대성당과 붙어 있는데 붉은 흙벽돌로 지은 2층 건물이다. 이 지역 포르투갈인들의 반발에도 불구하고 예수회 수사들이 1585년에 완공한 건물로서 1663년에는 건물 일부가 불에 탔고, 1783년에 재건축되었다.

11) 캐나다 몬트리올에 있는 성 요셉 대성당(L'oratoire St-Joseph)
매년 200만 명 이상의 순례자들이 찾는다는 캐나다 퀘벡 주(州)의 3대 순례지 가운데 하나다. 1904년 처음 지어졌을 때에는 작은 예배소에 지나지 않았으나 신앙의 힘으로 병자들을 치료한다는 앙드레(André) 신부 (1845~1937)를 찾는 사람들이 많아져 순례지가 되었다 하는데 – 이를 뒷받침하기 위해서인 듯 병자들이 남기고 갔다는 목발들이 한 쪽 벽면에 걸려 있고, 구석에까지 줄지어 세워져 있다 – 현재의 건물은 파리의 싸끄레 꿰르(Sacré-Coeur) 성당을 본따 1924년에서 1967년에 걸쳐 세워진 것으로 97미터 높이의 거대한 돔은 세계에서 두 번째라고 한다.

인도의 믿기지 않는 열녀(烈女)
1) 열녀(烈女)

위난을 당하여 목숨으로써 정조(貞操)를 지켰거나 또는 오랜 세월에 걸쳐 고난과 싸우며 수절(守節)한 부녀자. 일반적으로 열녀(烈女)와 열부(烈婦)를 통칭한다.

2) 정조(貞操)

여자의 곧고 깨끗한 절개 또는 성적(性的) 관계의 순결을 뜻한다.

3) 민담(民譚)

민간에 전승되는 민중들의 이야기. 같은 의미로 '설화'라는 용어가 사용되지만 민담은 설화의 하위 개념으로 그 범위가 좁아진다.

4) 설화(說話)

한 민족 사이에 전승되어 온 이야기를 통틀어 이르는 말. 신화·전설·민담으로 구분되는데 더 구체적으로 말하면, 설화가 일정한 구조를 가진 꾸며낸 이야기이기 때문에 일상적인 신변잡담이나 말로 전하는 역사적 사실 등은 설화의 범주에 넣지 않는다. 설화 가운데 사실담이 전혀 없는 것은 아니지만, 어디까지나 그것은 사실 자체를 그대로 이야기한 것이라기보다는 흥미와 교훈을 위해 사실적으로 꾸며지는 것이 대부분이다.

5) 가부장제(家父長制)

아버지가 권력을 갖는 지배구조. 특히, 여성학에서는 가족 내에서뿐만 아니라 사회영역 전반에서 여성의 성·출산·노동 등을 통제하는 남성 지배구조를 뜻하는 말로 쓰인다.

6) 라자스탄(Rajasthan)

제2부의 글 〈여인의 눈웃음〉의 주석 '라자스탄'을 참고하기 바람.

7) 위키페디아 룹 카와르(Wikipedia, Roop Kanwar)의 사티

당시 수천 명이 직접 보았고, 강요되었다는 설이 있어 상당수의 사람들이 경찰에 체포되었고, 그 결과 11명이 기소되었다는데 십수 년이 흘러 2004년 1월 31일 자이푸르 특별법원이 입증할 수 없다하여 무죄를 선고했다 한다. (그 중 시아버지와 시동생은 1996년 10월에 이미 무죄로 확정되었다 함).

사티(Sati)라는 말은 산스크리트어로 '정숙한 아내'라는 뜻으로, 힌두교 여신 가운데 하나이기도 하다. 힌두교 사회였던 인도에서는 고대로부터 남편이 죽어 화장시킬 때에 아내를 함께 화장시키거나 남편이 죽은 후 아내 스스로가 따라 죽는 풍습이 있었다는데 이를 수티(Suttee)라 한다. 아마도, 과부에 대한 사회적 천대와 그릇된 가치관이 이런 풍습을 낳지 않았나 싶다.

8) 수절(守節)

여성이 정절·절개·정조를 지키는 행위. 이는 과거 한국사회에서 여성이 지켜야 할 윤리적 규범이자 인간적 덕목이기도 했다. 특히, 충(忠)·효(孝)와 함께 열(烈)은 '삼강(三綱)'이라 하며, 수절은 그 열(烈)의 정화로서 높이 칭송되어 왔다.

9) 일부종사(一夫從事)

부인이 한 남편만을 섬기는 행위.

불모로 붙잡혀 있는 지하의 시신들

1) 페루 공화국(Republic of Peru)

페루 공화국(Republic of Peru)으로, 인구는 약 2,800만 명 정도이며, 이 중 절반이 케추아 인디언(잉카족)이고, 나머지는 메스티소(인디언과 서양인 사이에서 나온 혼혈)·백인·흑인·아시아인(주로 일본인) 등이

리마 구시가지의 중심 아르마스 광장

차지하고 있다. 전체 인구의 약 70퍼센트가 스페인어를 사용하며, 90퍼센트 이상이 로마 가톨릭 신자이다. 이들은 농업·제조·서비스·광업 등에 근간을 둔 개발도상국의 혼합경제체제에서 살며, 잉카제국의 잃어버린 도시, '마추픽추'[7] 유적지를 자랑스럽게 생각한다. 남아메리카에서 세 번째로 큰 나라로, 수도는 '리마' 이며, 중앙집권공화제로 대통령이 행정수반이 된다.

2) 산프란시스코 교회

산프린시스코 교회

1567년부터 약 7년 동안 공사하여 1574년에 완공된, 바로코 및 안달루시아 식의 건축물로 주 성전·15개의 예배실·지하무덤·수도원·종교예술박물관·도서관 등을 포함하고 있다. 대형 종교그림이 많이 걸려 있으며, 도서관에는 16~18세기의 도서가 무려 2,500종이나 소장되어 있다 한다.

3) 프란시스코 피사로(Francissco Pizzarro : 1475?~1541)

스페인이 낳은 정복자로, 페루의 잉카제국을 정복하고 지금의 수도인 '리마' 시를 건설한 사람. 리마 시내에 있는 '아르마스 광장'에 그의 동상이 세워져 있으며, 그의 유해도 이 광장 정면에 있는 대성당 유리상자 안에 안치되어 있다.

4) 잉카제국

남아메리카 안데스 지역의 페루를 중심으로 잉카족이라 불리는 인디언이 세운 나라. 15~16세기에 대제국을 건설하고, 쿠스코에 도읍하였으나

1532년에 스페인의 침략자, 프란시스코 피사로의 침략을 받아 멸망하였다.

5) 아타우알파(Atahuallpa : 1502경~1533. 8. 29)

잉카제국의 제13대 황제이자 마지막 황제로서 스페인의 정복자인 프란시스코 피사로에게 사로잡혀, 금은 24톤을 바치고도 치욕스럽게 강제 개종(改宗)당하고 마침내 교수형에 처해진 비운의 인물이다.

6) 시신을 안치해 놓은 지구촌의 성당과 교회

페루 리마에 있는 대성당 안에는 '프란시스코 피사로'의 유체(遺體)가 유리상자 안에 안치(安置)되어 있고, 산토도밍고 교회 안에는 리마에서 태어나 활동한 두 성자 '산타로사'와 '프라이 마르틴'의 유해가 안장(安葬)된 지하 무덤이 있다. 아르헨티나 부에노스아이레스에 있는 대성당 메트로폴리타나에는 남미 해방의 아버지라 불리는 '호세 데 산 마르틴' 장군의 유해가 안치되어 있고, 산토도밍고 교회 안에는 아르헨티나 국기 창안자인 '벨그라노' 장군의 유해가 안치되어 있고, 살타에 있는 대성당에는 독립전쟁의 영웅이면서 이 고장 출신인 '헤네랄 마르틴 미케르 데 구에메쓰 씨'의 유해가 안치되어 있다. 브라질 상파울루 대성당 안에는 역대 주교의 유해가 묻혀 있다. 독일의 퀼른 대성당 안에는 비운의 왕비 '마리드메리시스'의 유해가 안치되어 있으며, 베네치아의 산 마르코 성당 안에는 산 마르코의 유해가, 산타카라아의 성당 안에는 성녀 '클라라'의 유해가 안치되어 있다. 호주의 세인트 메리 대성당 안에는 대주교 '로져 베데 본'의 유체가 안치되어 있다. 어찌, 이들뿐이겠는가.

7) 마추픽추(Machu Pichu)

페루 중남부 안데스 산맥에 있던, 고대 잉카제국의 요새 도시를 일컫는데 마추픽추는 케추아어로 '늙은 봉우리'라는 뜻이다. 잉카제국이 멸망한

마추픽추 전경

뒤로 약 400년이 지나서야 하이람 빙검에 의해 최초로 발견되었고, 그에 의해 '잃어버린 도시' 또는 '공중도시'라 불리기 시작했다.

잉카제국의 수도였던 쿠스코에서 우루밤바 강을 따라 북서쪽으로 약 114킬로미터 떨어진 곳에 있는데, 2개의 뾰족한 봉우리 사이 말안장 모양의 해발고도 2,280미터 산정에 위치하고 있으며, 약 일만 명 정도가 살았던 것으로 추정한다. 그 면적은 무려 13㎢이고, 3,000개가 넘는 계단식 밭과 신전·궁전·귀족과 서민의 집·테라스식 정원 등이 있다.

죽은 자들이 모여 사는 화려한 주택가

1) 부에노스아이레스(Buenos Aires)

탱고의 발상지
보카지구 카미니토 거리

라플라타 강 하구에 펼쳐진 항구도시로 1880년 아르헨티나 수도가 되었고, '남미의 파리'라 일컬어지고 있다. 주요 볼거리로는 사람마다 다르게 말하겠지만 흔히, 5월광장·대통령관저·대성당 메트로폴리타나·산토도밍고 교회·박물관·국회의사당 광장·산마르틴 광장·레콜레타 공동묘지·콜론극장 등을 들 수 있다.

2) 성당

성모 필라르 성당 : 1716년~1732년에 걸쳐 세워졌으며, 한 때는 군인병원으로 사용되었다 한다. 공동묘지 입구 좌측에 있다.

3) 장군의 동상

카롤로스 데 알베아르(Carlos de Alvear) 장군이 말을 탄 모습.

4) 납골당(納骨堂)

우리나라에서는 뼛가루(시신을 화장하고 남은 뼈를 기계로 잘게 부수어 낸 분말 같은 뼈의 가루)를 나무나 돌·옥 등으로 만든 항아리에 넣어 모셔 두는 곳이지만 아르헨티나에서는 시신을 넣은 관을 보관하는 구조물이다. 이 납골당은 건축물처럼 일정한 크기와 형식으로 공간을 확보하여 만든다. 우리나라에서는 일정기간 동안 희망자의 유골을 보관하고 돈을 받는 신종 업종이 되어 있다. 선산(先山)이나 개인 소유의 산이 있는 사람들은 개별적으로 납골당을 짓지만 그렇지 못한 사람들은 영업을 하는 납골당에 모시기도 하고, 그도 아니면 산천에 뼛가루[遺灰]를 뿌려 없애기도 한다. 전통적인 토장(土葬)을 하는 사람들 가운데에는 묘지를 돌로써 치장하거나 비석과 상석 등을 설치하는 경우가 적지 않은데 대체로 돈이 많은 사람들과 유교적 가치관을 갖고 살아가는 사람들이 한다. 하지만 자연의 경관을 크게 해치기는 납골당과 매 마찬가지이다.

장례 풍습에서 읽는 티베트 사람들의 속마음
1) 티베트(Tibet)

7세기 송첸감포 왕 때에 통일국가를 이루었고, 그 후 네팔과 중국 일부 지역을 공격하기도 했으며, 몽고와 중국의 간섭을 받기도 했다. 한편, 인도·네팔 등과 교류가 이루어지던 과정에서 불교가 들어와 국교가 되었으며, 1950년 중국의 강제 점령이 있기 전에는 엄연한 독립국가로서 고유의 문화와 언어를 갖는 불교왕국이었다. 티베트 사람들은 원숭이가 자신들의 조상이라 믿고 있으며, 토착종교인 본교가 있고, 변형된 힌디어를 사용하고 있다. 비록, 서구식 경제발전은 주변국에 비해 상대적으로 미진했는데, 자연환경적인 요인으로 반유목민과 농민이 주류를 이루고 있다. 현재

제3부 중국

중국 시짱 자치구가 되어버린 티베트

는 중국의 남시쪽에 위치한 중국 자치구가 되어 있는 상황으로 정식 행정 명칭은 시짱 자치구[西藏自治區]이다. 중국이 강점하면서부터 티베트 내의 불교 조직을 해체하고, 도로·교량·병원·학교 등을 건설함으로써 티베트를 근대화시키려고 노력하였다. 칭하이와 쓰촨으로 통하는 간선도로를 비롯하여 현재는 라싸와 베이징[北京], 청두[成都], 그리고 네팔의 카트만두를 각각 연결하는 항공노선까지도 생겼다. 뿐만 아니라, 북경과 라싸를 잇는, 세계에서 가장 높은 지대에 설치된 철로를 건설하여 현재 열차가 운행 중에 있다.

그러나 티베트인은 과거 1959년 수도인 라싸[拉薩]에서 대중봉기를 일으켜 중국통치에 대한 적개심을 드러냈었다. 그러나 이를 강제 진압하는 과정에서 수많은 인명을 살상해 버린 중국은 티베트 사회를 완전히 개조하기 위해서 귀족과 사찰의 재산을 몰수했고, 집단농업방식을 도입했으며, 불교계에서 시행하는 공공집회를 완전히 통제했다. 중국의 통치가 어느 정도 완화된 것은 1980년대 중반으로 알려졌다. 하지만 오늘날도 라싸에 들어가려면 중국 비자 외에 입경허가서를 별도로 받아야 한다. 뿐만 아니라, 자치구 내에서 자유로운 개인여행 자체가 극히 제한적으로밖에 이루어지지 않고 있다.

티베트는 거대한 산맥으로 에워싸인 높은 고원에 있는데 평균해발고도가 4,000미터 이상이 되며, 7,000미터 급 봉우리만 무려 50여 개가 되고, 8,000미터 급 봉우리가 11개나 된다. 기후는 대체로 건조하며 습도는 낮다. 고도가 높은 곳은 기온이 낮으나 낮은 계곡은 온화하다. 일년 내내 강한 바람 때문에 이른 아침과 밤은 매우 춥다.

현재, 중국의 시짱 자치구로서 티베트는, 拉薩市·那曲地區·山南地區·林芝地區·昌都地區·日喀則地區·門里地區 등 7개 지구로 나뉘어져 있지만 관광객들은 주로 拉薩市·山南地區·日喀則地區 등으로 몰리고 있다.

2) 탑장의 예

티베트의 제1도시인 라싸(Lhasa)에 있는 '간덴사원'의 양파첸경원에 역대 승정원장들의 영탑이 모셔져 있고, 1419년에 사망한, 종교개혁자 총카파의 영탑도 여기에 있다. 그리고 '포탈라궁'에도 역대 달라이 라마들의 화려한 영탑이 안치되어 있다. 뿐만 아니라, 티베트 제2도시인 시가체(shigates)에 가면 '타시룬포사'라는 사원이 있는데 그곳에도 역대 판첸 라마의 영탑들이 모셔져 있다.

달라이 라마의 9세의 영탑

3) 부처가 가르친 보시란?

부처의 제자 '목갈라나'가 재산이 많지만 아주 인색한 '바드리카'라는 사람에게 보시에 대해 가르치기를, "부처님은 법과 재물 두 가지 보시를 말씀하십니다. 정신 차려 잘 들으시오. 내 이제 법의 보시를 말하리다. 부처님은 다섯 가지로 이 법 보시를 말씀하십니다. 첫째는 산 목숨을 죽이지 않는 것, 둘째는 주지 않는 남의 물건을 갖지 않는 것, 셋째는 남의 아내를 범하지 않는 것, 넷째는 거짓을 말하지 않는 것, 다섯째는 술을 마시지 않는 것, 이 다섯 가지가 법의 보시입니다. 당신은 한 평생 이 큰 보시를 지켜야 합니다."라고 했고, 또 "남에게 베풀면서 마음과 싸우는 것은 어질고 착한 이로서는 차마 못할 일, 보시란 원래 싸움이 아니니 당신의 마음 내키는 대로 하시오."라고 했다. 〈增一阿含 聲聞品〉의 기록으로 부처가 말씀하신 보시의 내용을 목갈라나가 전하는 대목이다. 보시란 말 그대로 베푸는 행위이며, 베푸는 것은 가르치는 일로부터 먹을거리와 입을 것 등을 제공하는 일을 두루 포함하고 있음을 알 수 있다. 특히, 《금강경(金剛經)》에서는 보살들이 어떻게 보시해야 하는지를 잘 설명하고 있는데, 그를 한 마디로 말한다면 '집착 없는' 보시이다. 곧, 모든 중생(알에서 난 것·저절로 난 것·형체 있는 것·형체 없는 것·생각 있는 것·생각 없는 것·생각이 있지도 없지도 않는 것 등)이 열반에 들도록 제도(濟度)해야 하는 것과, 집착 없이(형상·소리·냄새·맛·감촉·생각의 대상에 집착 없이) 보시해야 한다는 것이다.

4) 부처가 말씀하신 천한 사람이란?

경집(經集)에 기록되기를, '화를 잘 내고 원한을 품으며, 간사하고 악독해서 남의 미덕을 덮어버리고 그릇된 소견으로 모함하는 사람, 생물을 해치고 동정심이 없는 사람, 시골과 도시를 파괴하여 독재자로 널리 알려진 사람, 마을에 살거나 숲에서 살거나 주지도 않는데 남의 것을 가지는 사람, 빚이 있어 돌려 달라고 독촉을 받으면 언제 빚을 졌느냐고 잡아떼는 사람, 얼마 안 되는 물건을 탐내어 행인을 살해하고 그 물건을 약탈하는 사람, 증인으로 불려나갔을 때 자신이나 남을 위해 또는 재물 때문에 거짓으로 증언하는 사람, 폭력을 써서 혹은 서로 눈이 맞아 친척이나 친구의 아내와 놀아나는 사람, 가지고 있는 재물이 풍족하면서도 늙고 쇠약한 부모를 섬기지 않는 사람, 부모나 형제자매 혹은 계모를 때리거나 욕하는 사람, 상대가 이익되는 일을 물었을 때 불리하게 가르쳐 주거나 숨기는 일을 알리는 사람, 나쁜 일을 하면서 자기가 저지른 일을 숨기는 사람, 남의 집에 갔을 때는 융숭한 대접을 받았으면서 그 쪽에서 손님으로 왔을 때는 예의로써 대하지 않는 사람, 바라문이나 사문 혹은 걸식하는 사람을 거짓말로 속이는 사람, 식사 때가 되었는데도 바라문이나 사문에게 욕하며 먹을 것을 주지 않는 사람, 세속적인 어리석음에 덮여 변변치 않은 물건을 탐하고 사실이 아닌 말을 하는 사람, 자기를 칭찬하고 남을 경멸하며 스스로의 교만 때문에 비겁해진 사람, 남을 괴롭히고 욕심이 많으며 나쁜 야심을 지녀 인색하고, 덕도 없으면서 존경을 받으려 하며 부끄러움을 모르는 사람, 깨달은 사람을 비방하고 출가나 재가의 제자들을 헐뜯는 사람, 사실은 존경받지 못할 사람이 존경받을 사람이라 자부하는 도적 같은 사람'이라 하였다. 그리고 "날 때부터 천한 사람이 되는 것은 아니요, 태어나면서부터 바라문이 되는 것도 아니요, 오로지 그 행동에 따라 천한 사람도 되고 바라문도 되는 것이오." 라고 분명히 덧붙이셨다.

5) 부처가 가르친 존재의 본질

장로보살 '수부티'와 '사리풋타'가 대화를 나눌 때 듣고 있던 부처님이 수부티를 칭찬하면서 하신 말씀이 〈大品般若 行相品〉에 기록되었는데, 바로 이곳에 존재의 본질이 설명되고 있다.

"보살은 이와 같이 집착하지 않는 것을 방편으로 하여 반야바라밀을 배운다. 어떤 것이 얻을 것 없는가 하면, 나와 남과 중생과 목숨과 아는 사람, 보는 사람이 모두 실체가 없으므로 얻을 수 없다. 모든 존재는 본래 공해서 얻을 수 없고 항상 정정하다. 청정하다는 것은 모든 존재가 나지도 않고 없어지지도 않으며, 더러운 것도 깨끗한 것도 아니고, 얻은 것도 짓는 것도 없음을 말한다. 이것을 모르는 것을 무명(無明)이라 한다. 중생은 이 무명과 갈애 때문에 망상 분별하여 유(有)와 무(無)의 양 극단에 얽매인다. 사리풋타, 보살이 반야바라밀을 수행할 때에는 집착하지 않는 것을 방편으로 수행하여 밝은 지혜를 얻는다. 모든 존재는 자성이 없기 때문이다."

또한, 부처님이 수부티에게 하신 말씀이 《金剛經》에도 기록되었는데, "모든 형상은 거짓이요, 허망한 것이다. 형상이 없는 것은 거짓이 아니다. 그러므로 형상이 있고 없는 양쪽에서 여래를 보아야 할 것이다."라 하셨다.

6) 티베트의 특수한 자연적 사회적 환경

평균해발고도 4,000~5,000미터의 헐벗은 고원에 사람들이 살기 때문에, 설산에서 눈 녹은 물이 흐르는 하천이나 강 주변이 아니고서는 개간·경작이 힘들며, 7세기에 인도로부터 들어온 탄트라 불교를 국교로 받아들이면서 업과 환생이라는 개념에 집단적으로 집착할 수밖에 없는 자연적 환경과 사회적 여건을 밀함.

맛있는 눈

1) 생태(生太)
얼리거나 말리지 아니한, 잡은 그대로의 명태.

2) 대구
북태평양·대만·일본·한국 등의 해역에 광범위하게 분포하며, 몸은 앞쪽이 두툼하고 뒤쪽으로 갈수록 측편된다. 눈은 크며 머리 등쪽에 가까이 위치한다. 입은 크며 위턱의 뒤끝은 눈 앞 가장자리를 지난다. 산란은 연안의 내만에서 주로 이루어지며, 최소성숙체장은 40cm (3세어) 정도, 포란수는 150~640만 립이다. 서식수온은 5~12℃ 이며, 먹이는 어류가 주를 이루고 있다 한다.

3) 참치(다랑어)
고등어과에 속하는 바닷물고기의 총칭이지만 흔히 다랑어라고도 한다. 다랑어는 그 종류가 많은데, 현재 많이 잡고 있는 종류로는 참다랭이 속의 참다랭이·날개다랭이·눈다랭이·황다랭이 속의 황다랭이·가다랭이 속의 가다랭이 등이 있다.

4) 명태

우리나라 동해·일본·오호츠크해·베링해·북태평양 등에 분포하며, 등쪽은 갈색, 배 부분은 흰색, 몸 옆구리에는 불규칙한 갈색의 세로줄이 있다. 몸은 가늘고 길며, 측편되어 있고, 입은 큰 편이다. 주로 대륙붕과 대륙사면에 서식한다. 산란은 1~5℃ 에서 이루어지며, 산란기는 12~4월 이다. 먹이는 주로 작은 갑각류(요각류·젓새우류·단각류 등)와 작은 어류 등이다.

환생(還生)에 대한 반신반의(半信半疑)

1) 달라이 라마 14세에 얽힌 이야기이면서 부탄 왕국의 어느 가정집 어린이의 이야기이다. 달라이 라마는 관세음보살의 화신이고, 판첸 라마는 아미타불의 화신이라 하여 2007년 현재 각각 14세, 11세까지 승계되어 왔다. 그리고 부탄에서는 자신의 아들이 어느 고승의 환생자라 주장하는 사람들이 너무 많아 의회에서 별도의 공개적인 심의를 해야 하는 상황이라 한다.

2) 육도윤회(六道輪廻)

생명이 있는 모든 존재는 스스로 지은 업에 따라 여섯 가지의 세상, 곧 지옥도(地獄道)·아귀도(餓鬼道)·축생도(畜生道)·아수라도(阿修羅道)·인도(人道)·천도(天道) 등에 태어나 죽는 일이 끝나지 않고 계속된다는 믿음을 육도윤회(六道輪廻)라 한다. 특히, 인간은 현세에서 지은 업(業)에 따라 죽은 뒤에 다시 여섯 세계 중의 어느 한 곳에서 태어나 내세를 누리며, 다시 그 내세에 사는 동안 짓는 업에 따라 다른 세상에 다시 태어나는, 이른바 '윤회'를 계속한다는 것이다.

이런 윤회론은 사는 동안 자신이 짓는 업대로 받는다는, 바꿔 말하면 '뿌린 대로 거둔다'는 식의 자업자득(自業自得)과 같은 원리에 기초를 두고 있다. 스스로 착한 일을 하였으면 착한 결과를 받고, 악한 일을 하였으면 악한 결과를 받는, 인과응보(因果應報)적인 것이다. 자신이 지은 바를 회피할 수도 없고, 누가 대신 받을 수도 없다. 오직 자기가 지은 업의 결과에 따라서 다른 세계로의 전이(轉移), 곧 환생이 가능할 뿐이므로 윤리 도덕적인 측면에서 권선징악을 강조하기 위한 방편으로 얘기되어졌던 것으로 보인다. 특히, 부처의 존재를 부정하고 교단의 질서를 깨뜨리는 사람들은 모두 지옥으로 떨어진다고 부처가 강조한 것을 보면 '교단질서유지'라는 현실적 목적 달성을 위한 방편으로 얘기되어졌던 측면이 없지 않나고 본다. 솔직히 말하여, 몸이 이미 죽어 내가 없는데 어디에 가서 고통을 받으며, 그들 말대로 내가 죽은 다음 영혼이 다른 곳에 가서 다른 존재로 태어난다 할지라도 새로 태어난 그는 이미 내가 아니라고 본다. 환생자로 여기는 라마들도 죽기 전에 가졌던 라마의 인격이나 지성이나 성격이나 기질 등이 그대로 발현되는 것이 아니고 별도의 교육이 필요한 것을 보면 분명 그러하다.

3) 나가세나(Nagasena) 스님

부처로부터 불법을 전수받은 16명의 제자를 '16나한(十六羅漢)'이라고 하는데 그 가운데 한 사람이다. 16나한은 핀돌라브하라드바아쟈·카나카밧사·카나카브하라드바아쟈·수빈다·나쿨라·브하드라·카리카·바즈라푸트라·지바카·판타카·라후라·나가세나·앙가쟈·바라나밧시·아리타·쿠다판타카 등이며, 이들은 개개의 인격체로서보다는 집단적으로 숭앙받으며, 넓은 의미로는 이승에 머물며 부처의 정법을 지키는 석가모니의 제자를 상징하는 뜻을 지니고 있다. 당나라 때 현장법사에 의해서 중국에 전해지면서 숭배의 대상이 되었고, 이 신앙은 우리나라와 일본에 전해지면서 크게 성행했다. 이에 따라 나한상을 그림으로 그려 숭앙

하는 풍습이 생겼으며, 곳에 따라서는 나한상을 만들어 불전에 봉안하기도 한다. 우리나라에서는 8세기 후반에 이르러 16나한에 대한 숭앙이 성행하였으며, 신라의 사불산(四佛山)에 16나한의 상이 봉안된 이후 많은 불화나 탱화로 그려졌다. 제주도 한라산 등산길에도 16나한상이 바위에 조각되어 있다.

4) 밀린다 왕

기원 전 2세기 후반, 희랍인의 박트리아 왕 '메난드로스'를 말한다. 그는 인도에 침입하여 한 때 북인도 일대에 세력을 떨쳐 희랍문화의 영향을 끼쳤던 인물로 평가되고 있다.

5) 유체이탈

인간의 몸에서 영혼(혼 또는 유체라는 용어를 함께 쓰고 있음)이 빠져나와, 다시 말하면, 육체가 유체와 분리되는 것을 유체이탈이라 하는데, 몸에서 빠져나온 유체는 현실세계에서 천천히 혹은 빨리 움직이며, 원근(遠近)을 초월한다 한다. 쉽게 말해, 아무리 먼 거리에 있는 나라까지도 순간이동이 가능하다는 것이다. 이 유체이탈을 주장하는 사람들은, 인간의 몸이 일곱 가지 차원으로 존재한다는데 그것은 육체·유체·성기체·정신체·영체·우주체·열반체 등이다. 하지만 이들 일곱 가지 차원의 신체적 존재에 대한 명료한 설명이 없다. (유체이탈과 道 : 원공, 붓다의 마을, 2003.1판1쇄, 서울, ISBN 89-89381-03-7)

6) 밀린다 왕문경

팔리어로 '밀린다 왕의 질문'이라는 뜻인데 '밀린다 팡하'라 한다. 불교 경전 가운데 하나로 B.C 2세기 후반 밀린다 왕, 즉 인도의 서북방에 건설되었던 그리스 왕국의 통치자 메난드로스가 불교의 교리 가운데 의문스럽고 모순된 것으로 보이는 것을 묻고, 그에 대해 승려 나가세나가 답한 내용을 기록한 대화록이다. 중국에서는 《미란타왕문경 彌蘭陀王問經》·《나선비구경 那先比丘經》 등으로 번역되었지만 팔리어본과는 동일하지 않다고 한다. 이 저서는 원래 1~2세기경 북인도에서 산스크리트어로 저술되었을 것으로 추정되나 저자가 정확히 누구인지는 알 수 없다.

7) 망고(mango)

옻나무과에 속하는 식물로 열대지방에서 가장 많이 심는 나무 중의 하나로 아시아 동부·미얀마·인도의 아삼 주가 원산지인 것으로 추정한다. 키가 15~18m 정도에 이르는 상록수로 잎의 길이가 30㎝ 정도이고 창처럼 생겼다. 분홍색을 띠는 작은 꽃은 향기가 나며 줄기 끝에 드문드문 모여 달려 큰 원추형(圓錐型) 꽃차례를 이룬다. 열매의 크기나 특징은 매우 다양한데, 제일 작은 것은 서양자두보다 작고, 큰 것은 무게가 1.8~2.3kg까지 나가기도 한다. 모양도 넓은 타원형, 둥글고 심장 또는 신장처럼 생긴 것, 길고 가는 것 등 다양하다. 일부 변종(變種)들은 붉고 노란 색조가 선명하지만, 대부분은 흐린 녹색을 띤다. 씨는 1개로 크고 납작하며 과육은 노란색에서 오렌지색을 띠고 과즙이 많으며 독특하고 향기로운 맛이 나며, 비타민 A·C·D가 풍부한 것으로 알려져 있다.

인도에서는 민속행사와 종교의식에서 망고나무 잎을 쓰고 있고, 망고나무 자체를 보리수와 함께 신성시하는데 이는 힌두교·불교 관련 신화가 전제되기 때문인 듯하다. 곧, 부처는 망고로 작은 숲을 만들어 그 그늘에 앉아 평안을 찾기도 했고, 시비 신과 피르바디가 망고나무 밑에서 결혼했다 한다. 그런 탓인지 망고나무는 현재 인도인들에게 '사랑'을 상징하며, 결혼식 때에 쓰이는 대형 천막을 장식하는 데에도 이 망고나무 잎을 사용한다. 그만큼 인도에서는 고대로부터 망고나무를 많이 재배하여 흔했던 것 같다. 부처님은 망고나무 농장에 들러 설법을 하기도 했고, 나가세나 스님은 환생(還生)의 개념을 설명하는데 이 망고열매와 씨를 가지고 비유법을 쓰기도 했다.

4

우주의 중심이 된 링가(linga)
카주라호 사원의 에로티시즘에 대한 횡설수설
입 맞추고 포옹하는 부처님
상상력을 자극하는 팔코르최데 쿰붐의 남녀 성교 벽화
명상의 단계

링가(Linga)와 요니(Yoni)

　신전(神殿) 안 중앙에 검은 빛깔의 반석(盤石)이 놓여있고, 그 위로 운두가 큰 프라이팬을 연상시키는, 아니 우리의 맷돌 같은 요니(Yoni : 여자 성기)가 놓여있고, 그 가운데로 탄두(彈頭) 같은 링가(Linga : 남자 성기)가 반들반들 솟아있다. 도대체, 이것이 무엇이란 말인가? 링가는 시바 신의 것이요, 요니는 그의 부인인 샤크티의 것이라 하니 참 재미있는 상징물이 아닐 수 없다. 나는 힌두교 국가라 할 수 있는 인도와 네팔의 여러 사원들과 캄보디아 옛 왕국의 앙코르와트 신전 등에서 다양한 링가를 보았다. 수많은 사람들이 이 링가 앞에서 합장하고 기도하며 헌화(獻花)·헌물(獻物)할 때에 과연 무슨 생각을 하며, 특히 자신의 손으로 그것을 어루만질 때에 어떠한 느낌을 받는지 묻고 싶었다.
　남근(男根) 같은 조형물을 만들어 놓고 경배를 드리는 인간의 행위는 인더스 하랍파 문명(기원전 4,000~기원전 2,000년)에서부터 기원되었다 하니 참으로 오래된 전통임에는 틀림없다.

우주의 중심이 된 링가
linga

　남자든 여자든, 어린 아이든 어른이든 모두 신발을 벗고 들어간다. 그들은 자기 심성(心性), 자기 기분대로 세게 혹은 약하게 현관에 매달린 종을 한두 번씩 울려댄다. 그리고는 신전 안으로 들어가는데 그곳에는 우리가 흔히 보아온 부처상이나 십자가에 못 박힌 예수상이 있는 것이 아니다. 오로지 원통형 기둥 하나가 서 있고, 그 앞에 한두 명의 사두가 앉아 있다. 사두 앞에 선 그들이 저마다 가지고 온 물품들[1]을 그 원통형 기둥에 바치면 사두는 그들의 미간에 붉은 점[2] 하나씩을 찍어 주면서 축복(祝福)·축원(祝願)해 준다. 그런 연후에 그들은 그 원통형 기둥 앞에서 합장하여 기도하기도 하고, 그것을 어루만지며 한 바퀴 돌아나간다. 물론, 만질 수 없게 보호막을 설치해 놓은 곳도 있다. 인도 바라나시에 있는 베나레스 힌두 대학교(Benares Hindu University)[3] 내에 있는 한 힌두 사원[4]에서 시바 신에게 경배 드리는 인도 사람들의 모습이다.
　인도(印度) 여행을 하다보면 당혹스럽게 느껴지는 것 중에 하나가 다름 아닌 시바 신(神)의 상징이라고 하는 남근(男根 : linga[5] 또는 ligam이라 함)을 조형물로 만들어 놓고, 그것에 경배 드리는 행위다. 물론, 인도의 힌두교를 받아들이고 있는 네팔왕국이나 캄보디아의 옛 힌두교인들도 예외는 아니었겠지만 오랜 역사와 자연환경 속에서 몸에 밴 그들만의 정서(情緖)와 힌두교[Hinduism][6] 자체를 모른다면 난감해질 수밖에 없는 일임에 틀림없다.

한 때 포르투갈의 식민지였던 인도의 고아 주(州)를 빼고는 힌두교와 불교·자이나교·이슬람교 사원이 인도 전역에 분포되어 있는데, 그 가운데에서도 힌두교 사원이 제일 많다. 전체 인구의 약 82퍼센트가 힌두교를 믿고, 그 역사 또한 가장 오래되었다 하니 그럴 수밖에 없을 것이다. 그렇지만 그것이 우리를 더욱 당혹스럽게 하는 것은, 힌두교 내에 수많은 신들이 존재하며, 그 신들의 역할이나 위상이 마치 고대(古代) 서구(西歐) 신화(神話)에서처럼 모두 다를 뿐만 아니라 그런 신화를 사실로서 받아들여 오늘날까지도 그것에 전적인 신뢰를 보내고 있다는 사실이다.

그런데 그들 신 가운데 하나인 시바 신은 힌두교인에게 다른 어떤 신들보다 중요하게 인식되고 있기 때문에 시바 신에게 바쳐진 사원이 다른 신들에게 바쳐진 그것들보다 월등히 많다. 또한, 그 많은 신전에는 시바 신의 얼굴 형상의 조형물을 모셔 놓은 곳보다는 원통형 기둥 모양의 남근(男根)을 만들어 놓은 곳이 더 많다. 그것도 여성 성기 곧, 시바 신의 부인인 '샤크티'의 성기[산스크리트어로 '보유자'라는 뜻을 지닌 요니(yoni)를 말함]를 그 받침대로 쓰고 있는 곳이 적지 않다. 이 얼마나 황당한 일인가. 그러나 여기에 굳이, 철학적 의미를 부여하자면, 음(陰)과 양(陽)의 조화(造化) 내지는 그것의 합치(合致)가 하나의 존재를, 아니 만물(萬物)을 낳는다는 존재생성원리를 상징하고 있다고 생각해 볼 수는 있을 것이다. 그렇지만 여자의 성기를 관통하고 나와 곧추선 남자의 성기 앞에서 경배를 드리는 그들의 행위는 왠지

인도 링가

네팔 링가

네팔 링가

인도 링가

인도 링가

캄보디아 링가

인도 링가

캄보디아 링가

네팔 링가

유치하다는 생각을 떨쳐버릴 수 없다. 어쩌면, 시바 신의 속성을 응축(凝縮) 환기(喚起)시켜 주는 상징물 치고는 너무 단순하다는 생각이 앞서기 때문이다.

그 조형물을 자세히 들여다보노라면, 나무나 보석·금속·돌 등으로 만든 정교한 조각상으로 그 모양은 대체로 비슷비슷하지만 남부지방으로 가면 그 옆면과 꼭대기에 시바 신의 얼굴이 새겨진 것도 있고, 불타는 남근 조형물에서 나오는 시바의 모습이 새겨진, 아주 특별한 것도 있다. 그러나 그 크기는 천차만별이다 할 정도로 다양하다. 어떤 사원은 그것의 크기를 가지고 자랑하기도 하고, 어떤 사원은 그것이 저절로 자라났다고, 다시 말해, 저절로 생겼다고 자랑하기도 한다. 특히, 저절로 생겨서 자라난 것을 '스바얌부바(svayambhuva) 링가'라 하는데 그것이 모셔진 사원에는 실제로 많은 현지인들이 경배 드리기 위해서 몰려들어 북새통을 이루고 있다.

또한, 그들이 그것에 경배 드리는 방식을 들여다보노라면 더욱 당혹스러움을 감출 수가 없다. 그것이 모셔진 신전으로 들어서기 전에 현관에 매달린 종을 한두 번 크게 치는데 이는 '잠자는 신을 깨운다' 혹은 '경배 드리러 내가 왔다'라고 신에게 '알림'의 의미가 있다는데 신이 아니라 신전 안에 있는 사두에게 사람이 들어간다는 사실을 미리 알아차리게 하는 현실적 의미가 더 큰 것 같다. 여하튼, 남근 조형물 앞에 당도하여 앉아 기다리고 있는 사두에게 가지고 온 물품 곧, 꽃·우유·생수·약물·쌀·돈 등을 건네주면 그 사두는 헌물자의 미간에 붉은 점을 찍어주며 일일이 축복해 준다. 그런 연후에 사람들은 저마다 그 조형물을 바라보며, 합장하여 기도드리고, 손으로 어루만지기도 하면서 왼쪽에서 오른쪽으로 한 바퀴 돌아나간다. 이 같은 경배의식은 네팔의 힌두교인들 사이에서도 이루어지고 있다.

이런 힌두교인들의 신앙행위는 과연 어디서부터 왔을까? 기록에 의하면, 인도의 몇몇 종족이 아주 오랜 옛날부터 '링가'를 숭배해 왔다 하며, 파키스탄 북서부의 '하랍파' 유적지[7]에서도 꼭대기가 둥글고 짧은 원통 모양을 한 남근상이 발견되었다 하는데, 어디 그곳에 그 사람들뿐이겠는가?

남근숭배(男根崇拜 : phallicism) 사상은 우리에게도 있었고[8], 남미

삼척 해신상 : 여신에게 바쳐진 남근들

의 페루에도 있었듯이 지구촌 어디에서도 찾아볼 수는 있다. 다만, 그것이 아주 국지적으로 나타나기 때문에 찾기가 쉽지 않을 뿐이다. 우리의 경우는, 섬이나 해안가에 사는 사람들에게서 나타나는

데, 생각해보면 그럴 만한 배경이 없지 않다. 곧, 먹고 살기 위해서 남자들은 모두 배를 타고 험난한 바다로 나갔을 것이고, 그러다 보면 돌아오지 못하거나 오랜 시일이 걸리기도 했을 것이다. 집에 남아 있는 여성들은 무엇보다도 남편의 안전 여부가 걱정되기도 하지만 생리적으로도 남자가 그리웠을 것이다. 그러니 자연스럽게 남편의 무사귀환(無事歸還)과 동시에 풍어(豊漁)를 기원하면서 동시에 많은 자식 낳기[多産]를 간절히 원했을 것이다. 특히, 전쟁이나 자연재해 등으로 사람의 목숨을 일시에 쉽게 그리고 많이 잃어버리게 되면 사람보다 요긴한

것이 없는지라 직접적인 생산수단이라고 여겨지는 인간의 성기에 대해서 각별하게 생각하고, 그것에 남편의 안녕과 풍어(豊漁)와 자식 낳기를 기원하는 원시적 행위가 아주 자연스럽게 이루어졌을 것이고, 그것이 어느새 숭배대상으로까지 고착(固着)되지 않았을까 싶다.

이런 인간의 현실에서 나온, 개인 혹은 집단의 자연스런 생각들이 보태어지고 보태어져서 종교적 관념(觀念)이란 커다란 집을 짓게 마련인데, 그 집이라는 것이 결국은 삶의 양태(樣態)의 근간(根幹)이자 총체(總體)인 문화의 한 요소가 되는 것 아니겠는가.

그렇듯 인도 사람들이 '우리가 우리들의 성기(性器)를 가지고 인간을 낳듯 신이 자신의 그것을 가지고 만물을 낳는다'고 상상하거나 여기는 것은 어쩌면 당연한, 자연스런 일인지도 모른다. 동서(東西)를 막론하고 신화(神話)[9]에 등장하는 신들에게 기본적으로 인성(人性)이 부여되는 것도 사실상 같은 맥락(脈絡)이라고 본다.

오늘날, 인도인들은 신전에 모셔진 남근 조형물이 시바 신의 성기임에 틀림없다고 말한다. 그러면서도 그것이 성기 자체라기보다는 '우주의 중심'이니 '시바 신이 가지는 힘의 상징'이니 하면서 궤변을 늘어놓기도 한다. 한 마디로 말해서, 어느새 단순한 성기 조형물에서 우주의 중심으로 그 상징적 의미가 확대·심화되고 있음을 보여주고 있는, 바꿔 말해, 종교적 관념의 집이 보완·증축되고 있는 현장이라 할 수 있다.

-2007. 09. 18. 17 : 54

바라만 보아도 경이로워지는 카주라호 사원

건축하는 이들은 사원의 구조와 자체에 눈을 먼저 둘릴 것이고, 조각하는 이들은 사원 안팎에 새겨진 문양에 먼저 눈을 둘릴 것이다. 그렇듯 신을 믿는 이들은 신전 안에 모셔진 신상에 먼저 눈이 갈 것이고, 아도 저도 아닌 나는 사원을 빚어놓은 사람의 마음속으로 눈이 먼저 간다. 이 곳 카주라호에 도착하던 날, 한 레스토랑에 딸린, 커다란 나무 위에 지어진 원두막에서 바라본 모습이다.

카주라호 사원의 에로티시즘에 대한 횡설수설
Khajuraho

지금은 작은 마을로 변해버린, 옛 왕국의 수도 카주라호[1]에 가면 당시의 독특한 사원(寺院)들이 여럿 남아있어 약 천년 전 사람들의 마음속 풍경을 나름대로 상상해 보게 한다.

사원은 일반적으로 신의 형상물을 모셔놓은 신전(神殿)을 포함하는 것으로, 안팎으로 보나 그 무엇으로 보나 경건하고 엄숙한 분위기가 깃들어 있게 마련이다. 그도 그럴 수밖에 없는 것이 무릇, 신(神)이란 인간의 삶을 가능하게 하는 모든 요소를 창조한 절대적 능력을 가진 존재로서 영원할 뿐만 아니라, 선악을 판단하며, 인간 삶에 직접적인 영향력을 행사한다고 믿어지기 때문이고, 바로 그런 이유로 숭배 대상이 되기 때문이다. 그래서 오늘날도 신전에 들러 기도하고 경배 드리려면 옷매무새부터 마음속까지 깨끗하고 경건하게 하려는 것이 일반적인 태도이자 기본적인 예의라고 생각한다. 오늘날 인도인들이 신발을 벗고 신전에 들어가거나, 이방인에게 그렇게 요구하고, 경우에 따라서는 출입을 통제하는 것도 다 같은 맥락에서일 것이다.

그런데, 지금으로부터 약 천 년 전에 지어졌다는 카주라호의 사원[2]들은 사암(砂岩)으로 되어 있는데 희한하게도 신전의 바깥 벽면에 이성간의 에로틱한 성교(性交)의 구체적인 동작들이 조각되어 있다. 이를 '미툰(mithuna)'이라고 하는데, 구체적인 예를 들자면, 관능적인 입맞춤으로부터 수간(獸姦), 그룹 또는 오랄 섹스 장면에 이르기까지 다양한 동작이나 체위가 아주 사실적으로 묘사, 표현되어 있다. 왜일까? 과연, 어떠한 목적으로 인간 스스로에게서 터부시되는 성교 행위를, 그것도 성에 비교적 자유롭고 개방적인 현대인에게조차 비도덕적인 행위로 간주되는 수간과 그룹섹스의 동작들을 조각해 놓았을까? 다른 곳도 아닌 신전에서, 그것도 천년 전에 말이다.

여기에는 반드시 그럴만한 배경과 직접적인 이유가 있었을 것이다. 그런데, 이에 대한 기록이 남아있지 않은 듯 학자들 간에도 이견(異見)이 분분하다. 곧, 어떤 이는, 남자만 다니는 사원학교에서 브라만(Brahmin) 청소년들의 성교육 지침서인 카마수트라(Kamasutra)[3] 내용을 교육 목적에서 조각해 놓았다 하고, 또 어떤 이는, 늙고 호색적인 비(雨)의 신(神)인 인드라(Indra)[4]를 달래줌으로써 번개 등으로부터 사원을 보호하고자 했을 것이라고 말하기도 한다. 그런가하면, 인간의 원초적인 욕망이나 욕구를 충족시켜 줄 때에 느끼는 '희열'이 선악을 초월하는 것으로서 '열반' 내지는 '깨달음'을 얻을 수 있는 한 가지 방법이자 수단이 된다는 탄트라 종교적 믿음에 기초한 것으로 여기기도 한다.

한 달긴의 인도여행을 통해서 내가 느끼고 생각할 수 있었던, 주관적 판단 기준에서 볼 때에는 어느 것 하나도 부정할 수 없고, 어느 것 하나도 긍정할 수가 없다. 기원전부터 인간에 의해 창조되기 시작한 힌두신화에 오늘날까지 매어 살며, 끊임없이 새로운 신화를 덧붙여가는 인도인만의 종교적 정서(情緒)와 의식(意識)을 전제한다면 더욱 그러하다.

나는 힌두신화에 익숙하지 못한 이방인의 한 사람이지만 개인적인 의견 밝히기가 허락된다면, 이렇게라도 상상해보고 싶다. 곧, 신전에 반영구적인 돌조각으로써 장식되어 있는 공개성으로 보아 신의 가르침[신의 뜻 : 종교 교리]과 무관할 수 없으며, 동시에 그것에 대한 간접적인 홍보 및 교육 목적도 얼마든지 있을 수 있다는 점이다. 이 같은 대전제 아래에서 그 구체적인 이유를 생각해 본다면, 이렇게 줄여 말할 수 있을 것 같다. 곧, 전쟁·강제성을 띠는 노역·공출 등으로 피곤하기 짝이 없는, 현실적인 삶을 잊게 해주는 하나의 방법으로서 섹스에 대한 공개적인 장려책일 수도 있으리라는 생각이다. 또한, 인구증가가 노동력과 전투력의 증가를 결정짓는 직접적인 수단이라는, 국정 운영상의 전략적 발상에서 나온, 섹스 장려책이 아닐까 하는 생각마저 든다. 한 마디로 말해, 섹스에 대한 교육 홍보는 고통스런 현실을 잊게 해주는 마취제이면서 동시에 현실적인 인구증가를 위한 전략적인 방법이었으리라는 뜻이다.

뿐만 아니라, 자연적 재해 등으로부터 발생되는 인명손실이 많으면 많을수록 '다산(多産)'이 생존수단으로서 그 무엇보다도 절실하게 요청되기 때문에 그것의 직접적인 수단인 성행위에 대해서 자연스럽게 집착했고, 동시에 종교적 의미까지도 부여할 수 있었겠다는 생각도 든다. 곧, 고대인들의 본능적이면서 자연발생적인 대응에 통치자의 전략적인 발상이 결합하여 하나의 종교적인 이념으로까지 발전하지 않았나 하는 생각이다. 결론적으로 말한다면, 정치가 종교와 긴밀하게 손을 잡고 있는 고대사회의 특별한 사회상황 속에서 태동된 종교적 이념이면서 동시에 현실적 정치목적 달성을 위한 수단이 아니었을까 싶다. 필자의 이런 일방적인 판단을 뒷받침해주는 요소들을 찾기 위해서 가

락시마나 템플
(Lakmana Temple : A.D 930~950)

비시바나트 템플
(Visvanatha Temple : A.D 1003)

락시마나 템플
(Lakmana Temple : A.D 930~950)

비시바나트 템플
(Visvanatha Temple : A.D 1003)

둘라데오 템플
(Dulah Deo Temple)

락시마나 템플
(Lakshmana Temple : A.D 930~950)

비시바나트 템플
(Visvanatha Temple : A.D 1003)

락시마나 템플
(Lakshmana Temple : A.D 930~950)

간다리야 마하데브 템플
(Kandariya Mahadeva Temple : A.D 1025~1250)

락시마나 템플
(Lakshmana Temple : A.D 030~950)

능한 범위 내에서 시계(視界)를 조금 더 넓혀 보기로 하자.

인도에 가면 곳곳에 산재해 있는 사원들 가운데에 힌두 사원이 제일 많음은 어렵지 않게 확인할 수 있다. 그들 힌두 사원에 들어가면 여러 신(神)들 가운데에서도 '시바 신'을 모신 곳이 제일 많다. 시바 신은, 신화에서 말하는 것처럼, 여신인 빠르바띠(Parvati) 라는 이름을 가진 부인까지 있는 남신(男神)으로서, 발가벗은 몸에 재[灰]를 바르고, 머리를 자르지 않은 채 고행하는 인간적 수행자 모습을 띠기도 하고, 동시에 코브라와 삼지창과 이마에 눈 등을 지닌 모습으로 형상화되기도 한다. 그런가하면, 시바 신을 모시고 있는 사원 중 일부는 인간과 유사한, 그런 신의 형상보다는 그의 남근을 형상화한 - 크기는 각양각색이지만 - 원통형 기둥을 모셔 놓고 그것에 헌화하고 기도하고 경배 드린다. 그렇다면, 도대체 왜 남근이 시바 신을 상징하는 조형물이 되었을까?

그리고 그 유명한 '엘로라'의 석굴[5]이나 카주라호의 사원 조각에서 부부 신인, 시바(Shiva)와 빠르바띠(Parvati)를, 그리고 위시누(Vishnu)와 락시미(Lakshmi)를 형상화한 것을 보면, 둘 다 아주 건강하고, 관능미 넘치는 인간과 같은 신체적 구조와 특징을 지닌 모습으로 묘사하고 있다. 특히, 여신들인 '빠르바띠'와 '락시미'의 젖가슴은 마치 풍요로움과 섹시함을 상징하기라도 하듯 대단히 풍만하며, 부부 신들이 함께 앉아 있거나 서 있는 자태는 마치 인간이 부부애를 자랑하듯 요염하기까지 하다. 그렇다면, 카주라호 사원의 에로티시즘은 부부 신들에 대한 에로틱한 형상 묘사나, 숭배되는 시바 신의 남근과도 어떤 상관성이 있지 않을까? 우리는 어렵지 않게 상상해 볼 수는 있을 것이다. 더욱이, 이를 뒷받침해 주는 것은, 힌두교의 경전[6] 속에는 가장 오래된 베다(Veda) 경전과 수 세기에 걸쳐 인간들에 의해 쓰여진 라마연(Ramayana)·마하바라트(Mahabharata)·뿌라나(Purana) 외에도 인간의 성교 행위에 대해 집중적으로 설명하고 있는 카마수트라(Kamasutra)가 포함되어 있다는 사실이다.

이 같은 정황들을 고려한다면 카주라호 사원에 나타난 에로티시즘은 특정의, 장소와 시기에 어느 날 갑자기 하늘에서 뚝 떨어져 나온 것이 아니라 힌두교라는 종교적 믿음의 세계, 곧 교리·수행방법, 가치관 등과 결코 무관하지 않으며, 그것은 또한 당대 백성들의 현실적인 삶과도 무관하지 않으리라는 판단이 가능하리라 본다. 다시 말해, 카주라호 사원들에 조각된 에로티시즘과, 신을 한낱 원기 왕성해 보이는 인간 모습으로 형상화하고 있는 경향과, 특정 신의 남근 조형물을 만들어 놓고 숭배하는 행위 등은 서로 떼어내려 해도 떼어낼 수 없는, 신자들이 공유하는 종교적 믿음의 세계에서 나온, 그들만의 관심이요 소망이요 추구하는 방식 등에 대한 직간접의 표현이라는 확신을 갖게 한다.

그렇다면, 하나의 종교에서 성교(性交)를 강조하고, 자신들이 믿는 신에게까지 그것을 포함한 인성(人性)[7]을 왜 부여했을까? 그것은 인간이 생명현상을 유지하고 갖가지 욕

카주라호 파르스와나트 사원(Parswanath Temple)에 묘사된 비시누(Vishnu)와 락시미(Laxmi) 부부 신상

엘로라 석굴에 조각된 신 시바(Shiva)와 파르바티(Parvati)의 결혼식

구와 욕망을 충족시켜 나가는 현실생활 환경 속에서 그런 작업이 절실하게 요청되었기 때문일 것임은 두말할 필요가 없다. 곧, 자연에 대한 의존도가 절대적이어서 자연에 대한 두려움과 감사함을 가지고 살아야 했던, 그러면서도 인간과 인간 집단들 사이에서는 약육강식의 질서가 적용되는 고대사회에서 - 특히, 인간과 인간, 집단과 집단 사이의 질서가 태동, 정립되지 않았을 때에는 더욱 그러했겠지만 - 살아남기 위해서는 무엇보다 큰 집단을 형성하고 조직을 만들어 공동 대응해야 하는 대책이 절실했을 것이다. 다시 말해, 생명을 위협하는 자연적, 사회적 제반 요소를 극복하기 위해서 고대인들은 보다 많은 인간들을 원했을 것이고, 그들의 결속을 위해 신이라는 개념을 창조하기에 이르렀을 것이다. 특히, 잦은 전쟁이나 자연재해로부터 인명손실이 많이 발생하면 할수록 '빨리', 그리고 '많이' 사람을 낳아야 한다는, 소위 '다산의식(多産意識)'도 강박관념처럼 잠재의식 속에 박혀서 '집단무의식'으로 유전되어 오지 않았나 하는 생각을 배제할 수 없다고 본다.

  이런 배경과 연유로 인명손실이 많거나 더 많은 인명이 요청되는, 특정 지역의 고대인들에게는 생산적인 기능을 갖는 인간의 성교 행위에 대해서 대단히 '중요하게', 그리고 '거룩하게' 생각한 나머지 그 직접적인 도구인 성기(性器)를 자연스럽게 신성시했을 것이다. 또한, 생산적 의미를 갖는 인간의 성교를 포함해서 모든 생명체의 그것까지도 신성시했을 것이고, 그런 과정에서 성애의 희열과 그것의 정점인 열락을 직접 체험 체감할 수도 있었을 것이다. 물론, 경우에 따라서는 - 역설적으로 현실적인 삶이 힘들고 고단할 때에 더욱 그러했겠지만 - 그것에 대한 집착과 추구로 이어졌을 것이고, 동시에 그에 대한 경험적 지적 기반을 확보해 나갔을 것이다. 바로 그런 과정에서 카마수트라 같은 성경(性經)도 나왔으리라 보지만 지구 전체적으로 볼 때에도 성교의 생산적 기능과 성기에 대한 신성시는 비단 인도인에게만 국한된 것은 아니지만 가장 적극적이고 개방적이었음에 틀림없다고 본다.

　이런 논리적 혹은 정황적 맥락에서 본다면, 카주라호 사원들에 나타난 에로티시즘은 '다산(多産)'이라는 현실적 요구를 충족시키기 위해서, 다시 말해, 정치적 목적을 종교가 수용하여 나타난 산물이 아닌가 싶다. 결과적으로, 종교에서의 정치성 수용은 성교에 대한 근원적 수치심을 극복하고, 그에 대한 추구를 자연스럽게 받아들이도록 하는 공동의 전략적 목표를 어느 정도 달성하는 데에 기여했다고 여겨진다. 오늘날 인도가 일차원적인 의식주 생활여건이 아주 열악함에도 불구하고 인구는 10억이 웃돌고 있고, 에이즈환자 수가 세계 2위를 기록하고 있으며, 카마수트라라는 희대(稀代)의 성애 관련 경전을 창출시켰으며, 성교와 무관하지 않은 요가가 발달하고, 오르가즘 같은 열락의 감각세계를 종교적 목적(열반 또는 깨달음) 달성의 수단으로써 추구하기도 하는 백성들의 나라라는 사실들이 충분히 반증해 주고 있다고 본다.

2007.02.04. 23:27

밀교 수행중인 파드마삼바바

챠트라파티 시바지 마하라즈 바스투 상그라할레(Chhatrapati Shivaji Maharaj Vastu Sangrahalya) 2층 네팔과 티베트 관에 전시된 파드마삼바바의 밀교 수행상으로 16세기 티베트에서 제작된 것이다.

입 맞추고 포옹하는 부처님

　인도의 '경제 발전소'라 불리는 뭄바이 시내 포트지구 마하트마 간디 거리에 가면 챠트라파티 시바지 마하라즈 바스투 상그라할레(Chhatrapati Shivaji Maharaj Vastu Sangrahalya)라 불리는 박물관[1]이 있는데, 나는 2006년 12월 어느 날에 그곳 2층 '네팔과 티베트' 코너를 돌아보고 있었다.

　갑자기 일행(一行)[2]이 내게 다가오더니 나의 옷소매를 잡아끌고 어디론가로 안내한다. 그는 자신의 손가락으로 진열장 안을 가리키며, "저 합환불(合歡佛)좀 보아. 신기하잖아."라고 말한다. '합환불, 합환불이라? 내게는 그런 용어 자체도 생소하지만 한 여인을 껴안고 가부좌를 취한 부처상은 분명 태어나 처음 보는 것이 아닌가. 어찌하여 저런 희한한 부처상이 만들어져 내 눈 앞에 있단 말인가?' 나는 속으로 생각하며 그 모양새를 뜯어본다.

　부처는 수많은 꽃잎을 지닌 커다란 연꽃 위에서 가부좌(跏趺坐)를 했고, 머리에는 왕관을 쓰고, 상반신의 옷은 걸치지 않았지만 하반신은 아주 얇은 천을 둘렀으며, 귀걸이·목걸이·팔찌 능의 화려한 장식물을 착용하였다. 그리고 그의 왼손은 자연스럽게 오른발 위로 올려져 있지만 무언가를 쥐고 있고, 그의 오른손은 여인의 허리를 감싸듯 앞으로 뻗어있지만 손바닥 안엔 역시 무언가가 들려있다. 그리고 두 눈썹 사이 위쪽으로는 제3의 눈[3]이 그려져 있고, 양 미간을 약간 찌푸리고 있으며, 두 눈은 날카롭게 찢어져 있다.

반면, 부처의 두 허벅지 위로 덥석 올라앉은 여인의 두 다리는 부처의 허리를 껴안은 듯 부처의 등 뒤로 뻗어있고, 그녀의 오른손은 부처의 목을 껴안은 듯하지만 보이지는 않는다. 그녀의 왼손은 부처의 오른쪽 어깨 위로 곧게 뻗어있지만 역시 손에는 무언가가 들려있다. 그녀의 긴 앞머리는 양쪽으로 땋아서 좌우측 귀를 덮어 내리고, 나머지 머리는 가지런히 등 쪽으로 늘어뜨린 상태이다. 상반신은 온전히 다 벗었지만 하반신은 아주 짧은 치마를 입었다. 그런 그녀 역시 팔찌와 머리띠 등으로 화려하게 장식했다.

그런 그녀와 그런 부처는 서로의 젖가슴이 닿도록 바싹 껴안고 껴안긴 채 황홀하게 입을 맞대고 있다. 그런 부처 뒤로는 불꽃인지 연기인지 구름인지 피어오르고 있다. 이것이 정말로 명상중인, 아니면 깨달음을 얻는 순간의 부처 모습일까? 내가 아는 부처는 결코 이런 모습이 아닌데 어이하여 나를 당황스럽게 하는가?

부처는 여자에 대한 편견을 가지고 있는 사람이라고 해도 틀리지는 않는다. 그는 열아홉 살에 결혼하여 스물아홉 살에 출가를 결심하게 되기까지 궁궐 안에서 아름다운 궁녀들과 즐거운 시간을 얼마든지 누릴 수 있었던 사람이었지만 - 꼭 불경 속이 아니라도 아잔타 석굴 벽화만을 보아도 어느 정도는 짐작이 간다 - 여자들의 추한 면을 적잖게 목격했고, 자신이 아들까지 두게 되었음을 한탄할 정도였다. 뿐만 아니라, 인간의 모든 고통의 뿌리가 애욕(愛慾)에 있다고 판단하였으며, 또한 여자는 세간의 욕구가 많아서 출가하여 수행하는 사문(沙

포탈라 궁에 모셔진 파드마삼바바(Padmasambhava)

門)⁴⁾이 되기에도 어려움이 많다고 생각했던 사람이었다. 그래서 자신을 키워준 이모인 '마하파자파티'가 출가시문이 되려할 때에도 세 번이나 거절하지 않았던가. 결국, '아난다'의 간청으로 그녀를 받아들이긴 하지만 곧장 어처구니없는, 비현실적인 비구니8경계(尼八敬戒)⁵⁾를 내리지 않았던가.

그런 그가 한 여인을 쩨안고 가부좌를 한 채 명상에 잠겨 있다? 아니, 있을 수 없는 일이다. 그래, 그러면 그렇지. 석가모니 부처가 아니고 '파드마삼바바(Padmasambhava)'[6)]가 아닌가. 티베트에서 '구루 림포체'로 불리는, 그곳에 밀교(密敎 : 탄트라 불교)를 전파한, 인도의 불교 신비주의자로 알려진 전설적 인물, 파드마삼바바가 아닌가. 불상 옆에 〈TANTRIK manifestation of PADMASAMBHAVA〉라고 분명하게 표기되어 있음이 실로 천만다행이다.

그렇다면, 그는 또한 누구인가? 티베트 사람들은 오늘날도 그가 라싸에 살아 있어서 영적 성취를 얻은 사람만이 그를 만날 수 있다고 하지를 않나, 8세기 중엽 티베트 티송 데첸 왕의 초청을 받고 티베트에 들어와 쌈예사[7)]를 짓는 일을 방해하는 악령을 지진을 일으켜서 굴복시켰다는 등, 부처님이 돌아가신 해로부터 8년 후에 지금의 파키스탄 북부지방의 연꽃송이에서 태어났다는 등, 탄트라[8)] 힘으로 천 년 이상을 살았다는 등 온갖 믿기지 않는 얘기들이 전해지고 있는 인물이 아닌가!

그렇지만 나는 그에 대해서 정확히 아는 바가 없다. 그에 대한 객관적 자료가 수중에 없기도 하지만 찾기조차 쉽지 않을 뿐더러 설령, 있다손 치더라도 그 내용을 전적으로 신뢰할 수도 없는 상황이기 때문이다. 혹시, 나도 그처럼 탄트라 수행법을 익히면 천 년 수명이 보장된다면 몰라도 그렇지 않다면야 믿을 수 있을 만한 것이 없어 유감일 따름이다.

-2007. 09. 28. 17 ; 04

쿰붐의 남녀합체 벽화

참으로 험상궂기 짝이 없는 한 쌍의 사내와 여인이다. 두 개의 송곳니가 솟아있는 입은 너무 크고, 눈이 세 개씩이나 된다. 게다가, 원숭이 머리를 꿰어 만든 목걸이와 화관을 쓰고 있다. 뿐만 아니라, 호랑이 무늬의 짧은 치마 겸 팬티를 걸치고 있으면서 오동통 살이 찐 모습니다. 그녀의 왼손에는 물이 담겨 있는 그릇이 들려 있고, 그이의 손에는 기다란 막대[金剛杖]가 들려있다. 그러면서도 그녀의 입술이 그의 입안으로 들어가 있다. 이런 유형의 그림이나 조상(彫像 또는 造像)을 '합환존(合歡尊)'이라 하는데, 사진은 팔코르최데 쿰붐 안 무상요가 탄트라를 구현하고 있다는 7, 8층에 그려진 벽화 가운데 하나이다. 이론상으로 보면, 부처도 아니고 보살도 아니고, 호법신중임에 틀림없다. 남녀가 애무와 섹스를 통해서 오르가슴을 느낄 때처럼 수행자가 신격(神格) 또는 존자(尊者)라 불리는 보살이나 특정의 호법신중과 하나가 되도록 이끌기 위해서 또는 이미 하나가 된 상태를 그림으로 표현해 놓은 것이다. 밀교에서 행했던 성교의례나 명상의 보조수단으로 사용된 이런 그림이나 조형물의 실효성에 대해서는 과학적으로 검증해 볼 필요가 있다고 생각한다.

상상력을 자극하는 팔코르최데 쿰붐의 남녀성교 벽화

쿰붐[十萬佛塔]

티베트 '간체'[1]라는 작은 도시에 가면 '팔코르최데[白居寺]'가 있고, 그 사원 내에 7층 높이의 커다란 '쿰붐[十萬佛塔]'[2]이 있다. 그 탑 안으로 들어가면 각 층마다 십수 개의 작은 방들이 있고, 그 방들 안에는 온갖 불상들이 안치되어 있으며, 동시에 수많은 벽화들이 그려져 있다. 그런데 그 많은 벽화들 속에는 이해하기 어려운 벽화(6, 7층 벽화 중 일부)가 있는데 그것들에는 남녀의 성교 동작들이 생생하게 그려져 있다. 서서 혹은 앉아서 포옹한 채 입을 맞추거나, 여성을 번쩍 들어 안아 입 맞추고, 허리끈을 풀고 하반신을 완전히 밀착시킨 동작들이 그것이다. 도대체, 이들 벽화의 주인공들은 누구이며, 무엇 때문에 이 불탑 안에 그려졌을까? 그것도 인간의 육체를 한낱 헛것으로 여기고 철저한 금욕적 생활을 함으로써 현실적인 근심 걱정으로부터 벗어나 계셨던 부처님을 숭배하는 불교 사원의 불탑에서 말이다. 혹시, 내가 모르는, 특별한 사연이라도 있는 것은 아닐까?

티베트 종교사적으로 보면, 7세기에 통일국가를 실현한 송첸 감포(Songtsen Gampo ; 581 649) 왕 때에 불교가 발전하기 시작하여 8세기 중엽 티송 데첸(Trisong Detsen) 왕 때에는 최고조의 전성기를 누렸다는데, 특히, 그는 숭불칙서(崇佛勅書)를 반포하여 불교를 중흥케 했다. 또한, 인도의 대학자인 산타락시타(Santaraksita)와 대성취자인 파드마삼바바(Padmasambhava, 717~762)를 초청하여 티베트 최초의 사원인 '쌈예사'를 건립하기도 하였다. 그 후 9세기 이후 성적(性的) 수행법과 관련된 인도 밀교(密敎)의 영향이 커지게 되면서 티베트 내에서는 소위 '남녀 합체존상(男女合體尊像)'들이 많이 제작되었다는데 이 쿰붐 내부에 그려진 성교 관련 벽화들도 그런 배경에서 그려졌을 것으로 추측된다.

나의 관심은 그것들이 수행상의 어떤 목적을, 어떻게, 어느 정도 달성하게 하는지인데 그것에 대해서는 탄트라 힌두교와 탄트라 불교, 그리고 탄트라 요가 등을 포함하는 밀교 수행법[3]을 직접 수련해 본 적이 없는 필자로서는 단정 짓기가 쉽지 않다. 탄트라 불교의 핵심경전이라는 대일경(大日經)[4]과 금강정경(金剛頂經)[5]을 최근에서야 읽게 된 탓도 있지만 특히, 금강정경은 극히 일부만이 번역된 한역본을 토대로 국역한 것이기에 그것들을 충분히 이해

창주사(昌珠寺)에 모셔진 송첸감포 상

쌈예사 전경

하였다 하여도 불완전한 탐색에 지나지 않기 때문이다.

　어쨌든, 티베트 불교계는 점진적으로 부패하여 민심이반이 일어나게 되고, 그것이 극에 달한 15세기 초에는 총카파(Tsong kha-pa, 1357~1419)라는 사람에 의해서 엄격한 계율주의를 바탕으로 한 종교개혁이 불가피했다는 역사적 사실로써 밀교 수행법상의 문제가 있을 수 있었다는 판단을 가능하게 한다. 뿐만 아니라, 오늘날의 우리가 그런 그림이나 조형물을 앞에 놓고 명상한다 할 때에 － 충분한 사전설명이나 유관 교육이 전제되었다 할지라도 － 현실적으로 어떤 효과가 나타나는지를 생각해 본다면 그에 대한 판단이 꼭 불가능한 것만도 아니라는 생각이 든다. 곧, 부처님의 깨달음을 성취하도록 도와주는 여러 신격(神格)[6]들을 그려놓고 상상하면서 수행자 자신과 동일시하는 과정이나, 동일시 된 상태[合體]를 성교(性交)로써 빗대어 표현했다는

251

것인데, 실제로는 성교의 오르가슴이 깨달음을 가져다 줄 수도 있다는 믿음에서 나온 수행법의 하나인 의례(儀禮)일 뿐이다. 특히, 신격들의 성교 동작을 그린 그림들이 인간의 그것을 쉽게 환기시키고 상상하게 한다는 현실을 감안한다면 '신격과 수행자의 합일을 통한 깨달음 성취'라는 수행상의 목적달성보다는 역효과가 더 크다는 판단을 내릴 수도 있다.

  화제를 조금 바꾸어서, 밀교적 성향을 띠는 힌두교와 불교에서 명상할 때에 사용하는 도구[7]의 일종인 '얀트라(yantra)'에 대해서 얘기해 보자. 산스크리트어로 '도구'라는 뜻을 지닌 얀트라는 탄트라 힌두교와 탄트라 불교인 금강승(金剛乘 : Vajrayna)에서 명상을 도와주는 선형(線形) 도형(圖形)을 일컫는데, 이는 땅이나 종이 위에 그려서 활용하고 의식이 끝난 뒤에는 없애버리는 것으로부터 돌이나 금속에 새긴 것에 이르기까지 다양하다. 이런 얀트라는 요가의 수련에서도 사용되는데 그 수련 단계에 따라 그것의 구성요소들이 '최상의 기쁨'에 도달하도록 인도한다고 한다. 특히, 샤크티(Shakti : 힌두교 시바 신의 배우자) 여신의 숭배 의식에 사용되는 얀트라는 '쉬리[8]얀트라(Shri Yantra)'라 불리는데, 전체 9개의 삼각형과 점·직선·원·연꽃잎 문양 등으로 구성되어, 5개의 역삼각형은 여성의 음부(yoni)를, 4개의 정삼각형은 남근(lingam)을, 이들 삼각형의 역동적인 상호작용은 우주 만물의 현현을, 중앙의 점(bindu)은 만물의 시작과 끝에서의 합일을 각각 상징한다

19세기 네팔에서 제작된 쉬리얀트라
(네팔 국립아트겔러리 소장)

고 한다.

 그렇다면, 얀트라를 바라보며 명상하다보면 내재된 형이상학적 의미가 자연스럽게 깨달아진다는 뜻인지, 아니면 처음부터 담겨있는 의미를 배워 염두에 둔 채 정신을 집중시키다보면 그런 형이상학적 상태에 스스로 머물게 됨으로써 신과 동격이 된다는 뜻인지 알 수 없지만, 그것은 정신을 집중시켜 최상의 즐거움 곧 깨달음의 기쁨을 얻도록 도움을 주는 도구로써 사용되었음에는 틀림없다. 이런 의미에서 본다면, 얀트라는 신성을 상징하는 것으로서 원불교의 일원상이나 기독교의 십자가나 다를 바 없지만, 그 모양이 우주창조를 설명하려는 구체성을 띤다는 점에서는 분명 다르다.

 다시, 화제를 바꾸어서, 힌두교인들의 경배 대상이 된 조형물에 대해서 얘기해보자. 그들은 남근같이 생긴 원통형 기둥인 '링가'를 시바 신의 상징물로서, 그리고 여성성기 모양의 '요니'를 그의 배우자 신인 샤크티(Shakti)의 상징물로 여기고, 그 둘을 합쳐놓은 조형물에 경배드리기도 한다. 이 같은 행위는 인간이 성교를 통해서 새로운 인간을 낳듯 우주를 창조한 신이 있다면 그 신 또한 인간의 성교 행위와 같은, '어떤' 창조적 활동이 있어야 한다고 여기는 데에서 비롯되지 않았나 싶다. 그리하여 사람들은 자신의 눈으로 직접 볼 수 없는 신의 창조적 활동을 시바와 샤크티의 성교로써 가시화시켰을 것이고, 그런 연후에 명상을 통해서 – 엄밀하게 말하면 다른 생각을 차단하고 오로지 한 가지만을 상상하는 정신집중을 통해서 – '신과의 눈맞춤'을 기도(企圖)했을 것이고, 그 눈맞춤이 이루어지는 순간 비로소 자신의 모든 소원이 그 신의 능력으로부터 성취된다고 믿게 되었던 것이리라.

 이렇게 힌두교인과 신과의 관계를 이해한다면, 시바와 샤크티라는 부부 신은 별개의 독립된 존재가 아니라 하나의 존재일 뿐이지만, 이해하기 쉽게 인성(人性)을 부여하여 성을 구분했으리라고 추론할 수도 있을 것이다. 신은 분명 우주를 창조하였고, 언제나 그 중심에 머물러 있다고 인간이 상상할 수 있었듯이 인간 자신이야말로 작은 우주로서 특별한 노력(명상이나 요가 등)을 통해서라면 그 신과의 눈맞춤을 이룰 수 있다고 판단했던 것이리라. 곧, 신체 내의 영적 중심인 '차크라(Chakra)'[9]들 가운데 가장 아래에 있는 차크라에 샤크티라는 여신성(이를 '쿤달리니'[10]라고도 함)이 뱀처럼 똬리를 튼 채 잠자고 있다가 깨어나 척수를 따라 윗부분의 다섯 차크라들을 차례로 통과하여, 천 장의 잎을 가진 연꽃으로 묘사되는 머리 꼭대기의 '사하스라라' 차크라에 이르러서 그곳의 남성적 힘, 곧 시바와 합치되면서 지극한 기쁨을 맛보게 된다는 것이다.

어쨌든, 신의 일차원적인 상징물로서 숭배 대상이 되어버린 링가와 요니 조형물도, 그리고 명상이나 요가의 도구가 되어버린, 이차원적인 상징물로서 선형도형인 얀트라도, 그리고 불탑 속에 그려진 적지 않은 남녀합체존상도, 그리고 중복되어 이 글에서 언급하지 않았지만 인도의 수많은 사원에 조각되고 조형된 인간 섹스 장면들도, 그리고 관능적인 몸매로 부부애를 드러내 놓고 있는 힌두신들의 부부(夫婦) 조형물들도 다 신의 '창조'라는 개념과 불가분의 관계 속에서 나온, 신성(神性)에 대한 표현물이면서 수행자인 나와의 합일을 성취하는 데에 도움을 주는 도구로 받아들였다는 점이다.

다시 화제를 바꾸어서, 부처님의 깨달음의 기쁨과 깨닫기 위해서 인위적으로 조성하는 기쁨과의 관계를 얘기해보자. 부처님은 출가하여 5년 동안 고행과 몇 단계의 명상[11]을 하셨다. 그 결과 '내가 곧 우주이고 우주가 곧 나임'을 깨달았고, 그 순간에는 형언할 수 없는 기쁨에 휩싸였다고 하는데, 그 후 부처님을 믿고 따르는 사람들은 한결같이 부처님처럼 깨달아 기쁨을 누리고자 열망해 왔고, 지금도 노력한다.

그러나 일부의 사람들은 거꾸로 생각하여 기쁨의 정점에서 깨달음을 얻을 수 있다고 판단하고 성교나, 약물에 의한 환각상태나, 각종 도구를 이용한 정신집중 훈련 등을 통해서 열락(悅樂)의 상태로 진입하여 자신의 몸과 마음을 그 상태에 놓으려 한다. 하지만 이는 몰랐던 사실을 알게 됨으로써 느끼는 정신적 기쁨과, 인위적으로 일으킨 생화학적 반응을 전제로 한 감각적 기쁨을 동일시하려는 잘못[過誤]으로서 부처님의 가르침과는 사뭇 거리가 있다고 생각한다. 물론, 티베트 사람들은 부처님이 먼저 이런 방법을 사용했다고 주장하기도 하지만.

솔직히 말하여, 나의 눈에는 인간의 성교를 신의 창조적 활동으로 비유, 상징하는 것도 유치하지만 부처의 기쁨을 인간의 성적 오르가슴으로 빗대거나 동일시하려는 시각이나 인위적인 열락의 상태에서 부처의 깨달음을 얻을 수 있다고 믿는 것 자체 등도 유치하게 보일 따름이다. 왜냐하면, 깨달음이란 명상을 통해서 어느 날 갑자기 하늘에서 뚝 떨어지는 것과 같은 '얻어짐'이 아니라 단계별 지속적인 사유과정, 곧 잡념을 온전히 차단하고, 무념무상의 상태로 진입하여, 그 속에서 자유자재로 화두[話頭=問題 : 알고자 하는 내용의 항목에 대한 논리적 사고 전개로 획득되는, 본질 혹은 진리에 대한 이해]에 대한 집중적 사고력을 펼치는 결과로서 유추되고, 판단되어지는 사실에 대한 자각(自覺)이며, 동시에 그것들의 축적으로 인해서 생기는 통합석(統合的) 통찰력(通察力)이기 때문이다.

아잔타 1번 석굴에 묘사된 흑인 같은 부처님 얼굴

금색 가사를 걸치고 연화대 위에서 가부좌하여 명상 중에 있다. 머리는 까맣고 곱슬곱슬해 보이며, 상투를 튼 듯 정수리 쪽으로 봉긋하게 솟아있다. 두 눈은 작지만 길게 찢어져 있고, 두 눈썹도 가늘지만 활시위처럼 길게 뻗어있다. 코는 그리 높거나 반듯해 보이지 않으나 큰 편이고, 입술은 제법 두툼해 보인다. 두 귓불은 길고 크며, 표정은 그리 밝지 않지만 차분하게 수기(水氣)가 들어차 있는 모습이다. 그리고 가부좌한 양다리의 발바닥이 완벽하게 위로 드러나 보이는 것이 대퇴부와 무릎 아랫다리가 가늘었던 모양이다. 전체적으로 보면, 호리호리한 몸매에 키는 작지 않고, 피부는 거무숙숙하며, 얼굴은 갸름하지도 두툼하지도 않다. 흑인(黑人)을 떠올리게 하는 모습이다.

그런 그는 오른손바닥을 자연스럽게 펴서 어깨 높이로 올렸고, 왼손은 왼쪽 대퇴부 위로 가볍게 내려놓았으되 엄지는 펴고 나머지 네 손가락을 굽힌 상태로 손등을 밑으로 향하게 했다. 이른바, 시무외인(施無畏印 : abhaya-mudr)을 취하고 있다.

석가여래께서는 자신의 두 손과 열 손가락을 이용하여 여러 가지 모양을 만들어 보임으로써 자신의 덕(德)을 스스로 증명해 보이셨는데 선정인(禪定印)·항마촉지인(降魔觸地印)·전법륜인(轉法輪印)·시무외인(施無畏印)·여원인(與願印) 등의 기본5인과 12가지 합장인(合掌印)을 취하셨다.

명상의 단계

부처님은 고행(苦行)과 명상(冥想)을 통해서 '위없는' 깨달음을 얻었다 한다. 위가 없다는 것은 가장 높다는 뜻이므로 결국, '최상의' 깨달음을 얻었다고 바꿔 말할 수 있다. 그가 얻었다는 최상의 깨달음은 '내가 곧 우주이고 우주가 곧 나이다' 라는 극히 함축적인 말로 표현되기도 하지만 득도(得道)하여 돌아가시기까지 45년 동안 펴신 가르침 곧 설법(說法)의 내용이 되리라 믿는다.

부처님은 출가(出家)하여 5년만에 깨달으셨다는데, 처음에는 지역의 전통적인 고행, 곧 신체적 고통을 전제로 하는 수행(修行), 예컨대, 금식(禁食)을 비롯한 기본적 욕구제한이나 몸에 여러 가지 방식으로 고통을 주면서 참아내기 등을 하기도 하지만 그것에 전적으로 의지하는 것이 결코 도움이 되지 않는다는 것을 알고, 스승을 찾아가 배우기도 한다. 하지만 만족하지 못하고 결국에는 '단계적 명상'을 통해서 홀로 진리를 깨달으셨다 한다.

그렇다면, 부처님이 수행하신 단계적 명상이란 어떤 것일까?

첫째, 자신을 둘러싸고 있는 현실적인 제반 문제와 관련된, 모든 생각을 잡념(雜念)이라 한다면 바로 그것을 온전히 머릿속에서 지워버리거나 차단하는 단계이다.

둘째, 자신이 꼭, 먼저, 알고 싶은 문제를 화두(話頭)라 한다면 그것에 대해서만 사고력(思考力)을 집중시키는 단계이다.

셋째, 어떠한 잡념도 어떠한 화두도 없이 깨어있는 상태를 유지하는 무념무상(無念無想)의 단계이다.

넷째, 어떠한 것도 생각하지 않지만 생각하지 않는 것도 아닌 상태를 유지하는 비상비비상(非想非非想)의 단계이다.

물론, 잡념제거 단계와 화두에 대한 사고력 집중 단계는 크게 어렵지 않지만 무념무상과 비상비비상 단계는 현실적으로 실천하기가 쉽지 않다. 뿐만 아니라, 그러한 단계가 뇌의 활동 영역, 다시 말해서 뇌 물질대사과정에서 명확히 구분되는지 의학적으로 검증할 필요가 있다고 본다. 곧, 아무런 생각도 아무런 화두도 없이 과연 깨어있을 수 있으며, 사유하지도 않지만 사유하지 않는 것도 아닌 상태가 실재적으로 가능한지, 가능하다면 어떠한 상태이며, 무슨 의미를 지니는지에 대해서 구체적인 해명이 필요하다고 본다.

나의 짧은, 아니 불완전한 경험적 판단으로는 이러하다. 곧, 아무런 생각과 아무런 화두가 없는 상태에서 깨어있다는 것은, 정상적인 사람에게는 순간적으로나 가능하지 지속될 수 없으며, 뇌가 선잠을 자는 상태로 빗대어 말할 수 있다. 뇌가 선잠을 잔다는 것은 반휴면(半休眠) 상태로 외부 자극에 대한 반응이 부분적 혹은 선별적으로 가능한 상태라고 여겨진다. 그리고 사유하지도 않지만 사유하지 않는 것도 아닌 상태는, 뇌는 분명 쉬고 있지만(잠을 자고 있지만) 화두에 대한 사유활동이 자기 의지와 상관없이 부분적으로 지속되는 상태라고 본다.

이렇게 본다면, 무념무상의 단계는 잡념제거 단계의 연속선상에 있는 것이고, 비상비비상의 단계는 화두에 대한 사고력 집중단계의 연속

아잔타 7번 석굴에 조각된 부처의 무드라(손동작)

선상에 있는 것이라고 말할 수 있다. (이는 어디까지나 필자의 주관적 경험에 의한 판단일 뿐임.)

그렇다면, 어느 정도의 고통, 그러니까, 생명체로서 본능적으로 갖게 되는 기본적 욕구를 억제해야 하고, 또한 사회적 동물로서 갖게 되는 온갖 욕망을 끊어버려야 하는 과정에서 - 전적으로 그런 것만은 아니지만 - 수반되는 정신적 신체적 억압을 요구하기도 하는 명상을 왜 하는 것일까? 그것은 불교·힌두교·요가 등에서 말하는 종교적 목적[1] 달성 외에도 잡념제거와 무념무상의 체험으로 마음의 평안을 누릴 수 있으며, 화두에 대한 사고력 집중으로 논리적 판단력 제고(提高)는 물론 알고자했던 사안에 대해 깨닫게 되는 기쁨이 수반되고, 또한 깨달은 사안들에 대한 통합적 유추력(類推力) 곧, 사안들 간의 관계에 대한 통찰력으로 '지혜(智慧)'가 생기기 때문이라고 생각한다.

그렇다면, 명상의 초급 단계인 잡념을 제거하고, 화두에 대한 사고력을 집중시키기 위해서는 어떻게 해야 하는가?

 일반적으로, 조용한 곳에 몸이 머물러야 하고(부처님은 숲 속 나무 밑이나 동굴 등을 권하였으며, 당시에는 실재로 그렇게 하였음), 심신(心身)을 나태하게 하지 않기 위한 최소한의 자세(가부좌나 반가부좌가 일반적이나 꼭 그럴 필요도 없다고 봄. 다만, 가부좌를 취하면 양쪽 엉덩이와 대퇴부가 밑바닥에 완전하게 밀착되어서 자연적으로 허리가 곳곳하게 서게 됨으로써 신체상의 무리나 다른 부작용을 억제해 줌)유지가 필요하며, 호흡의 완급(緩急)·장단(長短)과 사고(思考) 전개상의 집중도(集中度) 조절이 전제되어야 한다. 특히, 잡념 제거를 원활히 하기 위해서는 반복되는 단순동작을 자연스럽게 취하는 것(예컨대, 염주를 굴리는 동작이나 가벼운 몸놀림 등)이나 자연발생적인 소리[眞言]를 내는 것도 어느 정도는 효과가 있다고 믿어지며, 또한 화두에 대한 집중력 제고를 위해서는 그것과 관련하여 어떠한 뜻을 내포하는 상징적, 기호나 도형이나 그림 등을 바라보는 것도 효과가 없지는 않다고 본다. 이 같은 방법들은 대체로 종교계에서 활용하고 있다.

 그리고 섭취하는 음식의 종류와 양도 대단히 중요한데, 소화시키기 쉬운 정도의 양이나 음식의 종류, 상태가 좋으며(과식은 방해가 되기 때문에 일반적으로 소식을 권함), 신체 내에서 열을 많이 발생하거나 특별한 약리작용을 하는 음식물이라든가 성적 에너지를 고양시켜 주는, 소위 강장식품 등은 명상에 방해가 되기 때문에 피하는 것이 좋다고 본다. 또한, 뇌의 사유 활동을 원활하게 하는 여건을 조성해 주는 물질이 함유된 음식물을 적절히 섭취 활용하는 것은 좋으나 습관적으로 지나치게 편식하게 되면 결과적으로 부작용이 일어나기 때문에 이롭지 못하다.

인간의 모든 활동은 몸 안의 생화학적 물질대사 과정을 전제로 존재하는 것이기 때문에 필요한 영양분을 부족하지 않게 공급해 주는 것은 매우 바람직하나 목적 달성을 위한 특정 물질(카페인·니코틴·알코올 기타 향정신성 약물 등)이나 음식을 수단으로 과다 복용하는 것은 결코 이롭지 않다고 본다.

정신집중과 호흡만으로 신체 내의 생리현상까지를 제어(制御)하는 기술이 상대적으로 발전해온 요가에서는 명상을 통해서 가시적 생리현상[2]을 일으키기도 하는데, 이는 신체가 가지는 잠재력으로서 일정 조건이 만족될 경우에만 발현되는, 신체 내에 잠재되어 있는 능력의 '변화 혹은 발현 가능성' 다시 말해, 우리 몸의 가소성(可塑性)임을 염두에 두어야 한다. 실은, 그 자체가 목적이 될 수 없지만 세인들은 그런 현상의 발현을 신비롭게만 여겨, 그것을 구하고자 집착하며, 필요 이상의 노력을 기울이다가 많은 시간을 허비해 버리고 마는 경우도 없지 않다. 따라서 명상에 투자되는 시간과 노력에 비해 얻어지는 것이 무엇이며, 그것이 삶에 어떤 의미를 가져다주는지를 먼저 생각해야 하며, 기이한 생리현상을 목표로 하는 '지나치거나 잘못된' 명상을 모름지기 경계해야 할 줄로 믿는다. 명상을 통해서 혹은 요가를 통해서 도(道)를 깨우쳤다는 인물들이 - 물론, 부처님은 예외이지만 - 이 세상을 얼마나 어떻게 향유했으며, 구체적으로 무엇을 깨닫고 무엇을 가르쳤는지를 보면 그 깨달음의 실체를 짐작할 수 있으리라 본다.

-2007. 10. 11. 14 : 20

주석 註釋

제 4 부

우주의 중심이 된 링가(linga)

1) 신에게 바치는 물품

싱싱한 꽃 · 깨끗한 물 · 어린 새싹 · 과일 · 나뭇잎 · 햇볕에 말린 쌀 · 우유 · 약물 또는 약재 · 현금 등{네팔의 카트만두 타밀 지역에서는 전(煎)같은 음식도 바치는 것을 보았음.}

2) 미간에 찍는 붉은 점

인도나 네팔 사람들은 남녀를 불문하고 이마에 '티카(tika)'라 불리는 붉은 점을 양 눈썹 사이에 찍는다. 아침마다 인근 사원에서 기도를 한 다음 거기서 칠해주는 붉은 색 물감이다. 인도의 힌두사원에 가면, 이방인에게 입장 자제를 금하는 곳도 있고, 신선 앞에서 웃옷을 다 벗게 하는 곳도 있지만 대개는 이방인에게도 출입이 허용되며, 헌금하면 내국인과 같이 사두가 앉아서 붉은 점을 찍어 준다. 요즈음엔 미간에 물감이 아닌, 공장에서 제작된, 깨끗해 보이고 균일한 모양의 스티커를 붙이기도 한다. 꼭 종교적 의미로서보다는 얼굴 장식물의 하나로서 여겨지는 단면을 읽을 수 있다. 어쨌든, 미간은 요가에서 '제6챠크라'라 하여 '제 3의 눈'으로 인식하고 있다. 챠크라는 영적 생명력이 모이는 곳으로 신체 내에 일곱 곳이 있으며, 제3의 눈은 내면의 눈이라 하여 자아성찰을 가능하게 하는 영적인 눈이라 한다.

3) 베나레스 힌두 대학교(Benares Hindu University)

바라나시가 학문과 종교에 있어 역사와 전통을 자랑하듯 그곳에 있는 베나레스 힌두대학교가 현재 그 기능과 중심 역할을 다하고 있다. 이 대학교는 1917년에 민족주의자였던 판딧 말라비야(Pandit Malaviya)가 세웠다는데 인도의 예술 · 음악 · 문화 · 철학 · 산스크리트어 등을 중심으로 연구하기 위해서였다고 한다. 현재는 의과대학도 있으며, 사원, 박물관 등도 교내에 있다. 면적이 너무 넓어 걸어 다니기엔 부적절하다. 대개는 사이클 또는 오토릭샤(오토바이를 개조하여 2~4명 정도가 타고 다닐 수 있도록 만든 공식적인 운송수단)를 타고 이동한다.

4) 뉴비시와나트 사원(New Vishwanath Temple)

베나레스 힌두대학교 설립자인 판딧 말라비야가 계획하고, 이 지역 실업가인 비를라(Birla) 가문이 세운 힌두 사원으로 신분과 종교에 상관하지 않고 개방한다. 비교적 실내외가 깨끗하지만 신발을 벗어 보관하고 들어가도록 되어 있어 기분이 나쁘지만 - 왜냐하면, 한 바퀴 돌아 나오면 양말 바닥이 새까맣게 변하기 때문임 - 사원 내에 의자나 기다란 의자가 곳곳에 설치되어 있어 젊은이들이 삼삼오오 모여 토론하거나 홀로 명상하는 모습을 쉬이 볼 수 있다.

5) 링가(linga)

산스크리트어로 '독특한 상징' 또는 '표'를 뜻하는데 남성의 성기를 말함.

6) 힌두교(Hinduism)

제1부의 글 〈캉 린포체를 바라보며〉의 주석 '힌두교'를 참고하기 바람.

7) 파키스탄 북서부 하랍파 유적지

'하랍파'는 인도 타르사막 북서쪽 인더스 강 상류 쪽에 위치한 고대도시 이름이다. 현재의 파키스탄 발루치스탄 주의 동쪽에 있다. B.C 4,000 ~2,000년대 '모헨조다로'와 함께 중요한 도시였는데 그곳에 사는 사람들은 상형문자를 사용하고, 관개수로를 설치하고, 건축기술이 상당히 발달하였으며, 동(銅)으로 만든 여신상과 다산기원 풍습이 있었고, 남근모양의 석상들과 남근을 세우고 요가자세를 취한 채 동물들에 둘러싸인 형상물 등이 발견되어 오늘날 힌두교의 시바 신과 요가 등의 기원으로 해석되고 있다.

8) 우리의 남근숭배 사상

우리나라에서는 남근석(男根石)이 단적인 증거다. 남근석은 대체로 뾰족한 형태나 기둥처럼 길고 높이 솟아 있는 모양인데 마을에 따라서는 남근석과 여근석을 같이 두기도 했다. 이런 민간신앙은 대개 아들 낳기를 바라는 유교사회의 요구를 반영하고 있지만 일부 지역에서는 마을의 공동체 신앙으로서도 존재했던 것 같다. 특히, 해안가나 섬 지방에서는 남근석을 만들어 여신당에 둠으로써 어부들의 안전과 풍어를 기원하는 '생산' 기원적 의미를 띠기도 했다. 예컨대, 동해안의 삼척시 원적읍 갈마리에 있는 해신당에는 남근석을 여러 개 깎아서 당목에 걸어두고 제를 지냄으로써 마을 전체의 풍어를 기원하고 바다일의 안전을 기원했었다. 또한, 강릉 안인진에서는 서낭당(해랑사) 여신에게 남근을 바치는 제의가 한 때 행해지기도 했다. 물론, 우리는 남근 그 자체를 숭배대상으로 여겼다기보다는 여신에게 바치는 중요한 제물이었다. 한편, 충북 단양군에서는 금수산이 여성으로서의 기(氣)가 너무 강해서 인근 마을에 사는 남자들이 병을 얻거나 일찍 죽는다 하여 남근석을 돌로 만들어 금수산 기슭에 세워 놓기도 했다.

9) 신화에 대한 개인적 생각

먼 옛날에는 통치자가 백성들을 다스리려면 여론을 집중·통일시키고, 그들 삶에 의미를 부여해 주는 신화(神話)가 필요했다. 신화는 인간존재의 삶을 가능하게 하는, 인간의 이성적 활동이나 자연현상, 그리고 우주의 질서 등에 대해서 특별한 상상력을 발휘할 수 있었던 사람들에 의해서 만들어졌지만, 그 신화들은 강력한 통치수단이 되면서 백성들의 사유세계 속으로 파고들어가 막강한 영향력을 행사하게 되었다. 특히, 일상생활뿐만 아니라 전쟁이나 대형공사를 할 때에는 그 신화가 각별하게 의미를 부여해 줌으로써 백성이 자신들의 희생을 감당할 수 있게 하였다. 그러한 산물들이 오늘날 세계인류문화유산으로 남아있기도 한다. 고대 이집트의 피라미드나 마야문명의 총아인 멕시코의 고대도시 팔렝케(Palenque) 내의 신전이나 캄보디아의 앙코르 와트, 그리고 티베트 라싸의 포탈라 궁 등이 그 적절한 예라고 생각한다.

신화는, 시간이 흐르면서 잊혀지기도 하지만 생각에 생각이 덧붙여지는 과정을 거치면서 변형되고, 확대·심화되기도 한다. 바로 그 과정을 '진화' 내지는 '발전'이라는 말로 바꿔 표현할 수 있는데 경우에 따라서는 고등종교 교리 근간이 되어서 오늘날 현대인들의 행동이나 가치관에도 직간접으로 영향을 미친다.

카주라호(Khajuraho) 사원의 에로티시즘에 대한 횡설수설

1) 카주라호(Khajuraho)

천년 전 챤델라(Chandella) 왕국의 수도였지만 현재는 인구 2만 명이 채 되지 않는 자그만 마을로 전락되었다. 인도 머드야쁘라데시 주(州)의 북부에 위치해있으며, 우리의 작은 면 소재지를 떠올리게 한다. 사원이 밀집된 곳에는 호텔·식당·상점·자이나교 및 고고학 박물관 등이 있고, 인근에는 자그만 세 개(Shiv·Prem·Narora 등)의 호수와 공항이 있다. 전형적인 시골마을이다.

2) 카주라호 사원

챤델라(Chandella) 왕국이 카주라호를 중심으로 9~13세기에 걸쳐 약 500년 동안 통치하면서 지은 신전(85棟으로 기록되고 있지만 현재는 25 동만 남아 있음)들이 밀집된 곳인데, 주요 사원들은 서부·동부·남부 지역으로 구분하여 관리되고 있다. 곧, A.D 900~1130년 사이에 지어진 사원들로 현재는 Lakshmana Temple, Varaha Temple, Visvanatha Temple, Parvati Temple, Nandi Shine, Chitragupta Temple,

인도 고고학회에서 발행한
『카주라호』 책표지

Jagadambi Temple, Kandariya Mahadeva Temple, Siva Temple, Chausath - Yogini Temple, Lalguan - Mahadeva Temple, Matangesvara Temple (이상 서부사원 그룹) Brahma Temple, Vamana Temple, Javari Temple, Ghantai Temple, Adinatha Temple, Parsvanatha Temple(이상 동부사원 그룹) Duladeo Temple, Chaturbhuja Temple(이상 남부사원) 등 19동이다.

인도 고고학회(ARCHAEOLOGIAL SURVEY OF INDIA)에서 발행한 World Heritage Series 〈KHAJURAHO〉에서는 이들 사원 외에도 새롭게 발굴된 것으로, Bijamandala Mound, Ramparts of Kalinjar Fort, Neelkanth Temple Within Kalinjar Fort 등을 더 소개하고 있기도 하다.

3) 카마수트라 (Kamasutra)

현존하는 인도의 가장 오래된 성애(性愛)에 관한 문헌으로 여러 종류가 있으나 철학자 바차야나가 쓴 것으로 알려진 《카마수트라》가 가장 유명하다. 전체 7장으로 구성되었고, 성립 시기는 400년경으로 추정된다. 인도에서 성애는 예로부터 실리(artha) · 도덕(dharma)과 함께 속세의 3대 목표였는데 이 책은 당시까지의 성애에 관한 학설을 모은 것이다. 성애의 기술을 가르치는 책으로 유명할 뿐만 아니라 고대 인도사회의 생활을 아는 데에도 중요한 문헌이다. 필자가 구입하여 소장하고 있는 카

필자가 소장한
『카마스트라』 책표지

마수트라는 VATSYAYANA가 지은 것을 SIR RICHARD F. BURTON 과 F. F. ARBUTHNOT가 공동으로 영역한 것이다. 주 내용은 7부로 나뉘어 있는데 제1부 〈Society and Concepts〉, 제2부 〈On Sexual Union〉, 제3부 〈About the Acquisition of a Wife〉, 제4부 〈About a Wife〉, 제5부 〈About the wives of Other Men〉, 제6부 〈About Courtesans〉, 제7부 〈On the Means of Attracting Others to Yourself〉 등이 그것이다. (ISBN 81- 7244-128-3)

4) 인드라(Indra)

코끼리를 타고 있는 인드라 신
(엘로라 32번 석굴)

전형적인 아리아인의 신으로서 호전적이고 공격적이다. 자신의 적이라고 판단되는 인간과 악마를 무찔렀고, 심지어는 태양까지 항복시켰으며, 계절풍이 지나가지 못하도록 막고 있다던 용까지 죽였다 한다. 그의 무기는 천둥과 번개이며, 그는 제사 때 바치는 영약 소마 즙을 마시고 강해져서 이러한 위업을 이룬다 한다. 또한, 비(雨)의 신이며 하늘의 섭정, 동방의 보호자라고도 알려져 있다. 한 가지 재미있는 사실은, 이 인드라 신이 불교와 자이나교에서도 각기 다른 전설, 곧 신화를 가지고 있다는 점이다. 그림이나 조각에서는 흔히 흰 코끼리를 탄 모습으로 묘사된다. 보다 자세한 내용은 고대 전설 모음집인 《푸라나》를 참고하기 바람.

5) 엘로라 석굴

제2부의 글 〈촛불 밝힌 꽃배를 띄우는 마음으로〉의 주석 '엘로라 석굴'을 참고하기 바람.

6) 힌두교의 성서

힌두교는 경전이 대단히 많고 다양하다. 힌두교의 경전은 그것을 만든 예언자나 현자의 생애에 대한 역사적 기록은 없지만, 모든 유형의 종교문학을 포함하고 있다. 경전 중 가장 오래된 4종의 베다(찬가)는 B.C 2,000년대 인도 북서지방에 살던 인도 아리아족(族)에 의해 만들어진 것으로 보인다. 베다와 B.C 1,000년 이후에 작성된 추가본 〈브라마나 Brhmana : 의식에 대한 지침과 주석서〉, 〈아랑야카 Arayaka : 수행자의 密林書〉, 〈우파니샤드 Upanishad : 철학적 논서〉는, 후대의 다른 문헌보다 신성하게 여겨진다. 이것들은 종합하여 '슈루티'(Sruti : '들은 것' 즉 天啓書)라고 부르는 반면, 그 뒤에 나온 경전은 '스므리티'(Smriti : '기억된 것' 즉 최초의 계시에서 시간이 어느 정도 지난 뒤에 기억되고 재해석된 것)라고 부른다. 전자는 정경으로 완성된 것이므로 추가하거나 바꿀 수 없으나 후자는 준(準)정경으로 덜 신성시된다. 스므리티는 수 세기에 걸쳐 쓰여진 방대한 컬렉션으로 여기에 해당하는 것으로는 카마수트라 Kamasutra, 라마연 Ramayam(B.C 3~2세기, 시인 발미키Valmikj 창작, 신과 악마와의 충돌 주제), 마하바라트 Mahabharata(B.C 1000년경, 크리시나의 공적 주제), 푸라나 Purana(서사시에 대해 자세히 설명하고 트리무르티 Trimurti[8] 개념을 알려 줌) 등이 있다.

7) 신에게 부여된 인성(人性)

신에게 남성과 여성성을 부여한 점, 신을 인간의 모습으로 형상화한 점, 인간의 욕구와 감정을 그대로 신에게 이입시키고 있는 점, 가치 판단 (선악·사랑 등)에 있어서도 인간의 것과 크게 다르지 않는 점 등이다.

8) 트리무르티(Trimurti)

수많은 신들이 있고, 다양한 수행 및 경배 방법이 혼재해 있는 힌두교이지만 창조신인 브라마와 유지신인 비시누, 그리고 파괴신인 시바 신이 궁극적 실체로서 하나라는 삼신일체(三神一體) 설을 일컫는다.

입 맞추고 포옹하는 부처님
1) 챠트라파티 시바지 마하라즈 바스투 상그라할레
(Chhatrapati Shivaji Maharaj Vastu Sangrahalya)

1905년 영국 왕 조지5세가 웨일즈 왕자 신분으로 인도를 첫 방문한 것을 기념하여 건립한 박물관으로 1923년 개장하였다 한다. 그래서 처음에는 서인도 웨일즈 왕자박물관(Prince of Wales Museum of Western India)으로 불렸으며, 조지 위뗏(Geroge Wittet)이 디자인하였다 한다. 인도 사라센 건축양식으로 거대한 돔 천장과 장식적인 정원이 돋보이며, 전체 3층으로 나뉘어 각종 유물들이 전시중이다. 1층에는 인도의 원시와 고대 역사관·인도조각관·도서관·자연사관 등이 있고, 2층에는 장식예술관·세밀화관·네팔과 티베트관·Karl & Meherbal khandalavala Gallery · Premchand Roychand Gallery 등이 있다. 그리고 3층에는 유럽 회화·극동예술·무기와 갑옷·자료보존스튜디오(Conservation Studio) 등이 있다. 그리고 힌디·마라티·영어·프랑스어·독일어·일본어 등으로 오디오 가이드 서비스가 제공된다. 입장료는 2006년도 12월 기준 외국인 500루피(우리 돈으로 약 12,000원에 해당함)다.

박물관 외관

2) 일행(一茶)

인도 여행 시 일정 기간 일부 구간을 동행했던 한국인으로서, 지적 욕구가 지나칠 정도로 충만해 있던 50대 남자의 아호이다. 씨는 지금도 자주 통화하며, 잊을만하면 북한산을 오르면서 못 다했던 이야기를 하는 관계로 발전했는데 그는 끊임없이 나에게 자극을 주면서 결정적인 사진자료까지 기꺼이 내주는, 소중한 말벗이다.

3) 제3의 눈

제4부의 글 〈우주의 중심이 된 링가(Linga)〉의 주석 '미간에 찍는 붉은 점'을 참고하기 바람.

4) 출가사문(出家沙門)

출가사문이라 함은 비구·비구니·사미·사미니 등을 말하는데, 비구는 20세 이상이 된 남자로서 250구족계를 받은 이이고, 비구니는 20세 이상이 된 여자로서 비구니팔경계와 348구족계를 받은 이를 말한다. 그리고 비구니는 20세가 안 된 남자로서 사미십계를 받은 자이며, 사미니는 18세가 안 된 여자로서 역시 사미십계를 받은 이를 말한다. 다만, 사미니의 경우 18세가 되면 '식차마나'라 하여 2년 동안 더 수행한 후에 비구니가 될 수 있도록 하였다. 식차마나를 한자말로는 '정학녀(正學女)'라 한다. 그러니까, 여자나 남자나 20세가 되어야 구족계를 받을 수 있고, 구족계를 받아야 비구니와 비구가 될 수 있는데 사미니의 경우만 2년 더 공부할 수 있는 기간을 두었다는 뜻이다. 이는 출가하여 수행하기가 남자보다는 여자가 더 어려울 것이라고 판단했던 부처의 시각이 전적으로 반영된 것 같다.

참고로, 집에 있는 남자 신자를 '우바새'라 하여 팔관재계를 받고, 집에 있는 여자 신자를 '우바이'라 하여 역시 팔간재계를 받는다. 우바새를 한자말로 '청신사' 또는 '거사(居士)'라 하고, 우바이를 '청신녀'라 한다. 불경에서 말하는 이부대중이란 비구와 비구니를 말하며, 사부대중(四部大衆)이란 이부대중에 우바새, 우바이를 포함하여 일컬으며, 오중(五衆)이란 사부대중에 식차마나를 포함하여 일컫는다.

5) 비구니8경계[尼八敬戒]

① 비구니는 비구에게서 구족계(具足戒)⁹⁾를 받아야 한다.
② 비구니는 보름마다 비구를 찾아가 가르침을 받아야 한다.
③ 만일 머무는 곳에 비구가 없으면 비구니는 곧 여름안거를 받지 못한다.
④ 비구니는 여름안거를 마친 뒤에는 이부대중 가운데서 본 것, 들은 것, 의심스러운 것 등 세 가지 일에 대하여 비판을 구해야 한다.
⑤ 만일 비구가 비구니의 물음을 허락하지 않으면 비구니는 곧 비구에게 경과 율과 아비담마를 물을 수 없고, 만일 물음을 허락하면 비구니는 비구에게 경·율·아비담마를 물을 수 있다.
⑥ 비구니는 비구의 허물을 말할 수 없지만 비구는 비구니의 허물을 말할 수 있다.
⑦ 비구니가 만일 승가바시사(僧伽婆尸沙)¹⁰⁾를 범했으면 마땅히 이부대중 가운데 보름 동안 근신을 행하여야 한다.
⑧ 비구니는 구족계를 받고서 백세가 되었더라도 처음 구족계를 받은 비구를 향해서 지극히 마음을 낮추어 머리를 조아려 예배하고, 공경하고, 받들어 섬기며, 합장하고, 문안하여야 한다.

6) 파드마삼바바(Padmasambhava)

8세기에 활동한 전설적인 인도의 불교 신비주의자로 티베트에서는 '구루 림포체'로, 한자말로는 '연화생(蓮花生)'이라 각각 불린다. 티베트에 탄트라 불교를 소개한 것으로 알려져 있으며, 그곳에 처음으로 불교사원을 세웠다고 한다. 전승에 의하면, 그는 주술사들로 유명한 지역인 우디아나(지금의 파키스탄 스와트)에서 태어나 탄트라 불교도시이자 유가행파의 일원이며, 인도 불

네팔에서 그린
파드마삼바바 수행상

교학의 중심지인 날란다에서 배웠다 한다. 747년에는 티베트 티송데첸 왕의 초청으로 삼예에 도착하여 지진을 일으켜서 불교 수도원 건축을 방해하던 마귀들을 쫓아냈다고 한다. 그 수도원 건축을 감독하여 749년에 완성시켰고, 탄트라적인 의례·예배·요가를 강조하는 티베트의 불교 종파의 하나인 닝마파를 개종하였다 한다. 이 종파의 가르침의 핵심이 되는 문헌들이 1125년경부터 발굴되기 시작했는데, 그가 묻었던 것이라 한다. 특히, 그 가운데 하나인 〈死者의 書〉[11]는 직접 저술한 것으로 알려지고 있다. 그는 또한 많은 탄트라 경전들을 산스크리트 원어에서 티베트어로 번역하기도 했다 한다.

7) 쌈예사(桑耶寺)

티베트 사람들은 '쌈예곰파'라 하고 중국인들은 '쌍예쓰'라 하는 쌈예사는 티베트 산남지구 야룽창포(부라마푸트라) 강 북안(北岸)에 있는데, '체탕'으로부터 약 38킬로미터 떨어져 있다. 8세기 중엽(다른 자료에는 762년이라 표기되기도 했음) 티송 데첸(Trisong Detsan) 왕 재위 시에 25,000여 평방미터 면적으로 건립되었는데, 인도의 스님 '산타락시타'와 '파드마삼바바'에 의해 주도되었다 한다. 주전(主殿) 점유 면적만 6,000 평방미터에 달하고, 3층으로 되어 있으며, 건축양식도 층별로 다르다. 곧, 1층은 네팔식, 2층은 티베트식, 3층은 인도식이라 한다. 사원의 전체적인 모습은 만다라 수미산을 형상화한 것이고, 불·법·승(佛·法·僧) 삼보(三寶)가 구현된 티베트 내 최초의 정식사원으로 평가되고 있다. 주전 안에는 부처상과 관세음보살상이 모셔져 있으며 불화도 걸려 있다.

8) 탄트라 (Tantra)

산스크리트어로 '베틀'이라는 뜻을 지닌 탄트라는 힌두교·불교·자이나교·요가 등의 여러 종파에서 행해지는 밀의적(密意的) 수행법을 다루는 다양한 종류의 경전과 그 밀의적 수행법상의 두드러진 특징을 지칭하는 말로 쓰인다.

어떠한 종파든지간에 공통점이 있다면, 종교적 목적을 쉽고 빠르게 달성하기 위한 방법으로 얀트라(주술적 대상을 상징적으로 모방하여 만든 呪物로서, 그것을 조작함으로써 주술적 대상을 통제할 수 있다고 믿음)·만다라(밀교적 의례를 위한 도상)·만트라(신비로운 음절 또는 성스러운 주문) 등을 충분히 활용하고, 성교의례를 통해서 신과의 합일 또는 신이 누리는 최상의 기쁨을 체험하고, 그 상태를 지속·유지시키려고 노력한다는 점이다. 그래서 티벳트 사람들은 '금강승[12]'이라 부르기도 한다. 탄드라 힌두교에서는 이런 수행법을 다루고 있는 경전으로 〈쿨라아르나바 : 높은 물결〉, 〈쿨라추다마니 : 훌륭한 보석〉, 〈샤라다틸라카 : '사라스와티 여신의 표적'〉 등이 있다 하는데 필자는 아직 읽어보지 못했다. 다만, 불교에서는 7세기 중엽에 대일경(大日經)과·금강정경(金剛頂經)[13]이라는 문헌으로 나타나 탄트라 불교의 기초가 확립되었다. 그러나 이 두 경전에는 성교의례의 구체적인 방법이 기술되어 있지는 않다. 솔직히 말한다면, 이 두 경전이 탄트라 불교의 핵심경전이라고는 하지만 과장이 지나쳐 황당하게 느껴지는 중국 무협지를 읽는 기분이 든다. 좀더 충분한 시간적 여유를 갖고 명상을 통한 만다라 세계로의 진입이라는 실습과 함께 심독이 요구된다.

9) 구족계(具足戒 : upasampada)

출가한 사람이 최고 단계의 승려 위계인 '비구' 또는 '비구니'가 되고자 할 때 반드시 받아 지켜야 하는 불교 계율을 일컫는다. '사미' 또는 '사미니'가 받는 사미10계와 비교하여 계품이 완전하게 갖추어져 있다는 뜻에서 '구족계'라 한다. 일반적으로 말해서, 비구계는 250가지이고, 비구니계는 348계이다. 이와 같이 많은 계율을 〈사분율 四分律〉에 근거하여 나누면, 바라이(波羅夷)·승잔(僧殘)·부정(不定)·사타(捨墮)·단타(單墮)·바라제제사니(波羅提提舍尼)·중학(衆學)·멸쟁(滅諍) 등 여덟 가지가 된다.

구족계는 〈십송율 十誦律〉과 〈오분율 五分律〉·〈선견율비바사 善見律毘婆沙〉·팔리어계본·티베트어계본 등에 담겨 전해지나 그 내용이 동일한 것은 아니다. 중국과 우리 나라에서는 이 구족계 외에 보살계(10가지의 중요한 계율과 48가지의 가벼운 계율)가 포함되어 있다.

10) 승가바시사(僧伽婆尸沙)

① 중매하지 마라.
② 근거없이 남을 모함하지 마라.
③ 엉뚱한 근거로 남을 모함하지 마라.
④ 소송을 제기하지 마라.
⑤ 도둑인 줄 알면서 출가시키지 마라.
⑥ 죄진 비구니를 마음대로 사면하지 마라
⑦ 혼자 마을에 가 자거나 따로 다니지 마라.
⑧ 연정을 품은 남자가 주는 옷과 음식을 받지 마라.
⑨ 연정을 품은 남자에게서 옷과 음식을 받지 말라.
⑩ 수단을 써서 화합을 깨지 마라.
⑪ 화합을 깨는 자를 방조하지마라.
⑫ 마을에서 소란하게 하고 떠나라는 말을 거역하지 마라.
⑬ 고의로 규칙을 어기고 충고를 거역하지 마라.
⑭ 나쁜 비구니와 어울리며 허물을 숨겨주지 마라.
⑮ 서로서로 죄를 덮어주라 가르치지 마라.
⑯ 화내어 삼보를 버리겠다하지 마라.
⑰ 다투기를 즐기고 감정을 품지 마라.

11) 死者의 書(Book of the Dead)

동서(同書)는 두 종이 있다. 하나는 고대 이집트의 것이고, 다른 하나는 티베트의 것이다. 전자는 장례식에 관한 본문 모음의 성격을 띠고, 후자는 죽은 자의 환생을 적극적으로 인도하는 방법론의 성격을 띤다. 특히, 후자는 티베트에 밀교를 전파한 인도의 파드마삼바바가 지은 것으로 알려져 있으나 동서(同書)의 영문판 편집자인 에반스 웬츠는 구전(口傳)되어 오던 내용을 8세기에 그가 최초로 기록 정리한 것일 뿐이고, 사자(死者)에 대한 심판의 방법이나 과정, 그 결과 등이 이집트의 것과 매우 유사한 것으로 판단하였다. 필자가 가지고 있는 사자의 서는 파드마삼바바가 짓고, 라마 카지다와샴둡이 영역하고, 에반스 웬츠가 편집한 책을 류시화가 국역, 1995년 정신세계사에서 발행한 것(ISBN 978-89-357-0066-0 03220)이다. 어쨌든, 이 책의 핵심은 세 부분으로 이루어졌는데, 그것은 죽음의 순간에 일어나는 제 현상들에 죽은 자를 순조롭게 인도하는 방법이고, 사후세계의 중간상태에 놓여있는 동안 존재의 근원으로 인도하는 방법이자, 죽은 자가 환생할 곳을 찾고 있을 때에 자궁 입구를 막아주는 방법 등이다.

티베트「死者의 書」 한국어 판 표지

12) 금강승(金剛乘 : Vajrayana)

금강(金剛)이란 인간 속에 내재하는, 절대적으로 진실하며 파괴되지 않는 그 무엇(힌두교에서는 이를 '아트만'이라 함)으로서 인간이 신과 동일히게 될 수 있는 인지(因子)가 되며, 승(乘)이란 신과의 합일을 위해 노력할 때에 도움을 받는 결정적 수단으로서 탈것을 말한다. 따라서 금강승이란 '탄트라'라는 용어처럼 티베트 불교를 일컫는 상징적인 용어로서 수행자들이 가장 빠르고 가장 쉽게 부처가 되는 방법이라는 속뜻을 내포·암시하고 있는 용어라 할 수 있다.

13) 대일경과 금강정경

우리의 팔만대장경 속에도 포함되어 있으며, 동국역경원(http://www.tripitaka.or.kr)에서 각계각층으로부터 후원받아 국역한 바 있지만 인터넷을 통해서 읽을 수 없게 되어 있다. 아마도, 인쇄 발행된 경전 시리즈물을 사서 보라는 뜻이 계산된 듯하다. 두 경전에 대한 소개는 제3부의 글 〈상상력을 자극하는 팔코르최데 쿰붐의 남녀 성교 벽화〉의 주석 '대일경'과 '금강정경'을 참고하기 바람.

상상력을 자극하는 팔코르최데 쿰붐의 남녀성교 벽화
1) 간체(Gyantes)

티베트 내에서 여섯 번째로 큰 도시로 인도의 강툭(Gangtok)과 연결된다. 수도 라싸로부터 남서쪽으로 약 250킬로미터 정도 떨어져 있는데 중국의 영향이 가장 적은 도시라고들 말하나 이미 큰 호텔·음식점·시장·안마소 등 각종 가게들이 많으며, 또한 현대식 사원·밀집된 주택가 등이

간체의 도심 상가

형성되어 있다. '팔코르최데'라 불리는 백거사(白居寺)와 '쿰붐'이라 불리는 십만불탑(十萬佛塔), 그리고 종산성(宗山城) 등의 문화재가 있어 많은 외국 관광객들이 방문한다. '간체종'이라 불리는 종산성은 14세기에 창건되었으며, 이곳 간체의 왕이 거주하는 입법·사법·행정의 중심지이자 1904년 시킴왕국의 종주권을 놓고 영국과 격전을 벌인 곳이기도 하다. 입장료는 2007년 기준 중국화폐로 30원이며, 걸어서 정상까지 올라가게 되면 백거사를 비롯하여 간체 시내와 주변 야산이 한눈에 들어온다.

2) 팔코르최데[白居寺]와 쿰붐[十萬佛塔]

티베트 사람들은 '팔코르최데'라 하고, 중국인들은 '바이주쯔'라 하는 백거사는, 1418년 법왕 랍텐쿤상(Rapten Kunsang)과 제1대 판첸 라마가 공동으로 창건하였다. 건립 당시에는 '샤카파'의 사원이었다 하는데. 티베트 내에서 유일무이한 십만불인 쿰붐이 세워져 있다. 이 탑은 '백거탑'이라고도 불리는데 상서로움을 부르는 문들이 많고, 탑의 높이는 32.4미터이며, 전체 108개의 방[座殿]에 불상과 벽화, 그리고 10만 존

쿰붐과 간체종

자의 조소(彫塑)가 있다. 탑의 1층은 소작(所作) 탄트라, 2층은 행(行) 탄트라, 3~5층은 요가 탄트라, 6~7층은 무상(無上)요가 탄트라로 구분되었다 한다.(이 4종의 탄트라에 대해서는 아래 주석 '밀교수행법'을 참고하기 바람) 1996년 중국 국가 급 '중점문물보호단위'로 지정되었으며, 2007년 입장료는 중국 화폐로 40원, 별도의 카메라 촬영비가 일방적으로 징수된다.

3) 밀교 수행법

밀교 경전이 많은데, 인도와 티베트에서는 수행방법과 내용에 따라 4종류[단계]로 나눈다. 곧, ①소작(所作) 탄트라(kriya tantra : 밀교경전 중 가장 많은 분량을 차시하며 밀교적인 내승경전을 포함하고 있나. 주로 나라니(dharani)[14] 나 의례의 산발적인 서술을 하고 있다. 비계통적이고 비조직적인 낮은 단계의 밀교이다.) ②행(行) 탄트라(carya tantra : 대표적인 것은 '대일경'이다. 여기에 속하는 경전은 그리 많지 않지만, 독립된 수행체계를 가지며 대일여래(大日如來)를 교주로 한다.) ③요가 탄트라(yoga tantra : 身心一如 경지의 요가수행을 제시하는 경전들로서 '금강정경'의 18회 중 제1회가 여기에 해당한다.) ④무상(無上)요가 탄트라

(anutrara-yoga tantra : 최고의 탄트라를 모아놓은 것이다. 요가를 최고의 경지까지 높여 자재(自在)의 해탈을 체득하는 것을 설하는 경전들로서 15회의 '금강정경'과 '헤바쥬라 탄트라' '카라 차크라 탄트라' 등 중국이나 한국에는 전하지 않은 경전들이 많다.) 등이 그것이다.

참고로 탄트라 수행상의 특징을 가능한 범위 내에서 간략하게 설명하면, 먼저, 소작 탄트라 수행은 자신과 신격과의 관계를 발전시키는데 집중하며, 자기 앞에 있는 공간에 신격을 나타내 보이는 영상법을 배우며, 그러한 작용을 일으키는 자신의 마음에 대해서도 깊이 명상한다. 그리고 그 신격에 대해 여러 가지 찬미와 기도를 올리며, 동시에 '만트라'를 음송한다. 그리고 그가 빛으로 해체되어 자신의 육체[身]·언어[口]·마음[意]속으로 녹아 들어오는 것을 상상한다.

행 탄트라는 더러운 인간조건과 청정한 신격이 대조되는 상태를 먼저 인지·체감하고, 신격마다 대표하는 특질[神性]을 자신의 것으로 흡수하면서 점차 자기 자신의 더러움을 제거해 감으로써 결국 신격의 상태에 이르고자 노력한다.

무상요가 탄트라를 수행하는 데에는 신격과 맺는 관계에 있어서 커다란 차이가 있다. 즉 신격과 자신을, 그리고 자신이 사는 곳과 신격이 머무는 정토까지를 모두 동일시한다. 곧, 자신이 바로 신격이라는 의식이 전제된다. 그래야 완전한 깨달음을 얻은 붓다가 된다고 믿는 것이다. 이 같은 수행방법은 부처님의 몸을 설명하는 '삼신설(三身說)'과도 무관하지 않다고 본다.

궁극적으로 탄트라 수행법은 수행자가 신격과 진정한 합일을 이룸으로써 자신의 정신이나 말이나 몸으로 드러나는 모든 면에서 붓다의 깨달음의 상태가 되도록 하는 것이다. 한 마디로 말해, 내가 곧 부처가 되는 것이다.

여기서 말하는 신격(神格)이란, 온전한 깨달음을 얻은 존재(부처님)가 방편으로써 여러 가지 신성(神性)을 지닌 여러 가지 모습으로 나타나[顯

現] 중생을 제도하는 존재들이다. 예컨대, 관자재보살(觀世音菩薩 : Hayagriva)·문수보살(文殊菩薩 : Manjusri)·금강역사(金剛力士 : Vajrapani)·금강살타(金剛薩 : Vajrasattva)·따라(多羅 : Tara)·구햐사마쟈·챠크라삼바라·야만타카·마하칼라·바즈라요기니 등 다수가 있다. 엄밀하게 말해, 티베트 사람들이 말하는 신격에는 부처님의 제자들과 요가를 통해 성도했다는 사람들과 힌두교 관련 신들과 본교의 신까지도 포함되어 있는데 이를 통해서 보면 삼신설과 마찬가지로 교리 확대해석으로 나타나는, 방편으로서 만들어진 그들만의 이론에 지나지 않는다는 생각이 든다. 만일, 필자가 다시 티베트를 여행한다면 이 밀교 수행법의 요체를 꼭 체험해 보고 싶다. 그것의 실효성과 타당성을 확인해 보고 싶기 때문이다.

4) 대일경(大日經)

본 이름은 대비로자나성불신변가지경(大毘盧遮那成佛神變加持經)이며, 8세기 경에 번역한 한역본과 9세기경에 번역한 티베트어본이 있으며 주석서들이 있다. 경전은 7권 36품으로 구성되었으며, 어떻게 하면 수행자가 부처가 될 수 있는가를 기술하고 있는데, 한 번 읽어서는 이해하기 어렵다. 진언(眞言)·만다라(曼茶羅)·보리심(菩提心)·삼마지·무상삼매(無相三昧)·공(空)·신밀(身密)·호마법(護摩法)·공양(供養) 등이 이 경전의 키워드라고 할 수 있다.

5) 금강정경(金剛頂經)

본 이름은 금강정일체여래진실섭대승현증대교왕경(金剛頂一切如來眞實攝大乘現證大教王經)이며, 유래에 대해서는 여러 학설이 있다. 범어본·티베트어본·한역본 등 5종이 현존한다 한다. 특히, 범어본은 인연분·근본 탄트라·속 탄트라·유통분 4가지로 구분되었는데 한역본은 이 가운데 근본 탄트라만이 번역되었다 한다. 근본 탄트라는 총 22장으로 금강계품 · 항상세품 · 편조복품 · 일체의성취법 등 4품으로 구분되었으며, 각 품마다 6종 만다라를 가지고 신의 세계로 인도(引渡) · 관정(灌頂)하는 의례를 풀이하고 있다. 필자가 읽은 금강정경과 대일경은 사단법인 한국불교금강선원에서 1998년 5월에 발행한 〈축역 한국대장경〉으로 밀교부에 해당하는 제12권이다.

6) 신격(神格)

부처님(神=法身=비로자나불)이 대자대비(大慈大悲)한 마음으로 중생을 제도하기 위해서 여러 가지 특성(特性)이나 능력(能力)을 지니고 여러 가지 모습[階位]으로 역사저 시공(時空)에 나타나는, 부처님외 또 다른 모습들이 신격(神格)이고, 보살(菩薩)이고, 존자(尊者)들이다. 여기에는 석가모니 부처님의 제자들이나 요가를 통해서 크게 깨달았다는 사람들이 두루 포함되어 있고, 심지어는 힌두교와 본교 관련 신들까지도 포함되어 있다.

7) 명상이나 정신집중에 도움을 주는 도구들

얀트라(선형도형) · 만다라(구체적인 그림)[12] · 만트라(眞言/呪文)[13] 등이 있음.

8) 쉬리(shri)

shri 또는 sri로 표기되며, 산스크리트어로는 '성스러운' · '위대한' 이라는 뜻을 지녔다 함.

9) 챠크라(Chakra)

영적 生命力(Prana)의 중심 곧 그것의 저장 장소를 일컬음.

10) 쿤달리니(Kundalini)

요가에서 쓰는 말로 산스크리트어이며, 우주의 힘인 생식력과 초능력이

항문 주변에, 좀더 정확히 말하여, 회음부에 자리 잡고 잠들어 있는, 그 잠재능력을 의미한다. 그래서 생명력(Prana : 호흡과 순환기관을 지배하는 힘)의 저장 장소인 '차크라(Chakra)'라는 말과 동일하게 쓰이기도 한다.

11) 부처의 단계적 명상

잡념제거 또는 차단·무념무상(無念無想)·화두(話頭)에 대한 사고력 집중·비상비비상(非想非非想) 등의 4단계를 말하며, 이에 대한 구체적인 설명과 문제제기는 〈명상의 단계〉라는 글에서 확인하기 바람.

12) 만다라(曼茶羅 : mandala)

네팔에서 제작된 만다라

산스크리트어로 '원(圓)'이라는 뜻이며, 힌두교와 탄트라 불교에서 의례를 거행하거나 명상할 때에 사용하는 상징적인 그림이다. 기본적으로 우주를 축도(縮圖)한 것으로 신과 신격들이 머무는 장소를 표시하며, 동시에 우주의 힘이 응집되는 우주의 중심이라 한다. 소우주로 여겨지는 인간은 정신적으로나마 그 만다라에 들어가 그 중심을 향하여 들어감으로써 신과의 합일을 추구하는 일종의 도구인 것이다.

이 만다라의 종류·짜임새·색상·재질 등에 대해서는 별도의 연구가 필요하며, 티베트에서 늘어뜨리는 천에 그리는 불교 관련 그림인 '탕카'가 매우 발달했다 하지만 그것은 과거의 이야기이다. 현재는 네팔에서 더 적극적이고 활발하게 그려지고 판매되고 있다. 필자는 카트만두 외곽 박타푸르(Bhaktapur) 내에 있는 탕카학교에 들러 스승과 제자들이 만다라를 비롯하여 여러 가지 불화(佛畵)를 그리는 것을 지켜보았고, 카트만두 시내 타밀지역에 밀집되어 있는 갤러리에서 불화만을 전문으로 판매하는 것을 수없이 보았다.

13) 만트라(mantra : 眞言)

힌두교와 불교에서 신비하고 영적인 능력을 지녔다고 생각하는 특정의 말(구절·단어·음절)을 일컫는다. 큰 소리로 또는 마음속으로 부르면서 일정시간 계속 반복하기도 하고 한 번에 끝내기도 하는데 그렇게 함으로써 탈아(脫我)의 경지로 들어가게 되며, 높은 차원의 정신적 깨달음에 도달하게 된다는 것이다. 뿐만 아니라, 심리적이거나 영적인 목적, 예컨대 사악한 영들의 세력인 귀신이나 악령 등으로부터 자신을 보호하기 위해서도 여러 종류의 진언을 사용하기도 한다.

힌두교에서 가장 강력하면서 널리 쓰이는 진언은 '옴(om)'이다. 이 음은 우주가 창조될 시에 나온 최초의 소리라 한다. 불교에서 중요한 진언은 '옴마니반메훔'이다. 우리나라에서는 입으로 지은 업을 깨끗이 하기 위한 진언인 '수리수리 마하수리 수수리 사바하'와 관세음보살에 귀의한다는 진언인 '나무관세음보살 마하살' 등이 귀에 익은 진언이다. 굳이, 하나 더 든다면 마하반야바라밀다심경에서 말하는, 가장 밝고 크고 높고 가장 신비한 주문인 '아제아제 바라아제 바라승아제 모지 사바하'(=가테 가테 파라가테 파라상가테 보디 스바하)가 있다.

14) 다라니(陀羅尼 : dharani)

총지(總持 : 진언을 외워서 모든 법을 가진다는 뜻)·능지(能持 : 진언을 외우면 능히 모든 법을 가질 수 있다는 뜻)·능차(能遮 : 진언을 외우면 능히 번민을 차단할 수 있다는 뜻) 등으로 의역되는 불교 용어로, 신자들이 자신을 보호하기 위한 부적이나 주문(呪文)으로 사용하거나, 요가 수행자들이 정신집중의 상태에 이르기 위해 암송하면 효험이 있다고 믿는 경전의 핵심 글귀 또는 비교적 긴 진언을 말한다.

불교에서는 긴 경전에 실려 있는 근본적인 원리를 짧게 요약한 것으로서 원래의 경전을 기억하는 데 도움을 주기 위한 것이며, 주문과는 사실상 다른 것이었다. 그러나 후대에 이르러 형식상의 유사성 때문에 주문까지도 다라니로 여겼으며, 길이에 따라 짧은 것은 진언(眞言) 또는 주(呪)라 하고, 긴 것은 다라니 또는 대주(大呪)라 하였다. 다라니를 제대로 암송하면 경전 전체를 읽는 것과 같은 공덕을 가져다준다고 강조되어 왔다. 이처럼 불교에서는 무엇을 하면 어떻게 된다는 식으로 강조하여 순박한 사람들이 많이 속았던 것 같다. 예컨대, '나무 관세음보살'이나 '아미타불'을 진실로 암송하기만 하면 해당 보살의 위신력으로 모든 소원이 이루어진다고 강조하거나, '옴마니반메훔'이란 육자진언을 암송하기만 하면 모든 소원이 다 이루어진다고 강조하거나, 티베트 사람들이 경전통을 한 바퀴 돌리면 경전을 한 번 읽는 것이나 다를 바 없다고 말하거나 믿는 것 등이 그 적절한 예이다. 다라니의 공덕에 대해서는 《능엄경》에서 아주 구체적으로 설명되고 있다.

명상의 단계
1) 명상의 종교적 목적
불교나 힌두교에서는 '궁극적 진리'에 대한 깨달음을 얻기 위함이고, 그것은 동시에 윤회의 사슬에서 벗어나기 위함이기도 하다. 이를 '해탈(解脫)' 또는 '신인합일(神人合一)' 등으로 말하기도 한다. 그리고 요가에서는 도[道=眞理]에 대한 깨달음을 얻어 지극한 기쁨을 누리는 것으로 표현되는데 사실상 같은 의미로 여겨진다.

2) 정신집중으로 인해 생기는 가시적 생리현상
금식(禁食)으로 에너지 공급이 안 되는 상태에서 살 수 있는 생명력의 한계를 초월하거나, 기온변화에도 불구하고 체온을 일정하게 유지한다거나, 체내 생리적인 열을 가지고 가시적 형태의 몸 밖의 불로 바꾸는 일 등을 들 수 있다. 특히, 후자는 '나로6법'[3]에서 말하는 '뚬모=생명불'의 불을 뜻하는데 이는 인체의 단전에 생리적인 불을 일으켜, 생명의 기운인 풍(風)을 좌우 맥관(脈管)으로부터 중앙 맥관에 흐르도록 도와 해탈을 신속히 성취하게 한다는 요가명상의 하나로 티베트 불교의 '카귀파'[4]에서 주로 수행하는 방법이다. 필자는 두 번째의 현상까지는 직간접으로 확인할 수 있었지만 세 번째는 기록을 보거나 말로만 들었지 직접 접해보지는 못했다.

3) 나로6법(Naro chosdrug)

마하무드라 명상을 위한 보조수단으로 번뇌를 다스리기 위해 행하는 여섯 가지 요가 수행법을 일컫는다. 곧, 생명열(生命熱) 요가·환신(幻身) 요가·꿈 요가·정광명(淨光明) 요가·중유(中有) 요가·의식전이(意識轉移) 요가 등이 그것이다. 이들 요가의 구체적인 방법론에 대해서는 별도의 이론적 설명과 실습이 요구된다.

4) 카귀파

티베트 불교 5대 종파 중의 하나로, 인도의 틸로파(Tilopa, 988 1069), 나로파(Naropa, 1016~1100)를 거쳐 티베트 사람인 마르파(Marpa)와 밀라레파(Milarepa), 감포파(Gampopa)를 잇는 법맥이다. 카귀는 '구전(口傳)'이라는 뜻인데, 실제로 스승으로부터 제자가 수행법과 법맥을 이어 받는 방식으로 수행하는 것이 큰 특징이다. 이 파의 전통을 세우는데 기여한 마르파는 인도와 네팔을 오가며 수많은 탄트라의 비의를 배웠고, 나란다 대학의 학장인 나로파와 마이트리파(Maitripa)에 의해 성취(成就)를 얻었다 한다. 특히, 마르파는 카귀파의 전통과 신(新) 탄트라를 요약하여 가장 효과적이며 간결한 수행체계를 확립하였다는데, 크게 마이트리파로부터 전해진 마하무드라(Mahamudra : 大印)[5]와 나로파로부터 전해진 나로 초둑(Naro chosdrug : 나로6법)이 유명하다.

5) 대인(大印 : mahamudra)

산스크리트어로 '대인계(大印契)'를 뜻하는데, 밀교의 4가지 수인(三昧耶印·法印·磨印·大手印) 가운데 하나인 대수인(大手印)의 준말이다. 원래, 무드라[手印]는 모든 불·보살의 서원을 나타내는 방식으로서 손의 모양새이기도 하고, 손가락으로 맺은 표식이라는 '인계'의 의미를 함께 지닌다. 이 수인은 밀교에서 말하는 '삼밀상응 즉신성불(三密相應 卽身成佛)'의 수행법을 상징하는 것이므로, 삼밀(三密), 즉 신(身)·구(口)·의(意) 등의 3업(業)을 통한 은밀한 수행법인 셈이다. 다시 말해, 신(身)으로는 손에 인(印)을 짓고, 구(口)로는 다라니(陀羅尼)를 외우며, 의(意)로는 삼매(三昧)에 들게 하는 효과적인 수행이라 여겼다. 단, 이 때 불(佛)이란 모든 곳에 충만해 있으면서 주체도 객체도 아닌 궁극적 실재인 공(空)이다.

5

마취 혹은 환각제가 새어나오는 성(城)
포탈라 궁 엿보기
벽화를 통해서 본 포탈라 궁의 이면사 상상하기
내통(內通) -물신 든 티베트 사원
남쵸 호수 가는 길

티베트 전형적인 절[寺]

공카르(Gongkar)에 있는 추대곰파(Chude Temple) 전경으로 티베트 내에 있는 사원의 전형적인 모습이다. 뒤로 헐벗은 산이 보이고, 절 앞에는 좌우 양쪽으로 회백색의 화로가 보인다. 그리고 그 뒤로 좌우, 중앙에는 솟대 같은 경번(經幡 : 문헌에 나오는 한자 표기임)이 울긋불긋한 천과 야크 털을 매달고 서있는데, 양측에 있는 것들보다 중앙의 것이 훨씬 높다. 그런데 이들 세 개의 경번을 만국기 같은, 주문이나 다라니나 여러 형상을 담은 깃발이 내걸린 줄로써 서로 연결해 놓았다. 그리고 신전 안으로 들어가는 중앙문에는 하얀 천에 두 가지 도형이 그려져 있다. 그 하나는 부처님이 처음으로 녹야원에서 설법을 할 때에 사슴의 무리까지 내려와 들었다는 이야기를 환기시켜 주듯 가운데 바퀴 좌우에 사슴 한 마리씩이 앉아 있고, 다른 하나는 세상의 만물이 다 연관되어 있다는 듯 선(線) 하나로써 연결된 상징적인 도형이 네 곳에 그려져 있다. 물론, 안으로 들어가면 석가모니 부처상이 모셔져 있다.

만약, 내가 상상해 보는 것처럼 화로에서 무언가를 태워 연기를 오르게 하는 것이, 인간의 더럽고 부정한 것들을 소각함으로써 신을 향해 나아가는 자신의 심신(心身)을 깨끗하게 한다거나, 천상(天上) 어딘가에 있을 신에게 경배 드리기 위해서 온 인간 존재를 알리는 의미가 있다면, 이는 분명 샤머니즘적인 요소이다. 그리고 높다란 기둥에 지수화풍(地水火風)을 상징하는 울긋불긋한 천을 매달아 하늘 높이 솟아있게 하고, 주문이나 다라니를 인쇄한 룸달을 만국기처럼 매달아 놓음으로써 신에게 인간의 뜻[祈願]을 알리는 것이라면 이 또한 다분히 샤머니즘적인 요소임에 틀림없다. 우리의 불교가 토속신앙인 무교(巫敎)를 부분적으로 수용했듯이 티베트의 불교가 토속신앙인 본교를 수용한 탓이 아닌가 싶다.

부처님이나 다른 신들이 이를 내려다보고 있다면 어떻게 생각할지 모르겠지만 나는 그저 푸른 하늘 밑에 살면서 무언가 소망을 갖고 살아가는 인간의 삶 자체가 더없이 아름답게 보일 따름이다.

마취 혹은 환각제가 새어나오는 성
城

내가 살던 마을에서 인접한 다른 마을로 가려면 낮은 산과 산이 이어지는 고개 하나를 넘어가거나, 아니면 멀리 돌아가는, 평지로 나있는 들길로 걸어가야 한다. 그래서 적지 않은 사람들은 가까운, 그 고갯길을 선택하게 되는데 그 길은 행인(行人)들의 마음을 썩 편하게 하지는 않는다. 왜냐하면, 그 때만해도 산과 들에 사는 짐승들도 많고, 길 또한 외지고 험했으며, 사람까지 적어 주변에 인적이 드물었기 때문이다. 그래서 그 고갯길을 넘어갈 때면 꽤나 으스스해지게 마련이었다.

그런 탓인지 그 고갯길을 넘는 사람이라면 밤낮을 가리지 않고 자신의 신변안전을 은연중 걱정하면서 주변에 있는 돌 하나씩을 주워 들고 고개를 넘는다. 갑자기 사나운 짐승이라도 맞닥뜨리면 손에 들고 있는 돌이라도 던져야 했기 때문일 것이다. 고개를 넘자 마을의 불빛이 눈에 들어오고, 이내 안도감이 들면 비로소 손에 쥐고 있던 돌을 길가 한 쪽에 버려둔다. 그렇게 시작한 일이 습관이 되고, 그런 궁색한 수단이 지혜처럼 마을 사람들에게 알려져 하나 둘 놓이던 돌들이 모여 제법 커다란 돌무더기를 이룬다.

그런데 언제부턴가 그 고갯길을 넘으려면 그곳에 돌멩이 하나씩을 올려놓아야 안전하게 넘을 수 있다고 사람들 입에서 입으로 와전(訛

傳)되기 시작했다. 그리하여 사람들은 가던 길에 마땅히 주어 놓을 돌이 없을 때에는 그 흔한 소나무 잔가지라도 하나 꺾어 놓기도 하고, 주머니 속에 있는 하찮은 소지품 하나라도 올려놓곤 했다. 그렇게 해야만이 자신의 안전이 보장될 뿐만 아니라 가족들에게도 복이 온다고 확대해석하여 믿었기 때문이다.

한편, 이런 저런 이유로 마을사람들이 죽어나가기도 했던, 깊은 방죽이나 험한 강물, 아니면 아주 높거나 깊은 산을 생각하면 순박한, 엄밀하게 말해 무지한 사람들에게는 그곳에 사람의 생사(生死)를 결정짓는, 그 '무엇'이 있지 않을까 하는 막연한 의구심이 깃든다. 특히, 인지(人知)가 발달되지 못하고, 자연현상에 대한 의존도가 높은 삶을 살 때에는 더욱 그랬을 것이다. 그리하여 자신들의 일상적인 삶에 직간접으로 영향을 미친다고 여겨지는, 특별한, 바위나 나무나 방죽이나 동물이나 산이나 할 것 없이, 심지어는 부엌이나 장독대에도, 보이지는 않지만, 살아있는 귀신(鬼神)이나 정령(精靈)이 있다고 자연스럽게 상상할 수 있었고, 또 그렇게 믿었던 것이다.

그 순간부터 사람들은 자신이나 가족이나 마을의 안녕과 복을 그들 신에게 빌면서 신에 대한 상상력의 나래를 더욱 활짝 펴기 시작했을 것이고, 바로 그 상상 속에서 신에게 경배 드리는 방식을 발전시켜 왔을 것이고, 또한 그 과정에서 신에 대한 의미를 확대 심화시켜 왔을 것이다.

먼 옛날, 나의 어머니가 시루떡을 하고, 그 위로 촛불을 켜고 정안수와 함께 장독 위에 올려놓고서 기도하며 질을 하던 행위나, 마을의 안녕을 기원하며 잡귀를 쫓아낸다고 붉은 팥죽이나 황토를 마을의 수호신이라 여겨지는 나무 주변으로 뿌리고, 울긋불긋 천 조각을 매달고,

계승되어 온 달라이 라마의 거처이자
티베트 중앙 정부가 있는 포탈라 궁의 웅장한 모습

굿을 벌이거나 제사 지내는 집단적 행위도, 그리고 명절을 맞이하여 집집마다 대문 밖에 약간의 음식과 과일을 차려 놓는 행위 등도 사람들이 살아오면서 부여해온, 그들 신에 대한 나름의 의미가 전제되어 있는 것이리라. 오늘날에도 곧잘 볼 수 있는 일들이지만, 새 자동차를 사면 북어라도 한 마리 올려놓고 무사고 운전을 기원하는 행위나, 부적(符籍)을 몸에 지니고 다니거나 십자가를 목에 걸고 다니며 필요시에 그것을 손에 들고 기도하는 행위나, 그와 유사한 일체의 행위들도 따지고 보면, 다 자신의 의지나 능력으로 이루어지지 않는 영역의 일들이 자신이 원하는 쪽으로 일어나도록 신에게 의지(依支)·의탁(依託)하는 행위요, 신에게 스스로 부여해온 의미에 대한 믿음인 것이다.

사람마다 지역마다 그 방법은 다르지만 신에게 의지 의탁하고 나면, 대개는 마음이 편해지고, 불안감도 어느 정도는 사라진다. 어쩌면, 인간은 스스로 위로받고, 스스로 편안해지고자 스스로 신을 만들어 자신들의 삶의 영역 안으로 끌어들이는지 모른다. 특히, 생존조건이 열악하면 열악할수록 신에 대한 믿음이 더욱 커지고 절박해지는 것을 보면 한낱 종교라는 것도 필요에 의한 산물에 지나지 않는다는 생각도 든다.

그런데 신에 대한 믿음이 굳건해질수록 신에게 경배 드리는 시간이 길어지게 마련이고, 그 시간이 길어질수록 '신'의 울타리 안에서 안주(安住)하려는 경향도 커지며, 동시에 울타리 밖을 내다보지 않으려고도 한다. 그래서 그들은 언제나 자신이 처한 현실에 만족하게 되며, '나는 행복하다'라고 망설이지 않고 말할 수 있게 되는 것이 아닌가 싶다. 이런 메커니즘 자체가 올바른 판단을 방해하거나 기피하게 하는 '마취(痲醉)' 혹은 '환각제(幻覺劑)' 구실을 한다면 지나친 표현일까?

나는, 불자(佛者)들 중에서 그 일부가 지구상에서 가장 성스럽다고 여기는, 티베트 라싸에 있는 '포탈라 궁'[1]이야말로 엄청나게 높아서 밖을 내다볼 수 없는, 신의 '울타리'라는 것을 느꼈다. 그들의 생활공간이 평균해발고도 4,000~5,000미터라는 사실 자체도 천연요새 구실을 톡톡히 하여 외침으로부터 안전을 어느 정도 보장해 주었지만 불교적 상상력에 의해 더 높이 구축된 이 포탈라 궁이야말로 바깥세상을 내다보기조차 더욱 어렵게 했을 것이다. 바로 그런 성이 안에 갇혀 사는 사람들에게, '내가 누구이며, 무엇을 위해 어떻게 살아야 하는지'에 대한 생각 자체를 거부하게 하거나 자기 성찰을 크게 위축시켜왔다면 그 자체가 마치 혹은 환각제를 은밀히 품어댄 것이나 다를 바 없다고 본다. 나는

열한 개의 얼굴에
천 개의 손을 가진
관세음보살 목상(木像)

중국 공산당이 말한 것처럼 '종교권력의 심장부'가 아니었기를 기대해 보면서 유월의 뙤약볕 속에서 궁선으로 들어가는 계단을 밟고 있다.

살 수 있는 기간이 얼마 남아 있지 않아 보이는, 한 노파가 숨을 헐떡이며, 젊은 사람의 부축을 받으면서, 오체투지로 그 높은 포탈라 궁 계단을 오른다. 여느 티베트인처럼 얼굴은 검게 그을려있고 주름의 골도 깊지만 그 노파가, '나는 지금 이 문턱에서 죽어도 여한없다'라고 말한다 해서 – 실제로 그런 말을 한 것은 아니지만 – 그녀는 정말로 행복한 것일까? 나는 공연한 생각을 하면서 노파의 뒤를 따른다.

달라이 라마가 무슨 증거로 관세음보살(觀世音菩薩)²⁾의 화신(化身)³⁾이라고 말할 수 있으며, 판첸 라마가 무슨 증거로 아미타불(阿彌陀佛)⁴⁾의 화신이라고 말할 수 있는가? 그것도 대(代)를 잇듯이 현재의, 달라이 라마는 14대째 환생자이고, 판첸 라마는 11대째 환생자라는데 어찌하여 다른 불교국가도 많은데 유별나게 이곳에서만 환생자가 나오는가? 역대 라마들의 주검을 화려한 영탑(靈塔)에 모셔놓고 자랑하면서, 기꺼이 경배 드리기도 하는 '포탈라 궁'이나 '타시룬포사'⁵⁾야말로 인간 스스로가 만든 신의 울타리이고, 그 안에서 살며 밖을 내다보지 못하게 함으로써 만 백성들로 하여금 자위(自慰)·자족(自足)하게 하는 환각을

인도(印度) 스타일의 아미타불 합금상

포탈라 궁으로 올라가는 주 계단길과 프리즈

불러일으키고, 삶의 고통조차도 자각하지 못하도록 감각기관을 마취시키는 마취제를 품어대는 성(城)이요, 독선적인 권위의 깃발이 나부끼는 오만한 궁궐이라면 지나친 표현일까.

  나는 숨이 찰 때마다 쉬면서 쉬엄쉬엄 계단을 오르지만 마침내 어두컴컴한 밀실 같은 수많은 방들을 돌아 나와도 내 눈에 들어오는 것이라고는 단 하나도 없는 것 같다. 시종, 부처님의 가혹한 말씀이 떠올라 나의 두 눈을 더욱 침침하게 할 뿐이다. "높고 넓은, 큰 평상에 앉지 마라." 어린 아들인 '라훌라'의 머리를 깎게 한 후 감당하기 어려운 '사미십계(沙彌十戒)'[6]를 주고, '유야'라는 여신도의 집에 들러 '팔관재계(八關齋戒)'[7]를 주어야 했던 부처님의 마음을 새삼 이곳에서 되새기는지 모르겠다.

-2007. 09. 06. 19 : 57

달라이 라마 5세의 영탑

　이것이 바로 달라이 라마 5세의 시신을 넣어 둔, 일종의 관(棺)이란 말인가? 역대 달라이 라마 가운데 가장 큰 권세를 누렸던, 포탈라 궁을 직접 창건하기 시작하여 완공을 본 그가 다음해인 1696년에 타계하자 그의 영탑(靈塔 : The stupa tomb of 'A Gem of Jambudvipa')이 가장 화려하게 만들어져 포탈라 궁 안 적궁에 안치되어 있다. 그의 영탑에 소요된 금이 무려 119,082.37냥*(중국의 한 냥은 41.75그램이므로 곱하기 119,082.37하면 4,971,688.9475그램이고, 나누기 1,000하면 4971.69킬로그램이 되고, 다시 나누기 1,000하면 약 5톤이 됨.)이라 하고, 그것의 높이가 12.6미터, 폭이 7.65미터라 하는데 믿기지 않는 구석도 없지는 않다. 게다가, 그의 영탑 안에는 석가모니의 소중한 유품(Precious relic of Shakyamuni)과 총카파의 치아(A tooth of Tsong Kha-pa)와 기타 소중한 유골(Other precious Shrine) 등이 들어있다 하니 더욱 믿기지 않는 일이다. 유골이야 당연히 그의 것이겠지만 석가모니의 어떤 유품이 들어있고, 총카파의 치아가 왜 들어가 있는지 알 수 없지만 나의 개인적인 정서로는 받아들이기가 쉽지 않다.
　사다리라도 기대어 놓고 올라가 저 속을 들여다 볼 수 없으니 유감이다. 아니, 그 속을 들여다본들 또 무슨 의미가 있겠는가. 부처님의 말씀대로라면 인간의 몸은 지(地)·수(水)·화(火)·풍(風)으로 되어 있어 사라질 수밖에 없는, 한낱 헛것에 지나지 않는다는데 얼마나 소중하다고 여겼으면 금과 보석으로써 저리 높고 저리 화려하게 치장해 놓았겠는가. 이곳에서는 깨어진 기왓장처럼 여기고 문틈에 비친 먼지처럼 여기라던 금(金)이 곧 진리이고 보석(寶石)이 곧 진리로구나.

포탈라 궁 엿보기

"저 건물이 그 유명한 포탈라 궁이야?"
"그래, 인도로 망명 간 달라이 라마가 살던 궁전이지."
"달라이 라마는 누군데?"
"티베트를 통치해온 정치적 지도자이자 종교적 수장이기도 했지."
"저 안에 들어가면 무엇이 있을까?"
"그야 나도 아직 들어가 보지 못했으니 알 수 없지."

 붉은 중국 국기가 나붓끼는 너른 광장에서 포탈라 궁을 배경으로 사진을 찍으며 여행자들이 나누는 대화다. 지구촌의 수많은 사람들이 이 포탈라 궁을 구경하기 위해서 몰려오는 통에 라싸 시내가 다 북적댄다. 일본·한국·중국 사람들을 비롯한 동양인도 많고, 미국·영국·이스라엘·스위스·프랑스·독일 사람들을 포함한 서양인들도 분주하게 움직인다.
 그런데 저 포탈라 궁 안으로 들어가려면 중국여행사 가이드와 함께 단체로 입장해야만 한다. 나는 배낭여행사로 중국여행사를 통해서 이곳 라싸에 들어왔기 때문에 이십여 명의 중국인과 스위스·미국·캐나다·인도 등에서 온 십여 명의 외국인들이 함께하는 팀의 일원이 되어 입장했다. 그러다 보니 가이드는 중국어를 하는 중국인 한 명뿐이어서 이 포탈라 궁을 돌아보고 나오는 내내 그의 장황한, 아니 시끄러운 설명을 전혀 알아들을 수가 없었다.

더욱이, 궁 안의 조명은 어두운 데다가 좁은 통로 이곳저곳에서는 가이드들이 저마다 이끌고 온 여행자들을 위해서 설명하느라 소란스럽기 짝이 없다. 한쪽에서는 중국어로, 다른 한쪽에서는 영어로, 또 다른 쪽에서는 일본어로 제각각 설명하느라 열을 올려대고 있으니 어수선함을 넘어서서 대단히 혼잡스럽기까지 했다. 2007년 6월 어느 날의 풍경이다.

사실, 설명을 차근차근 들었어도 돌아 나오면서 다 잊어버리는 게 보통인데 하물며, 사진 한 장도 찍을 수 없는 상황에서 제대로 궁 안을 살펴보고, 그것들의 의미를 새기어 본다는 것은 거의 불가능한 일이었다. 이럴 때에는 차라리 귀를 닫고 눈을 크게 뜨는 편이 효과적이라는 생각이 들었다. 나는 혼잡한 틈을 통해서라도 눈을 크게 뜨고 구석구석 훔쳐보기로 작정하고 나름대로 신경을 곤두세웠다. 그리고 일행과 함께 궁 밖으로 빠져나오면서 포탈라 궁 관리사무처에서 발행한, 비싼 책을 한 권 구입하였다. 포탈라 궁 안팎을 두루두루 찍은 칼라사진과 함께 궁의 이모저모를 티베트어와 영어로 소개하는 유일한 책이다.

나는 내 뇌의 기억창고 속에 저장된 장면들과 책 속의 이미지들을 비교하면서 사전을 찾아가며 그 의미들을 해독하기 시작했다. 여행 후 3개월이 지난 뒤의 일이다. 지금부터는 그 책에서 소개하고 있는 내용들을 간추려서 이해하기 쉽게 정리하면서, 궁을 빠져나올 때 내가 느꼈던 감회를 솔직하게 피력할 것이다. 그렇게라도 해서, 보았지만 본 것이 없는 것 같은 포탈라 궁을 다소나마 이해할 수 있는 실마리를 제

키추 계곡 중앙에 있는 붉은 언덕 위에 세워진 포탈라 궁

공하고자 한다.

  티베트 라싸(해발고도 3,700미터)의 키추 계곡 붉은 언덕에 세워진 '포탈라 궁'은, 1645년 달라이 라마 5세 때에 처음 짓기 시작하여 약 50년 후인 1695년에 완공되었다지만 그 후에도 계속 보강, 증축되어 온 듯하다. 내가 방문하던 2007년 6월에도 200여 명 이상이 동원되어 궁 내 광장(집회장으로 사용됨) 바닥 시멘트 공사중이었다.

  현재의 궁은 동서 길이 360미터(가로), 남북 길이 300미터(세로), 높이 115미터, 총면적 41평방킬로미터에 달한다는데 궁 밖 정면에서 볼 때에는, 좌우측과 전면이 백궁(白宮 : The White Palace)이라 하여 흰색이 칠해져 있고, 중앙 뒤쪽으로 높게 솟아오른 부분이 적궁(赤宮 : The Red Palace)이라 하여 붉은 색이 칠해져 있다.

  백궁은 중앙정부 사무실을 비롯하여 달라이 라마의 집무실, 침실,

데양싸르(Deyang SHar)라 하는 동쪽 집회장으로 1500평 방미터 정도가 되며, 새해를 맞이하는 이브에 티베탄 오페라, 드럼댄스 등으로 구성되는 종교적 행사가 열리는 곳이다.

생활공간, 그리고 달라이 라마의 스승이 머무는 방, 기타 창고 등으로 사용되었다. 반면, 적궁은 역대 달라이 라마의 조상(彫像)과 영탑(靈塔)을 모신 방들인 영탑전(靈塔殿)과 여러 부처님 상을 모신 불전(佛殿), 그리고 스님들이 거처하는 승사(僧舍) 등으로 사용되었다. 결국, 궁 외부의 색깔은 건물의 용도를 구분한 것인데, 흰색은 '평화'를, 붉은 색은 '권위'를 상징한다고 한다. 보는 사람이 그것을 동감(同感)해 줄지는 모르지만.

백궁 2층으로 들어가는 문 앞 현관은 4개의 기둥과 8개의 들보로 구축되었는데, 네 기둥 윗부분에 각각 호랑이, 사자, 가루다(Garuda : 상반신은 새 모습을 하고 하반신은 짐승 모양을 한 상상의 동물로 힌두교의 '비시누' 신이 타고 다닌다 함), 용 한 마리가 새겨져 있다. 그리고 황금으로 덮인 지붕

17세기 데시 사남 납덴(Desi Sanam Rabden)에 의해 지어진 백궁(The white palace)

끝 네 모서리마다 가루다의 머리 조형물이 붙어있다. 뿐만 아니라, 그들의 속신(俗信)이겠지만 황금지붕 처마 밑 받침대에는 다섯 마리 코끼리 코와 일곱 마리 돼지 코가 새겨져 있어 온갖 재난을 피할 수 있다고 한다. 그리고 거의 모든 출입문에

데시 상게 갸초(Desi Sangye Gyatso)에 의해 지어진 13층 높이의 적궁(The red palace)

부착된 문고리[손잡이]에도 이들 동물이 금으로 세공(細工)되어 있다.

그런데 궁전이자 사원(寺院)이기도 한 이 곳에 웬 사자·호랑이·코끼리·돼지 등의 온갖 동물 형상이 조형되었으며, 존재하지도 않는 용과 가루다의 형상까지 동원되었는가? 특히, 티베트 자연환경에서는 전혀 살지 못하는, 그래서 존재하지도 않기 때문에 그들의 일상과 밀접한 관계 또한 있을 수도 없는 동

백궁 안으로 들어가는 현관

금으로 세공 장식된 문의 손잡이

물들의 형상이 과연 이곳에서 무슨 의미를 지니는가? 또한, 한 번도 보지도 못한 '용'이나 힌두 신과 관련되어 있는 '가루다' 같은 상상의 동물 형상이 무슨 의미라도 있단 말인가? 물론, 여기에도 그들 나름의 숨은 뜻, 다시 말해, 티베트 사람들이 갖는 통속적 정시와 종교적 통념들이 반영되어 있음에는 틀림없을 것이다. 그 정서와 그 통념이란 것들도 결국에는 그들이 살아오는 과정에서, 특히 인접국인 중국이나 인도·네팔 등과의 교류 과정에서 자연스럽게 수용되고 형성된 것들일 테지만 말이다. 예컨대, 달라이 라마의 집무실과 중앙정부의 사무실로 들어가는 출입문 좌우 양쪽에 걸려있는 호랑이 무늬 같은 비로도가 파워(power)와 프레스티지(prestige)를 상징한다고 하는데, 이는 백수(百獸)의 왕으로서 호랑이가 가지는 용맹성, 힘, 여유 등의 일반적인 통념을 그대로 받아들인 결과일 것

달라이 라마의 방으로 들어가는 문 좌우 양측에 걸린 호피(虎皮) 모양의 비로도

달라이 라마 5세의 영탑전으로 들어가는 5개의 문

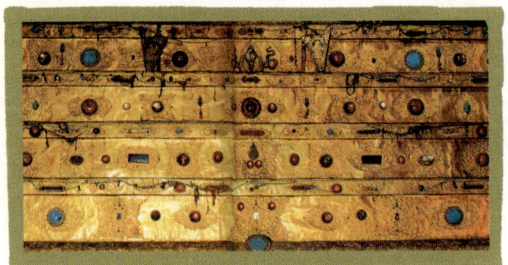

다이아몬드·루비·호박·수정 등의 보석으로 장식된 영탑 아랫부분인 4개의 층

이다.

 포탈라 궁을 지은 달라이 라마 5세 - 그래서인지 가장 화려하게 만들어졌지만 - 의 영탑(靈塔)이 모셔진 영탑전으로 들어가는 출입문의 문짝이 한 방향으로 다섯 개가 나란히 나있는데 굳이 문을 다섯 개로 만든 것은 부처의 가르침 곧, five higest morals[1], five forces[2], five divine wisdoms[3], five perfect roads[4] 등을 상징한다고 한다.

 이처럼 포탈라 궁 안팎은 모두가 그들 나름의 상징적 의미를 지니고 있다. 궁 안에 설치된 탑(Stupa)들을 보아도 그것의 구조와 짜임새에 각별한 의미를 부여하고 있다. 곧, 탑은 기초가 되는 토대와 4개의 중간 계단, 꽃병 모양의 몸통, 13개의 링, 그리고 꼭대기의 태양과 달 모양에 이르기까지 모두가 부처님의 가르침을 뜻하고 환기시키는 상징적 의미를 지니고 있다 한다. 곧, 탑의 기초(The pedestal of stupa)는 십계(十戒 : Ten virtues of pure morals)[5]를, 중간의 4계단은 사

오방승불을 상징하는 영탑의 문틀로서 금과 보석 등으로 장식된 병 모양의 무덤 문

성제(四聖諦 : The four essential recollections)6)를, 꽃병모양의 신성한 자리는 믿음의 다섯 가지 힘(The five forces of faith)7)을, 꽃병 모양 자체는 보살의 일곱 가지 이차적인 덕(The seven secondary virtues of Bodhisattva)8)을, 13개의 링은 8정도(八正道 : The eight accessories to the path of Nirvana)9)를, 그리고 탑두(꼭대기)의 태양과 달은 어둠을 밝히는 광명과 깨달음의 성취를 각각 상징한다고 한다. 특히, 꽃병 모양처럼 장식한 무덤(죽은 자의 시신·유회·사리·잔존물 등을 넣어 둔 곳)의 문틀은 The Dhyani Budhas10)를 상징한다는데 이곳에는 정점(頂点 : 맨 위)의 가루다(Garuda : 힌두교 비시누 신이 타고 다닌다는 상상의 동물11))를 중심으로 좌우 양쪽으로 나가(Naga : 인간의 형상으로 변할 수도 있다는 뱀 모양을 한 상상의 동물)·용(중국인들은 이를 악어라고 표현함)·말을 탄 여신(Deity)·사자·코끼리 등이 새겨져 있다.

업을 상징하는 13개의 바퀴와 태양과 달 등으로 장식되어 꽃병 모양을 하고 있는 탑두(塔頭)

이처럼 크게 여섯 부분으로 나누어 볼 수 있는 탑은 다이아몬드·루비·호박·기타 귀중한 보석 등으로 화려하게 장식되어 있는데 이 또한 여섯 가지 심원한 미덕(transcendental virtues), 곧, 자비(Charity)·인내(Patience)·선성(Preservering)·도덕성(Morality)·명상(Meditation)·지혜(Wisdom) 등을 상징한다고 한다. 역시 바깥사람들이 동감 동의할지 모르는 일이지만 말이다.

그렇다면, 포탈라 궁은 안으로 보나 밖으로 보나 상징투성이라 할 정도로, 설명을 요구하는 숨은 뜻이 색깔·형상·재질 등으로 표현되어 있다 해도 틀리지 않는다. 궁 안의 구조와 그 구조물의 모양과 재료, 그리고 색상과 부분적인 형상 등이 온통 상징적 의미를 숨기고 있다는 뜻이다. 물론, 이들 상징 하나하나는 티베트 사람들의 정서적, 종교적 통념을 반영하고 있겠지만 그것들이 얼마나 유기적 상호관계 위에서 하나의 커다란, 더 큰 의미를 창조하고, 창조된 그 의미를 암시하거나 환기시켜 주는지에 대해서는 필자로서는 판단하기 어려워 유감일 뿐이다.

궁 안에 설치 진열된 것으로는, 크게 보아, 불상·영탑·불화(佛畵)[11]와 벽화·경전·청 황실에서 달라이 라마를 책봉한 금책(金冊)과 금인(金印) 등을 비롯하여 진귀한 물품들[13]이 많다. 특히, 불상으로 모셔진 조상(彫像)으로는 석가모니 부처상만 있는 것이 아니다. Avalokitesvara(관세음보살), The eight Rinzin Chenpo Saints(티베트 내에서 종교적 성인이라 일컬어지며 존경받는 분들), Padmasambhava(티베트에 밀교를 전파한 인도인), Tsong-Khapa(티베트 종교 개혁자)[14], The protector Chamsring(호법신중 가운데 하나인 창스파다카르포), Amitayus(무량수불), Maitreya(미륵보살), Behar Dorji Dakden(달라이 라마 2세의 보디가드였으며 티베트 정부의 보호자), The white protector Gonkar(Yidam 또는 달라이 라마들의 승계자들을 위해서 기도 명상하는 여신), Tara(관세음보살의 눈에서 나왔다는 청백색의 아름다운 여자 보살), Yamantaka(호법신중 가운데 하나로 '야마' 또는 '죽음의 정복자'라는 뜻을 지님), Vajrasattva(금강살타), Amitabha(무량광불), The

백조 위에 앉아있는,
4개의 팔을 가진
인도 스타일의
타라(Tara) 합금상

9개의 얼굴
34개의 팔
16개의 다리를 지닌,
영웅적인 모습을
한 야만타카
(Yamantaka)
목상

달라이 라마의
명상과
임무수행을 기원하는 여신
또는 위담(Yidam)으로 통하는
흰 공카르 수호신
(The white protector
Gonkar)

달라이 라마 2세의 수호자이자
티베트 정부의 보호책임자인
'오라클 도로지 닥덴' 점토상

판첸 라마의
수호신인
참스링(Chamsring) 합금상

9세기 인도에서 제작된
데바(Deva) 여신 합금상

five Dhyani Budhas(오방승불), Shakyamuni(석가모니), Goddess Deva(인도 베다시대의 많은 신격 가운데 하나임)[15], Goddess Tara, Maha Maya(마야부인, 곧 고오타마 싯타르타의 어머니), Tantrik Yidom, Bhodisattavas{Buddha, Maitreya(미륵보살), Bhunigarbha}, Manjushri(문수보살), Vajrapani(금강역사), Hayagriva(호법신중 가운데 하나임), Vajra Dharahi, 역대 달라이 라마, 송첸감포왕과 부인, 왕자, 행정수반 등이 있다. 이들 상은 구리·은·합금·순금·크리스탈·돌·옥·나무·점토 등으로 만들어졌고, 인접 국가인 인도·네팔·중국 등으로부터 들어온 것도 있지만 티베트 내에서 제작된 것들이니

어둡고 칙칙한 궁전 내부의 지정된 코스를 따라서 그 일부를 돌아보고 나오지만 나는 고개를 가로저으며 생각에 잠긴다.

시방, 이것들이 다 무엇이냐? 부처님을 존숭하는 마음이야 알겠다마는 부처님의 깨달음, 곧 모든 것이 덧없고, 영원한 실체가 될 수 없다는 사실에 대한 자각은 어디 가고, 사라질 온갖 형상물과 재물들로 가득하구나. 금은보화 알기를 깨어진 기왓장처럼 여기라는 부처님의 말씀은 오간 데 없고, 오히려 금은보화와 돈이 넘쳐나고 있으니 이해할 수도 없다. 부처님 말씀마따나 이들이 '법을 먹고 사는 아귀(餓鬼)'라도 된다는 말인가? 부처께서 교화의 한 방편으로 말씀하신 말에만 집착하여, 그것도 개개인의 끝없는 욕심이나 영화와 관련된 부분, 예컨대, 업(業)과 환생(還生) 문제라든가, 보시(布施)와 업(業) 문제라든가, 지옥(地獄)과 극락(極樂) 등에만 집착함으로써 진정한 도(道 : 사는 동안 온갖 근심 걱정으로부터 벗어나는 일이나 그 상태)는 이미 사라져 버린 것만 같다는 생각이 든다. 오로지 좋은 업을 지어야 좋은 곳에 다

시 태어난다고 강조하여 만 백성들로 하여금 부처나 죽은 달라이 라마 상 앞에 나와 돈을 내면서 공경하게 하고, 달라이 라마가 관세음보살의 화신(化身)이요, 판첸 라마가 아미타불의 화신이라는 등 궤변(詭辯: 석가모니 부처의 가르침을 통해서 도(道)를 처음으로 알게 되었으면서 - 사실, 그들이 말하는 도가 뭔지도 모르지만 - 도 자체를 법신(法身)이라 하고, 석가모니 부처의 존재를 법신이 중생의 부름을 받고 응한 화신(化身)이라 여기는 논리적 허구를 말함)을 늘어놓으며, 그들의 무덤을 금은보화로 장식까지 해 놓았지만 다 부질없는 일이 아닌가. 그저 욕심을 털어내지 못한 사람들의 생각에 자기중심적, 혹은 아전인수(我田引水) 격의 생각들이 덧붙여지고, 덧붙여져서 그것들이 결국에는 일종의 거대한 '관념의 성(城)'을 이루게 되고, 많은 사람들은 그 환각을 불러일으키는 성 안에 갇히어서 살아가는 법을 배우고, 그곳에서 요구하는 질서에 순종 순응하게 되고, 더러는 그 안에서 방황하며 자아성찰을 - 성 안에서는 역모로 보이겠지만 - 꿈꾸게도 되는 것이 아닌가 싶다.

 밝음이 있으면 어두움이 있어야 하듯 - 그래서 밝음이나 어두움이나 똑 같은 가치나 의미를 지니지만 - 생명이 있으면 죽음이 있는, 너무나 자명하기에 어떠한 수식어조차도 필요치 않는, 깨끗한 사실을 받아들이지 못하고, 그저 죽어서까지 복 받기를 원하고, 그것을 위해서라면 희생을 마다않으며 오늘을 사는 사람들의 무지(無智)를 이 장엄한 궁전이 웅변해 준다면 이 궁의 진실과 의미를 왜곡하고 폄훼(貶毁)하는 것일까. 온갖 상징으로 가득 차있는 종교적 관념의 성(城)이자 금은보화로 꾸며져 화려하기가 이를 데 없는 환상적인 궁전 안에 갇히어 살기에 행복한지는 모르겠으나 내 가슴은 답답하기 그지없다.

13세기 티베트에서 제작된
바즈라 다라히(Vajra Dharahi)
합금상으로,
인간의 머리를 매달고 있는
목걸이를 착용하고 있으며,
2개의 얼굴을 지녔다.

12세기 티베트에서 제작된,
금강승의 수장인
바즈라 파니(Vajra Pani) 합금상으로
악마를 짓밟고 있다.

12세기 티베트에서 제작된
하야그리바(Hayagriva)
합금상

사자를 타고 있는 설법의
대가인 문수보살 구리도금상

"아뿔싸, 저것 좀 보아."
"육자진언(六字眞言)[16]이 새겨진 법구[17]를 오른손으로 흔들면서 그의 왼손은 아무도 모르게 남의 물건을 집어 들고 있잖아."

그야말로 겉과 속이 완전히 다른 저들의 위선을 목격하는 것처럼 이 상엄한 포탄라 궁이 긴실 속에 감춰진 이면(異面)이 더 큰 것은 아닐지 모르겠다.
−2007. 09. 12. 19 : 44

1750년 달라이 라마 7세에 의해 제작된
삼바라 만다라(The Mandala of Samvara)
구리도금 조형물

추락하는 돌덩이에 맞아 죽는 공사장의 노동자

 1645년에 착공하여 1695년에 완공을 보기까지 50년 동안 포탈라 궁을 짓기 위하여 얼마나 많은 노동자들이 동원되었으며, 그들은 또 얼마나 많은 희생을 감당해야 했던가.
 포탈라 궁 안 벽에 그려진 벽화 가운데 하나이다. 높은 적궁을 짓는 과정에서 돌덩이를 떨어뜨려 그 돌에 맞아 죽는 노동자들의 모습이 적나라하게 그려져 있다. 등에 돌덩이 하나씩을 짊어지고 계단을 오르는 사람도 있고, 바구니 같은 것을 등에 매고 무언가를 담아 운반하는 사람도 있고, 2, 3층 높이에서 돌을 쌓는 인부들도 보인다. 뿐만 아니라, 위층에서 작업하는 노동자들의 실수로 떨어뜨린 돌덩이에 맞아 압사하는 노동자들도 그려져 있다. 죽은 자들에 대해서는 스님이 별도로 기도해 주었다는데 그것이 무슨 소용이랴. 그런데 한 가지 재미있는 게 있다. 그것은 돌덩이를 떨어뜨린 노동자의 실수를 사악한 악마의 짓이라고 여기고, 그 악마를 이상한 동물 형상으로 그려 놓았다는 사실이다. 이 얼마나 황당한 일인가.

벽화를 통해서 본 포탈라 궁의 이면사 상상하기

포탈라 궁이 세워진 '붉은 언덕'이라는 곳이 주변 평지로부터 정확히 몇 미터나 더 높은지 측정해 보기 전에는 말하기 어렵지만 라싸 시내의 해발고도 3,700미터를 감안한다면 그보다는 더 높고, 육안으로 보이다시피 가파른 산위에 지어진 것만은 틀림없다. 이 포탈라 궁에서 가장 높은 건물이 바로 적궁(赤宮 : The Red Palace)인데, 그것의 높이가 115미터이고 보면 이를 완공하기까지는 적잖은 애환(哀歡)이 있었을 것이다. 특히, 완공되던 때가 1695년(우리의 역사로 치면 조선조 숙종 21년이 됨)이라는 시기이고, 다 짓는 데 50년이라는 긴 세월이 소요되었고, 주변 자연환경의 열악성 등을 감안한다면 더욱 그러했을 것이다.

1645년 낙덴 낭라와(Lakden Nangrawa)에 의해 설계된 포탈라 궁 건축 계획을 봉헌하기 위해 방문한 달라이 라마 5세.

현재의 포탈라 궁이 위치한
키추 계곡 '붉은 언덕' 위에 세워진
7세기 송첸감포 왕의
궁전과 '철의 언덕' 위에
세워진 왕비의 궁이
나란히 그려진 벽화.

적궁을 짓기 위해 딕락(Dik Rak)으로부터 돌을 등에 지고 운반하는 인부들의 행렬이 묘사되어 있다.

이 궁전을 짓는 과정의 역사를 기록해 놓은 문서를 확인해볼 수 없는 상황에서는 궁전 안 벽면에 그려진 부분적인 벽화들이 그 역사를 대신하여 그 애환을 읽게 한다.

곧, '딕락 Dikrac'이라고 하는 곳으로부터 적궁 공사장까지 등에 돌덩이 하나씩을 지고 줄을 지어서 운반하는 노동자들의 힘겨운 모습이 그려져 있다. 한편, '캄농 Kamyong'으로부터 야크 가죽으로 만든 배에 돌을 싣고 '키추 강 Kyich River'을 건너서 공사장으로 운반하는 모습도 그려져 있다. 그리고 라싸의 '가덴 캉사르 Gaden Khangsar'에서 목수들이 톱·도끼·대패·추 등을 가지고서 나무를 자르고 켜고 다듬는 작업을 하는 모습이 그려져 있기도 하고, 라싸의 '솔 파캉 Shol Parkhang'과 '조모라 Zomora'에서는 여러 장인(匠人)들과 조각가, 제철공들이 모여 작업하는 모습도 그려져 있다. 뿐만 아니라, 공사장

적궁을 짓기 위해 캄영(Kamyong)으로부터 야크가죽 배에 돌을 싣고
키추(Kyichu) 강을 가로질러 건너는 모습.

적궁을 짓기 위해 라싸의 가덴 캉사르(Garden Khangsar)에서 목수들이 나무를 톱·대패·도끼·추 등을 가지고 자르고 켜고 다듬는 현장을 그린 벽화.

솔파캉(Shol Parkhang)과 조모라(Zomora)에서 장인들이 금과 쇠를 제련하여 주물을 뜨고 조각하는 모습을 그린 벽화.

장인(匠人)들이 달라이 라마 5세의 영탑을 만드는 모습.

적궁 건축 시에 고생하는 인부들에 대해서 매년 4등급으로 나누어 시상하는 장면을 그린 벽화.

적궁 완공을 축하 기념하기 위해서 한족·몽고리언 등을 초청한 가운데 말 타고 경주하기·레슬링·돌 들기·활쏘기 등 각종 경기를 하는 장면을 그린 벽화.

적궁 완공 후에 키추 강변 루보 공원(The Lubo Park)에서 개최한 수영대회 모습을 그린 벽화.

1696년 달라이 라마의 죽음을 추도하는 대법회 장면을 그린 벽화

위층에서 작업하다가 돌덩이를 떨어뜨려 밑의 인부가 그 돌에 맞아 죽는 사고현장까지 그려져 있다. 공사 중 사고로 죽게 된 사람들을 위해서는 스님들이 극락왕생을 기원하는 추도식을 했다 한다.

한편, 동원된 노동자들의 사기진작을 위해서 네 등급으로 나누어 매년 시상(施賞)을 함으로써 격려했던 것으로 기록되어 있기도 하다. 말이 그렇지 50년만에 완공되었다하니 공사장에 동원된 노동자들의 수와 그 고생이란 실로 말할 수 없었을 것이다. 어쨌든, 1695년 적궁이 완공되자 달라이 라마 5세는 이를 축하, 기념하는 행사를 성대하게 개최했는데, 그 자리에는 현지 티베트인과 중국의 한족(漢族), 몽고리언 등이 참가하였으며, 이 때 각종 경기가 개최되었다. 예긴대, 서서 혹은 말을 타고서 하는 활쏘기라든가, 씨름 같은 레슬링이라든가, 돌 던지기, 말 타고 달리기 등의 시합이 생생하게 묘사되어 있다. 한편, '부보 Vubo' 공원 '키추 Kyichu' 강가에서 수영시합을 하는 승려들의 모습도 그려져 있는데 50명이 참가했다는 기록이 덧붙여져 있기도 하다. 심지어는 이 궁전이 완공되고 난 다음 해인 1696년에 달라이 라마 5세가 타계하였는데, 그의 장례식 모습까지도 빠짐없이 그려져 있고, 그림의 여백에는 군데군데 티베트어로 관련 사실들을 보충, 기록해 놓은 것을 보면 이들 벽화가 중요한 역사적 사실을 그런대로 전해주는 기록물로서 그 구실을 다하는 것 같다. 마치 포탈라 궁 자체가 티베트라는 불교왕국을 말해주는 한 권의 역사책이 되듯이 말이다.

-2007. 09. 14. 14 : 45

물신 든 티베트 사원

　나는 티베트를 여행하면서 실로 수많은 사원을 방문하였다. 가는 곳마다 어두침침한 대전(大殿: 큰 집)이나 소전(小殿:작은 집)에 모셔진, 커다랗고 많은 불보(佛菩:부처와 보살) 상들과 그들 앞으로 놓인 그릇 속에 넘치는 지폐를 보았다. 보시(布施)라는 이름으로 중생들이 주머니를 쥐어짜 내는 헌금이다. 입장료 따로, 사진 촬영비 따로, 헌금 따로 내는 사원의 풍경을 부처님이 직접 보셨으면 참 좋겠다. 진리를 깨우쳐 앎으로써 삶의 지혜를 얻고 마음의 평화를 누리려는 게 아니라 부처나 보살들의 상 앞에서 돈 내고 기도하면 모든 문제가 해결되는 줄 아는, 중생이나 수행자의 고착된 생각과 태도가 문제 중에 문제인 것 같다.

내통
內通
—물신 든 티베트 사원

Dratang Monastery 법당

여기는 티베트 사람들이 가장 성스럽다고 생각하는, 달라이 라마의 도시 '라싸'의 '조캉사'[1] 법당이다. 때마침 스님 80여 명 정도가 모여 예불을 드리고 있다. 각국에서 온 수많은 사람들은 신기한 듯 그 예불장면을 쳐다보며, 어두운 미로를 따라 법당 내부를 구경하고 있다. 정말이지 발 디딜 틈조차 없다. 나도 그들 가운데에 끼여 있는 한 사람일 뿐이다.

몇 가지 단순한 타악기 소리에 맞추어, 중앙을 보고 양쪽으로 갈라 앉은 스님들이 독경을 하고 있는데, 그들 몇 몇은 관광객들을 쳐다보느라 한눈팔기도 한다. 그런 스님 한 분의 눈과 나의 눈도 마주친다. 내가 그의 눈을 뚫어지게 쳐다보자 그는 민망한 듯 얼른 태도를 가다듬고 독경하는 척 자신의 대열 속으로 들어가 버린다. 곳곳에 설치되어 있는 버터 그릇 속에서는 자그만 촛불들이 타고 있다. 그리고 높은 천장에서는 불상 주위로 울긋불긋한, 종이와 천으로 된 띠들이 내려와 있다. 우리의 요란스런 무당집을 떠올리게 한다. 구석구석에는 그을음이 묻어 있고, 크고 작은 불상들 앞에는 작은 지폐와 동전들이 가지런히 혹은 어지럽게 흩어져 있다. 한 마디로 말해, 부처님의 말씀을 전하고 들음으로써 도(道)를 구하는 장소인지 되묻고 싶지 않을 수 없다.

　여기는 판첸 라마의 영탑(靈塔)을 안치해 놓았다는 '시가체'[2]의 '타시룬포사'[3]이다. 가는 곳마다 사진을 찍지 말라고 써있으며, 스님들이 앉아서 감시하고 있다. 사진을 찍으려면 별도로 터무니없는, 큰 돈을 내라고 써있기도 하다. 스님들은 법복을 입었지만 외양은 꾀죄죄하다. 머리·얼굴·손발하며, 깨끗해 보이는 구석이 하나도 없다. 그들의 법복조차 때가 절어 있다. 심지어는 그들이 신으로 여기는 불상 앞으로 길게, 나란히 놓여 있는 의자 밑으로 간혹 쥐들이 오고가는 게 눈에 띄기도 한다. 점심시간이 되었는지 대다수의 관광객들이나 사원 내에 근무

타시룬포사

하는 스님들도 어디론가 다 빠져나가 갑자기 분위기가 썰렁해진다. 그 와중에 불선 앞 출입문 부근에서는 동자승 서너 명이 바닥에 주저앉은 채 핸드폰을 조작하면서 장난을 치고 있다. 과연, 저들이 부처님의 가르침을 어느 정도 절감하고 있는 것일까.

다시, 여기는 '간체'⁴⁾에 있는 '팔코르최데[白居寺]'⁵⁾ 앞이다. 어디나 그렇듯 입장료를 내야 들어갈 수 있다. 법당 안 커다란 불상들 앞마다 가득 찬 물그릇이 놓여 있다. 한 바퀴 둘러보고 이층으로 올라가려는데 스님 한 분이 계단 앞에 가로막고 앉아서 돈을 요구한다. 무슨 돈을 내라는 것이냐 의아스런 눈빛으로 그의 얼굴을 빤히 들여다보자 그는 자신의 뒤편으로 걸린 안내문을 보라고 손짓한다. 카메라 촬영 시 얼마를 더 내라는 낙서 같은 안내판이었다. 당신들은 외국인이고 모두 카메라를 지녔으니 무조건 돈을 내라는 것이다. 가는 곳마다 내국인과 외국인의 입장료가 현저하게 다른 것도 서운한데 이곳에서는 한 수 더 떠서 카메라 촬영 시 추가 부담해야 하는 돈을 무조건 내라는 것이다. 막무가내 떼를 쓰는 듯한 이 사람과 말다툼을 벌일 수도 없고 해서 다들 돈을 내고 들어간다. 모두 나처럼 그를, 아니 티베트 사람들을 연민(憐憫)의 정으로 받아주는 결과인지도 모른다.

팔코르최데(白居寺)

가는 사원, 보는 불상 앞마다 지폐와 동전이 널려 있다. 불상 앞에서 돈을 세는 사람들과 곧잘 눈이 마주치기도 한다. 그럴 때마다 서로 민망한 듯 고개를 얼른 다른 곳으로 돌려야 하지만 쌓인 돈이라면 의당 헤아려야지 않는가.

들리는 말에 의하면, 입장료를 비롯하여 모든 수입의 3분에 1은 절에, 3분에 1은 지역주민을 위해서, 3분에 1은 중국 공산당에 들어간다는 것이다. 이것이 사실인지 아닌지는 모르지만 지금 티베트 사람들은 돈맛을 실감하고 있는 듯하다. 스님들의 발걸음부터 신이 나있고, 한 때 조캉사를 돼지우리로 만들었던 중국 공산당 얼굴에도 신이 나있다. 한 때의 적(敵)이 친구가 되어 이제는 돈을 앞에 놓고 서로 내통(內通)하고 있는 듯하다.

포탈라 궁 앞 너른 광장에 나부끼는 붉은 깃발의 혈색이 참 좋아 보이고, 어두운 밀실 같은 법당 안에서 미소 짓는 큰스님들의 얼굴빛도 유난히 밝다. 그럼에도 불구하고 성스럽다는, 산이나 호숫가에서, 그리고 사원에서 몸을 던져 신(神)을 부르는 백성들의 굽은 뼈 마디마디에는 찬바람이 들어차고 있다.

-2007. 09. 21. 17 : 40

남초 호수의 물빛

해발고도 4,718미터에 있다는 티베트 남초 호수의 물빛이다. 힘들게 이곳에 도착했어도 마음 탓으로 맑음으로 걸을 수가 없다. 대개는 산소가 희박한 이곳 대기에 적응이 잘 안 되어 있어 자칫 고산증이 걸릴 수도 있기 때문이다. 괴활해 보이는 호수의 깨끗함, 푸른 물빛, 멀리 보이는 눈 덮인 봉우리들, 밤낮의 잠긴 조약돌, 그리고 나의 카메라에 포착된 두 마리의 물새⋯⋯이곳에 물리듬이 투체름을 이루고 있는 사람들을 빼돌 숨 막히는 조망 속으로 감춰진. 세상에 드러나기를 꺼리는 보살이나 다를 바 없다. 그 보석을 바라보며 일부의 사람들은 경외감에 함싸여 오체투지 순례하기도 한다.

남쵸 호수 가는 길

 티베트의 수도 라싸로부터 북서쪽으로 약 200킬로미터 떨어진 곳에 '하늘호수'라는 뜻의 '남쵸' 호수가 무려 해발고도 4,718미터에 있는데, 그곳에 가려면 해발고도 5,190미터의 라켄라(那根拉) 고개를 넘어가게 되어 있다. 물론, 예전에야 비포장 길이었지만 요즈음엔 편도 1차선 아스팔트 포장도로가 되어 있다. 버스를 타든 지프를 타고 가든 약 4시간 정도가 걸리는데 그 라켄라 고개를 넘어서면서부터 대다수 사람들은 뒷목이 묵직해져 오거나 가슴이 답답해져 오고, 경미한 두통을 느끼기도 한다. 특히, 노약자는 속이 매스꺼워지면서 구토를 하기도 한다. 그래서 호숫가에 도착해서도 대다수의 사람들은 빨리 걷지 않고 천천히, 쉬엄쉬엄 걸어간다. 고도가 높아짐에 따라 대류권의 산소 농도가 희박해지기 때문에 오는, 이른바 고산병 증상을 우려해서이다.
 하지만 티 한 점 없는, 파란 하늘빛과도 같은 물빛이 수평선을 이루고 있고, 멀리는 7,162미터의 녠첸 탕구라봉(念靑唐古拉峰)이 하얀 눈을 머리에 이고 있어 온통 눈이 부시다. 그야말로, 사막이 되어가는 듯한 헐벗은 산들이 사방으로 울타리처럼 둘러 쳐있고, 평지는 이미 초원이 아니라 척박하기 짝이 없는, 풀 한 포기 제대로 자랄 수 없는, 메

라켄라 고개에서 바라본, 하늘빛보다 더 푸른 남쵸 호수와 필자

마른 벌판일 뿐인데 이런 별천지도 있다니 사람 죽으라는 법은 없는가 보다. 저 눈부신 설산(雪山)에서는 끊임없이 눈 녹은 물이 흘러 내려오고, 그것이 하천을 이루고 강을 이루어 일부의 지역에서는 적지 아니한 사람들이 정착해서 보리와 유채·옥수수 농사를 짓고, 가축들을 키우며 살아가기도 한다. 그렇지 않은 사람들은 그저 물기가 있어 푸릇푸릇 풀이 돋아나는 곳을 찾아 천막을 치고, 간이 돌집을 지어 야크와 말과 양들을 사육하는 반유목민 생활을 하기도 한다.

라싸에서 남쵸 호수로 가다보면 이들 반 유목민과 정착해서 모여 사는 사람들의 모습을 어렵지 않게 볼 수 있고, 더러 허허벌판에 죽어있는 야크도 볼 수 있다. 이곳 티베트에서는 직사광선에 노출이 심한 경우에는 검버섯·종양·피부암 등을 일으키기 쉽고, 또한 눈병을 얻기도 쉽고, 곧잘 부는 먼지바람이나 추위가 행동을 불편하게도 한다. 이런 열악한 자연환경은 모든 생명체에게 냉혹하기가 그지없다. 경우에 따라서는 사람을 비롯하여 가축들의 목숨도 앗아갈 뿐만 아니라 식생(植生)조차 어렵게 만든다.

그러나 이곳에서 살아가는 사람들에게는, 천연요새로서 거대한 울타리가 되어주는 평균 해발고도 4,000~5,000미터의 고원과, 그 안에서 죽지 않고 살아가도록 배려해주는 설산과 호수와 강과 하늘 등이 한없이 고맙게 느껴지고 한없이 두렵게 느껴지는 게 사실이리라.

그런 대자연 가운데 극히 일부인 이 남쵸 호수를 티베트 사람들은 성스럽다고 여기며, 이곳을 순례하기도 한다. 경외감과 감사함을 넘어서서 사람들이 죽고 사는 운명에 이 호수나 산이나 강 등이 관여한다는 생각까지 미침으로써 어느새 그들 자체에 정령(精靈)이 살아있다는 '신성(神性)'마저도 느껴왔을 터이다. 그로부터 사람들은 생존환경이 열악하면 열악해질수록 그 신성에 자신들의 상상력이란 날개를 붙여 달고 점점 구체화시켜 왔을 것이고, 그것이 오늘날 그들의 머릿속을 지배하는 종교적 의식(意識)으로 굳어졌을 것이다. 그리하여 그 산신과 강신과 호수신 등에 자신들의 소원을 빌고 빌었을 것이다.

그러던 어느 날 거센 바깥바람이 불어와 '부처'라는 생소한 신

남쵸 호숫가의 숙박시설인 천막

을 접하게 되었고, 언제부턴가는 그 부처상과 육자진언이 새겨진 깃발, 곧 '룽달'을 만들어 자신들의 삶의 숨결이 이는 곳곳에 만국기처럼 쳐 놓거나 깃발처럼 세워 놓고 있음을 이곳이 아니라도 티베트 전역에서 어렵지 않게 볼 수 있다.

그들에게는 살아가기 힘들수록 자연이 주는 작은 혜택조차 더욱 커 보이기 마련이고, 자연에 대한 감사함 또한 더 커지게 마련이다. 그런 자연환경 속에서 대(代)를 이어 오면서도 그들은 자신들의 땅이야말로 신의 축복을 받은 땅이고, 전부인 것처럼 생각한다. 물론, 요즈음에야 바깥세상과 인적 물적 교류가 가능해져 전혀 다른 땅이 있고, 전혀 다르게 살아가는 사람들도 많다는 사실을 직간접적인 경험을 통해서 알아가고 있는 터이지만, 그런 탓인지 지구촌의 오지(奧地)인 이곳에도 변화의 바람이 불고 있다.

남쵸 호숫가에서 하얀 야크를 타고 기념사진을 촬영하는 사람

이 곳 남쵸 호수만 해도 그렇다. 천막 같지 않은 천막을 치고 음식을 팔면서 숙박업을 하기도 하고, 주차장에서 호숫가 물이 있는 곳까지 어림잡아 250여 미터 정도밖에 안 되는 길을 말을 타라고, 호숫가에서는 예쁘게 치장한 하얀 털의 야크를 타고 사진을 찍으라고 호객행위를 할 줄도 안다. 뿐만 아니라, 이 곳까지 오기가 쉽지 않음을 잘 알고 있는 터라 간단한 음료수를 비롯해서 필요한 물품 값을 터무니없이 비싸게 팔 줄

도 안다. 임시 화장실을 만들어 놓고 소변만 보아도 돈 받을 줄도 안다. 더러, 얼굴에 종양이 번진 가련한 노파가, 혹은 손발이나 얼굴이 동상 걸린 것처럼 검게 터있는 어린이가 이방인에게 손을 내미는 것을 보고 그들에게 호통을 칠 줄도 안다.

유라시아 지각판과 인도판이 충돌하여 솟아올라 생겼다는 이 곳 천연 요새에도 어느덧 세월이 흐르고, 외풍이 불어 닥쳐 이 곳에 사는 사람들 가슴속에 오래오래 머물러 있던 자연의 정령(精靈) 대신에 부처가 들어앉고, 그로부터 일평생 일념으로 경배 드려오던 그 부처 자리에 이제는 물신(物神)이 들기 시작한 것이다. 이방인이 제일 많이 찾는 라싸의 사원으로부터 이곳 남쵸 호수에 이르기까지, 아니, 티베트 전역에서 소리 없이 일고 있는 바람인 것이다.

그러나 이곳 파란 하늘과 파란 물은 이미 눈을 맞추었는지 아랑곳하지 않는다. 가까이에 있는 돌 모래 산들과 멀리 있는 설산의 봉우리들조차도 이심전심(以心傳心) 내통이라도 했

남쵸 호숫가 물밑 조약돌

는지 북적거리는 사람들의 마음일랑 아랑곳하지 않고 그저 무심할 따름이다. 그래서 이곳이 더욱 깨끗하고, 그래서 이곳이 더욱 적막한가.[2]

-2007. 09. 06. 12 : 22

주석 註釋

제 5 부

마취 혹은 환각제가 새어나오는 성(城)
1) 포탈라 궁

「THE POTALA -HOLY PALACE IN THE SNOW LAND」책 표시

포탈라 궁 벽화와 기록에 의하면, 7세기 티베트 토번왕조(吐蕃王朝)의 '송첸감포' 왕이 처음으로 라싸 키추 계곡 중앙 붉은 언덕 위(On the Red Hill in the center Lhasa Kyichu valley)에 궁전을, 그리고 인접한 철의 언덕(The Iron Hill)에 왕비의 궁전을 지었다 하는데, 10세기 후인 17세기에는 붉은 언덕위에 달라이 라마 5세가 현재의 포탈라 궁을 새롭게 창건하였다 한다. 1645년에 착공하여 50년만인 1695년에 완공하였는데 이 궁은, 가장 높은 부분이 13층의 높이로서, 크고 작은 방들이 무려 수 천여 개에 이른다고 한다. 건물 높이는 정확히 115.703미터, 동서 길이가 360미터, 남북 길이가 300미터, 총면적이 41평방킬로미터에 달한다 한다.

궁은 티베트 정교합일(政敎合一)의 중심이었지만 1959년 달라이 라마 14세의 인도 망명으로 궁전으로서의 기능이 사실상 정지된 상태다. 또한, 궁은 크게 행정기관으로서의 백궁(白宮: The white palace)과 종교기관으로서의 적궁(赤宮: The red palace)으로 나누어지며, 불전(佛殿)·영탑전(靈塔殿)·침실(寢室)·승사(僧舍) 등으로 짜여 있다.

백궁은 Desi Sonam Rabden에 의해 지어졌으며, 중앙정부 사무실, 달라이 라마의 집무실과 침실 등이 있으며, 궁 전체로 볼 때 흰색으로 칠해진 좌우 양쪽 부분이다. 이 흰색은 '평화'를 상징한다고 한다.

그리고 적궁은 Desi Sangye Gyatso에 의해 지어졌으며, 달라이 라마 5세의 화려한 영탑(靈塔 : The Golden Stupa Tomb)을 비롯하여 역대 달라이 라마의 영탑들과 불전(佛殿), 스님들의 생활공간 등으로 구성되었다. 궁 전체로 볼 때는 붉은 색을 칠한 가운데 부분인데 이 적색이 권위

(authority)를 상징한다고 한다.

전체적으로 보아, 이 궁 안에는 불상(佛像)·벽화(壁畵)·경전(經典)·사리탑 등이 있고, 콘크리트·돌·목재·금속 등으로 지어졌으며, 티베트인의 전형적인 건축물로서 오늘날 티베트의 상징물이 되어 있다. 2001년 유네스코 세계문화유산으로 등재되었다. 이 포탈라 궁에 대해서는 다음에 이어지는 글 〈포탈라 궁 엿보기〉와 〈벽화를 통해서 본 포탈라 궁의 이면사 상상하기〉 등을 참고하기 바람.

대다수의 관광객들은 포탈라 궁으로 입장하기 전에 앞 광장에서 궁을 배경으로 기념사진을 촬영하며, 조캉사원 옥상[옥탑]에서 이 포탈라 궁의 전경을 촬영하기도 한다. 궁의 우측으로 돌아가면 있는 매표소에서 중국돈 100원에 입장권을 사 들어가게 되는데 화재·훼손 등을 우려하여 검색대를 통해서 개인 소지품 검사를 받아야 한다. 보통사람들은 해발고도가 높아 오르막길 계단을 따라 입장하는 데에도 두세 번 정도는 쉬어 가야 한다. 한 노파가 그 힘든 길을 오체투지로 오르는데 젊은이가 부축해 주는 모습이 눈에 띠기도 했다. (2007년 6월 풍경)

2) 관세음보살(觀世音菩薩)

관세음은 산스크리트어 아바로키테슈와라(Avalokitesuvara)의 한역이며, 이 보살은 대자대비심을 베풀어 중생의 소원을 잘 들어주는 보살로서 천변만화(千變萬化)하기 때문에 보문시현(普門示現)이라고도 하며, 통상 6관음으로 표현된다. 곧, 본신으로서 아귀도를 구제한다는 성관음(聖觀音), 지옥중생을 구제한다는 천수관음(千手觀音), 축생의 고통을 구제한다는 마두관음(馬頭觀音), 아수라의 고통을 구제한다는 십일면관음(十一面觀音), 인간의 고통을 구제한다는 준제관음(准提觀音), 천상의 고통을 구제한다는 여의륜관음(如意輪觀音) 등이 그것이다. 대세지보살(大勢至菩薩)[8] 과 함께 아미타불의 협시(脇侍 : 가까이에서 모심)로서 인도뿐만 아니라 중국·한국·일본 등지에서 기도대상으로 널리 신봉되고 있다. 이

보살에 대한 내용은 《법화경》[9]에 잘 나타나 있다.

3) 화신(化身)

불신(佛身)의 3가지 존재방식(法身·化身·報身) 가운데 하나로서, 화신(化身)은 응신(應身)이라고도 하며, 중생의 교화를 위해 세간(世間)에 태어난 역사적인 부처를 말한다. 따라서 석가모니 부처까지도 B.C 5세기경 인도에 출현한 화신으로 여기며, 과거의 모든 부처들과 미래에 출현할 미륵부처까지도 화신에 해당한다고 한다. 그리고 법신(法身)은 가시적인 형체를 초월하여 모든 부처의 근거가 되는 진여(眞如)의 깨달음 그 자체를 뜻한다. 그리고 보신(報身)은 보살이 서원을 세우고 오랜 수행을 통해 그 과보로서 얻은 초자연적인 분신이라 하는데 필자의 생각으로는 그야말로 상상력의 산물인 궤변에 지나지 않는 것 같다. 이 삼신설의 이면에는 석가모니 부처가 분명히 인간이었다는 사실을 부정할 수 없고, 그의 제자들까지도 신격(神格)으로 격상시켜야 하는 현실적 입장이 깔려있다.

4) 아미타불(阿彌陀佛)

원래 무량한 수명을 가진 자[無量壽]라는 의미의 아미타유스(amitayus)와 한량없는 광명을 지닌 자[無量光]라는 뜻의 아미타브하(amitabhas)로 인도에서 불리어졌는데 이를 아미타불(阿彌陀佛)이라 한역하였으며, 동시에 아미타(阿彌陀)·무량수불(無量壽佛)이라는 말로 의역하기도 했다. 이 아미타불을 주제로 한 경전에는 《무량수경(無量壽經)》[10]·《관무량수경(觀無量壽經)》·《아미타경》 등이 있으며, 이들에 의하면, 일찍이 세자재왕불(世自在王佛)이 이 세상에 있을 때 법장(法藏)이라는 이름의 보살로서 최상의 깨달음을 얻으려는 뜻을 세우고 살아있는 모든 자를 구제하고자 48원(願)[11]을 세워 오랜 기간 수행했다 한다. 그리하여 10겁(劫)[12] 전에 소원성취하고 부처가 되었는데 오늘날 정토종(淨土宗)의 주불이 되었다.

5) 타시룬포사

 티베트의 수도 '라싸'로부터 남서쪽으로 약 280킬로미터 떨어진 곳에 티베트 제2 도시인 '시가체'가 있는데, 그곳에 1447년에 달라이 라마 1세였던 걀와 겐둔 드룹(Gyalwa Gendun Drupa)에 의해 창건되었던, 티베트 내 최대 불교사원이 '타시룬포사' 이다.

 17세기 달라이 라마 5세에 의하여 이 사원의 승원장(우리의 주지스님?)이 아미타불의 화신인 판첸 라마(Banchan Lama)로 인정받으면서 그 전성기를 누렸다 한다. 한 때에는 4,000~5,000여 명의 승려들이 수행했다 하며, 현재는 약 600~800명 정도가 수행중이라 한다. 특기할 만한 사실은 역대 판첸 라마(1세로부터 10세까지)의 시신을 안치한 영탑(靈塔)이 모셔져 있고, 10세의 영탑에 많은 금이 동원되었다 자랑한다.

 1961년 중국국가중점문물보호단위로 지정되었으며, 세계 최대의 금·동·불상을 포함해서 많은 진귀한 문물이 소장된 것으로 알려져 있다. 사원의 전체 면적은 70만 평방미터이며, 입장료는 중국돈 55원(元)이다.

6) 사미십계(沙彌十戒)

 사미십계법(沙彌十戒法)에 의하면, 부처님이 카필라 성 니그로다 동산에 계실 때에 아들 '라훌라'의 머리를 '사리풋다'로 하여금 깎게 하고, 가사를 입히고, 삼귀의(三歸依)를 세 번 외게 하고 나서 사미십계(沙彌十戒)를 일러 주었는데 그 내용인 즉 이러하다.

 ①산목숨을 죽이지 말라. ②훔치지 말라. ③음행하지 말라. ④거짓말 하지 말라. ⑤술 마시지 말라. ⑥꽃다발을 사용하거나 향을 바르지 말라. ⑦노래하고 춤추거나 악기를 사용하지 말며 가서 구경하지도 말라. ⑧높고 넓은 큰 평상에 앉지 말라. ⑨제 때 아니면 먹지 말라. ⑩금·은·보석을 가지지 말라.

7) 팔관제계(八關齊戒)

불설제경(佛說齊經)에 의하면, '유야'라는 부인이 목욕재계하고 부처님께 지극정성으로 설법해 주기를 간청하자, 부처님은 큰 복이 되고 좋은 공덕이 될 여덟 가지 제계(齊戒)의 법을 말씀해 주셨는데, 그 내용인 즉 이러하다.

①산목숨을 죽이지 말라. ②훔치지 말라. ③음행하지 말라. ④거짓말 하지 말라. ⑤술 마시지 말라. ⑥몸에 패물을 달거나 화장하지 말며 노래하고 춤추지 말라. ⑦높고 넓은 큰 평상에 앉지 말라. ⑧제 때 아니면 먹지 말라.

사미십계 내용이나 다를 바 없는데, 부처님이 덧붙이시기를 출가 수행승은 평생을 지켜야 하지만 세속에 있는 신도로서는 그렇게 할 수 없으므로 하루 낮 하루 밤 동안만이라도 지켜야 한다고 하시면서 삼장재월(三長齋月)인 1, 5, 9월의 육제일(六齊日)인 8, 14, 15, 23, 29, 그믐날만이라도 지키면 그 복덕이 열여섯 나라의 보물을 모두 한 곳에 쌓아 두고 혼자서 쓰는 것보다 더 크다고 했다.

8) 대세지보살(大勢至菩薩)

아미타불의 오른쪽에서 협시하는 보살로 지혜를 상징한다. 원광(圓光)을 몸에 지녀온 세상을 밝게 비추고 있다는 보살로서 육발(肉髮) 위에 한 개의 보배병[寶瓶]을 이고 있는 모습으로 묘사된다.

9) 법화경

28품으로 된 묘법연화경(妙法蓮華經)의 약칭이며, 천태종의 근본이 되는 경전이다. 삼승(三乘)이 결국 일승(一乘)으로 귀일(歸一)한다는 '회삼귀일사상(會三歸一思想)'이 핵심이다.

10) 무량수경(無量壽經)

《대무량수경(大無量壽經)》 또는 《대경(大經)》이라고도 하며, 한국불교 정토신앙(淨土信仰)의 근본 경전으로 《관무량수경(觀無量壽經)》·《아미타경》과 함께 정토삼부경(淨土三部經)이라고 하며, 이들은 불교 신앙사적 측면에서 볼 때 우리나라에서 가장 많이 유통되었던 경전이다. 서기 100년경 북인도에서 만들어진 것으로 알려져 있으며, 한역본 중 우리나라에 널리 유포된 것은 동진(東晉)의 각현(覺賢)과 보운(寶雲)이 421년에 번역한 것이다.

11) 아미타불의 48대원

아미타불의 48대원(大願) 가운데에서 중요한 것만 간추려 보면, 내가 부처되는 국토에는 지옥·아귀·축생 등 삼악도(三惡道)의 불행이 없을 것, 내 국토에 가서 나는 이는 번뇌의 근본이 되는 '나'와 '내 것'이라고 고집하는 소견을 일으키지 않을 것, 내 국토에 나는 이는 이 생에서 바로 정정취(正定聚)에 들어가서 바로 부처를 이룰 것, 내 광명은 한량이 없어 적어도 백 천 억 나유타[13] 부처님 세계를 비추게 될 것이다.

또 내 수명은 한량이 없어 백 천 억 나유타 겁으로도 셀 수 없을 것, 내 국토에 가서 나는 이의 목숨이 한량이 없을 것, 어떤 중생이라도 지극한 마음으로 내 국토를 믿고 좋아하여 가서 나려고 하는 이는 열 번만 내 이름을 부르면 반드시 가서 나게 될 것, 보리심을 내어 여러 가지 공덕을 닦고 지극한 마음으로 원을 발하여 내 국토에 가서 나려는 이는 그가 죽을 때 내가 대중들과 함께 가서 그 사람을 영접할 것이다.

그리고 내 국토에 가서 나는 보살들은 모두 나라연천(那羅延天)[15]과 같은 굳센 몸을 얻게 될 것, 내 국토는 땅 위나 허공에 있는 궁전이나 누각이나 흐르는 시냇물이나 연못이나 화초나 나무나 온갖 물건이 모두 여러 가지 보배와 향으로 되어 비길 데 없이 훌륭하며, 그 물건들에서 나는 향기는 시방세계(十方世界)에 풍겨 그 냄새를 맡는 이는 모두 거룩한 부처님의 행을 닦게 될 것이다. 또한, 시방의 한량없는 중생들이 내 광명에 비추이기만 하면 그 몸과 마음은 부드럽고 깨끗하며 하늘 사람보다도 뛰어날 것, 내 국토에 가서 나는 사람들은 옷 입을 생각만 해도 아름다운 옷이 저절로 몸에 입혀지되 바느질한 자취나 물들인 흔적이나 빨래한 자국이 없을 것, 다른 세계 보살로서 내 이름을 들은 이는 부처님 법에서 물러나지 아니할 것 등이다.

12) 겁(劫)

불교에서 일정한 숫자로 나타낼 수 없는 무한한 시산을 뜻하는데 산스크리트 'kalpa'의 음역인 겁파(劫波)의 약칭으로, 장시(長時)·대시(大時)라 의역된다. 본래 인도에서는 범천(梵天)의 하루, 곧 인간계의 4억 3,200만 년을 1겁이라 한다.

13) 나유타(那由他)

아승기(阿僧祇)[14]의 만 배 또는 억 배가 되는 수.

14) 아승기(阿僧祇: asamkhya)

항하사(恒河沙: 갠지즈 강의 모래)의 만 배 또는 억 배가 되는 수로 시간이나 길이나 양에 있어 무한(無限)함을 일컫는 말이다. 거리를 재는 단위로는 유순(由旬: yojana)이 있다. 이 유순은 고대 인도의 이수(里數) 단위로서 소달구지가 하루에 갈 수 있는 거리인데 80리인 대유순, 60리인 중유순, 40리인 소유순 등으로 구분하여 사용하였다 한다. 이를 유선나(踰繕那)라고도 한다.

15) 나라연천(那羅延天)

코끼리의 백만 배 힘을 지녔다는 천상의 역사(力士)로서 불법을 지키는 일종의 호법신 가운데 하나인 나라연이 머물고 있는 세계를 일컬음.

포탈라 궁 엿보기

1) Five highest morals

2) Five forces

오력(五力)이라 하여 신(信) · 정진(精進) · 념(念) · 정(定) · 혜(慧) 등을 일컬음.

3) Five divine wisdoms

오신통(五神通)이라 하여 도를 얻으면 갖게 된다는 신이통 · 신안통 · 신족통 · 숙명통 · 타심통 등을 일컬음.

4) Five perfect roads

5) Ten virtues of pure morals

사십이장경(四十二章經)에서 말하는, 선을 이루기도 하지만 악을 이루기도 하는 10가지 요소로 신(身) · 구(口) · 의(意) 삼업(三業)으로부터 야기되는, 나쁜 업이 곧 십악(十惡)이며, 좋은 업이 곧 십선(十善)이다. 곧, 살생 · 도적질 · 음행(이상 3가지는 身에서 비롯됨), 이간질 · 악담 · 거짓말 · 당치 않는 말(이상 4가지는 口에서 비롯됨), 탐욕 · 성냄 · 어리석음(이상 3가지는 意에서 비롯됨) 등을 일컫는다.

6) The four essential recollections

장아함 반니원경(長阿含 般泥洹經)에 따르면, 부처님이 파탈리풋타로

가시던 중 라자가하[王舍城]에서 멀지 않은 왕원(王園)에 쉬면서 비구들에게 말씀하신 네 가지 진리 곧, 고(苦)·집(集)·멸(滅)·도(道)를 4성제(四聖諦)[18]라 하며 부처님 말씀의 핵심이라 할 수 있다.

7) The five forces of faith

8) The seven secondary virtues of Bodhisattva

티베트 사람들이 말하는 보살의 일곱 가지 이차적 덕이란 무엇일까? 보살로서 지켜야 할 계율[19]이 따로 있고, 보살로서 행해야 하는 여섯 가지 바라밀[20]이 따로 있고, 보살이 지혜를 얻는 네 가지 방법[21]이 따로 있고, 보살이 수행해야 할 네 가지 길[22]이 따로 있고, 보살이 행해야 할 열 가지 행[23]이 따로 있는데 부차적인 덕이란 과연 무엇인가? 아무리 생각해 보아도 불경의 전체적인 내용을 꿰뚫지 못하는 필자로서는 판단해내기 어렵다. 혹시, 長阿含 遊行經에 기록된, 마가다 왕국의 왕 '아자타삿투'가 보낸 '우사'에게 부처님이 가르쳐 준 '나라를 다스리는 데 필요한 일곱 가지 법'이 아닐까 싶은 잠정적인 결론을 내려본다. 이 포탈라 궁이 정치와 종교의 행정기관 중심으로서 유관인사들이 근무하는 곳이기 때문이다. 곧, ①자주 모임을 가지고 바른 일을 서로 의논하여 몸소 지닌다. ②임금과 신하가 화목하고, 윗사람과 아랫사람이 서로 공경한다. ③법을 받들어 삼가야 할 것을 알고, 예의를 어기지 않는다. ④부모에게 효도하고 어른을 공경하며 순종한다. ⑤조상을 공경하며 제사를 지낸다. ⑥부녀자들이 정숙하고 진실히며 웃고 농담할 때라도 그 말이 음란하지 않게 한다. ⑦수행자를 공경하고 계행이 청정한 이를 존경하여 보호하고 공양하기를 소홀히 하지 않는다. 등이다. 아마도, 티베트 사람들이 불탑을 짓는 데에도 이 일곱 까지 덕을 염두에 둔 것도 달라이 라마가 종교적 지도자이면서 정치권력의 수장이기 때문이 아닐까 하는 생각이 든다.

9) The eight accessories to the path of Nirvana

중아함 분별성제경(中阿含 分別聖諦經)에 따르면, 애욕과 번뇌를 말끔히 없애버리는 방법으로서 부처님이 제시한 여덟 가지 바른 길을 의미하지 않나 싶다. 곧, 정견(正見)·정사(正思)·정어(正語)·정업(正業)·정명(正命)·정정진(正精進)·정념(正念)·정정(正定) 등으로, 이를 팔정도(八正道)라 하여 중요하게 여길 뿐만 아니라 중도(中道)라 일컫기도 한다.

10) The Dhyani Budhas

오방승불(五方勝佛)로 대일여래·아촉여래·보생여래·아미타여래·불공성취여래 등을 일컬음.

11) 힌두교의 여러 신과 그 신들이 타고 다닌다는 탈 것

Mahadeva-Bull
Brahma-Goose
Vishnu- Garuda/Eagle
Indra-Elephant
Agni-Peacock
Yama-Demon/Corpse Owl
Kuwera- Lion
Saraswati-Swan
Lakshmi-Garuda
Shiva-Nandi
Ganesh-쥐(Rat)를 닮은 동물

12) 불화(佛畵)에 그려진 주인공들

포탈라 궁 안에 걸린 불화(佛畵)는 석가모니 부처·보살·호법신[24]·특정 사원·송첸감포 왕 등이다. 그 이름들을 나열하면 아래와 같다.

Acala, Paldan Lhamo, Hevaraja, Buddha Shakyamuni, Aryadeva, Vajra Bhairava, Kalachakra, Jampal-ku, Padma-Song, Yongtak-thuk, Dutse Yondan, Purba Trinle, Ma-mo Bodong, Mopa Drak-ngak, Goddess White Tara, Protectress Pal Lhamo, Vajra Dhara, Jampal Dorji, The wrathful Noi-Jin or Yaksa, Heru-ka 등이다.

13) 포탈라 궁 안에 소장된 보물들

티베트인들의 전통적 수공예품이 주류를 이루며, 종교 활동에 필요한 도구들이 많다. 구체적으로 예를 들어보면, 옛 왕들과 승려의 옷(Costume/Dresses), 장신구 및 장식품(Ornament), 갑옷(Armour)과 헬멧(Helmet), 방패(Shield)와 창(Spear), 안장(Saddle), 자기(瓷器 : Porcelain : 단지Jars, 사발Bowls, 접시Plates, 병Bottles, 꽃병Vase), 실크(Silks), 공단(Satin), 불경(Buddhist Sutra), 본교 경전(Scripture of Bon Religion), 서판(書板 : Tablet), 골든 램프, 티베트의 전통종이, 양단(Brocade), 소라껍질로 만든 트럼펫(Conch Shell), 계승되어 내려온 왕좌(The Throne of successive Regents), 고서(古書 : Ancient Books) 등을 들 수 있다.

포탈라 궁에 안치된
총카파 상

14) 총카파(1357~1419)

티베트 불교가 부패하여 민심이반이 일어나자 '겔룩파'를 창건하고, 엄격한 계율주의를 제창한 종교 개혁자이다. 그는 출가 후 많은 스승들 아래서 현밀의 교학을 섭렵하였으며, 인도의 아티샤(Atisa, 982~1054)의 영향을 받아 현교의 도차제인 〈보리도차제론(菩提道次第論)〉과 밀교의 도차제인 〈비밀도차제론(秘密道次第論)〉을 저술하였다. 또한, 방대하고 세밀한 교학의 뒷받침 하에 계율중심의 엄격한 승가전통으로 회복하여, 현교와 밀교의 유입으로 혼란한 티베트 불교를 일신하였다 한다. 그는 무려 210여 편의 저술을 남겼으며, 걸출한 많은 제자들을 배출하였다 한다. 특히, 그의 제자 가운데 게둔둡파(根敦朱巴 : 1391~1475 : 타시룬포사의 창립자이자 사원장)와 극주절후(克朱節後)는 각각 제 1대 달라이 라마와 1대 판첸 라마가 되었다. 티베트 사람들은 총카파를 문수보살[25]의 화신으로 여기고 있다.

15) Deva(데바)

'데바'는 산스크리트어로 '신'이라는 뜻이고, 인도의 베다시대(기원전 1500~200년경)에 형성된 많은 신격들 가운데 하나인데, '아수라'보다 위의 신격이다.

16) 육자진언(六字眞言)

제6부의 글 〈신(神)이라기보다는 삶의 지혜를 일깨워주는 스승인데〉의 각주 '옴마니반메훔'을 참고하기 바람.

17) 법구

한자어로 '경전통(經轉筒)'이라 불리며, 6자 진언을 비롯하여 경구가 새겨진 크고 작은 원통형 통(어림잡아 지름 5~10센티미터, 높이 3~8센티미터 정도 안에서 그 크기가 다양하게 제작되고 있음)이 손잡이로 연결된 기둥을 중심으로 좌우 양쪽으로 돌아가게 만든 도구이다. 이 경전통을 한 바퀴 돌리면 경전을 한 번 읽은 것으로 여긴다는 속설도 있지만 길을 걸을 때 손잡이를 잡고 흔드는, 단순 동작을 되풀이함으로써 정신을 집중하고 생각하고자 하는 특정 경전의 내용(부처의 가르침)에 집중하는 효과를 거둘 수 있다고 본다. 사원에 가는 티베트 사람들은 남녀를 불문하고 길을 걸을 때에 이 경전통을 흔들며 주문을 외우거나 경전을 암송하기도 하는 모습을 거리 곳곳에서 어렵지 않게 볼 수 있다.

18) 사성제(四聖諦)에서

'제'는 살핌 혹은 진리를 뜻하는 '체(諦)'인데, 대다수의 사람들은 표기만 그렇게 하고 '제'로 읽는다. 이 같은 현상은 되풀이하여 말하고 소리 내어 읽는 과정에서 '체'라는 경음보다 '제'라는 연음이 자연스럽게 선택 발음되어 고착된 것이 아닌가 싶다. 산스크리트어의 진리에 해당하는 말을 한자로 옮기는 과정에서 소리 나는 대로 표기한 것도 아니고 보면 더욱 그러한 생각이 든다. 십방(十方)을 '시방'으로 읽는 것과 같은 현상이다.

19) 보살이 지켜야 할 중요한 열 가지 계율

《佛說梵網經》에 기록되기를, 보살들이 지켜야 할 열 가지 중요한 계율을 부처님이 직접 말씀하셨는데 이를 십중대계(十重大戒)라 한다. 곧, 첫째, 중생을 죽이지 말라. 둘째, 주지 않는 것을 훔치지 말라. 셋째, 음행하지 말라. 넷째, 거짓말 하지 말라. 다섯째, 술을 팔지 말라. 여섯째, 사부대중의 허물을 말하지 말라. 일곱째, 자기를 칭찬하고 남을 비방하지 말라. 여덟째, 자기 것을 아끼려고 남에게 욕하지 말라. 아홉째, 성내지 말고 참회를 잘 받으라. 열 번째, 삼보(佛·法·僧)를 비방하지 말라. 이외에 마흔 여덟 가지 가벼운 계율도 있다. 이에 대해서는 해당 경전 내용을 참고하기 바람.

20) 보살의 여섯 가지 바라밀

《華嚴經》十廻向品에 기록되기를, 금강당 보살이 부처님의 위신력을 받고 밝은 지혜삼매에서 나와 여러 보살들에게 설법한 내용으로, 보시(布施)·지계(持戒)·인욕(忍辱)·정진(精進)·선정(禪定)·지혜

(智慧) 등을 일컫는다.

21) 보살이 지혜를 얻는 네 가지 법

《實積經》迦葉品에 기록되기를, 부처님이 라자가하[王舍城]의 영축산에 계실 때에 장로 카샤[迦葉]에게 말씀하신 내용이다. 곧, 첫째, 교법과 교법을 가르치는 스승을 받든다. 둘째, 마음에 물욕이 없고 이해타산이나 예배공양이나 명성을 돌보지 않으며, 스승에게서 배운 대로 또는 자기가 깨달은 대로 다른 사람에게 간절한 마음으로 가르친다. 셋째, 교법을 많이 들음으로써 지혜가 생긴다고 알아들은 대로 받아 지닌다. 넷째, 수행을 위주로 하고 개념이나 해설의 언어 문자에 집념하지 않는다.

22) 보살이 수행해야 할 네 가지 길

첫째, 모든 중생에게 평등한 마음을 가질 것. 둘째, 중생들을 부처님의 지혜로 이끌 것. 셋째, 중생들에게 평등하게 교법을 말할 것. 넷째, 중생들에게 평등하게 바른 행동을 실천할 것.

23) 보살의 열 가지 행(行)

《華嚴經》十行品에 기록되기를, 시방세계에 계신 무수한 부처님들이 삼매에 든 공덕림 보살에게 나타나 그로 하여금 설법하게 한 내용으로 열 가지 행이 그것이다. 곧, 즐거운 행, 이롭게 하는 행, 어기지 않는 행, 굽히지 않는 행, 어리석음과 산란을 떠나는 행, 잘 나타내는 행, 집착 없는 행, 얻기 어려운 행, 법을 잘 말하는 행, 진실한 행 등이다. 각 행에 대한 풀이는 해당 경전을 참고하기 바람.

24) 호법신중(護法神衆 : dharmapala)

부처님의 세계를 지키는 착한 무신(武神)으로 '호법선신(護法善神)'이라고도 한다. 모두 8명의 선신이 있으며, 모든 악귀들이 두려움을 느끼라고 대체로 무섭고 끔찍한 모습으로 표현된다. 그림이나 조각 또는 가면에 묘사되어 있는 호법신중은, 눈이 3개에 머리가 산발이고 해골바가지 왕관과 잘린 머리로 만든 화관을 쓰고 있으며, 여자와 함께 있는 남자를 짓밟고 있는 모습이 많다.

호법신중의 여덟 선신은 라모(라사의 여신으로 여덟 선신 중 유일한 여신임) · 창스파다카르포 · 베그체 · 야먀(죽음의 선신으로서 주로 여동생인 야미와 함께 다님) · 쿠베라(부의 신으로서 여덟 선신 중 유일하게 사나운 모습을 하고 있지 않음) · 마하칼라 · 하야그리바 · 야만타카('야마 또는 죽음의 정복자' 라는 뜻) 등이다.

25) 문수보살(文殊菩薩)

보현보살과 함께 비로자나불의 협시보살로 '문수' 라는 말은 문수사리(文殊師利) 또는 문수시리(文殊尸利)의 준말로, 산스크리트어 '만주슈리' 에서 나왔다 한다.

문수보살은 부처님이 돌아가신 뒤 인도에서 태어나 반야(般若)의 도리를 선양하고, 《반야경》을 결집 · 편찬하였으며, 모든 부처님의 스승이요 부모라고 표현되어 왔다. 이 보살도 중생을 제도하기 위해 10대원(大願)을 세웠다. 곧, ①모든 중생이 부처님의 가르침을 성취하게 하고 갖가지 방편으로 불도에 들게 한다. ②문수를 비방하고 미워하고 죽음을 주는 중생이라도 모두 보리심을 내게 한다. ③문수를 사랑하거나 미워하거나, 깨끗한 행을 하거나 나쁜 짓을 하거나 모두 보리심을 내게 한다. ④문수를 속이거나 업신여기거나 삼보(三寶)를 비방하며 교만한 자들까지 모두 보리심을 내게 한다. ⑤문수를 천대하고 방해하며 구하지 않는 자까지 모두 보리심을 내게 한다. ⑥살생을 업으로 하는 자나 재물에 욕심이 많은 자까지 모두 보리심을 내게 한다. ⑦모든 복덕을 부처님의 보리도에 회향하고 중생이 모두 복을 받게 하며, 모든 수행자에게 보리심을 내게 한다. ⑧육도(六途 : 지옥 · 아귀 · 축생 · 아수라 · 인간세상 · 하늘)의 중생과 함께 나서 중생을 교화하며 그들이 보리심을 내게 한다. ⑨삼보를 비방하고 악업을 일삼는 중생들이 모두 보리심을 내어 위없는 도를 구하게 한다. ⑩자비희사(慈悲喜捨)와 허공같이 넓은 마음으로 중생을 끊임없이 제도하여 보리를 깨닫고 정각을 이루게 한다 등이다.

내통(內通)

1) 조캉사원

7세기 토번왕국의 송첸감포(松贊干布) 왕과 당(唐)나라 문성공주(文成公主)와의 정략결혼을 축하하기 위하여 최초로 건립되었다하며, 오늘날 티베트 사람들의 자존심 같은, 그들이 가장 성스럽다고 여기는 불교사원이다.

사원의 전체적인 구조는 '만다라 식 우주관'에 의해 중앙에 대법당을 중심으로 주전(主殿) 4옥(屋)과 회랑(回廊)·기타 문(門) 등이 배치되어 있으며, 건축양식은 인도의 영향을 받았다 한다.

문성공주

특히, 문은 하늘·땅·부처님의 뜻으로 모두 서쪽으로 나있으며, 회랑 벽면에는 각종 벽화들로 장식되어 있어 티베트 고대 예술의 단면을 엿볼 수 있다 한다.

그리고 법당에 모셔진 황금좌상부처는 결혼 시에 문성공주가 가져온 것으로 전해지고 있다. 현재는 조명시설이 구비되어 있지 않고, 버터기름을 이용한 촛불이 군데군데 켜있어 그을음이 오랜 동안 쌓이고 쌓여 칙칙하고 어두울 뿐만 아니라 불쾌한 냄새까지 난다. 게다가, 각국에서 몰려온 관광객들로 북새통을 이루고 있어 사원의 전체적인 구조나 벽화나 불상 등을 제대로 살펴보기는 여간 쉽지가 않다.

그리고 스님 7, 80여 명 정도가 모여서 드리는 아침예불은 이미 관광상품이 되어 버린 듯한데, 이를 보기 위해서 여행자들이 몰리기 때문에 사원 안팎이 더욱 혼잡하다. 법복을 입은 스님들이 반으로 나뉘어 중앙을 바라볼 수 있도록 마주 보고 앉아서 찬불·게송·독경·악기 연주 등으로 예불을 드리는데 관광객들을 쳐다보느라 한눈파는 스님들이 더러 있음을 어렵지 않게 확인할 수도 있다. 입장료는 중국 돈 70원(元)으로 결코 싸지가 않다.

2) 시가체

시가체 주택가

시가체 시장

라싸로부터 남서쪽으로 약 280킬로미터 정도 떨어져 있는 교통의 중심지로서 티베트 내의 제2 도시이다. 라싸가 달라이 라마의 도시라 한다면 시가체는 판첸 라마의 도시로 여겨지는데, 1447년 창건되었다는 타시룬포사가 있다. 물론, 시내에는 호텔·시장·상점가·주택가 등이 비교적 잘 정비 되어 있다.

3) 타시룬포사

타시룬포사

타시룬포사 순례자

제 5 부의 글 〈마취 혹은 환각제가 새어나오는 성(城)〉의

주석 '타시룬포사'를 참고하기 바람.

4) 간체

제4부의 글 〈상상력을 자극하는 팔코르최데 쿰붐의 남녀성교 벽화〉의 주석 '간체'를 참고하기 바람.

간체 도심 거리

5) 팔코르최데[白居寺]

제4부의 글 〈상상력을 자극하는 팔코르최데 쿰붐의 남녀성교 벽화〉의 주석 '팔코르최데[白居寺]와 쿰붐[十萬佛塔]'을 참고하기 바람.

남쵸 호수 가는 길

1) 룸달

20센티미터(가로)×30센티미터(세로) 정도의 크기로 된, 4가지 색깔(黃·赤·白·靑)의 천에 육자진언이나 경전 내용을 인쇄하는데(6자 진언은 확인했는데 구체적으로 어떤 경전의 어떤 내용이 인쇄되었는지에 대해서는 티베트어로 인쇄되었기에 알지 못함. 이는 사진으로나마 확인해 보기 바람) 그 가운데엔 경전을 싣고 달리는 말이나 연화대 위에 앉아있는 부처상 등이 그려져 있다. 황색[黃]은 대지[地]를, 청색[靑]은 물[水]를, 빨강[赤]은 불[火]를, 흰색[白]은 바람[風]을 각각 상징한다고 한다. 결국은 인간의 몸이 地·水·火·風 등의 네 가지 원소로 이루어졌다는 부처의 말씀을 암시해 주고 있다 하겠다. 네팔에서는 이 룸딜을 나뭇가지에 깃발처럼 묶어 세워두는 것을 '타르초'라 하는데 황·적·청·녹·백 등 다섯 색깔로 되어 있고, 흰색이 하늘을, 녹색이 바람을 각각 상징한다는

시가체 시장에서 판매하는 룸달

점이 조금 다르다. 그러나 더 넓게 보면, 도교(道敎)가 발달한 중국이나 그 영향을 받은 우리나라에서는, 오방(五方)을 오행(五行)·오성(五聲)·오색(五色) 등으로 연관시켜 우주와 만물간의 상관관계를 설명하였는데, 티베트나 네팔의 룸달 색깔이 상징하는 의미와 유사하다. 중국이나 우리나라에서는 東·西·南·北·中을 靑·白·赤·黑·黃으로, 그리고 木·金·火·水·土로 연계하여 표현하였기 때문이다.

2) 내가 한 달 동안 티베트와 네팔을 여행하는 도중에

8일을 함께 자고 먹고 한 어느 외국인 부부가 '아름답다'고 연발한다. 나도 그들처럼 '아름답다'라고 감탄할 수 있었으면 얼마나 좋을까? 그 때 나는 '아니다'를 연발하며, 오히려 '슬프다'고 말했다. 그랬더니 의아스러운 듯 '왜냐?'고 자꾸만 물어온다. 우리말처럼 영어로 대화가 가능했다면 나는 지체 없이 그들에게 납득할 수 있도록 충분히 설명해 주었을 텐데 그러지 못해서 아쉬웠을 따름이다.

6

유혹과 협박
벤치에 홀로 앉아 —단상(斷想)·1
벤치에 홀로 앉아 —단상(斷想)·2
신(神)이라기보다는 삶의 지혜를 일깨워주는 스승인데
부처는 간 데 없고
부처의 두 가지 큰 전제와 조건부 환생론
부처님의 마지막 설법(說法)

불교의 지옥도

사람이 죽으면 일정한 절차를 밟아 심판하는 신(神)이 따로 있고, 그 결과에 따라서 위가 아니면 아래로 갈라져 가게 된다. 위는 선(善)의 세계요 천국이지만 아래는 악(惡)의 세계요 지옥이다. 문제는 지옥으로 가게 되면 그곳에서 받게 된다는 온갖 형벌이 상상만 해도 몸서리쳐지는 내용으로 가득 차있다. 그래서 그림이나 조각 등으로 구체적인 정황 묘사가 잘 이루어지지 않는 경향이 있는데 캄보디아 옛 왕국 앙코르와트에 가면 신이 심판하는 장면과 천국과 지옥으로 갈리지는 다리[橋]가 그려져 있고, 사람을 펄펄 끓는 기름솥에 집어넣는다든가, 벌겋게 달군 쇠꼬챙이로 찌른다거나 불구덩이 속으로 집어넣는 장면 등 지옥의 풍경을 사원의 바깥 벽면에 조각해 놓았다.

위 그림은 티베트에서 그려진 불화(佛畵)이지만 자세히 들여다보면 퍽 재미있다. 한 미디로 말해, 인간의 마음이 투사된 상상력의 산물이라고 나는 생각한다. 천국이나 지옥도 다 인간의 마음이 통합적 구조를 가진 뇌에서 구체화되어 나타나는 현상일 뿐이다. 사람이 죽으면 몸은 분해과정을 거쳐 곧, 형태를 잃어버릴 뿐만 아니라 움직이지도 못하기 때문에 그들은 '심령체'라는 개념을 만들어 쓰고 있지만 온전한 인간의 몸으로서 고통 받는 장면을 묘사하고 있다. 결국, 그들조차 '심령체'를 보지 못했기 때문일 것이다. '심령체'란 말 자체가 성립되지 않는 것처럼 심령체가 존재하지 않는 것은 당연한 이치이다.

유혹과 협박

　어떠한 종교도 '유혹(誘惑)'은 있다. 사람들의 호기심을 자극하여 끌어들이고 집착하게 하는 결정적인 미끼 같은 것으로서의 마력(魔力) 말이다.
　예수 그리스도교에서는 '지은 죄(罪)를 사하여 주고, 죽은 몸이 다시 살고, 영원히 살 수 있다'는 지상 최대의 유혹이 '사도신경'[1]에 공개적으로 드러나 있다. 심지어는 예배시마다 그것을 소리 내어 통독하게 함으로써 사실상 세뇌(洗腦)시키면서 최면(催眠)을 걸고 있다 해도 지나치지 않는다. 한편, 불교에서는 좋은 업(業)[2]을 짓고 사다면 좋은 곳인 천상(天上)이나 인간계에 복을 받고 다시 태어난다는, 강력한 유혹의 손길을 뻗고 있다. 한 마디로 말해, 현실의 고통조차 잊게 해주는 마취제(痲醉劑) 같은 말이다.
　또한, 어떠한 종교도 '협박(脅迫)'을 사양하지 않는다. 예수 그리스도교에서는 '심판(審判)'[3]이 있고, 그 결과에 따라 지옥(地獄)[4]으로 떨어져 상상하기조차 괴로운 고통을 받는다고 강조한다. 한편, 불교에서는 지옥(地獄)·아귀(餓鬼)·축생계(畜生界)에 떨어져 말 그대로 굶주린 귀신이 되기도 하고 온갖 짐승이 되어 살아야 한다고 하며, 지옥에 가서는 말로 형언하기 어려운 고통의 벌(罰)을 받게 된다고 한다.

많은 사람들은, 예수 그리스도가 이 땅에 살면서 보여 주었던 '사랑'을 실천하려는 노력과 노력하기 위한 고민보다는 그 유혹과 협박을 염두에 둔 조건부 사랑으로 살고 있다. 또한, 많은 사람들은, 탐욕과 집착과 어리석음[5]으로 인해서 생기는 온갖 고통으로부터 벗어나기 위한 방법을 직접 부처께서 시범 보이듯 보여주셨던 대로 실천하기보다는 아전인수(我田引水) 격의 자기변명과 궤변을 일삼으면서 부처님의 말씀을 팔아먹고 있다. 이것이 우리들의 실상인 것을 누가 어떻게 부인할 수 있겠는가.

　이를 이미 알고나 계셨음인가. 예수 그리스도(여호와 하나님)는 '여호와의 이름을 망령되이 일컫지 말라'[6]고 미리 경고했으며, 부처님께서는 남을 돕지 않고 설법하는 무리를 두고 '법을 먹고 사는 아귀'[7]라 미리 걱정하셨던가.

-2007. 09. 13. 16 : 43

대합실 안에서 누워 자는 인도인들

　2006년 12월 11일 밤 10시 20분경 바라나시 기차역 대합실 풍경이다. 나는 강가 강변 숙소에서 오토릭샤를 타고 바라나시 기차역 광장 앞에서 내렸다. 대합실로 들어서자 그야말로 발 디딜 틈조차 없을 정도로 많은 사람들이 누워 자고 있었다. 아니, 대합실만이 아니다. 역 광장에서도 플랫폼에서도 누워 자는 사람들이 널려있다. 생전 처음 보는 낯선 풍경인지라 황당하기 그지없었다. 나는 기차표만을 구입하고 곧바로 광장으로 나와 서있었는데 한 쪽에서는 한 사두가 마이크에 입을 대고 장단을 맞추며 신을 찬양하는 노래를 부르는지 경전을 외우는지 그 목소리는 이미 신들린 사람처럼 그칠 줄을 모른 채 주변을 온통 소란스럽게 한다. 또한, 모기들은 또 얼마나 극성을 부리는지 잠시도 가만히 서 있게 내버려 두지를 않는다. 그런가하면 아낙네로 보이는 여인들이 다가와 웃으며 손을 내밀기도 한다. 복장으로 보아서는 구걸하는 사람들 같지는 않은데 피식피식 웃으며 손을 내미는 것이 너무나도 자연스럽다. 이윽고 피곤한 듯 목쉰 기적소리를 내며 스무 량이 넘는 기차 한 대가 지나가고 나자 대합실 내 많은 사람들이 빠져 나간다. 그 뒤 나는 플랫폼에서 타고 갈 기차를 기다리며 대합실 내 풍경을 카메라에 담았다. 그것이 바로 위 사진이다. 무언가를 뒤집어쓰고서 누워 잠자는 사람들, 앉아 대화를 나누는 사람들, 서있는 사람들, 배낭을 메고 걸어가는 사람, 어슬렁거리는 한 마리의 개 등이 붉은 불빛 아래 그대로 드러나 있다.

벤치에 홀로 앉아
―단상(斷想)·1

1

인도에 있는 사원(寺院)의 벽면이나 기둥에는 코끼리가 흔하게 조각되어 있다. 여기에는 그럴만한 이유가 있다. 그곳의 코끼리는 고대사회 인간들의 삶과 불가분의 관계를 지니고 있기 때문이다. 곧, 전시(戰時)에는 생사(生死)를 같이했고, 평시(平時)에는 불가사의할 정도로 엄청난 노동력을 제공해 주었다. 심지어는 사원을 짓는 데에 필요한, 거대한 돌덩이를 운반하는 일조차 다 코끼리 몫이었다. 그런 코끼리는 인도 사람들에게 각별한 존재가 되지 않을 수 없었던 것이다.[1]

그런데 코끼리 한 마리 자생(自生)하지 못하는 대한민국의 어느 절에서는 불탑(佛塔)을 코끼리가 떠받치고 있다. 이는 사람들의 단순한 생각이 반영된 것이리라.

카주라호 낙시마나 템플의 코끼리 프리즈

2

 '고타마 싯타르타'가 왕실에서 출가하여 수행자가 되었을 때에는 스물아홉 살로 누더기나 다름없는 옷을 걸쳤다. 그리고 서른다섯 살에 깨달음을 얻어 부처가 되고난 후부터 여든 살이 되어 죽기까지 45년 동안은 수행자(修行者)를 상징하는 가사(袈裟)를 걸쳤다. 가사래 보았자, 그저 몸을 가리는 천 조각에 지나지 않았다. 아잔타 석굴 벽화에 그려진 그의 모습은 가부좌하여 두 발바닥이 위로 드러나 보이며, 고개를 약간 기울이고 있는 모습은 명상에 잠긴 듯하고, 왼쪽 어깨에서 오른쪽 겨드랑이 밑 옆구리로, 그러니까, 얼굴·목·오른쪽 어깨·오른팔 등이 그대로 노출되도록 커다란 천을 대각선으로 걸치고 있다.

라마승의 가사

 그가 일평생 걸어 다니거나 머물며 수행, 설법한 곳들은 겨울철에도 모기가 극성을 부릴 정도로 무덥기 때문에 가사를 걸치는 복장이 여러모로 편했을 것이다. 바닥에 깔면 요가 되고 덮으면 이불이 되고, 걸치면 시원한 옷이 되기 때문이다. 다시 말해, 옷따위를 비롯하여 먹을거리와 잠자리 등에 관심을 두거나 신경을 쓰지 않는 금욕주의자와 같은 생활을 해야 했기에 널따란 가사가 오히려 편리했을 것이다.

 그런 부처의 복장이 그대로 전승되어 오늘날에도 여러 나라 스님들이 가사를 걸친다. 그 색깔과 형태가 나라와 종파와 법계에 따라 조금씩은 다르지만 말이다. 더운 나라의 스님들은 부처가 그랬듯이 얼굴·목·오른쪽 어깨·오른팔 등의 피부가 그대로 노출되도록 가사만을 걸치고, 추운 지방의 스님들은 그 가사 밑으로 다른 옷들을 입는다. 부처의 수행정신과 깨달음의 본질을 생각한다면 가사가 아니라 그 무엇을 입든 무슨 문제가 되랴. 수행자가 의식주에 필요 이상의 신경을 쓰는 것은, 수행을 통해서 깨달았다는 지혜의 내용이나 그것을 대중[衆生]에게 가르쳐 줌으로써 생활 속의 고통을 덜어주고자 했던, 부처의 대자대비(大慈大悲) 정신을 따르기보다는 그의 겉모양이나 흉내내기에 급급해 하는 것과 다를 바 없으리라.

3

부처와 그의 가르침을 진정으로 믿고 따르는 이들은 지나칠 정도로 의식주 문제를 등한시하였다. 동굴이나 나무 밑에서 명상하고, 깨달음의 내용을 시간과 장소 그리고 사람을 가리지 않고 설명하면서 하루에 한 끼니 정도로 열악한 식사를 하되 그것도 철저하게 걸식을 하였으며, 몸은 강물로 씻고, 살아가는 데에 필요한 약이나 옷가지조차 모두 공양(供養) 받아 사용하였다. 물론, 죽림·기원정사를 비롯하여 몇몇의 정사(精舍)에서 머물기도 했고, 복개천자(福蓋天子)가 공양한 금루직 가사를 입었다는 기록도 전해지고 있긴 하지만 부처를 비롯한 수행자들은 의식주에 관한 한 인간으로서 생명현상을 유지하는 데에 필요한 최소한의 것으로 만족하고 살았음에 틀림없다.

그런데 오늘날 우리의 수행자들 가운데에는 좋은 집에서 사주팔자를 보아주고, 망자(亡者)나 산자의 복을 기원해 주고, 기도나 명상을 할 수 있도록 숙식을 제공해 주고, 설법해 주는 대가로 돈을 받는 사람들이 되어 있다 해도 틀리지 않는다. 한 마디로 말해, 잘 먹고 잘 살면서 이름을 얻기 위한 직업이 되어버린 것이다. 부처가 우려했던 대로 이미 '법을 먹는 아귀(餓鬼)'[2)]가 되어 있다는 것이 부인할 수 없는 현실이다.

4

12월 중순으로 접어들었는데도 자정에 가까운 바라나시[4)] 역 광장에는 모기들이 그야말로 극성을 부린다. 광장 한 쪽에 서있거나 긴 의자에 앉아있을 수조차 없을 정도로 모기들이 달라붙는다. 그럼에도 불구하고 광장이나 대합실이나 플랫폼이나 할 것 없이 삼삼오오 누워 잠을 자는 사람들로 거의 발 디딜 틈이 없다. 지하철 서울역 지하도에서 여남 명이 나란히 누워 오전 아홉 시가 넘도록 자는 모습은 보았어도 수백여 명이 역사 안팎으로 누워 자는 모습은 세상에 태어나 처음 보는 풍경이다. 몸에 걸치는 가사 같은 옷옷이나 담요 같은 이불을 펼쳐서 얼굴까지 뒤집어쓰고 자는 데에 이미 익숙해진 사람들 같다. 이들이 다 노숙자인지 기차를 기다리는 여행자들인지는 겉으로 보아 잘 구분되지 않지만 기차가 지나가고 난 뒤에 상당수의 사람들이 빠져나간 것을 보

둘라타바드 城(Daulatabad Fort)의 카체리 바와디(Kacheri Bawadi)

면 노숙자들만이 아님에 틀림없다.

5

인도는 지역별로 다소 차이가 있지만, 대체로 7·8·9월에 집중호우가 내린다. 그리하여 덥고 습하다. 그리고 3·4·5·6월은 혹서기(酷暑期)라 최고기온이 섭씨 40도를 웃도는 찜통더위가 건조한 가운데 계속된다. 그리고 10·11·12·1·2월은 대단히 건조하며 낮 최고기온이 2, 30도를 웃도는 지역이 많다.[4] 그러면서도 밤에는 차가운 기운이 엄습하여 일교차가 아주 심하다. 한 마디로 말하여, 사람이 살기에는 그리 좋은 기상조건이 아니다. 우선, 무더운 날이 많아 더위를 피하는 것이 급선무이고, 우기(雨期)에는 비가 너무 많이 내리기 때문에 비 피해를 줄여야 하지만 건기가 우기보다 훨씬 길기 때문에 늘 물 부족에 대비하지 않으면 안 된다. 그래서 빗물을 특별히 저장하였다가 사용하기 위해서 인공호수를 만들고, 특별한 방식으로 우물을 파 저수한다.[5] 대개의 도시가 그렇듯 호수나 강을 끼고 발달해 있고, 강이나 호수에는 종교적인 의미까지 부여하기를 좋아한다. 그만큼 물이 부족하고 부족한 만큼 소중하게 여겼다는 뜻일 것이다.

그리고 음식에는 향료가 많이 사용되는데 더위와 무관하지 않아 보인다. 곧, 냉장고가 없던 시절에는 음식이 잘 상하기 때문에 향료사용이 불가피했을 것이다.

그리고 여성들은 아주 가벼운 옷감으로 몸을 감싸는 듯한 '싸리'라는 전통직인 옷을 입는데 이도 또한 더위와 무관하지 않음을 어렵지 않게 유추할 수 있다.

그리고 그 유명한 아잔타·엘로라 석굴과 그 외의 지역에 산재되어

아잔타 석굴 외관

있는 석굴들[6]을 보면 한 가지 분명한 사실을 유추해 낼 수 있다. 곧, 특별한 장비도 없이 옛 사람들이 종교적인 신념 하나로써 바위산 돌 속으로 파고들어가 그 안에서 단층 혹은 2층으로 신전과 대 집회장과 탑·창고·휴게실·기타 저수탱크·수로·침실 등 갖가지 부속시설 등을 정교하게 구축해 놓은 것을 보면 실로 불가사의한 면이 없지 않아 보이는데, 그렇다면 왜 작업하기 힘든, 외딴 지역의 돌산 돌 속에 종교적 활동을 위한 공간을 만들고 필요한 장식물을 조각하고 조형해 놓았을까? 아마도 그것은 조용한 곳에서 명상을 중심으로 수행해야 하는 종교적 이유도 있었겠지만 더위와 집중호우를 피해 영구적인 돌을 선택한 것은 아닐까 하는 생각도 든다.

그러고 보면 지구상에 발을 붙이고 사는 모든 생명체가 지구환경에 맞추어 적응하면서 살아가게 마련인 것처럼 인도인의 삶 역시 그러할 뿐이라는 사실을 곳곳에서 확인할 수 있다.

6
인도인들에게 가장 신성하다는 강가 강물이 바라나시를 통과할 때에는 용존산소가 거의 없고, 100밀리리터 당 150만 마리의 대장균이 검출되는, 목욕조차 할 수 없을 정도로 오염이 심각하다. 육안으로 보기에도 이미 심하게 오염된 물이다. 그럼에도 불구하고 아무렇지도 않은 듯 그 강물에서 목욕하고, 세탁하고, 식수 내지는 생활용수로 쓰고 있는 사람들이 적지 않다. 심지어 어느 뱃사공은 보란 듯이 노를 젓다가 손으로 강물을 떠 마시며 아무렇지도 않다고 강조한다. '자신들의 생활을 지켜주는, 성스런, 어머니 강물'이라며 오히려 걱정하는 나를 의아스럽게 생각한다.

아프리카 어느 부족은 습관적으로 상한 우유를 마시는데 아니, 늘 상한 우유를 마실 수밖에 없는데 배탈이 나지 않는다. 인간이 환경에 적응한 것이다. 내 앞에서 오염된 강물을 손바닥으로 떠 마신 강가 강의 뱃사공 역시 종교적 믿음과 오랜 습관으로 대장균을 이겨내고 있는 것이다. 환경에 적응하는 인간의 능력에도 한계가 있는 법이지만 말이다.

7
대체로 호랑이는 마을사람을 공격하여 먹잇감으로 삼지 않는데 인도의 벵골 호랑이[7]는 사람을 집중적으로 공격한다. 폭우에 휩쓸려 내려오는 시신을 먹어본 경험을 가지고 있기에 그럴 수도 있고, 그게 아니면 치통을 앓고 있는 호랑이들일 것이다. 인도의 뭄바이 인근 숲에서 사는 퓨마가 민가에까지 내려와 사람들을 잡아먹듯이 말이다. 호랑이 연구가들에 의해서 이미 밝혀졌지만 치아가 무엇보다 중요한 생존수단인 맹수들에게는 자신의 치아에 이상이 생겨 거친 동물을 사냥해서 먹기가 곤란해지면 그보다 쉬운 사람들을 먹잇감으로 선택한다는 것이다. 따지고 보면, 호랑이나 인간이나 살아남기 위해서 부단히 노력할 뿐이고, 그 과정에서 서로 충돌하기도 한다는 사실이다. 하지만 살기 위해서 노력하는 생태계의 생생한 현장 속에 서 있지 아니한 생명체는 없으리라. 한 가지 재미있는 사실은 사람이 호랑이한테 많이 잡아먹히는 지역에서는 오히려 호랑이를 신격화하여 사원에 호랑이를 그려놓고 그것에 재물을 바치기도 한다. 마치, 아프리카 어느 지역의 부족들이 악어가 사람을 구해 주었다고 신으로 받들며, 악어에게 가축을 재물로 바치듯이 말이다.

-2007. 04. 16. 16 : 42

삶과 죽음이 계속되는 윤회의 수레바퀴
네팔에서 흔하게 그려지고 있는 불화(佛畵)로서 불교의 육도 윤회론을 설명하듯 그린 그림이다.

벤치에 홀로 앉아
―단상(斷想)·2

1

사람들은 생각한다, 아주 자연스럽게. 자신들이 모여살고 있는 땅[地上]에서처럼 하늘에도 집이 있고, 궁전이 있고, 나라가 있고, 그곳에 사는 사람이 있고, 왕이 있다고 말이다. 하늘의 집이 천당(天堂)이고, 하늘의 궁전이 천궁(天宮)이고, 하늘나라가 천국(天國)이며, 그곳에 사는 사람이 천인(天人)이자 천사(天使)이고, 그곳의 왕이 천제(天帝)이자 하느님 혹은 하나님[神]인 것이다.

2

사람들은 또 생각한다, 아주 자연스럽게. 땅에서 살고 있는 자신들의 생명현상을 유지하고 고양시키기 위한 제반 여건과, 자신들의 사유(思惟)와 행동(行動)의 옳고 그름을 재는 자[尺度]까지도 하늘에서 만들어 주며, 종국에는 하늘의 심판을 받는다고 말이다. 그리하여 땅의 세계는 불완전하며 유한하지만, 하늘의 세계는 완전하며 영원하다고 믿는다.

3

사람들은 또 생각한다, 아주 자연스럽게. 사람의 몸은 죽지만 몸에서 빠져나온 영혼은 죽지 않으며, 그 영혼은 신의 뜻에 따라 지옥에 가서 벌을 받기도 하고, 하늘에 오르기도 하여 영원히 산다고 말이다. 그리하여 사람들은 지하의 지옥과 하늘의 천당을 지어대는 일에 골몰하고 있을 뿐 아니라, 신의 뜻을 헤아리기 위하여 귀를 쫑긋 세운다. 그 귀가 솟대이고, 공중을 날아다니는 독수리요 까마귀라고 믿는 사람들조차 여전히 지구촌에는 적지 않고, 인간의 감각적 혹은 이성적 판단력을 믿을 수 없다고 말하는 이들까지도 적지 않다.

4

사람들은 저마다 하늘에 오르는 방법을 가르쳐주려 앞을 다투지만 문제는 그 어느 것도 검증되지 않는다는 데에 있다. 그래도 하늘의 왕이신 하느님의 뜻대로 살라고 강조하는 것은 이해할 수 있다지만 그 뜻을 누가 제대로 헤아렸다 할 수 있는가. 신의 세계를 말할 때에는 인간의 논리적 판단력을 배제시키기 좋아하면서 말이다.

5

죽은 시신의 사지를 절단하고 뼈에서 살점을 모두 발라내고 커다란 뼈들은 잘게 부수어서 독수리와 까마귀에게 먹이는 것으로써 죽은 자의 영혼이 하늘에 올라갔다고 믿는 티베트 사람[1]들은 하늘이 낮아서 좋겠다. 그렇듯 강가 강변 화장터에서 불타는 시신을 촬영하면 죽은 자의 영혼이 카메라에 붙잡혀 하늘에 오르지 못한다고 믿는 인도 사람들 역시 좋겠다. 그리 쉽게 자신의 의도대로 죽은 자의 영혼을 하늘에 올릴 수 있고 붙잡아 둘 수도 있으니 말이다.

6

땅[地]도 물[水]도 불[火]도 신성한데 어찌 더러운 시신을 물에 던지고 땅에 묻으며 불로써 태울 수가 있는가. 조로아스터교[2]를 믿는 사람들은 높다란 굴뚝 위로 발가벗긴 시신을 올려 놓고 독수리가 날아와 다 뜯어먹게 함으로써 지·수·화(地·水·火)의 신성(神性)을 지킨다. 인간의 믿음이란 이처럼 어처구니없을 때가 있다. 무릇, 인간은 고대인(古代人)의 사고(思考)에 스스로 구속되어 있는지도 모른 채 살아가는 경향이 짙다.

-2007. 04. 25. 14 : 24

백팔 배를 하는 불교 신자들

라싸의 조캉사, 시가체의 타시룬포사 등을 가면 사원 앞에서 자리를 고정한 채 저마다의 소원을 빌며, 백팔 배를 올리는 사람들이 참으로 많다. 특히, 조캉사 앞에서는 일 백여 명 내외가 한 곳에 모여 각자 백팔 배를 올리는데 이 장관을 지켜보느라 서양 사람들은 넋을 잃고 서있기도 한다. 합장한 두 손을 머리 위로 올렸다가 그대로 가슴까지 내린 다음 두 무릎을 꿇으면서 바닥에 댄 채 앞으로 길게 밀어서 배와 머리가 땅에 닿도록 엎드리는 동작을 수없이 되풀이 한다. 사진은 티베트 사람들이 가장 성스럽게 생각하는 조캉사 앞에서 백팔 배를 올리는 풍경이다. 자세히 들여다보면, 남자보다는 여자가 많고, 그들의 양손에는 손바닥이 다치지 않도록 보호대가 들려있고, 무릎에도 역시 보호대가 착용되어 있으며, 상하의 모두 두툼한 옷을 착용하고 있음을 확인할 수 있다.

신(神)이라기보다는 삶의 지혜를
일깨워주는 스승인데

 부처를 믿고 따르는 사람들은 금속·흙·나무·돌 등 여러 가지 가용(可用)한 재료로써 그의 형상(形象)을 만들어 사원 안이나 개인적인 거치에 안치(安置)해 놓기를 좋아한다. 그 형상들은 대개가 앉거나 누워 명상에 잠겨 있는 모습이거나 열반(涅槃)에 든 모습 등 다양하게 나타나는데 그것들의 모양·재질·크기 등으로써 각별한 의미를 부여하려는 경향이 있다. 뿐만 아니라, 불자(佛子)들은 부처의 제자(弟子)나 기타 조사(祖師)·선사(先師) 등 특별한 스님들의 형상물까지도 만들어 놓고 그것들에 경배(敬拜) 드리기를 주저하지 않는다.

 경배 드린다는 것은, 그들 상(像) 앞으로 나아가 존경하는 마음을 내어 합장(合掌)하고, 절을 하면서, 자신들의 소원이 성취되도록 기원하고, 또한 그에 감사하는 마음으로 헌금(獻金)하는 의식(儀式)이다. 또,

석가모니 크리스털 부처상 (중국)

헌금한다는 것은, 직접 돈을 내는 일로부터 꽃이나 향(香)이나 초를 헌납하거나 일용할 양식·의복·약품따위의 물질 등을 내는 일[獻物]을 두루 포함한다.

만약, 돌아가신 부처께서, 오늘날 사람들이 경배와 헌금하는 모습을 지켜보신다면 과연, 기뻐하실지, 화를 내실지 이 우자(愚者)로서는 궁금하기 짝이 없다.

그러나 생각해보면, 칭찬할 수도 없고 아니 할 수도 없을 것 같다는 판단이 든다. 동시에 부처께서는 신중하게 유관설법(說法)을 다시 하시지 않을까 싶다. 왜

석가모니 구리 부처상 (티베트) : 붉은 산호 목걸이와 술이 달린 꽃무늬 치마가 인상적이다

냐하면, 설법하신 분(부처나 그의 제자들)에게 감사하는 마음을 내어 예를 갖추는 일은 합당하나 형상물을 만들어 놓고 그 앞에 돈이나, 음식·과일 등을 진설해 놓고서 예를 갖추느라고 진정한 가르침을 깨우치려는 노력과 그 가르침을 실천하지 못한다면 근본적으로 부처님의 정신과 배치되기 때문이다.

부처님이 살아계셨을 때에 자신을 포함해서 출가(出家)하여 수행(修

行)하는 제자들은 먹고 마시고 입고 자는, 일차원적인 문제에 대해 일체 신경을 쓰지 않았기 때문에 생존에 필요한 최소한의 물질을 신도들로부터 제공받아야만 했다. 특히, 가뭄이나 장마 등의 자연재해로 흉년이 들기라도 하면 제자들과 집단생활을 하기에도 힘이 들어 분산되어서 수행하기도 했다는 사실이 시사해 주는 바 크다. 그래서 부처께서는 불가피하게 보시(布施)와 보시(報施)를 강조할 수밖에 없었고, 그러한 면을 충분히 이해할 수 있다.

뿐만 아니라, 부처께서는 인간의 모든 고통(苦痛)이 욕심(慾心)과 집착(執着)에서 비롯되고, 그 욕심과 집착은 몸[身體]으로부터 비롯된다고 판단하셨기 때문에 그것들을 떼어내기 위한 하나의 방법으로서 인간 육체를 허상(虛像)으로 여기셨고, 그것의 무상(無常)함을 또한 많이 강조하셨다. 곧, 인간의 몸은 지·수·화·풍(地·水·火·風)으로 이루어져 있어, 반드시 죽게 되어 있으며, 죽으면 썩어 없어지는 더러운 것으로서, 결코 실체(實體)가 되지

합금 석가모니 부처상 (인도)

못한다고 말씀하셨다. 심지어는, 부처님을 가장 가까이에서 보필한 '아난다'가 부처님께서 열반에 드시게 되면 그 몸(생명이 끊어진 부처의 몸 : 주검)을 어떻게 할 것인지를 묻자 부처께서는 "너희 출가 수행자는 나의 장례 같은 것에 상관하지 마라. 너희는 오로지 진리를 위해 부지런히 정진하여라. 나의 장례는 신도들이 알아서 치러 줄 것이다."라고 말씀하셨다 한다. 그만큼 자신의 주검조차 의식하지 않는 초연함을 보이셨다. 그도 그럴 것이, 스스로 말씀하신 바처럼 형태가 있는 모든 것은 변하기 마련이고, 변하는 모든 것은 사라지게 마련이고, 사라지는 모든 것은 실체가 될 수 없다고 굳게 믿었던 것이리라.

그런데 불교왕국인 티베트에서는 '달라이 라마'[1]나 '판첸 라마'[2], 그리고 성현(聖賢)이라 일컬어지는 고승(高僧)들이 죽으면, '탑장(塔葬)'[3]이라 하여 시신(屍身)을 미라로 만들어서 금과 갖가지 보석 등으로 장식한, 화려한 관에 넣어서 사원 내에 보관해 오고 있고, 오늘날까지도 그것들에 경배를 드리고 있다. 오늘날은 관광객들에게 자랑이라도 하듯이 그것에 동원된 금과 보석의 양을 힘주어 말하기도 한다. 그런가하면, 사원 안 불상 앞에 나아가 경배 드리는 것은 말할 것도 없고, 사원의 외곽을 돌며, 혹은 사원을 향해 길을 걸으며, 상징적 의미를 지닌 '옴마니반메훔'[4]이라는 주문(呪文)이 새겨진, 작은 원통형 통

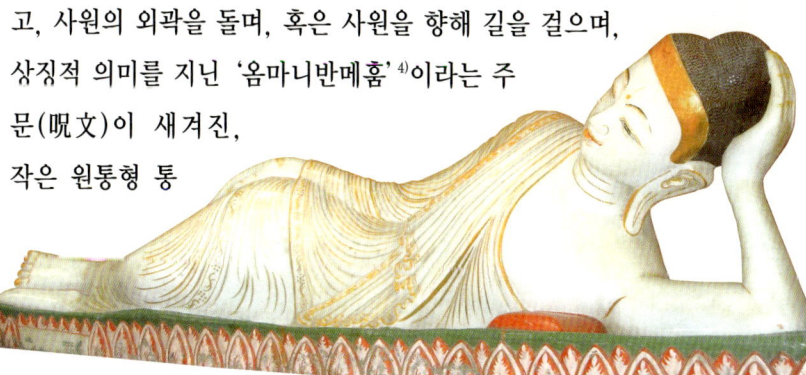

옆으로 누워 명상하는 석가모니 부처상

천을 꿰매어 붙인 석가모니 부처상 탕카 (티베트)

자수 석가모니 부처상 탕카 (티베트)

금으로 그린 석가모니 부처상 탕카

을 한 손으로 들고서 흔들어 돌리거나, 작은 소리로 그 주문을 암송하면서 손에 들린 염주를 굴리기도 한다. 그런가하면, 사원 외곽이나 수미산(須彌山)이라 여기는 '캉 린포체'⁵⁾ 등을 시계방향으로 도는데, 세 걸음을 걷고 바닥에 전신을 눕혀 절하는, 오체투지의 힘든 순례(巡禮)를 기꺼이 감당해내는 사람들도 있다. 또 그런가하면, 달라이 라마의 도시이자 티베트의 수도인 라싸[拉薩]의 조캉사원[大照寺]⁶⁾ 정문 앞이나, 판첸 라마의 도시이자 티베트의 제2도시인 시가체[日喀則]의 타시룬포사⁷⁾ 정문 앞에서 자리를 고정한 채 두 손바닥을 앞으로 길게 밀며 바닥에 전신이 닿도록 엎드려 절하기를 수없이 반복하는 사람들도 많다. 또 그런가하면, 법복을 걸쳐 입고 사원 앞에 앉아서 곡식 낱알을 오른손으로 한 줌 쥐어 장난감 같은 자그만 부처상 머리 위로 조금씩 흘러내리도록 붓는 동작을 되풀이 하고 있는 사람들도 있다. 또 그런가하면, 굽이치는 강물을 건너는 다리에, 산을 넘고 넘는 고갯길에, 높은 산봉우리나 그 밑에, 성스럽다고 생각하는 호숫가에, 사원의 주변에, 불탑에, 개인 집의 지붕 등에 '옴마니반메훔'을 인쇄한 깃발⁸⁾을 만국기처럼 늘어놓기도 하고, 가로세로 5센티미터 정도 되어 보이는 작은 종이에 주문과 부처상이 인쇄된, 부적같은 종이⁹⁾를 행운을 빌어야 할 장소, 그러니까 위험하다거나 성스럽다고 여겨지는 곳에서 뿌리기도 한다. 그런가하면, 산비탈에 있는 사원 뒤편에는 편편한 돌에 곡식류를 올려놓고 빻아 대서 홈이 생긴 반석(盤石)¹⁰⁾들이 놓여 있기도 하다. 또 그런가하면, 마을 입구에는 '옴마니반메훔'이란 주문을 음각 또는 양각으로, 아니면 색깔이 있는 페인트로 씨넣은 돌들을 쌓아 놓기도 하고, 그 위로 야크의 뿔을 올려 놓기도 한다. 심지어는 개인집 현관 출입문에까지 주문을 새겨 넣은 야크 뿔을 내걸어 놓기도 한다.

만국기처럼 펄럭이는 룽달

그리고 크고 작은 사원 안으로 들어가고 나오는 출입문 부근에는 '옴 마니반메훔'이 새겨진 원통형 통이 수십여 개가 일렬로 혹은 격자형으로 설치되어 있어 사람들이 일정한 방향으로 걸어가며 그것들의 밑 부분 손잡이를 잡아 굴리기도 한다. 또한, 사원 앞 좌우 양쪽에 굴뚝처럼 서있는, 하얀색의 화로에 특별한 땔감을 사서 향을 피우듯이 태워 연기를 내는 일을 하기도 한다.

 분명, 이러한 모습과 동원된 도구들은, 거칠고 열악한 환경 속에서 살아갈 수밖에 없는 그들이 현세와 내세(來世)의 복(福)을 기원하는 염원(念願)과 불가분의 관계에 있다. 뿐만 아니라, 부처의 가르침에 대한 믿음으로 갖게 되는 그들만의 신앙적 행위이자 수단이라고 생각되어진다. 물론, 그 행위와 그 수단 하나하나에 그들만의 각별한 의미가 부여되어서 말이다.

조캉사원 앞에서
백팔배를 올리는 신도

 그러나 그런 모습들을 지켜보는 나에게는, 솔직히 말하여, 슬픔이 밀려옴을 부인할 수가 없다. 조금도 의심의 여지가 없어 보이는, 그들의 종교적 신념(信念)이나 행위(行爲)가 정녕, 그들에게 위안과 마음의 평안을 가져다주기야 하겠지만 부처님의 정신이나 가르침과는 상당한 거리가 있을 뿐만 아니라 소원성취라는 그들의 현실적인 문제도 해결되지 않기 때문이다. 소원성취가 되고 아니 되는 문제에 대해서는 왈가왈부할 수 있으나 그들이 처한 오늘날의 현실이 잘 말해 준다고 나는 생각한다.
 오늘날 불자(佛者)들에게는 부처가 지혜롭게 사는 방법을 일깨워 줌으로써 고통을 덜어주는, 소위 깨달음을 얻은 자로서보다는 삶과 죽음과 환생과 관련하여 전권(全權)을 행사하는, 살아있는 신(神)이 되어 있다는 생각이 든다. 결과적으로 사원 내에 안치된, 이런저런 부처상

사원 좌·우·뒤편에 있는 반석 -1

사원 좌·우·뒤편에 있는 반석 -2

사원 좌·우·뒤편에 있는 반석 -3

사원 좌·우·뒤편에 있는 반석 -4

마을 입구 돌무더기 위에 있는 야크뿔

조캉사 앞에 있는 화로

타시룬포사 순례자

조캉사 측면에 있는 경전기(經轉機)

이란 중생들이 현세와 내세의 복을 기원하기 위해서 불가피하게 만든, 가시적인 상징물로서 신앙(信仰)의 수단이자 대상이 되어버린 것이다. 이 같은 현상은 티베트 사람들뿐만 아니라 부처님의 가르침을 믿고 따르는 자들이라면 국적(國籍)에 상관없이 공통적으로 나타나는데, 여기에는 부처님의 많은 가르침 중에서도 자신들에게 필요한 부분을 먼저 생각하고, 먼저 받아들일 수밖에 없는 인간적 이유가 전제되어 있기 때문이다.

오늘날, 자식이 수능시험에서 좋은 성적을 내달라고, 혹은 아내가 자식을 낳게 해달라고, 혹은 남편의 사업이 잘 돼달라고, 혹은 불의(不意)의 사고(事故)나 화(禍)를 면하게 해달라고, 불치병 환자의 병을 낫게 해달라고, 혹은 죽은 자의 명복(冥福)을 빌고, 그의 극락왕생(極樂往生)을 기원하기 위해서 불상 앞에 나아가 기도하며 경배를 드리는 우리들의 행위와 믿음도 사실상 그들과 조금도 다를 바 없다고 본다. 또한, 대웅전 앞에서 커다란 향불을 피우고, 불전에 촛불을 켜고, 잔돈을 내놓으며 기도하고 절하는 중국인들도 우리와 조금도 다를 바 없다. 다만, 경배 드리는 방식이나 수단이 조금씩 다를 뿐이다.

그러나 여기에 하나의 진실이 있다. 그것은 생존환경이 열악할수록 원하는 바가 간절하고, 원하는 바가 간절할수록 경배의 방식이 적극적일 따름이라는 사실이다. 그리고 그 경배 드리는 방식과 수단은 주어진 생활환경 속에서 이성적 판단 능력에 의해 자연스럽게 결정된다는 사실이다. 그러나 경배 드리는 시간이 너무 길면 현실적인 소원성취가 더 더딜 수밖에 없음도 부인할 수 없으리라.

-2007. 08. 20. 18 : 44

휴식을 취하는 관음도

한자로는 '觀音憩息圖'라 이름 붙여진 티베트 탕카(Tangka)이다. 641년에 창건되었다는 昌珠寺를 빛내주는 보물이 아닌가 싶다. 사람들은 이 탕카에 일만 개 이상의 긴주의 보석이 동원되었다고 강조하지만 나의 미천한 눈에는 그 값비싼 재료보다는 관음보살의 아름다운 자태(姿態)에 매력이 있고, 그 표현력에 의미와 가치가 있어 보인다. 삭발하여 얼굴이 둥글넓적하지만 이목구비가 뚜렷하고, 그 뚜렷함 속으로 약간의 수줍음과 겸손이 배어있다. 참으로 맑고 깨끗한 여인의 얼굴이다. 그 몸매 또한 가냘프지도 않고 뚱뚱하지도 않은 것이 기도와 명상과 절제된 생활로 일신상의 청정함을 유지하고 있는, 한 떨기 꽃처럼만 보인다.

부처는 간 데 없고

　나는 불경(佛經)을 통해서 꽤 오랫동안 친구처럼 사귀어 온 부처를 만나기 위해서 인도에 갔으나 그는 힌두교인에 의하여 생소한 '비시누(Vishnu)'[1] 신의 아홉 번째 화신(化身)이 되어 있었다. 하지만 그가 팔십 평생을 살면서 남긴 흔적이나마 내 눈으로 확인하기 위해서 나는 오늘도 발걸음을 옮기며 이런저런 생각에 잠긴다.
　인간 '고타마 싯타르타(Gautama Siddhrtha)'[2]의 평생 화두(話頭)는 무엇이었을까? 그리고 깨달음을 얻은 여래(如來) 곧 부처로서 그의 최고 관심사는 과연 무엇이었을까?
　그는 카필라 성의 왕자로서 부(富)와 명예(名譽)와 권력(權力)을 누릴 수 있었음에도 불구하고 평생 인간의 본질적인 문제, 곧 생로병사(生老病死)의 본질과 그 고통을 떨칠 수 있는 방법에 대해 깊게 사색(思索)하였다. 기록에 의하면, 그는 12살 때부터 어떻게 하면 인간이 늙고 병들고 죽어가는 과정의 고통을 극복할 수 있을까 번민하기 시작하였고, 19살에 '야소다라'와 결혼하였으며, 29살에 아들 '라훌라'를 낳고, 드디어 출가(出家)를 감행하였다 한다. 그 후 5년 동안 결연한 의지로 고행(苦行)과 명상(瞑想), 그리고 세 분의 스승[3]을 찾아가서 가르침을 받기도 하였다. 그러던 중 35살에 소위 '위없는 깨달음'[4]을 스스로 얻었다는 것이다.

그리하여 그는, 자칭 여래(如來)[5]가 되어 여든 살이 되어 죽기까지 45년 동안 여섯 곳[6] 이상을 두루 돌아다니며, 몇몇의 정사(精舍)[7], 동굴[8], 나무 밑 등에서 머물며 명상과 설법을 펼쳤다. 음식은 철저하게 걸식하였고, 믿고 따르는 자[信徒]들이 스스로 올리는 음식[供養]을 들기도 하였으며, 몸은 강물에 씻었다. 어림잡아 2,000여 명 이상이 출가하여 그를 따랐다고 판단[9]되는데 그런 그에게 최고의 관심사는 역시 인간을 포함하는 모든 생명체가 늙고 병들고 죽어가는 고통에서 벗어나게 하는 일이었다.

그는, 사실상 '삶이란 고통 그 자체'라는 대전제 아래에서 깨달음을 향한 수행을 하였고, 깨달음을 얻은 후 45년 동안에 펼친 설법(說法) 역시 중생들의 고통을 덜어주는 일에 그 초점을 맞추었다. 그러다보니까, 그는 자연스럽게 정신적으로는 제행무상(諸行無常)을 강조하였고, 현실적으로는 생활방식과 태도를 계·정·혜(戒·定·慧)[10]로써 통제하도록 하였다. 덧붙이자면, 삶의 모든 욕구·욕망으로부터 집착이 생기고, 그 집착으로부터 모든 고통이 나온다면서 그 집착으로부터 벗어나는 길만이 고통을 극복·초월하는 것이라 믿었기 때문에 바로 그 목적을 달성하기 위해서라도 그는 제행무상(諸行無常)을 철학적 기반으로 삼지 않을 수 없었다. 심지어는 인간의 몸도 마음도 영원하지 않다는 이유에서 실체가 아닌 '헛것'이라는 비약적 논리를 펼치기도 했다. 그러면서 모든 욕망의 단절 내지는 포기 상태가 되는, 다시 말해, 생명의 끝이야말로 '열반(涅槃)'이라는 판단을 내리기도 했던 것이다. 그래서 그는 그 어디에서 그 무엇으로도 다시 태어나지 않는 것이야말로 최고의 경지이자 바람인 진정한 열반(涅槃)이라고까지 했다.

아잔타 석굴이든 엘로라 석굴이든 신상이 모셔진 안쪽에는 통상 어둡고 칙칙한데 가까이 가면 이상한 냄새가 진동한다. 박쥐들의 배설물이 바닥과 신상 위로 흩어져 쌓여있기 때문이다. 사진은 엘로라 석굴의 자이나교 신상이다.

그렇다면, 그는 깨달음을 얻은 후 45년 동안을 명상과 설법을 하면서 하나의 교단을 형성하였고, 또한 그를 관리하면서 한없이 자비로운 금욕주의자(禁慾主義者)가 되어 살았는데 진정으로 생로병사의 고통에서 벗어날 수 있었는가? 물론, 아니다. 다만, 정신적으로 제행무상을 알고 있었기에 그 고통을 현저하게 덜어낼 수는 있었으리라 본다. 다시 말해, 살면서 느끼는 희로애락이란 감정의 기복을 제어하여 상대적인 평정심을 유지할 수는 있었다. 하지만 분명한 것은 그 역시 보통 사람들처럼 대인관계 속에서 크고 작은 희로애락을 느끼고 살았으며, - 물론, 정도 차이가 있었지만 - 또한, 나이를 먹으면서는 다른 사람들과 마찬가지로 자신의 몸에서 진행되는 노화(老化)를 그대로 받아들여야 했다. 마침내, 그도 쇠약해진 몸에 설사병까지 얻어 탈진하여 죽었으니 말이다.

다시 되새기고 싶지는 않겠지만, 자신의 아버지가 왕인 카필라 성이 코살라 왕국의 침략으로 무너지고, 자신의 수제자인 '사리풋타(舍利弗)'와 '목갈라나(目犍連)'가 먼저 죽게 되고, 두 처남 가운데 한 사람인 '데바닷타'의 배반을 목도(目睹)하게 되고, 자신의 노구(老軀)마저 이끌고 다니기에 힘겨웠던, 그런 시절이 그에게도 분명 있었다.

심한 가뭄으로 흉년이 들어 많은 제자들과 함께 무리지어 수행하기조차 어려워지자 그는 밧지족의 수도인 지금의 베살리(Vaishali) 부근에서 흩어져 지내기로 하고서, 자신은 '아난다'와 함께 '벨루바' 마을에 머물면서 아난다에게 말한다.

"아난다, 나는 이제까지 모든 법을 다 가르쳐 왔다. 법을 가르쳐 주는데 인색해 본 적이 없다. 이제 나는 늙고 기운도 쇠해졌다. 내 나이 여든이다. 낡아빠진 수레가 간신히 움직이고 있는 것처럼 내 몸도 겨우 움직이고 있다."

그 후, 말라(Malla) 왕국의 수도인 지금의 쿠시나가라(Kushina

gara)로 자리를 옮겨 다시 아난다에게 말한다.

"나는 지금 몹시 피곤해 눕고 싶다. 저기, 사라수[11] 아래에 가사를 네 겹으로 접어 깔아다오. 나는 오늘 밤 여기에서 열반에 들겠다."

부처는 모든 중생처럼 늙고, 병들고, 마침내 죽었다. 부처는 평소 자신의 말처럼 산다는 것이 무상하기 짝이 없는 것임을 자신의 몸으로써, 자신의 삶으로써 재확인하여 주었다. 그러나 부처는 자신의 말처럼 자신의 가르침은 불법(佛法)이 되어 오늘날까지도 전해 내려오고 있다. 하지만 우려했던 바대로 가르침을 잘 이해하고 실천하는 이들보다 '법을 먹는 아귀'[12]들이 더 들끓고 있다. 그리하여 곳곳에 버려진 석굴 속 신전에서는 박쥐들이나 서식하고, 가는 곳마다 시바 신의 상징인 남근 같은 조형물에 우유와 약물과 꽃 등을 바치고 기도하는 사람들로 북적거린다.

나는 발길을 돌려 그가 수없이 거닐었을 강가 강변의 말없는 강물 앞에서, 혹은 모래밭에 서서 상상해 본다. 지상의 크고 작은, 숱한 생명들의 생로병사가 이어지는 세계를 품어 안고서 같은 길을 멀리 가는 우주의 시간을 말이다. 지금 분명한 것이 있다면, 강변에 서있는 나의 숨소리조차, 내 눈앞에 펼쳐진 모든 움직이는 것조차 우주의 시간에 비하면 잠깐 피었다가 지는 순간이요, 그 과정에 있을 뿐이라는 사실이다.

-2007. 04. 11. 14 : 21

아촉여래의 검푸른 몸과 번개

    오방승불(The Dhyani Buddha ; 대일·아촉·보생·아미타·불공성취 여래) 가운데 두 번째 부처인 아촉여래를 천에다 금분과 물감으로 그린 티베트 전형적인 탕카(Thangka)이다. 이 그림은 17세기 켄체 학교(Khen-tse School)에서 제작된 것으로, 독특한 심미적 감상가치가 있어 보인다.
    전체적으로 보면, 중앙에 아촉여래가, 위쪽에는 풍요의 여신과 환생한 부처가, 아래쪽에는 미륵보살과 문수보살이 위치하며, 그밖에 산·구름·꽃·두 개의 달 등이 배치되어 시공을 구축하고 있다. 아촉여래는 가부좌한 채 두 손을 가슴 앞으로 들어올리는 전법륜인(轉法輪印 dharmacakra-mudr)을 취하고 있으면서 검푸른 몸 안에 번개를 지니고 있다. 뿐만 아니라, 황금빛 왕관을 머리에 쓰고 있으며, 금으로 장식된 받침대 위로 올려진 연화대에서 가부좌를 취한 채 명상삼매에 빠져 있는 듯하다. 그의 온몸에서는 광채가 나며, 화려한 꽃들에 싸여 있다. 물론, 두 개의 달은 어둠을 밝히는 광명 곧 지혜를 상징하며, 왕관은 권위와 존경을 상징하는 장식물이다.

부처의 두 가지 큰 전제와
조건부 환생론

　부처의 가르침[說法]에는 두 가지 큰 전제(前提)가 있다.
　하나는, 인간의 삶 자체를 고통으로 여기셨다는 점이다. 곧, 사람으로 태어나 성장하고 늙고 병들고 죽는 과정 자체가 고통이며, 그 과정에서 추구되거나 추구하는 모든 욕구와 욕망이 고통을 낳는 직접적인 원인이라고 판단하셨다. 그리고 그 다른 하나는, 인간 존재에 대해 무상(無常)하기 때문에 실체(實體)가 아니라고 판단했다는 점이다. 곧, 인간을 포함한 모든 존재는 죽음으로써 그 형태와 구조를 잃어버리고, 그 기능마저 사라져 버리기 때문에 영원할 수가 없고, 영원할 수 없기 때문에 무상(無常)하고, 무상하기 때문에 실체(實體)가 아니라는 것이다.
　부처의 모든 설법은 이 두 가지 큰 전제 위에서 시작된다 해도 틀리지 않는다.
　생명현상을 유지하고 고양시키는 활동으로서 삶이 곧 고통이라는 부정적 시각이 전제되었기 때문에 부처는 그 고통으로부터 벗어나는 방법을 생각하지 않을 수 없었다. 어떤 의미에서는 그것에 지나칠 정도로 집착했다고도 말할 수 있다. 그리하여 고통의 원인이 되는, 온갖 욕구·욕망을 채우기 위한 마음 씀과 행위인 '집착(執着)'을 버리라 하셨고, 욕구·욕망의 충족활동을 제한하는 금욕적 생활을 제안하셨다. 그 금욕적 생활의 근간이 계율(戒律)로서 나타나고, 그 계율은 도(道)를 구하는 개인[沙門]으로서의 목표를 이루고, 동시에 더불어 사는 사회인으로서의 공동선(共同善)을 이루기 위한 생활지침 같은 것이었다. 그러므로 그 생활지침은 무엇 무엇은 하고, 무엇 무엇은 하지 말라는 식으로 구체화되었던 것이다.

또한, 인간은 영원하지 않아서 실체가 아니라고 전제했기 때문에 부처는 영원한 것에 대한, 다시 말해 모든 존재의 근원인 실체에 대해서 상상하지 않을 수 없었다. 그리하여 인간의 몸이 무상한 헛것임을 강조하셨고, (물론, 그것이 집착을 버리는 데에도 도움이 되기 때문이었으리라.) 영원한 실체로서 공(空)이라는 개념을 끌어들여 그것에 역설적인 의미를 부여하셨다. 곧, 모든 존재는 공으로 돌아가고, 그 공으로부터 다시 모든 존재들이 비롯된다는 의미로서 소위 '공즉시색(空卽是色), 색즉시공(色卽是空)'을 말씀하셨던 것이다.

사실, 생명체로서 욕구와 욕망을 충족시키려는 활동은 본능이자 본질일 뿐만 아니라 그 과정에서는 고통만이 아닌 즐거움과 기쁨도 누릴 수 있기 때문에 그에 반하는 금욕적 생활은 실천되기가 대단히 어려운 일일 수밖에 없다. 뿐만 아니라, 사는 동안은 고락(苦樂)을 몸으로써 느끼기 때문에 몸보다도 중요한 것이 없는데 그것을 '헛것'이라 하며 추상적인 개념인 '공'을 늘 염두에 두라는 요구는 현실적으로 받아들이기 어려운 일이 아닐 수 없다. 다시 말해, 몸을 떠나 현실이 존재하지 않는데 그 몸을 무시하고 공을 앞세우는 태도는 현실적 고통을 덜 수는 있지만 그 이상이 되지 않는다는 사실이다. 따라서 부처의 두 가지 큰 전제는 전적으로 옳은, 완전한 판단이 아니라 부분적으로 옳은 불완전한 판단이었던 것이다.

  몸을 통해서 경쟁을 하며 갖가지 욕구와 욕망을 충족시키며 살아갈 수밖에 없는 생명체로서 필연적 현실을 외면할 수 없는 사람들이 자신의 가르침을 믿고 따르게 하려면 부처로서는 무언가 강력한 힘을 가진, 또 다른 가설(假說)이라도 필요했을 것이다. 바로 그 자리를 차지하고 있는 것이 '조건부 환생론(還生論)'이다. 곧, 사는 동안 선업(善業)을 지으면 죽어 좋은 곳에 태어나고, 악업(惡業)을 지으면 나쁜 곳에 다시 태어난다는 믿음이다.[1] 이것이야말로 현실에서 고통스러운 삶을 살 수밖에 없는 이들에게는 절대적인 희망이요, 오만불손한 사람들에게서는 내노면와를 일으키는 강력한 도구가 되었으리라. 실제로 과거 인도의 여러 지역의 여러 지배자들이 앞 다투어 사원을 지어댔다는 사실과, 환생에 대한 믿음을 가진 사람들 - 예컨대, 티베트의 불교 신자들 - 의 실생활에서 소욕(少慾)·보시(布施)[2] 등으로 나타나는 삶의 양태 등이 그를 잘 입증해 준다고 본다.

                                    -2007. 05. 23. 16 : 52

열반에 든 부처님

부처님은 보리수나무 밑에 가사를 네 겹으로 접어 깐 다음 옆으로 누우셨다. 몰려든 제자들을 바라보기 위해서였다. 자신의 가르침 가운데 질문이 있으면 하라는 말에도 불구하고 질문자가 없자 부처님은 스스로 마지막 설법을 펴시었다. 그리고는 편안하게 눈을 감으셨다. 그런 부처님의 열반 과정의 모습이 후대인들에 의해 묘사되어 왔는데 그 모양새를 보면 과장이 심한 것 같다. 기원전에 팔십 년을 사시어 몸이 많이 늙으셨고, 마지막엔 설사병까지 얻어 그야말로 몸은 '낡은 수레'를 떠올릴 정도로 말이 아니었다. 그런 부처님의 몸을 후대인들이 돌에 새기고 조형물을 만드는 데에 있어서는 그런 현실감을 무시하고 있기 때문이다. 아마도, 부처님을 존숭하는 마음이 너무 큰 나머지 그를 한낱 늙고 병들어 죽어가는, 평범한 사람으로 묘사하고 싶지는 않았기 때문일 것이다.

사진은 아잔타 26번 석굴에 조각된 7미터 길이의 부처 열반 모습이다. 부처는 아주 곱게, 편안하게, 베개를 베고 옆으로 누워 돌아가셨고, 밑에 제자들은 슬픔에 잠겨 있다. 이런 부처의 열반 모습을 흉내 내어 누워 잠자는 듯한 부처상을 만들어 모셔 놓은 사원들도 있다. 인도 라즈기르에 있는 일본 산티 스투빠(JapaneseS hanti Stupa)가 그 대표적인 예라 할 수 있다.

부처님의 마지막 설법
說法

　부처께서는 서른 살에 출가(出家)하여 서른다섯 살에 도(道)를 깨우치시고[得道 = 悟道], 그 후 돌아가시기까지 사십오 년 동안 줄곧 제자와 중생(衆生)들에게 자신이 깨우친 바를 설법하셨다. 그 내용을 법(法) 곧 진리(眞理)라 하고, 그것을 설명(說明)하거나 강론(講論)하는 행위를 설법(說法)이라 한다.
　부처님의 나이 여든이 되었을 때에는 그의 몸이 많이 늙어 있었고, 그는 '베살리'를 떠나 '파바'라는 고을에 이르러 금세공(金細工) '춘다'가 올리는 공양(供養)을 드시고 병세가 더욱 악화되었다. 부처님 스스로 말씀하셨듯이 자신의 늙고 병든 몸은 흡사 낡은 수레가 삐거덕거리며 겨우 이끌려가듯 했다하니 그 상태가 어떠했는지 가히 짐작이 가고 남는다. 부처님은 쇠약해질 대로 쇠약해진 노구(老軀)를 이끌고 '쿠시나가라'에 당도했을 때에 비로소 '아난다'에게 말씀하신다.

　"아난다, 나는 몹시 피곤해 눕고 싶다. 저기, 사라수 아래에 가사를 네 겹으로 접어 깔아다오. 나는 오늘 밤 여기에서 열반(涅槃)에 들겠다."

부처님께서는 돌아가시기 직전에 각지에서 모여든 수많은 제자[出家修行者]들에게 마지막 설법을 펴시었는데 그 내용인 즉 이러하다.

"너희들은 저마다 자기 자신을 등불로 삼고 자기를 의지하여라. 진리를 등불 삼고 진리를 의지하여라. 이밖에 다른 것에 의지해서는 안 된다.
 그리고 너희들은 내 가르침을 중심으로 서로 화합하고 공경하며 다투지 마라. 물과 젖처럼 화합할 것이요, 물 위에 기름처럼 겉돌지 마라. 함께 내 교법을 지키고 함께 배우며 함께 수행하고 부지런히 힘써 함께 도의 기쁨을 누려라.
 나는 몸소 진리를 깨닫고 너희들을 위해 진리를 말하였다. 너희는 이 진리를 지켜 무슨 일에나 진리대로 행동하여라. 이 가르침대로 행동한다면 설사 내게서 멀리 떨어져 있더라도 그는 항상 내 곁에 있는 것과 다름없다.
 죽음이란 육신의 죽음이라는 것을 잊지 말라. 육신은 부모에게서 받은 것이므로 늙고 병들어 죽는 것은 어쩔 수 없는 일이다. 여래는 육신이 아니라 깨달음의 지혜다. 육신은 여기에서 죽더라도 깨달음의 지혜는 영원히 진리와 깨달음의 길에 살아있을 것이다. 내가 간 후에는 내가 말한 가르침이 곧 너희들의 스승이 될 것이다.
 모든 것은 덧없다. 게으르지 말고 부지런히 정진하여라."

아주 간단명료하지만 실로 의미심장(意味深長)하다. 부처님이 말씀하신 '도(道)'가 곧 진리(眞理)이고, 그 '진리'가 곧 법(法)이고, 그 법이 곧 삶의 지혜로부터 세상사의 이치를 의미한다면, 그 법을 깨우치고 그 법을 좇아 사는 주체(主體)가 바로 자기 자신임을 천명(闡明)하였고, 인간 존재의 죽음의 의미를 솔직하게 밝히고 있으며, 수행자의 사회적 규범인 교법(敎法)을 지키고 배우고 수행하는 과정의 화합과 공경을 강조하였으며, 또한 궁극의 목표인 '깨달음의 기쁨'을 누리기 위해서 부단히 정진(精進)하라고 당부하셨다.

특히, 지옥(地獄)과 극락(極樂), 업(業)과 환생(還生)이란 키워드와 불가분의 관계에 있는 불가(佛家)의 수장(首長)이지만, 확증해 보일 수 없는 사후세계(死後世界)에 대해서만큼은 일체 언급하지 않고 있고, 육신의 죽음과 살아있는 자와의 이별[死別] 등을 있는 그대로 받아들이고 있다는 사실은 우리에게 시사(示唆)해 주는 바 크다 아니 말할 수 없다.

나는 평소 불상(佛像) 앞에 나아가 향을 피우고 꽃과 재물을 바치고 절을 하는 행위는 하지 않지만, 나는 이승에서 복(福)을 받고 다음 생에서 좋은 곳에 태어나기를 기원하지도 않지만, 출가(出家)한 후 평생을 집도 절도 없이 걸식(乞食)하며, 오로지 명상(冥想)과 설법으로 사셨던 부처님을 떠올리며, 불경(佛經)의 이 구절을 소리 내어 읽으면서 그 의미를 되새기곤 한다. 특히, 마음이 어수선하거나 무기력해질 때에, 혹은 마음 상할 때나 괴로울 때에, 혹은 자신감과 기쁨으로 넘쳐날 때에도 그러하다. 그리하면 나는 어렵지 않게, 크게 괴롭지도 않고 크게 기쁘지도 아니한, 그러면서도 내 마음의 밭[心田]을 멀리, 그리고 투명하게 내려다볼 수 있는 평정(平靜)을 되찾기 때문이다.

-2007. 07. 20. 17 : 31

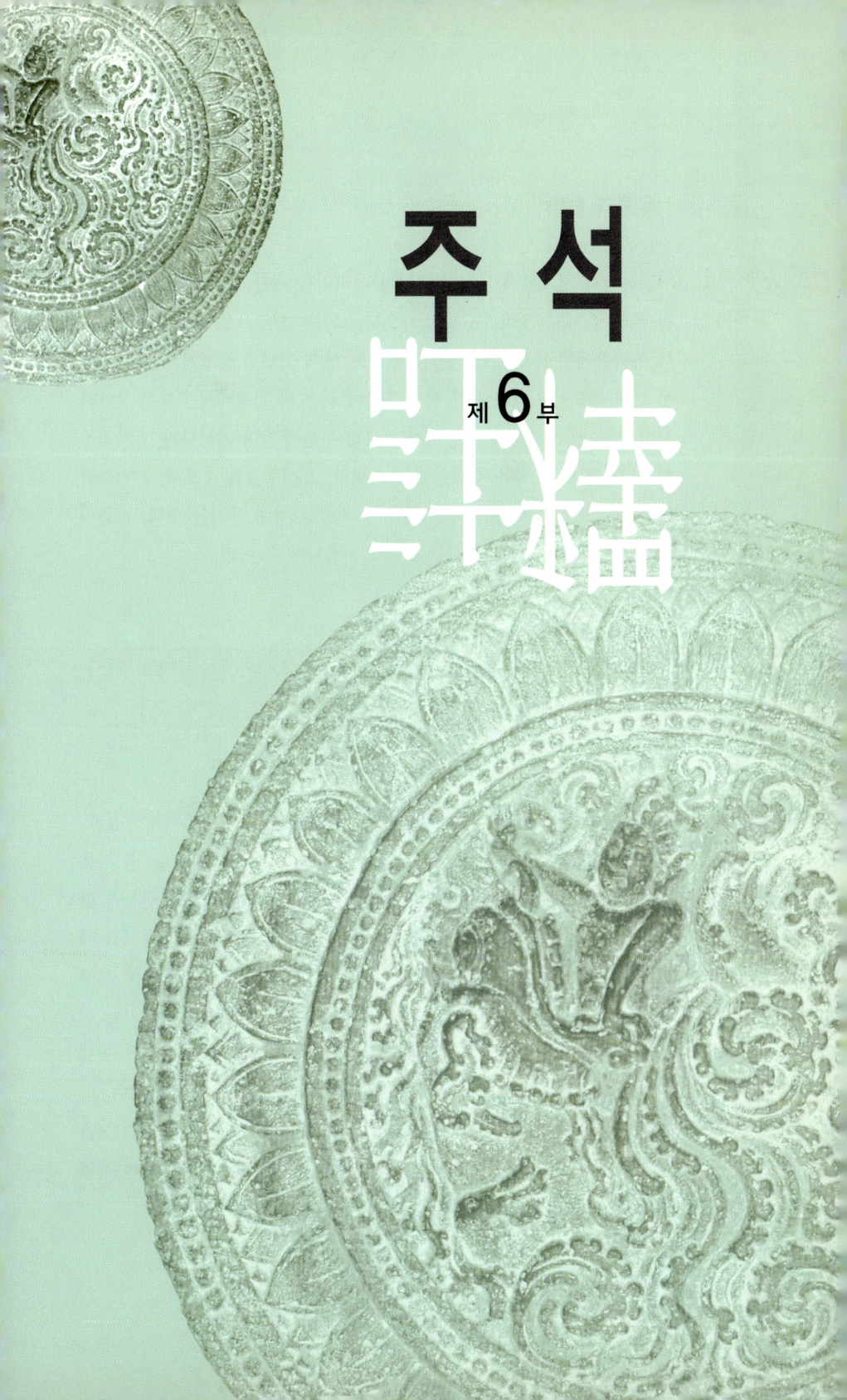

주석 註橻

제6부

유혹과 협박

1) 사도신경

전능하사 천지를 만드신 / 하나님 아버지를 내가 믿사오며, / 그 외아들 우리 주 예수 그리스도를 믿사오니, / 이는 성령으로 잉태하사 / 동정녀 마리아에게 나시고, / '본디오빌라도'에게 고난을 받으사, / 십자가에 못 박혀 죽으시고, / 장사한 지 사흘만에 죽은 자 가운데서 / 다시 살아나시며, 하늘에 오르사, / 전능하신 하나님 우편에 앉아 계시다가, / 저리로서 산 자와 죽은 자를 심판하러 오시리라. / 성령을 믿사오며, / 거룩한 공회와 성도가 서로 교통하는 것과, / 죄를 사하여 주시는 것과, / 몸이 다시 사는 것과, / 영원히 사는 것을 믿사옵나이다. 아멘.

2) 좋은 업(業)

남에게 도움이 되는 선(善)을 행하면서 부처님의 가르침을 믿고 따르는 삶.

3) 심판(審判)

심판의 신인 야마(염라대왕)가 버팔로를 타고 앉아 있는 모습

창세기로부터 요한계시록까지 '심판'이라는 낱말은 모두 백마흔아홉 번 사용되었다.[8] 이는 참고사항에서 확인하기 바라고, 가장 중요한 점은 심판의 주체와 객체, 그리고 그 방법과 결과 등인데 그에 대해서는 구체적인 언급이 없다. 다만, 심판하는 이는 하나님이거나 그 분이 내세우는 대리존재이고, 심판을 받는 대상은 죽은 사람과 산 사람이 되며, 심판의 기준은 선악(善惡 : 착함과 악함) · 시비(是非 : 옳고 그름) · 의음(義淫 : 의로움과 간사함) 등이며, 심판의 결과는 영생(永生)과 지옥행(地獄行)이라는 정도의 사실을 유추해 낼 수 있을 뿐이다.

그러나 〈티베트 死者의 書〉 영문판을 편집한 에반스 웬츠에 의하면, 영국 남부의 서리 지방에 있는 첼든 교회에 사후심판 장면이 벽화로 그려져 있고, 브라이트웰 볼드윈 교회의 스테인드글라스 창문에 사후 심판장에서 죽은 자의 영혼의 무게를 다는 장면이 그려져 있다고 전하고 있다. 물론, 〈티베트 死者의 書〉에서 언급되는 심판의 방법 · 결과 등과 유사한 구조를 갖는 〈이집트 死者의 書〉 내용과 흡사하다. 〈티베트 死者의 書〉와 〈이집트 死者의 書〉에서 묘사된 심판의 방법, 곧 심판자 · 심판의 도구인 저울 · 저울을 다는 보조신 · 심판 결과 등에 있어서 그 이름들이 다를 뿐 전체적인 구조는 동일하다.

천국과 지옥으로 갈라지는 길

지옥으로 가는 트랩 도어

4) 지옥(地獄)

창세기로부터 요한계시록까지 '지옥'이라는 낱말은 모두 열세 번 사용되고 있는데 주로 마태복음에서이다.[9] 이에 대한 내용은 역시 참고사항에서 확인하기 바라고, 가장 중요한 점은 지옥의 위치 · 상태 · 도구 등인데 그에 대한 구체적인 설

쇠창을 달구고 있는 장면

명은 없다. 다만, 지옥에는 꺼지지 않는 불이 있다는 것이고, 어두운 구덩이가 있다는 정도로 묘사되고 있다.

불교에서 말하는 지옥은, 아비달마구사론 외 대지도론(大智度論), 십팔지옥경(十八地獄經) 등에서 팔열(八熱) · 팔한(八寒) 지옥[10]과 16유증(遊增) 등으로 설명되고 있는데, 지옥은 삼계(욕계 · 색계 · 무색계)의 하나인 욕계에 있으며, 욕계를 이루는 20처(處) 중에서도 사대주(섬부주·승신주·우화주·구로주)에 있으며, 사대주 중에서도 남쪽의 섬부주 밑에 있다고 구체적인 설명을 하고 있으나 상상력에 의한 허구의 세계라고 필자는 생각한다.

5) 탐욕·집착·어리석음
탐(貪)·진(嗔)·치(癡)라 하여 이를 불교에서는 삼독(三毒)이라 한다.

6) 여호와의 이름을 망령되이 일컫지 말라
① 출애굽기 : "너는 너의 하나님 여호와의 이름을 망령되이 일컫지 말라. 나 여호와는 나의 이름을 망령되이 일컫는 자를 죄 없다 하지 아니하리라." (20:7)
② 신명기 : "너는 너의 하나님 여호와의 이름을 망령되이 일컫지 말라. 나 여호와는 나의 이름을 망령되이 일컫는 자를 죄 없는 줄로 인정치 아니하리라." (5:11)

7) 법을 먹고 사는 아귀(餓鬼)
제6부의 글 〈벤치에 홀로 앉아 –단상(斷想)·1〉의 주석 '법을 먹고 사는 아귀'를 참고하기 바람.

8) 성경(창세기~요한계시록)에서 '심판'이란 낱말이 사용된 예

번호	성경	장:절	성경 본문
1	창세기	18:25	주께서 이같이 하사 의인을 악인과 함께 죽이심은 불가하오며 의인과 악인을 균등히 하심도 불가하니이다 세상을 심판하시는 이가 공의를 행하실 것이 아니니이까

2	창세기	49:16	단은 이스라엘의 한 지파 같이 그 백성을 심판하리로다
3	신명기	32:41	나의 번쩍이는 칼을 갈며 내 손에 심판을 잡고 나의 대적에게 보수하며 나를 미워하는 자에게 보응할 것이라
4	사사기	11:27	내가 네게 죄를 짓지 아니하였거늘 네가 나를 쳐서 내게 악을 행하고자 하는도다 원컨대 심판하시는 여호와는 오늘날 이스라엘 자손과 암몬 자손의 사이에 판결하시옵소서 하나
5	사무엘상	2:10	여호와를 대적하는 자는 산산이 깨어질 것이라 하늘 우뢰로 그들을 치시리로다 여호와께서 땅 끝까지 심판을 베푸시고 자기 왕에게 힘을 주시며 자기의 기름 부음을 받은 자의 뿔을 높이시리로다 하니라
6	사무엘상	3:13	내가 그 집을 영영토록 심판하겠다고 그에게 이른 것은 그의 아는 죄악을 인함이니 이는 그가 자기 아들들이 저주를 자청하되 금하지 아니하였음이니라
7	열왕기상	7:7	또 심판하기 위하여 보좌의 낭실 곧 재판하는 낭실을 짓고 온 마루를 백향목으로 덮었고
8	역대상	16:33	그리 할 때에 삼림의 나무들이 여호와 앞에서 즐거이 노래하리니 주께서 땅을 심판하려 오실 것임이로다
9	욥기	8:3	하나님이 어찌 심판을 굽게 하시겠으며 전능하신 이가 어찌 공의를 굽게 하시겠는가
10	욥기	9:15	가령 내가 의로울지라도 감히 대답하지 못하고 나를 심판하실 그 에게 간구하였을 뿐이며

11	욥기	9:19	힘으로 말하면 그가 강하시고 심판으로 말하면 누가 그를 호출하겠느냐
12	욥기	19:29	너희는 칼을 두려워할지니라 분노는 칼의 형벌을 부르나니 너희가 심판이 있는 줄을 알게 되리라
13	욥기	21:22	그러나 하나님은 높은 자들을 심판하시나니 누가 능히 하나님께 지식을 가르치겠느냐
14	욥기	22:13	그러나 네 말은 하나님이 무엇을 아시며 흑암 중에서 어찌 심판하실 수 있으랴
15	욥기	23:7	거기서는 정직자가 그와 변론할 수 있은즉 내가 심판자에게서 영영히 벗어나리라
16	욥기	34:23	하나님은 사람을 심판하시기에 오래 생각하실 것이 없으시니
17	욥기	36:17	이제는 악인의 받을 벌이 네게 가득하였고 심판과 공의가 너를 잡았나니
18	욥기	37:23	전능자를 우리가 측량할 수 없나니 그는 권능이 지극히 크사 심판이나 무한한 공의를 굽히지 아니 하심이니라
19	욥기	40:8	네가 내 심판을 폐하려느냐 스스로 의롭다 하려 하여 나를 불의하다 하느냐
20	시편	1:5	그러므로 악인이 심판을 견디지 못하며 죄인이 의인의 회중에 들지 못하리로다
21	시편	7:6	여호와여 진노로 일어나사 내 대적들의 노를 막으시며 나를 위하여 깨소서 주께서 심판을 명하셨나이다
22	시편	7:8	여호와께서 만민에게 심판을 행하시오니 여호와여 나의 의와 내게 있는 성실함을 따라 나를 판단하소서

23	시편	9:4	주께서 나의 의와 송사를 변호하셨으며 보좌에 앉으사 의롭게 심판하셨나이다
24	시편	9:7	여호와께서 영영히 앉으심이여 심판을 위하여 보좌를 예비하셨도다
25	시편	9:8	공의로 세계를 심판하심이여 정직으로 만민에게 판단을 행하시리로다
26	시편	9:16	여호와께서 자기를 알게 하사 심판을 행하셨음이여 악인은 그 손으로 행한 일에 스스로 얽혔도다 (힉가욘, 셀라)
27	시편	9:19	여호와여 일어나사 인생으로 승리를 얻지 못하게 하시며 열방으로 주의 목전에 심판을 받게하소서
28	시편	10:5	저의 길은 언제든지 견고하고 주의 심판은 높아서 저의 안력이 미치지 못하오며 저는 그 모든 대적을 멸시하며
29	시편	10:18	고아와 압박당하는 자를 위하여 심판하사 세상에 속한 자로 다시는 위협지 못하게 하시리이다
30	시편	50:6	하늘이 그 공의를 선포하리니 하나님 그는 심판장이심이로다(셀라)
31	시편	143:2	주의 종에게 심판을 행치 마소서 주의 목전에는 의로운 인생이 하나도 없나이다
32	잠언	19:29	심판은 거만한 자를 위하여 예비된 것이요 채찍은 어리석은 자의 등을 위하여 예비된 것이니라
33	잠언	20:8	심판 자리에 앉은 왕은 그 눈으로 모든 악을 흩어지게 하느니라
34	전도서	3:17	내가 심중에 이르기를 의인과 악인을 하나님이 심판하시리니 이는 모든 목적과 모든 일이 이룰 때가 있음이라 하였으며

35	전도서	11:9	청년이여 네 어린 때를 즐거워하며 네 청년의 날을 마음에 기뻐하여 마음에 원하는 길과 네 눈이 보는 대로 좇아 행하라 그러나 하나님이 이 모든 일로 인하여 너를 심판하실 줄 알라
36	전도서	12:14	하나님은 모든 행위와 모든 은밀한 일을 선악간에 심판하시리라
37	이사야	3:13	여호와께서 변론하러 일어나시며 백성들을 심판하려고 서시도다
38	이사야	4:4	이는 주께서 그 심판하는 영과 소멸하는 영으로 시온의 딸들의 더러움을 씻으시며 예루살렘의 피를 그 중에서 청결케 하실 때가 됨이라
39	이사야	11:3	그가 여호와를 경외함으로 즐거움을 삼을 것이며 그 눈에 보이는 대로 심판치 아니하며 귀에 들리는 대로 판단치 아니하며
40	이사야	11:4	공의로 빈핍한 자를 심판하며 정직으로 세상의 겸손한 자를 판단할 것이며 그 입의 막대기로 세상을 치며 입술의 기운으로 악인을 죽일 것이며
41	이사야	26:8	여호와여 주의 심판하시는 길에서 우리가 주를 기다렸사오며 주의 이름 곧 주의 기념 이름을 우리 영혼이 사모하나이다
42	이사야	26:9	밤에 내 영혼이 주를 사모하였사온즉 내 중심이 주를 간절히 구하오리니 이는 주께서 땅에서 심판하시는 때에 세계의 거민이 의를 배움이니이다
43	이사야	34:5	여호와의 칼이 하늘에서 족하게 마셨은즉 보라 이것이 에돔 위에 내리며 멸망으로 정한 백성 위에 내려서 그를 심판할 것이라
44	이사야	51:5	내 의가 가깝고 내 구원이 나갔은즉 내 팔이 만민

			을 심판하리니 섬들이 나를 앙망하여 내 팔에 의지하리라
45	이사야	66:16	여호와께서 불과 칼로 모든 혈육에게 심판을 베푸신 즉 여호와께 살륙 당할 자가 많으리니
46	예레미야	1:16	무리가 나를 버리고 다른 신들에게 분향하며 자기 손으로 만든것에 절하였은즉 내가 나의 심판을 베풀어 그들의 모든 죄악을 징계하리라
47	예레미야	2:35	그러나 너는 말하기를 나는 무죄하니 그 진노가 참으로 내게서 떠났다 하거니와 보라 네 말이 나는 죄를 범치 아니하였다 함을 인하여 내가 너를 심판하리라
48	예레미야	4:12	이보다 더 강한 바람이 나를 위하여 오리니 이제 내가 그들에게 심판을 베풀 것이라
49	예레미야	25:31	요란한 소리가 땅 끝까지 이름은 여호와께서 열국과 다투시며 모든 육체를 심판하시며 악인을 칼에 붙이심을 인함이라 하라 여호와의 말이니라
50	예레미야	48:21	심판이 평지에 임하였나니 곧 홀론과 야사와 메바앗과
51	예레미야	48:47	그러나 내가 말일에 모압의 포로로 돌아 오게 하리라 여호와의 말이니라 하시니라 모압을 심판하는 말씀이 이에 그쳤느니라
52	에스겔	7:8	이제 내가 속히 분을 네게 쏟고 내 진노를 네게 이루어서 네 행위대로 너를 심판하여 네 모든 가증한 일을 네게 보응하되
53	에스겔	33:20	그러나 너희가 이르기를 주의 길이 공평치 않다 하는도다 이스라엘 족속아 내가 너희의 각기 행한대로 심판하리라 하시니라

54	에스겔	34:17	나 주 여호와가 말하노라 나의 양떼 너희여 내가 양과 양의 사이와 수양과 수염소의 사이에 심판하노라
55	에스겔	34:20	그러므로 주 여호와께서 그들에게 대하여 말씀하시기를 나 곧 내가 살찐 양과 파리한 양 사이에 심판하리라
56	에스겔	34:22	그러므로 내가 내 양떼를 구원하여 그들로 다시는 노략거리가 되지 않게 하고 양과 양 사이에 심판하리라
57	에스겔	36:19	그들을 그 행위대로 심판하여 각국에 흩으며 열방에 헤쳤더니
58	에스겔	39:21	내가 내 영광을 열국 중에 나타내어 열국으로 나의 행한 심판과 내가 그 위에 나타낸 권능을 보게 하리니
59	다니엘	7:10	불이 강처럼 흘러 그 앞에서 나오며 그에게 수종하는 자는 천천이요 그 앞에 시위한 자는 만만이며 심판을 베푸는데 책들이 펴 놓였더라
60	다니엘	7:26	그러나 심판이 시작된즉 그는 권세를 빼앗기고 끝까지 멸망할 것이요
61	호세아	5:1	제사장들아 이를 들으라 이스라엘 족속들아 깨달으라 왕족들아 귀를 기울이라 너희에게 심판이 있나니 너희가 미스바에서 올무가 되며 다볼 위에서 친 그물이 됨이라
62	호세아	6:5	그러므로 내가 선지자들로 저희를 치고 내 입의 말로 저희를 죽였노니 내 심판은 발하는 빛과 같으니라
63	요엘	3:12	열국은 동하여 여호사밧 골짜기로 올라올지어다

			내가 거기 앉아서 사면의 열국을 다 심판하리로다
64	오바댜	1:21	구원자들이 시온산에 올라와서 에서의 산을 심판하리니 나라가 여호와께 속하리라
65	미가	4:3	그가 많은 민족 중에 심판하시며 먼 곳 강한 이방을 판결하시리니 무리가 그 칼을 쳐서 보습을 만들고 창을 쳐서 낫을 만들 것이며 이 나라와 저 나라가 다시는 칼을 들고 서로 치지 아니하며 다시는 전쟁을 연습하지 아니하고
66	미가	7:9	내가 여호와께 범죄하였으니 주께서 나를 위하여 심판하사 신원하시기까지는 그의 노를 당하려니와 주께서 나를 인도하사 광명에 이르게 하시리니 내가 그의 의를 보리로다
67	하박국	1:7	그들은 두렵고 무서우며 심판과 위령이 자기로 말미암으며
68	하박국	1:12	선지가 가로되 여호와 나의 하나님, 나의 거룩한 자시여 주께서는 만세 전부터 계시지 아니하시니이까 우리가 사망에 이르지 아니하리이다 여호와여 주께서 심판하기 위하여 그를 두셨나이다 반석이시여 주께서 경계하기 위하여 그를 세우셨나이다
69	말라기	3:5	내가 심판하러 너희에게 임할 것이라 술수하는 자에게와 간음하는 자에게와 거짓 맹세하는 자에게와 품군의 삯에 대하여 억울케하며 과부와 고아를 압제하며 나그네를 억울케 하며 나를 경외치 아니하는 자들에게 속히 증거하리라 만군의 여호와가 말하였느니라

제6부 구절

70	마태복음	5:21	옛 사람에게 말한 바 살인치 말라 누구든지 살인하면 심판을 받게 되리라 하였다는 것을 너희가 들었으나
71	마태복음	5:22	나는 너희에게 이르노니 형제에게 노하는 자마다 심판을 받게 되고 형제를 대하여 라가라 하는 자는 공회에 잡히게되고 미련한 놈이라 하는 자는 지옥 불에 들어가게 되리라
72	마태복음	10:15	내가 진실로 너희에게 이르노니 심판 날에 소돔과 고모라 땅이 그 성보다 견디기 쉬우리라
73	마태복음	11:22	내가 너희에게 이르노니 심판 날에 두로와 시돈이 너희보다 견디기 쉬우리라
74	마태복음	11:24	내가 너희에게 이르노니 심판 날에 소돔 땅이 너보다 견디기 쉬우리라 하시니라
75	마태복음	12:18	보라 나의 택한 종 곧 내 마음에 기뻐하는 바 나의 사랑하는 자로다 내가 내 성령을 줄 터이니 그가 심판을 이방에 알게 하리라
76	마태복음	12:20	상한 갈대를 꺾지 아니하며 꺼져가는 심지를 끄지 아니하기를 심판하여 이길 때까지 하리니
77	마태복음	12:36	내가 너희에게 이르노니 사람이 무슨 무익한 말을 하든지 심판 날에 이에 대하여 심문을 받으리니
78	마태복음	12:41	심판 때에 니느웨 사람들이 일어나 이 세대 사람을 정죄하리니 이는 그들이 요나의 전도를 듣고 회개하였음이어니와 요나보다 더 큰 이가 여기 있으며
79	마태복음	12:42	심판 때에 남방 여왕이 일어나 이 세대 사람을 정죄하리니 이는 그가 솔로몬의 지혜로운 말을 들

			으려고 땅 끝에서 왔음이어니와 솔로몬보다 더 큰이가 여기 있느니라
80	마태복음	19:28	예수께서 가라사대 내가 진실로 너희에게 이르노니 세상이 새롭게 되어 인자가 자기 영광의 보좌에 앉을 때에 나를 좇는 너희도 열 두 보좌에 앉아 이스라엘 열 두 지파를 심판하리라
81	누가복음	10:14	심판 때에 두로와 시돈이 너희보다 견디기 쉬우리라
82	누가복음	11:31	심판 때에 남방 여왕이 일어나 이 세대 사람을 정죄하리니 이는 그가 솔로몬의 지혜로운 말을 들으려고 땅 끝에서 왔음이어니와 솔로몬보다 더 큰이가 여기 있으며
83	누가복음	11:32	심판 때에 니느웨 사람들이 일어나 이 세대 사람을 정죄하리니 이는 그들이 요나의 전도를 듣고 회개하였음이어니와 요나보다 더 큰이가 여기 있느니라
84	요한복음	3:17	하나님이 그 아들을 세상에 보내신 것은 세상을 심판하려 하심이 아니요 저로 말미암아 세상이 구원을 받게 하려 하심이라
85	요한복음	3:18	저를 믿는 자는 심판을 받지 아니하는 것이요 믿지 아니하는 자는 하나님의 독생자의 이름을 믿지 아니하므로 벌써 심판을 받은 것이니라
86	요한복음	5:22	아버지께서 아무도 심판하지 아니하시고 심판을 다 아들에게 맡기셨으니
87	요한복음	5:24	내가 진실로 진실로 너희에게 이르노니 내 말을 듣고 또 나 보내신 이를 믿는 자는 영생을 얻었고 심판에 이르지 아니하나니 사망에서 생명으로 옮

88	요한복음	5:27	또 인자됨을 인하여 심판하는 권세를 주셨느니라
89	요한복음	5:29	선한 일을 행한 자는 생명의 부활로, 악한 일을 행한 자는 심판의 부활로 나오리라
90	요한복음	5:30	내가 아무 것도 스스로 할 수 없노라 듣는 대로 심판하노니 나는 나의 원대로 하려하지 않고 나를 보내신 이의 원대로 하려는 고로 내 심판은 의로우니라
91	요한복음	9:39	예수께서 가라사대 내가 심판하러 이 세상에 왔으니 보지 못하는 자들은 보게 하고 보는 자들은 소경되게 하려 함이라 하시니
92	요한복음	12:31	이제 이 세상의 심판이 이르렀으니 이 세상 임금이 쫓겨나리라
93	요한복음	12:47	사람이 내 말을 듣고 지키지 아니할지라도 내가 저를 심판하지 아니하노라 내가 온 것은 세상을 심판하려 함이 아니요 세상을 구원하려 함이로라
94	요한복음	12:48	나를 저버리고 내 말을 받지 아니하는 자를 심판할 이가 있으니 곧 나의 한 그 말이 마지막 날에 저를 심판하리라
95	요한복음	16:8	그가 와서 죄에 대하여, 의에 대하여, 심판에 대하여 세상을 책망하시리라
96	요한복음	16:11	심판에 대하여라 함은 이 세상 임금이 심판을 받았음이니라
97	사도행전	7:7	또 가라사대 종 삼는 나라를 내가 심판하리니 그 후에 저희가 나와서 이곳에서 나를 섬기리라 하시고
98	사도행전	17:31	이는 정하신 사람으로 하여금 천하를 공의로 심

			판할 날을 작정하시고 이에 저를 죽은 자 가운데서 다시 살리신 것으로 모든 사람에게 믿을만한 증거를 주셨음이니라 하니라
99	사도행전	24:25	바울이 의와 절제와 장차 오는 심판을 강론하니 벨릭스가 두려워하여 대답하되 시방은 가라 내가 틈이 있으면 너를 부르리라 하고
100	로마서	2:12	무릇 율법 없이 범죄한 자는 또한 율법 없이 망하고 무릇 율법이 있고 범죄한 자는 율법으로 말미암아 심판을 받으리라
101	로마서	2:16	곧 내 복음에 이른 바와 같이 하나님이 예수 그리스도로 말미암아 사람들의 은밀한 것을 심판하시는 그날이라
102	로마서	3:6	결코 그렇지 아니하니라 만일 그러하면 하나님께서 어찌 세상을 심판하시리요
103	로마서	3:7	그러나 나의 거짓말로 하나님의 참되심이 더 풍성하여 그의 영광이 되었으면 어찌 나도 죄인처럼 심판을 받으리요
104	로마서	3:19	우리가 알거니와 무릇 율법이 말하는 바는 율법 아래 있는 자들에게 말하는 것이니 이는 모든 입을 막고 온 세상으로 하나님의 심판 아래 있게 하려 함이니라
105	로마서	5:16	또 이 선물은 범죄한 한 사람으로 말미암은 것과 같지 아니하니 심판은 한 사람을 인하여 정죄에 이르렀으나 은사는 많은 범죄를 인하여 의롭다 하심에 이름이니라
106	로마서	13:2	그러므로 권세를 거스리는 자는 하나님의 명을 거스림이니 거스리는 자들은 심판을 자취하리라

107	로마서	14:10	네가 어찌하여 네 형제를 판단하느뇨 어찌하여 네 형제를 업신여기느뇨 우리가 다 하나님의 심판대 앞에 서리라
108	고린도후서	5:10	이는 우리가 다 반드시 그리스도의 심판대 앞에 드러나 각각 선악간에 그 몸으로 행한 것을 따라 받으려 함이라
109	갈라디아서	5:10	나는 너희가 아무 다른 마음도 품지 아니할 줄을 주 안에서 확신하노라 그러나 너희를 요동케 하는 자는 누구든지 심판을 받으리라
110	데살로니가후서	1:5	이는 하나님의 공의로운 심판의 표요 너희로 하여금 하나님 나라에 합당한 자로 여기심을 얻게 하려 함이니 그 나라를 위하여 너희가 또한 고난을 받느니라
111	데살로니가후서	2:12	진리를 믿지 않고 불의를 좋아하는 모든 자로 심판을 받게 하려 하심이니라
112	디모데전서	5:12	처음 믿음을 저버렸으므로 심판을 받느니라
113	디모데전서	5:24	어떤 사람들의 죄는 밝히 드러나 먼저 심판에 나아가고 어떤 사람들의 죄는 그 뒤를 좇나니
114	디모데후서	4:1	하나님 앞과 산 자와 죽은 자를 심판하실 그리스도 예수 앞에서 그의 나타나실 것과 그의 나라를 두고 엄히 명하노니
115	히브리서	6:2	세례들과 안수와 죽은 자의 부활과 영원한 심판에 관한 교훈의 터를 다시 닦지 말고 완전한 데 나아갈지니라
116	히브리서	9:27	한번 죽는 것은 사람에게 정하신 것이요 그 후에는 심판이 있으리니
117	히브리서	10:27	오직 무서운 마음으로 심판을 기다리는 것과 대

			적하는 자를 소멸할 맹렬한 불만 있으리라
118	히브리서	10:30	원수 갚는 것이 내게 있으니 내가 갚으리라 하시고 또 다시 주께서 그의 백성을 심판하리라 말씀하신 것을 우리가 아노니
119	히브리서	12:23	하늘에 기록한 장자들의 총회와 교회와 만민의 심판자이신 하나님과 및 온전케 된 의인의 영들과
120	히브리서	13:4	모든 사람은 혼인을 귀히 여기고 침소를 더럽히지 않게 하라 음행하는 자들과 간음하는 자들을 하나님이 심판하시리라
121	야고보서	2:12	너희는 자유의 율법대로 심판 받을 자처럼 말도 하고 행하기도 하라
122	야고보서	2:13	긍휼을 행하지 아니하는 자에게는 긍휼 없는 심판이 있으리라 긍휼은 심판을 이기고 자랑하느니라
123	야고보서	3:1	내 형제들아 너희는 선생 된 우리가 더 큰 심판 받을 줄을 알고 많이 선생이 되지 말라
124	야고보서	5:9	형제들아 서로 원망하지 말라 그리하여야 심판을 면하리라 보라 심판자가 문밖에 서 계시니라
125	베드로전서	2:23	욕을 받으시되 대신 욕하지 아니하시고 고난을 받으시되 위협하지 아니하시고 오직 공의로 심판하시는 자에게 부탁하시며
126	베드로전서	4:5	저희가 산 자와 죽은 자 심판하기를 예비하신 자에게 직고하리라
127	베드로전서	4:6	이를 위하여 죽은 자들에게도 복음이 전파되었으니 이는 육체로는 사람처럼 심판을 받으나 영으로는 하나님처럼 살게 하려 함이니라

128	베드로전서	4:17	하나님 집에서 심판을 시작할 때가 되었나니 만일 우리에게 먼저 하면 하나님의 복음을 순종치 아니하는 자들의 그 마지막이 어떠하며
129	베드로후서	2:3	저희가 탐심을 인하여 지은 말을 가지고 너희로 이를 삼으니 저희 심판은 옛적부터 지체하지 아니하며 저희 멸망은 자지 아니하느니라
130	베드로후서	2:4	하나님이 범죄한 천사들을 용서치 아니하시고 지옥에 던져 어두운 구덩이에 두어 심판 때까지 지키게 하셨으며
131	베드로후서	2:9	주께서 경건한 자는 시험에서 건지시고 불의한 자는 형벌 아래 두어 심판 날까지 지키시며
132	베드로후서	3:7	이제 하늘과 땅은 그 동일한 말씀으로 불사르기 위하여 간수하신 바 되어 경건치 아니한 사람들의 심판과 멸망의 날까지 보존하여 두신 것이니라
133	요한1서	4:17	이로써 사랑이 우리에게 온전히 이룬 것은 우리로 심판 날에 담대함을 가지게 하려 함이니 주의 어떠하심과 같이 우리도 세상에서 그러하니라
134	유다서	1:6	또 자기 지위를 지키지 아니하고 자기 처소를 떠난 천사들을 큰 날의 심판까지 영원한 결박으로 흑암에 가두셨으며
135	유다서	1:15	이는 뭇사람을 심판하사 모든 경건치 않은 자의 경건치 않게 행한 모든 경건치 않은 일과 또 경건치 않은 죄인의 주께 거스려 한 모든 강퍅한 말을 인하여 저희를 정죄하려 하심이라 하였느니라
136	요한계시록	6:10	큰 소리로 불러 가로되 거룩하고 참되신 대주재여 땅에 거하는 자들을 심판하여 우리 피를 신원

			하여 주지 아니하시기를 어느 때까지 하시려나이까 하니
137	요한계시록	11:18	이방들이 분노하매 주의 진노가 임하여 죽은 자를 심판하시며 종 선지자들과 성도들과 또 무론 대소하고 주의 이름을 경외하는 자들에게 상 주시며 또 땅을 망하게 하는 자들을 멸망시키실 때로소이다 하더라
138	요한계시록	14:7	그가 큰 음성으로 가로되 하나님을 두려워하며 그에게 영광을 돌리라 이는 그의 심판하실 시간이 이르렀음이니 하늘과 땅과 바다와 물들의 근원을 만드신 이를 경배하라 하더라
139	요한계시록	16:5	내가 들으니 물을 차지한 천사가 가로되 전에도 계셨고 시방도 계신 거룩하신이여 이렇게 심판하시니 의로우시도다
140	요한계시록	16:7	또 내가 들으니 제단이 말하기를 그러하다 주 하나님 곧 전능하신 이시여 심판하시는 것이 참되시고 의로우시도다 하더라
141	요한계시록	17:1	또 일곱 대접을 가진 일곱 천사 중 하나가 와서 내게 말하여 가로되 이리 오라 많은 물위에 앉은 큰 음녀의 받을 심판을 네게 보이리라
142	요한계시록	18:8	그러므로 하부 농안에 그 재앙들이 이르리니 곧 사망과 애통과 흉년이라 그가 또한 불에 살라지리니 그를 심판하신 주 하나님은 강하신 자이심이니라
143	요한계시록	18:10	그 고난을 무서워하여 멀리 서서 가로되 화 있도다 화 있도다 큰 성, 견고한 성 바벨론이여 일시간에 네 심판이 이르렀다 하리로다

144	요한계시록	18:20	하늘과 성도들과 사도들과 선지자들아 그를 인하여 즐거워하라 하나님이 너희를 신원하시는 심판을 그에게 하셨음이라 하더라
145	요한계시록	19:2	그의 심판은 참되고 의로운지라 음행으로 땅을 더럽게 한 큰 음녀를 심판하사 자기 종들의 피를 그의 손에 갚으셨도다 하고
146	요한계시록	19:11	또 내가 하늘이 열린 것을 보니 보라 백마와 탄 자가 있으니 그 이름은 충신과 진실이라 그가 공의로 심판하며 싸우더라
147	요한계시록	20:4	또 내가 보좌들을 보니 거기 앉은 자들이 있어 심판하는 권세를 받았더라 또 내가 보니 예수의 증거와 하나님의 말씀을 인하여 목 베임을 받은 자의 영혼들과 또 짐승과 그의 우상에게 경배하지도 아니하고 이마와 손에 그의 표를 받지도 아니한 자들이 살아서 그리스도로 더불어 천년 동안 왕노릇 하니
148	요한계시록	20:12	또 내가 보니 죽은 자들이 무론대소하고 그 보좌 앞에 섰는데 책들이 펴 있고 또 다른 책이 펴졌으니 곧 생명책이라 죽은 자들이 자기 행위를 따라 책들에 기록된대로 심판을 받으니
149	요한계시록	20:13	바다가 그 가운데서 죽은 자들을 내어주고 또 사망과 음부도 그 가운데서 죽은 자들을 내어주매 각 사람이 자기의 행위대로 심판을 받고

9) 성경(창세기~요한계시록)에서 '지옥'이란 낱말이 사용된 예

번호	성경	장 : 절	성경 본문
1	마태복음	5:22	나는 너희에게 이르노니 형제에게 노하는 자마다 심판을 받게 되고 형제를 대하여 라가라 하는 자는 공회에 잡히게 되고 미련한 놈이라 하는 자는 지옥 불에 들어가게 되리라
2	마태복음	5:29	만일 네 오른 눈이 너로 실족케 하거든 빼어 내버리라 네 백 체 중 하나가 없어지고 온 몸이 지옥에 던지우지 않는 것이 유익하며
3	마태복음	5:30	또한 만일 네 오른손이 너로 실족케 하거든 찍어 내버리라 네 백 체 중 하나가 없어지고 온 몸이 지옥에 던지우지 않는 것이 유익하니라
4	마태복음	10:28	몸은 죽여도 영혼은 능히 죽이지 못하는 자들을 두려워하지 말고 오직 몸과 영혼을 능히 지옥에 멸하시는 자를 두려워하라
5	마태복음	18:9	만일 네 눈이 너를 범죄케 하거든 빼어 내버리라 한 눈으로 영생에 들어가는 것이 두 눈을 가지고 지옥 불에 던지우는 것보다 나으니라
6	마태복음	23:15	화 있을진저 외식하는 서기관들과 바리새인들이여 너희는 교인 하나를 얻기 위하여 바다와 육지를 두루 다니다가 생기면 너희보다 배나 더 지옥 자식이 되게 하는도다
7	마태복음	23:33	뱀들아 독사의 새끼들아 너희가 어떻게 지옥이 판결을 피하겠느냐
8	마가복음	9:43	만일 네 손이 너를 범죄케 하거든 찍어버리라 불구자로 영생에 들어가는 것이 두 손을 가지고 지

9	마가복음	9:45	옥 꺼지지 않는 불에 들어가는 것보다 나으니라 만일 네 발이 너를 범죄케 하거든 찍어 버리라 절뚝발이로 영생에 들어가는 것이 두 발을 가지고 지옥에 던지우는 것보다 나으니라
10	마가복음	9:47	만일 네 눈이 너를 범죄케 하거든 빼어버리라 한 눈으로 하나님의 나라에 들어가는 것이 두 눈을 가지고 지옥에 던지우는 것보다 나으니라
11	누가복음	12:5	마땅히 두려워할 자를 내가 너희에게 보이리니 곧 죽인 후에 또한 지옥에 던져 넣는 권세 있는 그를 두려워하라 내가 참으로 너희에게 이르노니 그를 두려워하라
12	야고보서	3:6	혀는 곧 불이요 불의의 세계라 혀는 우리 지체 중에서 온 몸을 더럽히고 생의 바퀴를 불사르나니 그 사르는 것이 지옥 불에서 나느니라
13	베드로후서	2:4	하나님이 범죄한 천사들을 용서치 아니하시고 지옥에 던져 어두운 구덩이에 두어 심판 때까지 지키게 하셨으며

10) 팔열(八熱)·팔한(八寒) 지옥

〈팔열지옥〉

① 等活地獄(등활지옥) : 살생의 죄를 지은 자가 가게 된다는 지옥으로, 옥졸(獄卒)에게 칼 따위로 몸을 찢기며 쇠몽둥이로 맞는 형벌을 받다가 다시 깨어나 그러한 고통을 거듭 받게 된다고 함.

② 黑繩地獄(흑승지옥) : 살생이나 절도의 죄를 지은 자가 가게 된다는 지옥으로, 온몸을 벌겋게 달군 쇠사슬로 묶어 놓고 톱이나 도끼 따위로 베거나 자르는 고통을 받는다고 함.

③ 衆合地獄(중합지옥) : 살생(殺生)·투도(偸盜)·사음(邪淫)의 죄를 범한 자가 가게 된다는 지옥으로, 쇠로 만든 큰 통속에서 눌리어지는 고통을 당한다고 함.

④ 叫喚地獄(규환지옥) : 살생·절도·음행·음주의 죄를 지은 자가 가게 된다는 지옥으로, 펄펄 끓는 가마솥에 들어가거나 시뻘건 불속에 던져져 고통을 받는다고 함.

⑤ 大叫喚地獄(대규환지옥) : 오계(五戒)[11]를 깨뜨린 자가 가게 된다는 지옥으로, 등활·흑승·중합·규환 등의 지옥의 10배에 해당하는 고통을 받는다고 함.

⑥ 焦熱地獄(초열지옥) : 살생·투도·음행(淫行)·음주(飮酒)·망어(妄語) 등의 죄를 지은 자가 가게 된다는 지옥으로, 불에 달군 철판 위에 눕혀 놓고, 벌겋게 달군 쇠몽둥이와 쇠꼬챙이로 치거나 지지는 고통을 받는다고 함.

⑦ 大焦熱地獄(대초열지옥) : 살생·투도·음행·음주·망어의 죄를 지은 자가 가게 된다는 지옥으로, 시뻘겋게 달군 쇠집이나 쇠다락(철루) 속에 들어가 살이 타는 고통을 받는다고 함.

⑧ 無間地獄(무간지옥) : 오역죄(五逆罪)[12]를 짓거나, 절이나 탑을 헐거나, 시주(施主)한 재물을 축내거나 한 자가 가게 된다는 지옥으로, 살가죽을 벗겨 불속에 집어넣거나 쇠매(鐵鷹)가 눈을 파먹는 따위의 고통을 끊임없이 받는다고 함.

〈팔한지옥〉

① 알부다지옥 : 너무 추운 나머지 온몸에 수포가 퍼져 올라 고통을 겪는 지옥.

② 나랄부타지옥 : 앞서 언급한 온 몸의 수포가 터지면서 고통을 겪는 지옥.

③ 알타타지옥 : 살을 에는 추위에 고통을 겪으면서 '알타타' (의성어)

소리를 내지 않을 수 없는 지옥.
④ 하바바지옥 : 더욱 심한 추위에 견디다 못해 '하바바'(의성어) 소리를 내지 않을 수 없는 지옥.
⑤ 호호바지옥 : 한층 더 심한 추위에 견디다 못해 '후후바'(의성어) 소리를 내지 않을 수 없는 지옥.
⑥ 올발라지옥 : 추위 때문에 온 몸의 살이 벗겨져, 마치 청련화처럼 보이는 지옥.
⑦ 발특마지옥 : 추위 때문에 온 몸의 살이 찢겨져, 마치 홍련화처럼 보이는 지옥.
⑧ 마가발특마지옥 : 추위 때문에 온 몸의 살이 찢겨져, 큰 홍련화처럼 보이는 지옥.

위 팔열 지옥의 상황을 돌조각으로써 구체적으로 묘사해 놓고 있는 곳 가운데 한 곳이 캄보디아의 그 유명한 앙코르와트(ANGKOR WAT)이다. 물론, 앙코르와트는 힌두사원이지만 업과 환생, 천상과 지옥 등의 개념을 불교와 공유하기 때문에 불교에서 말하는 지옥과 매우 유사하다. 앙코르와트 남쪽 뒤쪽으로 (S-Gallery, E-Section) 지하세계의 통치자인 야마(염라대왕)가 버팔로 위에 앉아 있는 모습으로부터 심판하는 장면과 그 결과에 따라 천상과 지옥으로 갈리는 문, 그리고 지옥에 떨어진 사람들에게 가해지는 갖가지 형벌 장면 등이 조각되어 있다.

11) 오계(五戒)

불교 계율 중 가장 기본이 되는 다섯 가지 계목(戒目). 일반적으로 처음 출가하여 승려가 된 사미(沙彌)와 재가(在家)의 신도들이 지켜야 할 것이라 하여 사미오계(沙彌五戒) 또는 신도오계(信徒五戒) 등으로 부르고 있으나, 불교의 모든 계율에는 반드시 포함되어 있다.

곧, ①불살생(不殺生 : 살아 있는 생명을 죽이지 말 것) ②불투도(不偸

盜 : 남의 물건을 훔치지 말 것) ③불사음(不邪淫 : 정당하지 않은 성관계를 갖지 말 것) ④불망어(不妄語 : 거짓말하지 말 것) ⑤불음주(不飮酒 : 술 마시지 말 것) 등이다.

12) 오역죄(五逆罪)

부처님의 몸에 피를 내며(出佛身血), 부친을 살해하고(殺父), 모친을 살해하며(殺母), 아라한을 해치고(殺阿羅漢), 화합승단을 파괴하는 행위(破和合僧) 등을 일컫는다.

벤치에 홀로 앉아 -단상(斷想)·1

1) 인도 종교와 코끼리

인도인의 82퍼센트 이상이 믿는 힌두교의 '인드라' 신은 코끼리를 타고 다니며, 불교의 보현보살이 또한 코끼리를 타고 다니는 모습으로 곧잘 표현된다. 그리고 카주라호 사원에서는 전사(戰士)와 더불어 전투에 임하는 코끼리나 사원의 기둥 등을 떠받치는 구조물로서 조각되어 있다.

2) 법을 먹는 아귀(餓鬼)

부처는 스스로를 '길을 가리키는 사람'이라고 말씀하셨고, 자신은 결코 '신앙의 대상이나 예배의 대상'이 아니라고 말씀하셨다. 그리고 "출가한 사람으로서 법을 펼 때에 남에게 존경받겠다는 생각을 내서는 안 된다. 남을 도울 줄 모르고 법에 의하여 먹고 살려고 하는 자는 '법을 먹는 아귀'와 같은 자다. 또 너희가 전하는 법을 듣고 사람들은 기뻐할 것이다. 그럴 때에 너희들은 교만해지기 쉽다. 사람들이 법을 듣고 기뻐하는 것을 보고 자기의 공덕처럼 생각하면 그는 벌써 법을 먹고사는 아귀가 되어버린 것이다. 그러므로 법을 갉아먹고 사는 아귀가 되지 않도록 항상 겸손해야 한다."고 말씀하셨다. 그럼에도 불구하고 오늘날 부처의 가르침을 바르게 이해하고, 믿고 따르는 자도 없지 않겠으나 그의 가르침을 잘못

전하는 스님이나 유관 조직에서의 활동을 보라. 그저 이기적인 복(蓄財·健康·權力·名譽·冥福 등)을 받으려는 사람들을 대신해서 기도나 해주는 장소로서, 혹은 그 대리인으로서 역할을 하지 않는가. 그 대가로 철저하게 돈을 받으면서 말이다.

3) 바라나시

2,000여 년 동안 인도의 학문과 문명의 중심지였으며, 현재 사람이 살고 있는 도시로서는 세계에서 가장 오래된 곳 가운데 하나이다. B.C 1,000~1,400년 사이에 인도 북부지역의 아련 부족인 꺼시스(Kasis)가 강가 계곡 근처에 정착했다 하며, 오늘날까지 힌두교의 중심지로서 널리 알려져 있다. 특히, 8세기 경에는 힌두교 개혁사인 상가라사러(Shankaracharya)가 등장함으로써 부흥하였으나 16세기에는 이슬람 침략자들에 의해 약탈당하고, 1,300년경에 아프칸인들이, 그리고 그 후에는 무굴제국의 어렁제브가 크게 약탈, 파괴하였다 한다. 현재 인구는 약 122만 명 정도가 살고 있는 것으로 집계되고 있는데, 아주 심한 대기오염과 거리를 가득 메운 인파, 그리고 커다란 시장과 많은 사원 등은 이방인을 어리둥절케 한다.

4) 인도의 계절과 기후

기후는 전체적으로 열대몬순기후를 나타내며, 3월에서 5월에 이르는 건조혹서기(乾燥酷暑期), 6월에서 10월 상순에 이르는 습윤고온기(濕潤高溫期), 그리고 10월에서 2월에 이르는 건조한랭기(乾燥寒冷期) 등의 삼계(三季)로 되어 있다.

5) 특별한 방식의 우물

'Bawadi' 라 불리는 계단이 지그재그로 이어지는 우물로 인도 동부 라저스탄 주 자이푸르에서 약 95킬로미터 정도 떨어져 있는 외딴 마을인

'아바네리(Abhaneri)에 있으며, 우랑바가드 인근 둘라타바드(Daulatabad)라 불리는 요새 안팎으로 Sara Swati, Kacheri Bawadi, kada Bawadi 등 세 우물이 있다. 물론, 이 두 곳이 전부는 아니다. 이들은 필자가 제한된 여행기간에 둘러 본 곳일 뿐이다.

둘라타바드 城(Daulatabad Fort)의 사라스와티 우물(Saraswati Well)

6) 아잔타(Ajanta) 석굴

'우랑가바드(Aurangabad)' 라는 도시에서 북동쪽으로 약 105킬로미터 정도 떨어진 지점('절가오'에서는 남쪽으로 약 60킬로미터 떨어진 곳)에 위치한 불교 석굴로 벽화가 널리 알려져 있다. B.C 200~A.D 650년경에 조성되었는데 바카타카(Vakataka)의 왕 하리세나(Harisena)가 절대적 후원자였다 한다. 1819년 영국인 사냥단에 의해 처음 알려지게 되었고, 현재 30개 동굴이 U자형으로 흐르는 와그호로(Waghore) 강변에 있는, 말발굽 모양의 바위산

아잔타(Ajanta) 석굴 외관

한쪽 경사면에 바위 속으로 파고 들어가 법당·신전·방·창고 등 부속시설이 조성되었다. 구조와 기능에 따라 비하라(Vihara : 사원)와 치뜨야(Chitya : 신전)로 구분하는데 5개만 치뜨야이고 나머지는 비하르이다. 그것들의 규모와 구조는 동굴마다 다른데, 초기에 구축된 것들은 중앙에 위치하고, 그 후에 구축된 것들은 좌우 양쪽으로 배열되어 있다. 하지만 입구에서부터 일련번호가 매겨져 있고, 어떤 석굴은 폐쇄되었거나 보수작업 중이어서 출입이 통제되기도 한다. 벽화의 내용은 석가모니 부처님과 관련된 것들이 대부분으로 카필라 왕실에서의 생활로부터 수행·득도·설법·열반에 이르기까지 그의 일대기가 그려져 있으며, 가계(家系) 관련 인물들도 포함되어 있다. 바위에 그린 그림은 안료에 계란·동물성 아교·식물성 고무 등을 섞어 사용한 템페라(Tempera)이다. 세계문화유산으로 보호하기 위해서 모든 상점들은 4킬로미터 떨어진 곳으로 이주시켰고, 그곳에서 석굴 입구까지 운행하는 버스를 타는 정류장이 완비되어 있다. 물론, 입구에는 관리사무실을 겸한 허가받은 상점(식당과 차와 음료 등을 파는 가게)이 입주한 건물 한 동이 아름답게 꾸며진 정원 속에 있다. 이 동굴의 조성시기·방법·구조·벽화의 내용 등 일체의 문제에 대한 정보는 미국인 Walter M. Spink가 저술한 〈Ajanta : A Brief History and Guide (1994)〉가 있다. 물론, 입장료를 내면 사제 내에서 발행한 티플릿 한 장을 준다.

바위산 돌 속으로 파고 들어가 그 속에서 넓은 공간을 확보하고 (심지어는 2층 이상의 지상 건축물이 들어가 있는 것 같음), 그 안에서 종교적 제반 시설물 등을 조성하는 기술이 특별히 발달한 것으로 보인다. 그리하여 이 아잔타 석굴에 이어 엘로라 석굴 구축으로 이어졌고, 인근 우랑가바드(Aurangabad) 석굴 군과 멀리 떨어져 있는 뭄바이 인근 코끼리 섬 석굴 외 여러 지역으로 유행처럼 확산되었던 것 같다. 심지어는 주변국가(중국·티베트·아프카니스탄 등) 까지 파급되었다. 엘로라 석굴에 대해서는 제6부의 글 〈촛불 밝힌 꽃배를 띄우는 마음으로〉의 주석 '엘로라 석굴'을 참고하기 바람.

7) 벵골 호랑이

인도 웨스트벵골 지역에 가면 세계에서 가장 큰 삼각주인 '순다르반'이라는 곳이 있는데, 그곳의 2,585평방

벵골 호랑이

킬로미터나 되는 지역이 '순다르반 야생동물 보호구역(Sunderbans Wildife Sanctuary)'이라 하여 세계자연문화유산으로 지정되어 있다. 이곳에서는 점박이 사슴·멧돼지·원숭이·다양한 새들과 함께 호랑이가 아주 많이 (2002년 기준 269마리로 추산) 살고 있다 한다. 그런데, 이곳의 호랑이가 매년 수 명에서 수십 명에 이르는 사람들을 잡아먹는 사고를 일으킨다.

벤치에 홀로 앉아 -단상(斷想)·2
1) 티베트 사람들의 일반적인 장례법인 천장(天葬)

티베트 사람들의 장례(葬禮)에는 탑장(塔葬)·수장(水葬)·토장(土葬)·화장(火葬)·천장(天葬) 등이 있는데, 사회적 지위나 경제력 등에 의해서 결정된다. 예컨대, 달라이 라마와 판첸(班禪) 라마, 그리고 크게 깨친 성현(聖賢) 등은 탑장을, 고아·과부·거지 등 신분이 낮은 사람이나 아주 가난한 사람들은 수장을, 전염병(傳染病 : 임질·천연두 등)에 걸린 병자나 살인범(殺人犯)·살인 미수범 등은 다시 태어나지 못하도록 토장(土葬)시켜 버린다. 그리고 부귀(富貴)한 집안이나 고승(高僧)들은 화장을, 보통의 사람들은 천장을 한다. 따라서 가장 많이 하는 일반적인 장례법이 곧 천장인데, 이 천장은 천장사(天葬師 : 돔덴)에 의해 천장터(넓다란 바위가 있는 산등성이)에서 이루어지는데, 간단히 말하면, 칼로써 시신의 뼈로부터 모든 살점을 잘게 발라내고, 망치나 돌로써 크고 작은 뼈는 잘게 부수어서 참파(구은 보릿가루를 버터차로 반죽하여 먹는 티베트

사람들의 주식)를 섞어 독수리에게 먹이는 방식이다. 이에 대해서는 제2부의 글 〈장례 풍습에서 읽는 티베트 사람들의 속마음〉이라는 글을 참고하기 바람.

2) 조로아스터교

자라투스트라(Zarathushtra : BC 628~551)라는 이란[페르시아]의 종교 개혁자가 창시한 종교로, 경전은 그가 직접 지은 '오래된 찬송'이라는 뜻의 가타(Gths) 속에 수록된 '아베스타'이다. 불멸과 지복을 약속하는 정의의 왕국 중심에 '아후라 마즈다'라는 유일신이 있으며, 이는 하늘과 땅, 물질적이고 영적인 세계의 창조자이며, 빛과 어둠을 교체시키는 원천이고 최고의 입법자이며, 자연의 중심일 뿐만 아니라, 진 세계의 도덕질서와 심판의 주창자라 한다. 이처럼 조로아스터교는 '아후라 마즈다'라는 이름을 가진 유일신을 믿고 따르는 종교이지만 '아흐리만'이라는 악의 원리를 구현하는 악한 무리들과의 대립 갈등 속에서 인간의 삶이 이루어진다는 이원론적인 우주관을 가지고 있다. 따라서 최후의 심판이 있고, 그 결과에 따라서 지옥과 천국으로 부활한다는 것이다. 바로 이런 점들이 유대교에 직간접의 영향을 미쳤다고 보는 학자들도 있다. 오늘날 인도에서는 '파르시교'라 하여 약 9만 명 정도의 신도가 있으며, 이들은 10세기에 인도 '구스라트'로 이주하여 정착하게 되었으며, 영국이 통치할 시에 상업과 공업에 뛰어들어 뭄바이에서는 부유한 공동체를 형성하였으며, 조혼(早婚)을 금지하고, 불을 성스럽게 생각하며, 제물을 중시하는 경향이 있다.

신(神)이라기보다는 삶의 지혜를 일깨워주는 스승인데

1) 달라이 라마

티베탄에게는 관세음보살의 화신으로 여겨져 절대적 믿음의 대상이며 정치적 결정권을 갖는 통치권자이다. '달라이'는 몽골어로 '큰 바다'라는 뜻이고, '라마'는 티베트어로 '스승'이라는 뜻이다. 즉 "넓은 바다와 같이 큰 덕의 소유자인 스승"이라는 뜻으로 사용되어 왔다.

1대 달라이 라마는 타시룬포사를 건립한 겐둔 둡파로 시작해서 2대까지는 '걈쵸'라는 칭호를 사용하다가 3대부터 '달라이 라마'라는 칭호를 갖게 되었다 한다. 그 후 5대 달라이 라마 시대에 몽고로부터 티베트의 주권을 물려받으면서 현재

달라이 라마 14세

와 같이 정치적·종교적 통치권자로서 실질적인 역할을 해왔다 한다.

5대 로산 걈쵸는 티베트 사람들에게 자비의 부처가 티베트 역사 내내 달라이 라마로 환생할 것이라고 예언하였고, 티베트인들은 그에 따라 달라이 라마가 입적하면 다시 환생한다고 믿어왔다. 그리하여 환생한 달라이 라마를 찾아 후대 달라이 라마로 결정한다. 흔히, 달라이 라마가 죽기 전 자신이 환생할 장소를 예시하기도 하지만 예시가 없을 경우에는 신탁에 의지하여 찾아 나선다. 그렇게 해서 찾은 아이에게 전대 달라이 라마가 입적하기 전에 사용하던 염주와 유품들을 섞어 놓고 물건을 고르게 해서 달라이 라마인지 아닌지를 확인하게 한다는데 최종 결정은 '조캉사'에서 행하는 의식을 통해서 한다. 이렇게 선택된 아이는 달라이 라마로서의 자질을 갖추는 교육을 받고, 18세가 되면 정식으로 달라이 라마로서 즉위하게 되는 것이다.

현재는 14세인 텐진 걈쵸로서 1935년에 중국의 칭하이 성에서 티베트인 부모 밑에서 태어났다. 1940년에 티베트의 통치자인 달라이 라마가 되었지만, 티베트 국민이 1950년부터 그 나라를 점령한 중국 공산군에 대항하여 반란을 일으켰다가 실패하자 1959년에 인도로 망명, 그곳에서 망명정부를 수립하였다. 그는 1989년 노벨평화상을 수상하기도 하였으며, Freedom in Exile (1991, Harper Collins Publishers), My Tibet (1995, University of California Press), Tibetan Portrait (1996,

Rizzoli), The Art of Happiness (1998, Riverhead Books) 외에도 20여 종의 저서가 있다.

그가 이끄는 티베트 망명정부는 인도 북부 히말라야 기슭 '다람살라'에 있다. 그곳에는 망명한 10만여 명의 티베탄이 살고 있으며, 3만여 명의 티베탄들이 네팔과 부탄의 티베트 정착촌에 거주하고 있다.

그는 티베트 현지의 티베트 전통문화가 중국인들에 의해 사라져가고 있다고 판단하고, 티베트 문화를 보존하기 위해서 1959년에 티베트 공연예술기관을 설립했고, 한편으로 중앙고등티베트학연구소를 설립해 인도에 있는 티베탄들을 위한 대학으로 만들었다. 또한, 티베탄들의 생활방식의 핵심인 티베트 불교의 방대한 자료를 보존하기 위해 200여 개 이상의 사원을 건립하기도 하였다.

티베트 망명정부에는 14대 달라이 라마를 중심으로 종교·문화·내무·재정·교육·방위·보건·정보·국제관계 등을 관할하는 행정부와 사법부로서 티베트 최고사법위원회가 있고, 입법부로서 티베트 국민대표의회는 지역과 종파를 대표하는 46명의 의원들로 구성되어 있으며, 뉴델리·뉴욕·런던·파리·제네바·부다페스트·모스크바·카트만두·캔버라·도쿄·타이베이 등에 티베트 망명정부 대표사무소를 운영하고 있다.

2) 판첸 라마(Panchen Lama)

시가체 시내 공공장소에 걸려있는 판첸 라마 10세의 사진

티베트에서, 정치·종교라는 두 권리를 장악한 라마교의 수장. 달라이 라마에 버금가는 서열로서, 아미타불의 화신(化身)으로 여겨진다. 현재는 11세이며, 중국이 일방적으로 정했으며, 북경에 살고 있는 것으로 전해지고 있다. 시가체에 가면 판첸 라마 10세의 사진이 공공장소에 걸려있다. 뿐만 아니라, 화실이나 표구점에서 그의 초상화가 그려지고 판매되기도 한다.

3) 탑장

제3부의 글 〈장례 풍습에서 읽는 티베트 사람들의 속마음〉을 참고하기 바람.

4) 옴마니반메훔

이 6자 진언에 대해서는 해석하는 사람마다 조금씩 다른데, 달라이 라마 14세의 강의 내용을 바탕으로 정리한다면 이러하다. 곧, '옴'은 수행자의 부정한 몸·말·마음 등이 부처의 청정한 그것들과 다름을 뜻하며, '마니'는 보석이라는 의미를 지니는데 이는 가난과 윤회의 고난에서

육자진언 석각

벗어나게 해주고, 개개인의 소원을 성취시켜 주는 실질적인 뜻으로 쓰인 비유어이다. 그리고 '반메'는 연꽃이라는 의미를 지니는데, 이는 더러움 속에서도 청정함을 지니고, 모든 존재는 실체가 없음[空]을 아는 지혜를 뜻한다. 그리고 '훔'은 지혜와 방편이 둘이 아니고 하나임을 뜻한다 한다. 한 마디로 말하여, 이는 부처님 가르침의 핵심을 요약한 것이라 할 수 있다.

5) 카일라시 산

제1부의 글 〈캉 린포체를 바라보며〉의 주석 '캉 린포체'를 참고하기 바람.

6) 조캉사원

제5부의 글 〈내통 – 물신 든 티베트 사원〉의 주석 '조캉사원'을 참고하기 바람.

7) 타시룬포사

제5부의 글 〈마취 혹은 환각제가 새어나오는 성(城)〉의 주석 '타시룬포사'를 참고하기 바람.

8) 깃발

제5부의 글 〈남쵸 호수 가는 길〉의 주석 '룸달'을 참고하기 바람.

9) 법구경이 인쇄된 종이

건강 · 안전 · 복을 기원하는 룸달의 일종

가로 6.5센티미터에 세로 7.5센티미터 크기의 종이에 티베트어로 법구경이 새겨져 있고, 그 중앙에는 말을 타고 달리는 신상 또는 경전을 싣고 달리는 말이 그려져 있다. 또한, 4센티미터의 정사각형 종이에 말 · 호랑이 · 코끼리 · 불탑 · 부처님의 설법을 상징하는 바퀴모양 등이 자그맣게 그려져 있는 것도 있는데 한결같이 종이 색은 룸달과 마찬가지로 4가지(靑 · 黃 · 白 · 赤)이다. 우리의 부적과 유사한 기능을 갖는다.

10) 곡식을 빻는 반석

곡식을 올려놓고 빻는 돌은 기둥처럼 높게 솟아 있는 것으로부터 바닥에 낮게 엎드려 있는 넓적한 돌 등이 있는데 어떤 것은 깊게 원통형 홈이 파있기도 하고, 그냥 편편하기도 하다. 이것이 식량을 얻기 위한 생활도구인지 아니면 종교적 의식을 하기 위한 수단 곧, 만다라를 제작 · 봉헌할 때 쓰이는 분말을 얻기 위하여 주로 사용되었는지 필자는 정확히 모른다. 다만, 우리의 작은 절구통처럼 구멍이 여러 개가 났을 정도로 홈이 파져 있는 것으로 보면 사용이 빈번하고 오래 되었다는 점을 알 수 있는데 이는 양쪽으로 다 사용되었으리라는 짐작을 가능하게 한다.

부처는 간 데 없고
1) 비시누(Vishnu)

힌두교의 주요 신 가운데 하나인 비시누는, 세계를 지키고 유지하며, 다르마(도덕률)의 원상복구자로서 숭배된다. 사원의 비시누 신앙은 배우자인 락시미와 부미데비(대지의 여신)를 거느리고 앉아 있거나, 여러 가지 무기를 들고 서 있거나, 왕족의 옷을 입고 네 손(때로는 두 손)에는 소라(akha) · 바퀴(cakra) · 곤봉(gad) · 연꽃(padma) 등을 들고 있다. 필자가 직접 가서 본 사원으로는 카주라호에 Lakshmi & Varaha, Lakshmana, Devi Jagadamba와 우다이푸르의 Jagdish Temple 등이다.

2) 고타마 싯타르타(Gautama Siddhrtha)

불교 창시자(기원전 563년~기원전 483년 추정)

3) 출가하여 만난 세 분의 스승들

스승이 될 만한 선인(仙人) 세 분을 차례로 찾아갔지만 결국에는 더 이상 배울 것이 없다하여 홀로 수행하게 됨. 그 세 분 선인들의 이름은 박가바라, 아라라 칼라마, 웃다카 라마풋다 등이다.

4) 위없는 깨달음

더 이상 깨달을 것이 없다는 뜻에서 '위없는' 이라는 수식어가 붙지 않았나 싶다. 그 내용을 한 마디로 표현하기란 결코 쉽지 않지만 불경은 '우주가 곧 내 자신이고 내 스스로가 우주임'을 알게 되었다고 설명한다. 하지만 너무나 함축적이어서 이해하기가 쉽지 않다. 깨달음의 구체적인 내용이야 결국엔 부처가 45년 동안 설법한 내용이라고 생각한다.

5) 여래(如來)

'진리의 세계에 도달한 사람'이라는 뜻이면서 동시에 '진리의 세계에서 설법하러 온 사람'이라는 뜻으로 석가모니 부처님을 일컬어 불경에서 사용되고 있는 용어 가운데 하나이다. 부처를 일컫는 용어로는 이 외에도 아홉 가지가 더 있다. 통상 '여래 10호'[13]라 하여 응공·정변지·명행족·선서·세간해·무상사·조어장부·천인사·불세존 등으로 불린다.

6) 부처가 태어나 죽기까지 80년 동안 다니신 곳

① 룸비니(Lumbni) : 지금의 네팔 타라이 지방으로 마야 부인이 부처를 낳은 곳임. 현재는 마야데비사원·아쇼카 석주·구룡못·얼라우라코트·박물관 등이 있다.

② 베살리(Vaishaili) : 부처가 다섯 차례 방문한 곳이며, 마지막 하안거(夏安居)로 머문 곳이기도 하다. 당시 밧지족들이 사는 왕국으로 '마하바나' 精舍가 있었으며, 이곳에서 부처는 자신의 양모이자 이모인 '마하파자파티'와 그 일행을 최초의 비구니로 받아들였다. 현재 부처의 유회(遺灰)를 모신 리카르비스 탑(Liccavis Stupa)이 있다. 그리고 부처 사후 100년경 700명의 스님들이 모여 두 번째 경(經)과 율(律)을 결집한 곳이기도 하다.[14]

③ 라즈기르(Rajgir) : 독실한 신도가 된 빔비사라 왕이 통치했던 마가다(Magada) 왕국의 수도로서 부처가 여러 차례 하안거로 머문 곳이기도 하다. '아난' 존자가 부처를 모시고 거주했던 곳으로 알려진 동굴들과 최초의 절이라 할 수 있는 죽림정사, 곧 베누번 위하르(Venuban Vihar)가 있으며, 부처가 법화경을 설법하던 영취산(Gijjhakuta) 등이 있다. 기원전 483년경에 500여 명의 승려가 모여 최초로 경(經)과 율(律)을 결집했던 곳이기도 하다.[14]

④ 보드가야(Bodhgaya) : 부처가 출가하여 5년 째 되던 해(기원전 528년) 12월 보리수 밑에서 '위없는 깨달음'을 얻은 곳이다. 현재

이곳에는 마하보디 템플(Mahabodhi Temple)이 있는데 이 사원은 1882년에 복원되었다. 보리수 밑에는 붉은 사암이 놓여 있는데 부처가 좌정한 곳을 표시한 것이며, 이를 금강좌(Vajranar)라 한다. 보리수 역시 1870년 죽어가는 원목에서 씨앗을 채취하여 심은 것으로 알려져 있다.

⑤ 사르나트(Sarnath) : 부처의 최초의 설법지로서 녹야원이 있으며, 아소카 왕이 지은 중앙 사원과 탑이 있었다하나 현재는 터만 남아있다. 그리고 현재는 최초의 설법지를 표시하기 위해 세운 34미터의 탑인 더메크 수투빠(Dhamek Stupa)가 웅장하게 서 있으며, 5명의 제자들에게 설법하는 모양을 형상화한 Mulgandha Kuti Vihar가 있다. 특히, 아소카 왕이 명상했다는 중앙신전 앞 석주는 원래 20미터였으나 윗부분만이 인근 고고학 박물관(Archeological Museum)에 전시되어 있다.

⑥ 날란다(Nalada) : 부처의 수제자 사리풋타가 태어난 곳이면서 Pavarika가 운영하는 망고 과수원에서 부처가 설법했다 한다. 그리고 5세기경에 학생이 8,500여 명, 선생이 1,500여 명에 이르는 거대한 대학촌이 형성되었다는데 현재는 아무것도 남아있지 않다. 현재 날란다 대학 터만 있고, 그레이트 스투빠가 서있다.

⑦ 쿠시나가라(Kushinagara) : 말라족의 마가다 왕국 수도로서 부처님이 돌아가신 곳이다. 그래서 현재 1956년 인도 정부가 세운 열반당 (Nirvana Temple)과 열반탑, 다비장소로 추정되는 곳에 람바르 스투빠(Rambhar Stupa)가 서있다. 부처의 유회는 당시 8개 왕국으로 분배되었다 하는데, 그 가운데 한 곳인 베살리의 리카르비스 탑(Liccavis Stupa)에 모셔졌던 유회를 아소카 왕이 다시 10곳으로 재분배하여 모셨다 한다. 현재 인도 고고학회와 불교계에서는 3곳의 유회만을 인정하고 있다.

석가모니 부처가 태어난 룸비니의 오늘날 모습

석가모니 부처가 태어난 곳을 표시한 아소카 석주(Ashok Pillar)

마야 부인이 선 채로 석가모니 부처를 낳자 그가 곧바로 서서 양손으로 하늘과 땅을 가리키며 '천상천하유아독존'이라 말하는 모습을 표현한 조각

부처가 좌정한 채 깨달음을 얻었다는 자리를 표시한 '금강좌'로 보드가야(Bodh Gaya)에 있다

부처가 최초로 설법한 장소를 표시하기 위하여 세웠다는 사르나트(Sarnath)에 있는 더메크스투파(Dhamek Stupa)

'또란(Toranas)' 이라 불리는 4개의 관문 중 북문으로 산치(Sanchi)에 있다

산치에 있는 그레이트 스투빠(Great Stupa)와 서문

보드가야에 있는 마하보디 템플 (Mahabodhi Temple)

날란다에 있는 사리 푸트라 신전과 12번 사원 (Sri Putra Chaitya & Temple No12)

마하보디 템플 내에 있는 Colossal Statue

베살리에 있는 베살리 스투파
(The stupa Vaishali)

사르나트에 있는 부처의 최초 설법 장면을
재구성한 현대식 조형물

사르나트에 있는 물간디 꾸티 비하르
(Mulgandh Kuti Vihara) 부처상

라즈기르에 있는 일본 산티 스투파
(JapaneseS hanti Stupa)에
조성된 '잠자는 부처'

사르나트 고고학 박물관에 보관되어 있는
아소카 석주의 일부분

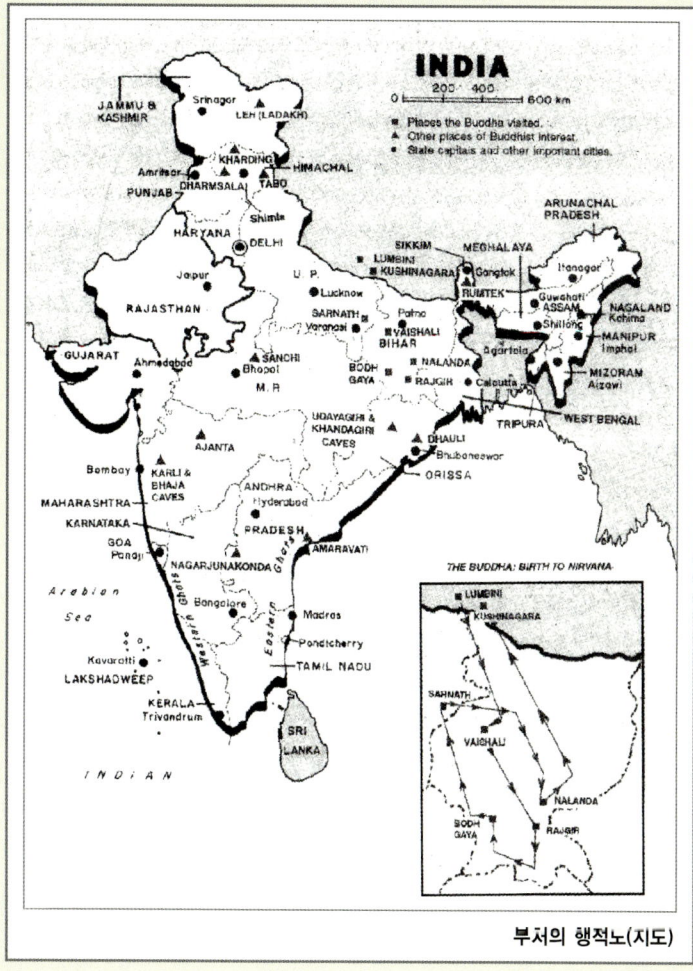

부처의 행적노(지도)

7) 몇 몇의 정사(精舍)

니그로다 정사(카필라 성)·베누반 정사(마가다 왕국의 수도 라즈기르)·기원정사(사밧티)·마하바나 정사(베살리) 등

8) 부처가 머물렀다는 동굴

기저쿠타(Gijjhakuta : 영취산 정상 부근의 동굴들)·삽타파르니 케이브(Saptaparni Cave : 칠엽굴) 등

9) 2,000여 명의 사문들

'웃다카 라마풋다'의 제자 5명, 바라나시에 사는 '야사'와 30명의 청년, 보드가야에 사는 '카샤파' 3형제와 그들이 이끌고 온 제자들 1,000명, 부왕이 보낸 사신 2명, '사리풋타'와 '목갈라나'와 그들의 제자 250명, 살인자인 '앙굴리말라', 부처의 아우인 '난다'와 아들 '라훌라', 부처의 이모이자 양모인 '마하파자파티' 외 많은 여성, 부처의 두 처남인 '아난다'와 '데비닷다', 카필라 성의 이발사인 '우팔리', 그밖에 500명에 가까운 카필라 성 사람들. 이는 필자가 불경을 읽으면서 부처님의 제자가 되었다는 사람들의 이름을 정리한 것일 뿐이다.

10) 계정혜(戒定慧)

엄한 계율이 있어서 그것을 잘 지켜야 몸과 마음이 산란스럽지 않고, 몸과 마음이 산란스럽지 않아야 선정(禪定)에 쉬이 들 수 있고, 선정에 쉬이 들어야 지혜를 깨우쳐 일상사의 고통을 줄일 수 있을 것이라는 판단 아래 부처는, 수많은 계율을 만들어내고, 조용한 곳에서 명상을 하도록 하고, 지혜를 터득하도록 제자들에게 요구하였다. 長阿含 般泥洹經 기록에 의하면, 부처께서 사문에게 말씀하시기를 "너희들은 청정한 계율을 지니고, 선정을 닦으며, 지혜를 구하여라. 청정한 계율을 지니는 사람은 탐욕과 성냄과 어리석음을 따르지 아니하고, 선정을 닦는 사람은 마음이 산란하지 않게 되며, 지혜를 구하는 이는 애욕에 매이지 않으므로 하는 일에 걸림이 없다. 계·정·혜가 있으면 덕이 크고 명예가 널리 퍼지리라." 하였다. 이런 배경에서 수많은 계율이 나오고, 선정에 들고, 지혜를 구하는 방법들이 설법을 통하여 제시되었던 것이다.

11) 사라수

식물 분류학적으로 사라수 속에 속하는 180여 종(種)의 상록교목이 아니라 부처가 보드가야에서 깨달음을 얻었을 때, 그 아래 앉아 있었다는 보리수(菩提樹)를 일컫지 않나 싶다. 보리수는 인도의 가야산(伽倻山)에서 자라는 나무로 '사유수(思惟樹)' 또는 '인도보리수'라고 부르는데, 이 나무는 상록교목으로 키가 30미터에 이르며, 잎 기부가 꼬리처럼 길게 자라는 특징을 지니고 있다. 현재, 인도의 보드가야에 있는 마하보디템플 내에 있는 보리수는 1870년 죽어가는 원목에서 씨앗을 채취하여 심은 것이라 알려져 있고, 또한 최초의 설법지로 여겨지는 녹야원에 있는 더메크 수투빠 바로 옆 물간디 꾸티 위하르(Mulgandha Kuti Vihar)에 있는 커다란 보리수 역시 보드가야의 나무로부터 씨앗을 채취하여 심은 것이라 한다.

12) 법을 먹는 아귀

제6부의 글 〈단상(斷想)·1〉의 주석 '법을 먹는 아귀'를 참고하기 바람.

13) 여래10호

① 여래(如來)

범어로 'tathagata'를 의역한 말로 한역 경전에서는 '多陀阿伽陀'·'多陀阿伽度'로 음역하고 있다. 이 말은 범어 tatha+gata가 합성된 말인데 '모든 부처님들과 같은 길을 걸어서 그와 같이 이 세상에 오신 분'이란 뜻이다. 즉 우연이나 기적으로 오신 것이 아니라 '여실(如實)'한 진리를 따라서 이 세상에 오셔서 진리를 보여주시는 분'이란 뜻을 담고 있다.

② 응공(應供)

응공은 범어 'arhat'를 의역한 말인데 한역 경전에서는 '阿羅伽'로 음역하고 있다. 이 말의 뜻은 '온갖 번뇌를 끊어서 인간과 하늘 중생들로부터 공양을 받을 만한 덕을 갖춘 사람'이란 뜻이다.

③ 정변지(正遍知)

범어 'samyaksambuddha'를 의역한 것으로 한자로는 '三耶三佛檀'이라고 표기한다. 그러나 일반적으로 등정각(等正覺)·정등각(正等覺)·등각(等覺)·정각(正覺)이라고 의역하기도 한다. 이 말의 의미는 부처님은 일체의 모든 지혜를 두루 갖추셨기 때문에 세계와 우주의 모든 물질과 마음의 현상에 대해서 다 아신다는 뜻이다.

④ 명행족(明行足)

범어 'vidyacarana-sampanna'를 의역한 것인데 한자로는 '碑多庶羅那三般若'이라고 표기하고 있다. 〈열반경〉에 의하면, '명(明)'이란 '더 없이 높은(無上)', '바르고 두루 아는 것(正遍知)'을 의미하며, '행족(行足)'은 '각족(脚足)'이란 의미로 계·정·혜 삼학(三學)을 가리킨다고 설하고 있다. 즉, 부처님은 계·정·혜 삼학을 두루 구족하여 무상정변지를 얻었으므로 명행족이라 한다. 명행족에 대한 또 다른 해석은 天眼通·宿命通·漏盡通의 삼명(三明)을 밝게 아는 지혜와 신체·언어·행동 등이 다 함께 완전한 분이라는 의미로 해석하기도 한다.

⑤ 선서(善逝)

범어 'sugata'의 의역으로 '修伽陀'·'須伽陀'라고 표기한다. '잘 갔다'라는 의미인 '호거(好去)', '묘왕(妙往)'이라고 의역하기도 한다. 이는 부처님께서는 생사의 세계를 벗어나서 열반의 저 언덕에 잘 가셨으므로 다시는 생사의 바다로 돌아오시지 않는다는 뜻이다.

⑥ 세간해(世間解)

범어 'lokavid'의 의역인데 한문으로는 '路迦憊'라고 표기한다. 이 말의 뜻은 부처님께서는 참다운 깨달음을 성취하셨기 때문에 능히 세간의 모든 일을 다 아신다는 뜻이다.

⑦ 무상사(無上士)

범어 'anuttara'의 번역으로 부처님은 일체 중생 가운데서 가장 높아서 위가 없는 대사라는 뜻이다.

⑧ 조어장부(調御丈夫)

범어 'purusa-damya-sarathi'의 의역인데 한자로는 '富樓沙曇 婆羅提'라고 표기하기도 한다. 이 말의 뜻은 부처님은 대자(大慈)·대비(大悲)·대지(大智)로써 중생을 대하시며 부드러운 말, 간절한 말, 또는 여러 가지 말을 써서 중생들을 잘 통제하여 올바른 길을 잃지 않도록 한다는 뜻이다.

⑨ 천인사(天人師)

범어 'sasta-devamanusyanam'의 의역으로 한자로는 '舍多提婆摩沙'라 표기한다. 부처님은 하늘과 인간의 스승이라는 뜻이다.

⑩ 불세존(佛世尊)

범어 'buddha-lokanatha'을 의역한 것으로 한자로는 '佛陀路伽那陀'라고 표기한다. 불(佛)은 지자(知者) 또는 깨달은 사람이라 번역하며, 세존(世尊)은 세상에서 가장 존중한다는 뜻이다. 따라서 이 둘을 합친 불세존(佛世尊)은 앞에서 나열한 것처럼 부처님은 아홉 가지 원만한 덕성을 갖추셨기 때문에 세상이 존중한다는 뜻이다.

그러나 이 가운데 불(佛)과 세존(世尊)을 따로 떼어서 각각을 하나의 이름으로 부르기도 하는데 이 경우에는 '무상사(無上士)'와 '조어장부(調御丈夫)'를 합하여 하나의 이름으로 한다.

14) 결집(結集 : Samgiti)

석가모니 부처님이 돌아가시고 난 후 시일이 흐르면서 설법의 내용이나 수행상의 구체적인 방법, 그리고 온간 계율 등이 우려했던 대로 변질되어 가는 상황이 전개되었고, 그럴 때마다 특정의 스님이 대규모 스님 집회를 추진하여 통일하고자 했다. 하지만 통일이 되기보다는 오히려 여러 분파가 생기게 되었고, 시기와 저자를 달리하며 여러 경전들이 쏟아져 나오게 됐다. 결과적으로, 오늘날 많은 종파가 태동되었으며, 석가모니 부처님의 말씀과는 유리된, 심지어는 정반대가 되는 내용들까지도 불경이라는 같은 이름으로 묶어져 전해지고 있는 것이다.

부처님 사후 3개월 정도 지난 첫 번째 우기(雨期)에 라자그리하(지금의 인도 비하르 주 라즈기르)에서 아라한의 경지에 오른 500여 명의 비구들이 모였던 제1차 결집으로부터 오늘날까지 모두 여섯 차례 결집이 있었다 하나 결집시마다 쟁점이 되었던 내용과 그 결과가 어떻게 되었는지에 대해서는 신뢰할만한 자료가 남아 있지 않다.

부처의 두 가지 큰 전제와 조건부 환생론

1) 육도윤회

불교에서는 지옥(地獄)·아귀(餓鬼)·축생(畜生)·아수라(阿修羅)·인간(人間)·천상(天上) 등 여섯 가지 세계로 각기 지은 업(業)에 따라 다시 태어나 죽음을 되풀이 한다고 한다.

2) 보시(布施)

보시란 남에게 무엇인가를 베푸는 행위를 말하며, 통상 세 가지로 구분하여 말한다. 곧, 법시(法施)·재시(財施)·무외시(無畏施)가 그것이다. 법시(法施)란 무명(無明) 속에서 방황하는 사람들에게 부처님의 가르침, 즉 말씀[法]을 전하는 것을 말하며, 재시(財施)란 음식·옷·약 등 살아가는데 필요한 물질을 베푸는 것을 말하고, 무외시(無畏施)란 다른 사람에게 정신적 불안이나 공포를 주지 않는 것을 말한다.

출가(出家)하여 도(道)를 구하며 사는 수행자들은 모든 명예와 욕망과 욕구 등을 버리고, 직접적인 생산 활동을 하지 않기 때문에 중생들로부터 최소한의 생필품들을 공양 받아 살 수밖에 없었다. 그 대신 부처님 말씀 곧 삶의 지혜를 전하는 데[布施]에 전념해야 했다. 중생과 수행자 사이의 이런 현실적인 관계와 부처님의 근본정신인 대자대비(大慈大悲)를 실천해야 한다는 당위로 불교계에서는 보시(布施)라는 개념을 중요하게 생각하고 발전시켜 온 것으로 보인다. 그 단적인 예가 '무재칠시(無財七施)'라는 개념이다. 곧, 재물이 없더라도 적극적으로 베풀 수 있도록 '무재칠시(無財七施)'라 하여 7가지 형태의 보시를 강조하였다. 곧, 화안시(和顔施 : 부드럽고 편안한 눈빛으로 사람들을 대함), 화안열색시(和顔悅色施 : 자비롭고 미소 띤 얼굴로 사람들을 대함), 언사시(言辭施 : 공손하고 아름다운 말로 사람들을 대함), 신시(身施 : 내 몸을 수고롭게 하여 남들을 도움), 심시(心施 : 착하고 어진 마음을 가지고 사람들을 대함), 상좌시(床座施 : 다른 사람에게 기쁜 마음으로 자리를 양보함), 방사시(房舍施 : 잠자리가 없는 사람에게 방을 내어주고 친절히 대함) 등이 그것이다.

7

태산을 오르내리며
한 눈에 들어오는 정원과 오래오래 바라봐야 보이는 정원
중국인들의 주법(酒法)

중국 산동성에 있는 태산 전경

　해발고도 1,545미터, 면적 426평방킬로미터로 중국 산동성 중앙에 위치한 태산(泰山) 전경이다. 중국 내 5대 성산(聖山) 가운데 으뜸으로 1987년 유네스코 세계자연문화유산으로 지정되었다. 특히, 일출, 황혼에 붉게 물든 구름, 구름 위로 솟아오른 보름달, 황혼 무렵에 바라보는 황하 강 등이 태산의 4대 아름다움이라 한다.

　그러나 그 이전에 태산은 중국인의 문화와 정서를 이해할 수 있는 소우주(小宇宙)로서 여러 가지 문물이 집중적으로 모여 있는 곳이다. 가장 높은 곳에 지은 '옥황전'으로부터 수많은 사.묘.전(寺.廟.殿)과 마애각석으로 가득하다. 한 마디로 말하여, 중국의 불교 도교 유교 토테미즘 등의 종교적 성산으로 여겨 왔으며, 예부터 왕이 하늘에 제사를 지냈던 곳이기도 하다. 이런 배경 때문인지 오늘날의 중국인들은 태산혼(泰山魂)에 대하여 천인합일지기(天人合一之氣)요, 토납풍운지세(吐納風雲之勢)요, 국태민안지상(國泰民安之象)이요, 만물조시지지(萬物肇始之地)라 노래한다.

태산을 오르내리며

　사람에게는 저마다 간절히 바라지만 쉬이 이루어지지 않는 바 꿈이 있다. 그것을 두고 우리는 '소망'이라고 한다. 그 소망을 이루기 위해서, 사람들은 평소에 구체적인 노력을 하게 마련이지만 마음대로 이루어지지 않을 때에는 꼭 이루어 달라고 그 무엇에 의지하여 기도하듯 마음속으로 빌기도 한다. 기도하듯 비는 마음이나 그런 행위를 두고 우리는 '기원(祈願)한다'라고 한다.

　우리가 무엇인가를 간절히 기원하면 그것을 들어주거나 들어 줄 수 있다고 믿는 존재가 있는데 그것은 다름 아닌 신(神)이다. 인간에게 있어 신은 자신들의 길흉화복(吉凶禍福)은 물론 세상사와 우주만물을 다 주관한다 할 정도로 절대적인 능력을 가진 존재로서 인간의 나약함과 부족함을 메워주는, 인간에 의해서 창조된 관념(觀念)이다. 물론, 무신론적 입장에서 보면 말이다.

　사실, 인간의 진화와 함께 신을 경배하는 종교도 진화해 왔는데 인류에게는 그 신이 너무도 많다. 살아있는, 특정의 동식물이 되기도 하고, 산이나 바다가 아니면 하늘과 땅 자체나 그들의 조화로운 힘[氣]까지도 신이 되기도 한다. 그런가 하면, 천지 만물을 창조하고 주관하신다는 '하나님'도 있고, 중생을 구제하시기 위해 오셨다 가신 '부처님'

최상일봉(最上一峰)이라 새겨진 마애각석

도 있고, 죽은 사람들 가운데 일부의 영혼들도 있다.

그러나 우리는 대체로 그 다양한 신들을 대면한 채 기도·기원하지는 못한다. 그래서 신들의 모습을 형상화시켜 놓은 상(像)이나 그에 대한 상징물 앞에서 기도하고 기원한다. 그 상징물이나 형상물을 모시고 있는 건물이 묘(廟)요, 사(祠)요, 당(堂)이요, 전(殿)이요, 각(閣)이다.

온갖 신들의 상을 모신 전(殿)과 묘(廟)로 가득 차 있는 곳이 바로 중국의 태산(泰山)이 아닌가 싶다. 필자는 지난 2006년 10월에 비로소 해발고도 1,545미터 높이의 태산(泰山)에 올라갔다 왔는데, 태산이라 하면 중국 내 5대 종교적 명산 가운데 단연 으뜸이라 하며, 중국인의 고대 문화와 정서를 이해할 수 있는 소우주라 일컬어지고 있다.

그런 태산에 가면, 산신·공자·부처·옥황상제 등을 모신 50여 채가 넘는 고건축물(古建築物)과, 제왕(諸王)·시인(詩人)·학자(學者)들에 의해서 새겨진 1,200여 개씩이 넘는 비석(碑石)과 마애각석(磨崖刻石)[1] 등이 순례자나 여행자의 시선을 사로잡는다. 특히, 저마다의 소망을 기원하는 의식 곧, 향을 대우고, 헌금하고, 절하고, 기도하는 등의 행위가 여전히 계속되고 있는 모습은 유별나다 아니할 수 없다.

이런 기원 행위는 우리 한국인들에게도 익숙해져 있는 풍습이다. 예컨대, 자식의 수능시험을 앞두고 절이나 교회에 가서 드리는 새벽기도나, 무당이나 역술인을 찾아가서 점괘나 사주팔자를 보고 기원하는 일체의 행위 등도 다 같은 맥락이라고 말할 수 있다. 뿐만 아니라, 자식을 점지해 달라고, 혹은 기원자마다 그 내용이 다르지만 복(福)을 달라고 부처님 혹은 하나님께, 아니면 조상신 혹은 천지신명께 기도하고 기원하는 행위는 중국인들의 그것과 조금도 다를 바 없다.

어쨌든, 곳곳에서 향 타는 냄새와 연기가 솟고, 별의별 신들의 상

태산 내에 있는 Bixia Temple에서
새해 복을 기원하는 중국인들

태산 남쪽 문으로 오르는 계단길

태산 정상에 있는 옥황전(玉皇殿)

을 접견하고자 북적이는 사람들로 발 디딜 틈이 없는 시월의 태산! 오늘은 구름이 잔뜩 끼어 있어 전망은 고사하고 몇 걸음 앞서가는 일행조차 분간하기 어려운 태산이다. 옛날 같으면 제왕(帝王)이 한울님(옥황상제)께 땅의 소식을 아뢰고 국태민안(國泰民安)의 복(福)을 기원하는 엄숙하고도 숭엄한 산이었으련만 오늘날은 대중의 순례지 내지는 관광지가 되어 그야말로 몸살을 앓고 있다.

아직도 천지신명께서 사람들을 품어 안고자 부르는 것일까? 아니면 사람들이 저마다의 소망을 기원하기 위해서 저마다의 신들을 간절히 부르고 있는 것일까? 이 높고 험준한 곳까지 7,000여 개의 돌계단을 밟고 올라와 마지막 옥황상제를 알현(謁見)하기 위해 '하늘로 오르는 길'을 내는 사람들로 장사진(長蛇陣)을 이루고 있다.

대자연과 하늘에 대한 경외감을 품고 살았던 옛 사람들의 발걸음을 따라 나도 오늘 태산을 오르고 내려오지만 창해(滄海)[2]의 말마따나 태산(泰山)이 높다하나 하늘 아래 뫼일 뿐이고, 오악(五嶽)[3]이 영험하다 하나 다 인간의 마음 가운데에서 비롯됨을 새삼 되새겨본다.

-2006. 11. 08. 12:30

졸정원 내 맘사원

중국의 구석구석을 다녀온 사람에게 내가 물었다. 상해(上海)의 예원이나 소주(蘇州)의 졸정원을 두루두루 보고 "오면서 어떤 생각을 했느냐고. 그때 그가 주저 없이 말하기를 "나도 돈을 많이 벌어서 이런 크고 멋있는 정원을 조성하여 즐기며 살고 싶다."한다. 모름지기, 사람이라면 다 같은 마음을 가지고 싶은 것이다. 나처럼, 그런 꿈을 실현시킬 실질적인 노력이 없음을 일찍이 자각하는 사람이나, 처음부터 대자연을 나아가 우주까지도 자기 집의 작은 화분 하나처럼 여기는 사람들은 아예 꿈조차 있잖게 말이다. 나도 같은 꿈을 두루두루 들이보았지만 그저럼 육십조차 내보지 못하고, 그저 물위에 떠있는, 가지런한 잎의 마음이나 들듯이 보는 마음처럼 소쳤잖다 소쳤을 뿐이네.

한 눈에 들어오는 정원과 오래오래 바라봐야 보이는 정원

나는 운이 좋게도 중국이 자랑하는 네 정원[1] 가운데 세 곳을 구경할 수 있었다. 곧, 북경(北京 : Beijing)의 이화원(頤和園 : Summer palace), 상해(上海 : Shanghai)의 예원(豫園: Yuyuan Garden), 소주(蘇州 : Suzhou)의 졸정원(拙政園 : Humble Administrator's Garden) 등이 그것이다. 그렇다고 내가 특별히 정원에 대해서 관심을 갖고 있는 것은 아니다. 더욱이 건축물의 양식이나 정원의 구조 혹은 그것들의 변천사에 대해서 특별한 관심이 있거나 전문적 식견이 있는 것도 아니다. 그저 문학 세미나 차 중국을 방문했을 때나 가까운 친구들과 여행을 하면서 들렀던

이화원 전경

이화원 내 장랑(긴 회랑)

  곳들의 일부이지만 이들 세 정원을 돌아보고 나니 나만의 엉뚱한 생각이 들어 몇 자 적어볼 뿐이다.

  이화원은, 金 貞元 元年(1153년)에 건조(建造)되어 제왕(帝王)의 행궁(行宮)이었던 것을 1888년 서 태후가 해군 경비 병력을 이용하여 확대, 재건하고 개명하였다 한다. 크게 만수산(萬壽山)과 곤명호(昆明湖)로 이루어졌고, 이 산과 호수 사이로 많은 건축물과 부속 장식물 등이 있다. 예컨대, 장랑(長廊 : Long corridor), 극루(劇樓 : Outdoor stage), 동정(銅亭 : Bronze pavilion), 공교(孔橋 : Arch bridge), 석방(石舫 : Marble boat), 동우(銅牛: Bronze bull), 소주가(蘇州街 : Suzhou street), 채화(彩畵 : Murals) 등이 그것이다. 이 이화원은 중국 고전 원림의 으뜸(中國古典園林之首)으로, 1998년 유네스코 세계문화유산으로 지정되었다.

예원의 실내장식

예원의 용취정(茸翠亭)

예원은, 明嘉靖38년(1559년)에 明朝 四川布政使였던 潘允端에 의해 조성된 정원으로, 明淸 양대에 걸쳐 남방의 대표적 건축물로서 예술적 품격을 갖추었다 하며, 가구(家具)·명인(名人)들의 글씨[字]와 그림[畵] 등 진귀한 문물이 많고, 400년의 역사를 자랑하는 개인 정원이라는 특징이 있다.

졸정원의 여름 연못

　졸정원은, 明代 正德4년(1509년)에 어리(御吏) 왕헌신(王獻臣)에 의해 건조, 조성되었는데 강남 고전 원림 가운데 예술적으로 가장 뛰어난 정원으로 꼽히고 있다. 특히, 500년 역사를 자랑하며, 산과 물과 나무와 각종 건축물(廊：Corridor, 虹橋：Arch bridge, 亭：Pavilion, 堂：Hall 등) 등이 잘 어울리는, 아름다운 정원임에는 틀림없다. 이화원보다 한 해 앞선 1997년에 유네스코 세계문화유산으로 지정되었다.

졸정원의 겨울

예원의 용머리 담

그런데 내가 이 세 정원을 둘러보고 갖게 되었던 한 가지 생각을 지금도 떨칠 수가 없는데, 그것은 중국인들이 - 물론, 중국인이라 해서 모두가 그렇다는 것은 결코 아니지만 - 상당히 권위적이면서 풍류(風流)를 즐기는 여유를 누렸었다는 점이다. 특히, 권력이나 부(富)를 가진 자들은 많은 인력을 동원하여 큰 공사를 벌여서 정원을 조성하고 건설했는데, 그 규모 면에서는 가히 타의 추종을 불허할 정도이다. 역시 고대문명의 발상지답게 풍부한 농작물과 오래된 역사가, 다시 말해, 부(富)와 지식의 축적이 그들로 하여금 권위를 갖게 하였고, 그 권위가 곧 정원에서도 규모와 품격과 상징성 등을 요구하지 않았나 하는 생각이 든다.

중국은 산도 강도 없는 평지가 많아서 정원 하나를 꾸미려 해도 그들은 없는 호수(湖)나 연못(淵) 물길(池) 등을 인위적으로 만들어야 하고, 또한 없는 산을 자그맣게 축소해서라도 만들어 놓아야 했다. 그래야 비로소 산수(山水), 곧 음양(陰陽)이 어울리는 구색이 갖추어지기 때문일 것이다. 게다가 당대를 대표하는 장인(匠人)들이 동원되어 글씨를 쓰고, 그림을 그리고, 각기 다른 기능을 갖는 건축물들을 짓고, 산책로를 내고, 나무를 심고 꽃을 가꾸고, 갖가지 장식물을 설치하여 자신들만의 심미적 세계를 구축해 놓음으로써 권력과 재력을 과시하면서 풍류를 한껏 즐겼던 것이다.

그들은 자신의 권력과 재력과 풍류의 핵심인 문화적 심미안(審美眼)을 통해서 자신들의 권위를 겉으로 드러내는 데에 제왕의 상징이기도 한 용(龍)의 형상을 잘 활용하기도 했다. 물론, 정원마다 표현의 양태와 방식이 조금씩 다르긴 하지만 담의 높낮이에 현저한 변화를 주어서 마치 용이 꿈틀대며 움직이는 것과 같이 축조하기도 하고, 담의 머리나 건축물 지붕의 끝자락에 구체적으로 용의 머리를 조형해 놓기도 했다.

사실, 용이란 인간의 꿈이나 소망이 이입된 대리(만족)물로서 상상 속에서나 존재하는 상징적 동물에 지나지 않지만 중국인들은 그 용을 유별나게 좋아하는 것 같다. 그것은 용이 뱀처럼 길지만 대단히 크고 힘이 세며, 입에서는 불을 품기도 하고, 끝내는 하늘에 올라가서야 사는 신령스런 존재로서 역동적인 이미지를 갖고 있는 것과 결코 무관하지 않을 것이다.

그리고 중국인들의 권위 의식은 지붕의 네 처마 끝이 한결같이 높게 치켜 올라간 모양에서도 느낄 수가 있다. 그런 건축양식이 보편화된 것은 혹시 주변이 다 평지이기 때문에 네 처마 끝이라도 높다랗게 올려 세워서 주변 환경의 단순성이나 밋밋함을 극복했는지도 모르겠다는 생각이 들긴 한다. 하지만 부와 권력과, 오랜 역사 속에서 이루어진 지식의 축적과 문화적 안목 등이 그들로 하여금 자신감이 넘치고 넘치게 해서 오만함까지 엿보이게 하는, 그늘만의 권위의식이 반영된 결과가 아닐까 싶다. 마치, 주위를 향해 호령하고 자신보다 높은 사람이 없다는 듯한 오만함이 표현된 것 같기도 하기 때문이다. 또한, 그들의 정

예원의 함벽루(涵碧樓)

신적 물질적 여유가 장식에 미치어 현란함까지도 느끼게 하는데, 그것은 동시에 구조상의 불안정성을 드러내기도 한다는 것이 나의 심정적인 판단이다.

　반면, 우리 한국땅은 크고 작은 산과 들, 언덕, 강 등이 축소되어 아기자기하게 다 모여 있는 것만 같다. 그래서인지 없는 것이 없다할 정도로 다양하며, 그 선이 굵지 않지만 아주 부드러우며, 색이 또한 다채로워 대단히 아름답다. 그 어디에라도 집을 지어 놓으면 집밖이 다 정원이 저절로 되는 천래의 아름다움이 있다고 본다. 그래서 특별히 인위적인 공사를 크게 하지 않아도 주변 환경과 잘 어울렸고, 그 자체가 모두 정원이 되어 주었기에 인위적인, 커다란 공사로 조성된 정원이 많지 않다. 게다가, 생활터전에 높고 낮은 산들이 많아서 사람 사는 집 지붕의 처마를 굳이 오만스럽게 치켜세우지 않아도 되었을 것이다. 오히려 적당히 낮추어서 완만한 곡선을 유지하는 것이 주변과 더 잘 어울렸기 때문일 것이다. 그래서인지 우리의 정원은 규모도 작지만 대개는 정적이며, 겸손하고 주변 환경과도 잘 어울리는 자연스러움이 있다. 이에 비해 중국인들의 것은 인위적이며 크고, 동적이면서 오만스럽기까지 하다는 것이 나의 생각이다. 그래서 중국인들의 정원은 한 눈에 들어오지만 한국인의 것은 오래오래 천천히 쳐다봐야 비로소 눈에 들어오는 본질적 차이가 있는지도 모르겠다.

캐나다 밴쿠버에 가면 꾸며진 정원으로 유명한 '부챠드 가든(The Butchart Gardens)'[2]이 있는데 캐나다인 특유의 색깔 감각을 엿볼 수 있도록 온갖 꽃과 나무들과 조형물과 각종 시설물들로 꾸며 놓았다. 그곳 안에는 세계의 정원이라 하여 일본·중국·이탈리아 정원 등이 별도로 조성되어 있는데 우리 한국의 것은 없다. 그들이 한국의 산천이 곧 정원과 다를 바 없음을 모르기 때문일 것이다.

부챠드 가든의 산책로 : 봄

예원의 밤풍경

중국인들의 주법
酒法

옛 사람들이 말했듯이 술은 잘 마시면 백약지장(百藥之長)이요, 잘못 마시면 패가망신(敗家亡身)하게 하는 광약(狂藥)임에 틀림없다. 음주(飮酒)의 부정적 기능을 염려하여 백해무익(百害無益)하다는 식으로 말씀하신 부처님의 가르침[1]도 있다마는 술을 잘 마시면 사는 동안 맛과 멋을 한껏 누릴 수 있고, 잘못 마시면 자신의 온갖 추함을 드러내 보일 것이다.

나는 우연한 기회에 중국인들로부터 몇 차례 술대접을 받을 기회가 있었는데, 술자리에서의 예절이라고나 할까 그들만의 독특한 질서가 있음을 어렵지 않게 알아차릴 수 있었다. 특히, 유교(儒敎)의 발생지답게 예의범절을 중요시 여기고, 먹을거리가 다른 어느 지역보다 풍성한, 아니, 이미 6세기에 술 빚는 방법을 구체적으로 기술해 놓고 있는 제민요술(齊民要術) 이라는 농업백과전서[2]를 내 놓은 산동성(山東省) 내(內) 어느 도시에서 체험한 술자리를 통해서 내가 인지(認知)한 그들의 주법(酒法)[3]을 가능한 범위 내에서 얘기해볼까 한다. 혹, 잘못 인식한 부분이 있다면 지적, 바로잡아 주기 바란다.

통상, 초청자(招請者)는 대접하고 싶은 손님들에게 술 마실 시간과 장소를 미리 알려 주는데, 그와 함께 갈 수도 있고, 따로따로 갈 수도 있다. 시간에 맞추어 각기 약속된 장소에 가게 되면 손님이 먼저 도착할 수도 있고, 초청자가 먼저 와 기다릴 수도 있다. 물론, 초청자가 연장자이거나 직급상의 지위가 높으면 통상 늦게 도착하게 마련이다. 보통의 사람들은 그렇게 해야 권위(權威)가 선다고 생각하기 때문인데 이는 우리도 별반 다르지 않다고 본다.

　예약된 술집의 특정 룸에 들어가면 한 가운데에 커다란 원탁이 놓여 있고, 출입문이 있는 옆쪽으로는 종업원이 음식을 가지고 들며날며 서빙할 때에 사용할 여러 가지 집기나 관련 물품[4]을 놓는 긴 탁자가 있다. 그리고 출입문 맞은편 쪽으로는 소파가 길게 놓여 있고, 다른 한쪽에는 병풍(屛風)이 둘러 쳐있기도 하다. 아마도, 소파는 초청자가 도착하기 전에 먼저 온 손님들이 잠시 앉아서 기다릴 수 있도록 한 배려일 것이고, 병풍이 쳐 있는 것은 악사(樂士)나 무희(舞姬)가 나와 간단한 공연을 하는 데에 따른 무대장식(裝飾)일 것이다. 물론, 테이블 위에는 예약된 인원수에 맞게 젓가락과 찻잔, 술잔 등 기타 필요한 것들이 이미 배열되어 있다. 그리고 의자도 상당히 품격 있는 것들로 구비되어 있다.

　초청자는 룸으로 들어서자마자 밝게 웃으며 인사말을 나누게 되고, 곧, 외투를 벗어 옷걸이에 걸고, 자연스럽게 자리배정을 한다. 열 명이 앉는다고 가정했을 때에 출입문 맞은편 쪽에 초청자가 앉고, 그 좌우로 그날의 주빈(主賓)이 앉는다. 물론, 좌보다는 우측에 더 중요한 주빈이 앉는 게 보통이다. 그리고 초청자의 입장이 되어서 손님들에게 술과 안주 등을 권하는 보조자 － 굳이, 우리말로 바꾸면 '술상무'라고나 할까 － 가 있는데, 그는 초청자와 마주 보고 앉는다. 이 보조자는 초청자 다음으로 직급 또는 신분상 높은 사람이 맡는다. 이 보조자

역시 좌우에 그 다음 주빈들을 앉힌다. 그래야만이 초청자와 보조자가 주빈들에게 음식과 술을 많이, 그리고 쉽게 권할 수 있을 뿐만 아니라 하고 싶은 대화를 가까이에서 나눌 수가 있기 때문이다. 그리고 나머지 사람들은 빈 자리에 적절히 앉게 된다. 따라서 원탁에 앉아있는 모양을 보면 누가 초청자이고 누가 보조자인지, 그리고 누가 주빈인지 어렵지 않게 알아차릴 수 있다.

일단, 자리에 앉게 되면 각자 자신의 앞쪽에 있는 따뜻한 차를 마시면서 잠시 기다리면 깔끔하게 차려 입은 여 종업원이 한 가지 한 가지 음식을 내 놓는다. 물론, 예약된 음식들이 일정한 순서에 의해서 원탁에 놓이게 되는데 처음에는 몇 가지가 거의 동시에 나오지만 시간이 지날수록 귀한 음식이 들어오는데 그 시간적 간격은 아무래도 길어지게 마련이다. 그런데 새로 나오는 음식은 언제나 초청자 앞으로 먼저 놓는다. 그러면 초청자는 원탁 위 원판을 약간 좌우측으로 돌려서 주빈으로부터 먼저 맛볼 수 있도록 권한다. 그런 다음 자신이 젓가락을 대게 되면 그때서부터 원판을 일정한 방향으로 돌려가며 음식을 먹게 된다.

손님은 모두 열 명인데 음식은 최소 열댓 가지에서 스무 가지 이상이 나온다. 어떤 음식은 다 비워지기도 하고, 대부분이 남는 음식도 있다. 대체로 주문한 가짓수가 많아서 접시를 이중으로 겹쳐 놓기도 하고, 일부는 내어 가지 않으면 안 된다. 물론, 자리에서 일어날 때에 음식이 많이 남아있으면 포장해 달라고 해서 가져가기도 한다. 그러나 나는 지금껏 살아오면서 중국인들처럼 한 자리에서 풍성하고 다양한 요리를 맛보는 것을 보지 못한 것 같다.

손님들 앞에는 술잔 말고도 반드시 찻잔이 놓여 있는데 종업원은 차가 떨어지지 않았는지 살피며 떨어지기 전에 가득 채워놓곤 한다. 흔히, 마시게 되는 차종(茶種)은 쟈스민차나 국화차이다. 중국술이 비교적 알코올가가 높기 때문에 술자리에서의 차는 대단히 요긴하다.

한 가지 재미있는 것은 중국인들의 건배제의다. 물론, 건배제의 자체도 초청자로부터 자연스럽게 서열 순으로 한다. 건배제의는 초청자가 제일 먼저 하게 되는데, 신호를 보내면 곁에 서있던 종업원이 돌아가며 술잔에 술을 가득 따른다. 다 따랐다고 판단이 되면, 건배 제의자가 잔을 들고, 하고 싶은 말을 다 한 다음 일제히 마신다. 물론, 잔은 다 비워야 한다. 취기가 올라오면 '나는 (혹은 나도) 잔을 다 비었노라' 말하듯 빈 잔을 거꾸로 머리 위로 올려 보이기도 한다. 그렇게 건배 잔이 돌다보면 비록 작은 잔이지만 여남 잔은 순식간이다. 취기가 어느 정도 오르면 서로 다 마셨는지 확인하면서 마시기도 한다. 물론, 어떠한 이유에서든 술을 잘 마시지 못하는 사람이나 부득이 마실 수 없는 사람이 있다면 맥주나 기타 음료로 대신하게 하는 배려를 해주기도 한다. 이런 식으로 건배제의를 하다보면 동석한 인원수의 몇 배 잔을 마시기도 하는데 술을 좋아히지 않는 사람들에겐 더러 곤혹스럽기도 할 것이다.

그러나 이들의 주법이 좋은 점은 비록 유쾌하고 자유스런 술자리이어야 하지만 일정한 순서대로 하고 싶은 말을 다 할 수 있어 좋고, 그 말들을 또한 주의 깊게 경청할 수 있어서 좋은 것 같다. 그것도 윗사람으로부터 말석에 있는 사람까지 모두 말이다.

그리고 중국인들도 우리처럼 손님이 즐겁게 취해야 대접을 잘했다고 여기는 경향이 있기 때문에 주빈이 술을 아주 잘 마시는 사람이어서 혹 취하지 않을 때에는 은연중 술로써 집중 공격하는 경우도 생긴다. 이럴 때에는 좌중의 특정인이 주빈과 단독으로 건배를 하고 싶다고 제안하는 식이 되는데 그런 사람이 연이어 나타나기도 한다. 이것을 주도하는 사람이 역시 보조자이다. 마치 서로 눈이라도 맞추어 짜기라도 한 것처럼 말이다.

그리고 서로가 술에 취할 때까지 무례하지 않고 솔직하면서도 상통하는 대화를 나누게 되면 이내 가까워지는 게 중국인이다. 그렇게 되면 2차, 3차도 제안(提案), 불사(不辭)하게 마련이다. 특히, 중국인들은 술로써 상대방의 기선을 먼저 제압(?)하려는 경향이 없지 않지만 술자리에서 상대방을 이해하고 가까워지려는 것만은 틀림없다. 아마도, 평소에 자신들이 마시는 술이 독할 뿐만 아니라 그런 주법에 이미 익숙해져 있는 터라 자신감이 앞서기 때문일 것이다.

주빈(主賓)으로서 초청되어 간 술자리에서 좌중(座中)의 사람들보다 월등히 잘 마시고, 2, 3차를 거치고도, 혹은 연일 계속 술을 마셔대는 한이 있어도 자신의 품위와 중심을 잘 지켜내면서 자리를 유쾌하게 이끌어 가면 그들은 대단하다면서 '해량(海量)'이라 부르기도 한다. 말 술이라도 사양하지 않고 많이 마신다는 '두주불사(斗酒不辭)'라는 말도 있지만 바닷물처럼 많이 마신다는 과장된 표현일 것이다. 이처럼 중국인들은 말에서도 과장법을 즐겨 쓰지만 술자리에서도 통이 크다. 이것은 아마도 대륙에 살면서 자연스럽게 몸에 밴 여유가 아닐까 싶다.

나는 개인적으로 14일 동안 중국에 머물면서 매일 밤마다 취한 적이 있있는데 — 물론, 매일 저녁시간에 만나는 사람이 바뀌었기 때문이지만 — '아름다운 고통의 시간'이었다고 생각한다. 내가 술을 많이 마셨다는 것은 그만큼 즐거운 시간을 많이 누렸다는 뜻이기 때문에 설령, 술로 인해서 내 몸에 병을 얻었다 손치더라도 그조차 감사하게 받아들여한다고 생각한다. 술에 대해 이토록 너그러운 생각을 갖고 있기 때문인지는 몰라도 나는 중국인들의 적극적이고도 도전적인 주법을 싫어하지는 않는다.

-2007. 03. 15. 20:56

주석
註釋
제7부

태산을 오르내리며

1) 마애각석(磨崖刻石)
산에 있는 그대로의 바위 일면을 반반하게 다듬고 그곳에 각종 어구와 문장 등을 음각 또는 양각해 놓은 것.

2) 창해(滄海)
조선 중기의 문인이자 서예가인 양사언(楊士彦)의 호.

3) 오악(五岳)
山東省에 있는 東岳 泰山, 湖南省에 있는 南岳 衡山, 陝西省에 있는 西岳 華山, 山西省에 있는 北岳 恒山, 河南省에 있는 中岳 嵩山을 가리킨다. 중국 고대의 제왕들은 5악을 여러 신들이 거주하고 있는 곳이라 믿고 5악에서 봉선제(封禪祭)라는 성대한 의식을 거행했다 한다.

한 눈에 들어오는 정원과 오래오래 바라봐야 보이는 정원

1) 중국이 자랑하는 네 정원

승덕의 피서산장

북경의 이화원, 상해의 예원, 소주의 솔 정원, 승덕의 피서산장 등을 일컬음.

2) 부차드 가든 (The Butchart Gardens)

캐나다 브리티시 콜롬비아 주로부터 약 21킬로미터 떨어져 있는 빅토리아 섬의 토드 하구(Tod inlet)에 22만 평방킬로미터 면적으로 조성된, 아주 특별한 정원의 이름이다. 캐나다에서 최초의 포틀랜드 시멘트 제조업자였던 Robert Pim Butchart 씨와 그의 부인인 Jenny Butchart 여사가 함께 노력하여, 1904년부터 석회암 채석장이자 시멘트 제조공장이었던, 흉물

스러운 곳을 아름답게 가꾸어 놓았는데, 이곳에는 세계여행을 하면서 각국에서 들여온 갖가지 꽃·나무 등을 심고, 분수대·연못·조형물·산책로 등 관련시설을 하기 시작하여 확대 조성된 곳이다. 이곳에는 선큰정원(Sunken Garden)을 비롯하여 장미정원·일본 및 이탈리아 정원·

부챠드 가든의 선큰정원(The Sunken Garden)

별 연못(Star Pond) 등이 있으며, 특히, 푸른 잔디밭과 다채로운 빛깔의 꽃과 잘 가꾸어진 관목들이 분수대와 긴 의자 등과 어우러져 가히 환상적이라 할 만하다. 현재는 세계적으로 아름다운 정원으로 알려져 국제적인 관광지가 되어 있다.

중국인들의 주법(酒法)

1) 부처님의 가르침

불가(佛家)의 초기경전 가운데 하나인 《六方禮經》에서 말하기를, 재산을 없애는 6가지 어리석은 일이 있는데, 그것은 음주·도박·방탕·풍류·나쁜 벗 사귀기·게으름 등이고, 특히 음주는 재산을 소비하고, 병(病)이 생기고, 잘 다투고, 나쁜 이름이 퍼지며, 분노가 폭발하고, 지혜가 없어지게 하기 때문에 술을 마시지 않아야 한다고 하였다.

2) 제민요술(齊民要術)

중국 산동성 이두[益都] 출신인 가사협이 지었다는 6세기 중국의 농업백과전서로서 6세기 이전의 농업이론과 농업기술 경험을 총괄한 저작으로 알려져 있다. 잡설과 주를 달기도 했다는데, 부분적으로 후대인들이 증보했다 한다.

3) 주법(酒法)

술자리에서 모름지기 지켜야 할 예절을 예전에는 주례(酒禮)라 했는데, 요즈음에는 주도(酒道) 또는 주법(酒法)이라는 말을 흔히 쓴다. 하지만 주법보다는 주례가, 주례보다는 주도가 더 포괄적이지 않나 싶다.

4) 집기와 물품

작은 접시·다기(茶器)와 차·미리 갖다놓는 술·인터폰·주문서 등

참고문헌

1. THE POTALA HOLY PALACE IN THE SNOW LAND(雪域聖殿 -布達拉宮) : 西藏 布達拉宮 管理處, 中國旅遊出版社(北京), 2006. 6쇄, ISBN 7-5032-1182-2

2. 西藏山南 : 龔威健(責任編輯), 中國旅遊出版社(北京), 2000.1판1쇄, ISBN 7-5032-1760-X

3. 西藏山南. 雅礱 : 龔威健(責任編輯), 中國旅遊出版社(北京), 1998. ISBN 7-5032-1187-3

4. 西藏游 : 孫永剛(責任編輯), 西藏除梯文化傳播有限公司(라싸), 2006. 2쇄. ISBN 80670-170-21K-60

5. Kailash Mandala -A Pilgrim's Trekking Guide : Tshewang Lama, Humla Conservation and Development Association(Kathmandu), Jaico Publishing House(Mumbai), ISBN 81-7224-128-3

6. FORTS & PALACES OF INDIA -Sentinels of History : Bindu Manchanda, Roli Books(뉴델리), ISBN 81-7436-381-5 (편집/ Himanshu Bhagat, 디자인/ Inkspot, 레이아웃/ Naresh Mondal)

7. DELHI, AGRA AND JAIPUR : 글/ Rajaram, 디자인/ Vipul Mittal, Mittal Publications(뉴델리)

8. KHAJURAHO : 글/ Krishna Deva, 편집/ Swati Mitra, 디자인/ Sagarmoy Paul, Archaeological Survey of India Government of India, 2002.(뉴델리), ISBN 81-87780-10-X

9. OLD GOA : 글/ S. Rajagopalan, Archaeological Survey of India Government of India, Good Earth Publication(New Delhi), 2004. ISBN 81-87780-20-7

10. DAULATABAD - Pictorial Tourist Guide, 편집책임/ P. S.

Deshpande- Ramesh Sawant, SAMARTH UDYOG(AURAN GABAD), 2005.

11. 축역 한국대장경 밀교부 : 한국대장경편찬위원회(한정섭/경기도 가평), 1998.

12. 불교성전 : 불전간행위원회(정재각/동국대학교 부설 동국역경원), 1978. 5판.

13. 중국100배 즐기기 : 전병윤 외 2인, 랜덤하우스코리아(서울), 2006. 2판 5쇄, ISBN 89-5924-0668-9

14. 쥬국 : 데미안 하퍼 외 6인, 안그라픽스(파주), 2006. 6쇄, ISBN 89-7059-205-9

15. 인도 : 써리나 씽 외 10명, 안그라픽스(파주), 2006. 5쇄, ISBN 89-7059-20-5

16. KAMASUTRA OF VATSYAYANA : VATSYAYANA (영문번역/ SIR RICHARO BURTON & F.F. ARBUTHONOT), Jaico Publishing House(Mumbai), ISBN 81-7224-128-3

17. STREET OF SILVER, STREET OF GOLD : John Child, Himal Books(네팔 Lalitpur), 2006. ISBN 99933-43-76-5

18. LIVING VIRGIN GODDESS KUMARI : INDRA MAJUPURIA, M.Gupta(인도, Saharanpur), 2007. 개정증보판, ISBN 974-7315-48-3

19. Discovering NEPAL : T. C. Majupuria(글), Dilip B. Ali(사진), Sajid Ali(네팔 카투만두), 2007. ISBN 999-46-56-93-7

20. 세계를 간다/남미7개국 : 발행인 유승삼, 중앙M&B(서울), 2000. 개정증보7쇄, ISBN 89-8375-217-3

21. 세계를 간다/캐나다100배 즐기기 : 손미경, CARAVAN, 지일환(이상 3인 저자), 중앙M&B(서울), 2002. 초판3쇄, ISBN 89-8375-573-3

22. 유체이탈과 道 : 원공, 붓다의 마을(서울), 2003. 1판1쇄, ISBN 89-

89381-03-7

23. Mount Taishan - China's Supreme Mountain : 영역자 : Han Qingyue, Ouyang Weiping, Wang Quin, Yan Jing, Li Yang, Feng Xin, FOREIGN LANGUAGE PRESS (北京, 中國), 2006. ISBN 7-119-04176-2
24. Manna Bible -For Reading Through & Big Letter : Bible Study Material Publisher(편찬위원장 : 이종성), 서울, 1992.
25. THE BUTCHART GARDENS : 글/Marie Luttrell, 사진/Bob Herger, 편집/Diane Johnston, Natural Color Production (Delta, 캐나다), 2002. ISBN 1-895155-15-0
26. ANCIENT ANGKOR : Michael Freemam & Clande Jacaues, River Books (Bangkok) 2002. ISBN 974-8225-27-5
26. 티베트불교입문 : 탈렉 캽괸 림포체(유기천 역), 청년사(파주), 2006. 초판1쇄. ISBN 189-7278-359-1 03220
27. 티벳 死者의 書 : 파드마삼바바(기록), 라마 카지다와삼듭(영역), 에반스 웬츠(영문판 편집), 류시화(국역), 정신세계사(서울), 1995. 초판1쇄. ISBN 978-89-357-0066-0 03220
28. 힌두교 -한눈에 보는 힌두교의 세계 : 베르너숄츠(황선상 국역), 도서출판 예경(서울), 2007. 초판1쇄. ISBN 978-89-7084-341-4 04290

기타 리플렛

1. Ellora Caves : Archaeological Survey of India(Aurangabad Circle Aurangabad)
2. Ajanta Caves : Archaeological Survey of India(Aurangabad

Circle Aurangabad)
3. Chhatrapati Shivaji Maharaj Vastu Sangrahalya : An audio guide to the museum collection
4. 峨眉山旅遊指南 : 책임편집/李成, 四川出版集團(峨眉), 2006. 2판 2쇄
5. 雄秀峨眉, 촬영 : 薛良全 설계 : 이찬, 天馬出版有限公司(香港), 2005년 4월 초판, ISBN962-450-875-5/D.48588

주석목록

제1부

- 빠하르간즈 지역/50
- 바라나시 고시가지/50
- 난디/52
- 땔감으로서의 소똥/52
- 우유를 이용한 음료/52
- 소의 활용가치/53
- 뭄바이/53
- 수제비/54
- 야크/54
- 육자진언/55
- 롱북사원/55
- 남쵸호수/56
- 네팔/57
- 장무와 코다리/58
- 팅그리/58
- 초모랑마=에베레스트 산/59
- 수미산/59
- 백두산/62
- 힌두교/62
- 히말라야 산맥/63
- 캉 뤼포체=카일라시 산/63
- 라마교/64
- 탄트라/65
- 만다라·얀트라·만트라/65
- 탄트라 불교경전/66
- 아미산/66
- 보현보살/68
- 비로자나불/69
- 보현십원가/69

제2부

- 피졸라 호수/126
- 싸리/126
- 장신구/126
- 호수궁전/127
- 시티 팰리스/127
- 오토릭샤/127
- 치마인지 바지인지 분간하기 어려운 하얀 천/128
- 터번/128
- 장방형 둑/129
- 브라마/129
- 푸시카르 호수/129
- 디아스(촛불 밝힌 꽃배)/130
- 빠하르간즈 지역/130
- 가네시/130
- 힌두사원/131
- 엘로라 석굴/131
- 촛불 밝히고 꽃을 바치며

기도하는 경배/132
· 우다이푸르/132
· 사두/133
· 바라나시/133
· 가랑이 사이를 긴 천으로
  가린 것 같은 복장/133
· 삼지창의 지팡이/133
· 카주라호/133
· 카주라호의 에로틱한 사원들/133
  일행/100
· 사두의 얼굴을 포함한 노출된
  피부에 바른 재/134
· 천년 전 왕국/134
· 카일라시에 대한 책/134
· 본교/135
· 라자스탄/135
· 공작/136
· 인도인/136
· 물명고/137
· 오주연문장전산고/137
· 아리아인/137
· 드라비다 지역인종/137
· 인디라 간디국제공항/137
· 마하럭시미 도비 가트/138
· 스리 미낙시 템플/138
· 인도의 카스트 제도/139
· 상투/139
· 천민 가운데 천민=불가촉천민/139

제3부
· 강가 강/186
· 시신을 장작더미 위로/187
· 종자불/187
· 화부/187
· 목샤/188
· 사두/189
· 올드 고아/190
· 봄 지저스 대성당/190
· 성 프란시스 제비어/190
· 불완전한 유해/191
· 화려한 무덤/191
· 부패와 탈골/191
· 전해지는 말/192
· 인도 고고학회에서
  발행한 『OLD GOA』/193
· 수도사의 집/193
· 기사/193
· 캐나다 몬트리올에 있는
  성 요셉 내성당/193
· 열녀/193
· 정조/194
· 민담/194
· 설화/194
· 가부장제/194
· Wikipedia, Roop Kanwar의 싸티/195
· 수절/195
· 일부종사/195

498 시간의 수레를 타고

- 페루 공화국/195
- 산프란시스코 교회/196
- 프란시스코 피사로/196
- 잉카제국/196
- 아타우알파/197
- 시신을 안치해 놓은 지구촌의 성당과 교회/197
- 마추픽추/197
- 부에노스아이레스/198
- 성당/198
- 장군의 동상/199
- 납골당/199
- 티베트/199
- 탑장의 예/201
- 부처가 가르친 보시란?/201
- 부처가 말씀하신 천한 사람이란?/202
- 부처가 가르친 존재의 본질/203
- 티베트의 특수한 자연적 사회적 환경/204
- 생태/204
- 대구/204
- 참치(다랑어)/204
- 명태/205
- 달라이 라마 14세/205
- 육도윤회/205
- 나가세나 스님/206
- 밀린다 왕/207
- 유체이탈/207
- 밀린다 왕문경/207
- 망고/208

제4부

- 신에게 바치는 물품/264
- 미간에 찍는 붉은 점/264
- 베나레스 힌두 대학교/264
- 뉴비시와나트/265
- 링가/265
- 힌두교/265
- 파키스탄 북서부 하랍파 유적지/265
- 우리의 남근숭배 사상/266
- 신화에 대한 개인적 생각/266
- 카주라호/267
- 카주라호 사원/267
- 카마수트라/268
- 인드라/269
- 엘로라 석굴/269
- 힌두교의 성서/270
- 신에게 부여된 인성/270
- 트리무르티/270
- 챠트라파티 시바지 마하라즈 바스투 상그라할레/271
- 일행/271
- 제3의 눈/272
- 출가사문/272
- 비구니8경계/273
- 파드마삼바바/273
- 쌈예사/274

- 탄트라/274
- 구족계/275
- 승가바시사/276
- 死者의 書/276
- 금강승/277
- 대일경과 금강정경/278
- 간체/278
- 팔코르최데와 쿰붐/279
- 밀교 수행법/279
- 대일경/201
- 금강정경/281
- 신격/282
- 명상이나 정신집중에 도움을 주는 도구들/282
- 쉬리/282
- 챠크라/282
- 쿤달리니/282
- 부처의 단계적 명상/283
- 만다라/283
- 만트라/284
- 다라니/284
- 명상의 종교적 목적/285
- 정신집중으로 인해 생기는 가시적 생리현상/285
- 나로6법/286
- 카귀파/286
- 대인/287

제5부
- 포탈라 궁/350
- 관세음보살/351
- 화신/352
- 아미타불/352
- 타시룬포사/353
- 사미십계/353
- 팔관제계/354
- 대세지보살/354
- 법화경/354
- 무량수경/355
- 아미타불의 48대원/355
- 겁/356
- 나유타/356
- 아승기/356
- 유순/356
- 나라연천/357
- Five highest morals/357
- Five forces/357
- Five divine wisdoms/357
- Five perfect roads/357
- Ten virtues of pure morals/357
- The four essential recollections/357
- The five forces of faith/358
- The seven secondary virtues of Bodhisattva/358
- The eight accessories to the path of Nirvana/359

- The Dhyani Budhas/359
- 힌두교의 여러 신과 그 신들이 타고 다닌다는 탈 것/359
- 불화에 그려진 주인공들/359
- 포탈라 궁 안에 소장된 보물들/360
- 쫑카파/360
- 데바/361
- 육자진언/361
- 법구/361
- 사성제에서/362
- 보살이 지켜야 할 중요한 열 가지 계율/362
- 보살의 여섯 가지 바라밀/362
- 보살이 지혜를 얻는 네 가지 법/363
- 보살이 수행해야 할 네 가지 길/363
- 보살의 열 가지 행/363
- 호법신중/363
- 문수보살/364
- 조캉사원/365
- 시가체/366
- 타시룬포사/366
- 간체/367
- 팔코르치데/367
- 룸달/367
- 내가 한 달 동안 티베트와 네팔/368

제6부
- 사도신경/418
- 좋은 업/418
- 심판/418
- 지옥/419
- 탐욕 · 집착 · 어리석음/420
- 여호와의 이름을 망령되이 일컫지 말라/420
- 법을 먹고 사는 아귀/420, 441
- 성경(창세기~요한계시록)에서 '심판'이란 낱말이 사용되고 예/420
- 성경(창세기~요한계시록)에서 '지옥'이란 낱말이 사용되고 예/437
- 팔열 팔한 지옥/438
- 오계/440
- 오역죄/441
- 인도 종교와 코끼리/441
- 바라나시/442
- 인도의 계절과 기후/442
- 특별한 방식의 우물/442
- 아잔타 석굴/443
- 벵골 호랑이/445
- 티베트 사람들의 일반적인 장례법인 천장/445
- 조로아스터교/446
- 달라이 라마/446
- 판첸 라마/448
- 탑장/449
- 옴마니반메훔/449
- 카일라시 산/449

· 조캉사원/449

· 타시룬포사/450

· 깃발/450

· 법구경이 인쇄된 종이/450

· 곡식을 빻는 반석/450

· 비시누/451

· 고타마 싯타르타/451

· 출가하여 만난 세 분의 스승들/451

· 위없는 깨달음/451

  어깨/452

· 부처가 태어나 죽기까지 80년
  동안 다니신 곳/452

· 몇 몇의 정사/457

· 부처가 머물렀다는 동굴/458

· 2,000여 명의 사문들/458

· 계정혜/458

· 사라수/459

· 법을 먹는 아귀/459

· 여래10호/459

· 결집/461

· 육도윤회/462

· 보시/462

· 부차드 가든/490

· 부처님의 가르침/491

· 제민요술/491

· 주법/492

· 집기와 물품/492

제7부

· 마애각석/490

· 창해/490

· 오악/490

· 중국이 자랑하는 네 정원/490

502 시간의 수레를 타고

수록 사진목록

제1부

- 강가 강의 한 가트/13
- 소와 비둘기/15
- 빠하르간즈 지역의 주 도로/16
- 기차역 주변의 원숭이들/18
- 검은 대지와 설봉을 상징하는 듯한 야크 한 마리/20
- 짐을 싣고 떠나는 야크 무리/21
- 길 떠날 준비를 하고 있는 야크 무리와 유목민/22
- 산기슭을 따라 이동하는 야크 무리/23
- 팅그리에서 바라본 설봉과 헐벗은 모래산/25
- 초모랑마 베이스캠프에서 팅그리로 가는 길/27
- 팅그리에서 얄람으로 가는 길/28
- 팅그리 도로변에서 집을 짓는 인부들의 모습/29
- 황금사으로 변한 초모랑마/30
- 설봉에서 내려오는 뿌연 강물/31
- 일반 관광객이 묵는 베이스캠프의 천막/32
- 전문 산악인 캠프/33
- 베이스캠프에서 필자 모습/34
- 강물이 흘러내려오는 인근 돌밭의 야생화/35
- 6월 어느 날의 초모랑마 위용/36
- 금방이라도 무너져 내릴 것만 같은 산기슭의 돌 모래/37
- 가장 가까이에서 촬영한 초모랑마/38
- 캉린포체=카일라시 산/40
- 북쪽에서 바라본 캉 린포체/42
- 마나살로바 호수 바깥쪽에서 본 캉 린포체/43
- 아미산 금정사의 사면십방보현보살/44
- 금정의 금정사 전경/46
- 만불정의 만불각/48
- 빠하르간즈 지역의 뒷골목/50
- 강가 강 서쪽 계단길에 건축된 고건축물들/51
- 카주라호 사원 내에 있는 난디 조형물/52
- 넓은 마당에서 말리고 있는 소똥/52
- 뭄바이 최고의 호텔 타즈머헐/53
- 라싸 시내 한 정육점 앞 길거리 트럭에서 내려지고 있는 야크 고깃덩이/54
- 육자진언 석각/55
- 남쵸 호숫가의 붐비는 관광객들/56
- 네팔의 전형적인 시골풍경/57
- 장무의 숲과 산비탈에 건물들/58
- 팅그리 도로변 풍경/58
- 강가 강에서 행해지고 있는 시바 신에 대한 기도 의식/62
- 『Kailash Mandala』 책 표지/63
- 라마교 상징처럼 된 경전기/64
- 아미산 내 청음각/66

· 아미산 금정사 내에 있 보현보살 상/68

제2부
· 우다이푸르의 시티팰리스/71
· 화려한 호텔이 되어버린 왕의 여름궁전/73
· 황혼에 물든 피졸라 호숫가와 시티팰리스/74
· 피졸라 호수와 어우러진 시내 백색 건물들/75
· 빅토리스크 트이는 현 궁민의 화려한 장식/76
· 목욕하기 위해 호숫가 계단을 내려가는 순례자들/77
· 주인보다 먼저 일어난 사막의 낙타/78
· 푸시카르 호숫가 풍광을 감상하는 여행자들/79
· 목욕 후 터번의 물기를 털어내고 있는 순례자들/80
· 디아스를 손에 들고 기도하는 힌두 여인들/82
· 어둠 속 강물에 떠가는 디아스/84
· 식당 주인으로부터 싱싱한 꽃을 받은 가네시 신/85
· 재미있는 시바 신의 형상/87
· 공자/90
· 예수와 성모 마리아/90
· 부처/90
· 옥황전에 모셔진 옥황상제/90
· 태산 신/90

· 루동빈을 모신 사당/90
· 사두의 얼굴-1/93
· 사두의 얼굴-2/94
· 바라나시 강가 강 한 가트에서 만난 두 사두/96
· 네팔 카트만두 인근 파슈파티나트 힌두사원에서 만난 사두/99
· 카트만두 덜발스퀘어 경내에서 만난 사두/101
· 사원 잎에서 백날매를 흘리고 오체투지로 순례하는 사람들/103
· 버려진 두 구의 시신/104
· 세상이여, 나를 보라/106
· 아잔타 1번 석굴에 그려진 벽화/109
· 엘로라 32번 석굴의 암비카 신상/111
· 남매 거지의 천진스런 웃음/113
· 이방인에게 악기를 연주해 주고 손을 내미는 악사들/115
· 피리연주를 하며 뱀을 부리는 사람/116
· 잠시 휴식을 취하는 노동자들/118
· 푸시카르 호숫가 나무 밑에서 장단에 맞추어 춤을 추는 서양인/120
· 포즈를 취해주고 손을 내미는 중년 여인/122
· 장신구를 착용한 인도 여인/126
· 호수궁전의 정원/127
· 도띠를 입은 농부/128
· 사막 위 라자스탄 사람들의 터번/128
· 푸시카르 호수/129

- 디아스/130
- 카주라호의 한 사원/131
- 엘로라 석굴 중 가장 유명한 카일라시 사원/131
- 포탈라 궁에 소장된 본교 경전/135
- 빈두 만찬다가 지은 『인도의 성과 궁전』이란 책 표지/135
- 화려한 공작 모자이크/136
- 칙칙해 보이는 도비가트/138
- 타밀나두의 스리미낙시 사원/138

제3부
- 아시스의 성 프란시스 수도원/141
- 네팔 파슈파티나트 사원 내 가우리 가트에서 화장하는 모습/143
- 시도 때도 없이 실려 오는 시신들/145
- 화장터 옆 강물 속에서 무언가를 찾고 있는 사람들/146
- 봄 지저스 대성당/148
- 성 프란시스 제비어 초상화/149
- 인도 고고학회에서 발행한 『OLD GOA』라는 책의 표지/150
- 성 프란시스 제비어의 화려하게 장식된 무덤/151
- 은으로 민든 관 인에 든 프란시스 제비어의 시신/152
- 무덤 아래쪽에 조각된 장식/153
- 성 요셉 대성당/154

- 뭄바이 시내 길거리에 전시된 그림 한 점/156
- 페루 리마 구시가지 산프란시스코 교회의 카타콤/160
- 산프란시스코 교회의 카타콤 : 흩어져 있는 두개골/163
- 죽은 자들이 모여 사는 화려한 주택가 : 레콜레타 공동묘지/165
- 레콜레타 공동묘지 입구/167
- 마리아 에바 두아르떼 페론의 무덤/168
- 사람의 시신을 먹어치우는 독수리들/170
- 좋은 먹잇감이 되는 눈동자/176
- 망고에 대한 추억/179
- 바라나시 구시가지 앞을 지나는 강가 강/186
- 인도의 사두/189
- 성 프란시스 제비어 상/190
- 리마 구시가지의 중심 아르마스 광장/196
- 산프란시스코 교회/196
- 마추픽추 전경/198
- 탱고의 발상지 보카지구 카미니토 거리/198
- 중국 시짱 자치구가 되어버린 티베트/200
- 달라이 라마 9세의 영탑/201

제4부
- 카주라호 사원의 외벽 조각/209
- 링가와 요니/211
- 인도링가/214, 216, 217
- 네팔링가/215, 218
- 캄보디아 링가/217, 218

- 삼척 해신당/220
- 카주라호 사원/222
- 락시마나 템플(Lakmana Temple : A.D 930~950) 미툰/226
- 비시바나트 템플(Visvanatha Temple : A.D 1003) 미툰/227
- 락시마나 템플(Lakmana Temple : A.D 930~950) 미툰/228
- 비시바나트 템플(Visvanatha Temple : A.D 1003) 미툰/229
- 둘라데오 템플(Dulah Deo Temple) 미툰/230
- 락시마나 템플(Lakshmana Temple : A.D 930~950) 미툰/231
- 비시바나트 템플(Visvanatha Temple : A.D 1003) 미툰/232
- 락시마나 템플(Lakshmana Temple : A.D 930~950) 미툰/233
- 칸다리야 마하데브 템플(Kandariya Mahadeva Temple : A.D 1025~1250) 미툰/234
- 락시마나 템플(Lakshmana Temple : A.D 930~950) 미툰/235
- 카주라호 파르스와나트 사원(Parswanath Temple)에 묘사된 비시누(Vishnu)와 락시미(Laxmi) 부부 신상/237
- 엘로라 석굴에 조각된 신 시바(Shiva)와 파르바티(Parvati)의 결혼식/238~239
- 밀교 수행중인 파드마삼바바/242
- 포탈라 궁에 모셔진 파드마삼바바(Padmasambhava)/245
- 쿰붐의 남녀합체 벽화/247
- 쿰붐[十萬佛塔]/249
- 창주사(昌珠寺)에 모셔진 송첸감포 상/250
- 쌈예사 전경/251
- 19세기 네팔에서 제작된 쉬리 얀트라(네팔 국립아트갤러리 소장)/252
- 아잔타 1번 석굴에 묘사된 흑인 같은 부처님 얼굴/256
- 아잔타 7번 석굴에 조각된 부처의 무드라(손동작)/260
- 인도 고고학회에서 발행한 카주라호 책 표지/268
- 필자가 소장한 카마수투라 책 표지/268
- 코끼리에 앉아있는 인드라 신(에로라 32번 석굴)/269
- 박물관 외관/271
- 네팔에서 그린 파드마삼바바 수행상/273
- 티베트 死者의 書 책 표지/277
- 간체의 도심 상가/278
- 쿰붐과 간체종/279
- 네팔에서 제작된 만다라/283

제5부

- 포탈라 궁에 소장된 불경/289
- 공카르 추대곰파/290

506 시간의 수레를 타고

- 포탈라 궁의 웅장한 모습/294~295
- 관세음보살 목상/297
- 아미타불 합금상/298
- 포탈라 궁 오르는 계단길과 프리즈/299
- 달라이 라마 5세 영탑/301
- 붉은 언덕 위에 세워진 포탈라 궁 전경/305
- 데양사르 집회장/306
- 백궁/306
- 적궁/307
- 백궁 안으로 들어가는 현관/307
- 금으로 세공 장식된 문의 손잡이/308
- 호피 모양의 비로도/308
- 달라이 라마 5세의 영탑전으로 들어가는 5개의 문/309
- 영탑 아랫부분의 4개의 층/310
- 오방승불을 상징하는 영탑의 문틀/310
- 꽃병 모양의 탑두/311
- 타라 합금상/313
- 야만타카 목상/313
- 공카르 수호신/314
- 오라클 도로지 닥덴 점토상/314
- 참스링 합금상/315
- 데바 여신 합금상/315
- 바즈라 다라니 합금상/318
- 비즈리 파니 합금상/318
- 하야그리바 합금상/319
- 문수보살 구리도금상/319
- 삼바라 만다라 구리도금 조형물/320~321

- 추락하는 돌덩이에 맞아 죽는 공사장의 인부/322
- 포탈라 궁을 봉헌하기 위해 방문한 달라이 라마 5세/323
- 7세기에 지어진 송첸감포 왕의 궁전과 왕비전/324~325
- 돌을 등에 지고 운반하는 인부들의 행렬/326
- 야크 가죽배에 돌을 싣고 키추 강을 건너는 장면/327
- 목수들의 노동현장/328
- 장인들의 제련 주물 조각 장면/329
- 장인들이 달라이 라마 5세의 영탑을 만드는 장면/330
- 인부들에 대한 시상식 장면/331
- 적궁 완공 기념 체육대회/332
- 적궁 완공 기념 수영대회/333
- 달라이 라마 5세의 추도 대법회/334~335
- 물신 든 티베트 사원/337
- 드락탕 곰파/338
- 타시룬포사/339
- 팔코르최데 곰파/340
- 남쵸 호수의 물빛/342
- 라켄라 고개에서 바라본 남쵸 호수/344
- 남쵸 호숫가의 숙박시설인 천막/445
- 남쵸 호숫가에 야크/346
- 남쵸 호숫가 물밑 조약돌/347
- 『THE POTALA -HOLY PALACE IN THE SNOW LAND』책 표지/350

- 포탈라 궁에 안치된 총카파 상/360
- 문성공주 상/365
- 시가체 주택가/366
- 시가체 시장/366
- 타시룬포사/366
- 타시룬포사 순례자/366
- 간체 도심 거리/367
- 시가체 시장에서 판매하는 룸달/367

제6부
- 산기슭의 룸달/369
- 불교의 지옥도/371
- 대합실 안에서 누워 자는 인도인들/374
- 카주라호 락시마나 템플의 코끼리 프리즈/375
- 라마승의 가사/376
- 다울라타바드 성의 카체리 바와디/378
- 아잔타 석굴 외관/380
- 삶과 죽음이 계속되는 윤회의 수레바퀴/383
- 백팔 배를 하는 불교 신자들/387
- 크리스탈 석가모니 부처상(중국)/388
- 구리 석가모니 부처상(티베트)/389
- 합금 석가모니 부처상(인도)/390
- 옆으로 누워 명상하는 부처상/391
- 천을 꿰매어 붙인 석가모니 부처상(탕카)/392
- 석가모니 부처상 자수(탕카)/393
- 금으로 그린 석가모니 부처상(탕카)/394
- 만국기처럼 펄럭이는 룸달/396

- 조캉사원 앞에서 백팔 배를 올리는 신도/397
- 사원 좌우 뒤편에 있는 반석-1/398
- 사원 좌우 뒤편에 있는 반석-2/398
- 사원 좌우 뒤편에 있는 반석-3/398
- 사원 좌우 뒤편에 있는 반석-4/398
- 마을 입구 돌무더기 위에 있는 야크 뿔/399
- 조캉사 앞에 있는 화로/399
- 타시룬포사 순례자/399
- 조캉사 측면에 있는 경전기/399
- 휴식을 취하는 관음도/401
- 에도라 석굴의 사이나교 신상/405
- 아촉 여래의 검푸른 몸과 번개/409
- 열반에 든 부처님/413
- 심판의 신인 야마(염라대왕)/418
- 천국과 지옥으로 갈라지는 길/419
- 지옥으로 가는 트랩 도어/419
- 쇠창을 달구고 있는 장면/419
- 둘라타바드 성의 사라 스와티 우물/443
- 아잔타 석굴 외관/443
- 뱅골 호랑이/445
- 달라이 라마 14세/447
- 판첸 라마 10세/448
- 육자진언 석각/449
- 건강 안전 복을 기원하는 룸달의 일종/450
- 석가모니 부처가 태어난 룸비니/454
- 석가모니 부처가 태어난 곳을 표시한 아소카 석주(Ashok Pillar)/454
- 마야 부인이 선 채로 석가모니 부처를 낳자

- 그는 곧바로 서서 양손으로 하늘과 땅을 가리키며 '천상천하유아독존'이라 말하는 모습을 그린 조각/454
- 부처가 좌정한 채 깨달음을 얻었다는 자리를 표시한 '금강좌'/454
- 부처가 최초로 설법한 장소를 표시하기 위하여 세웠다는 사르나트(Sarnath)에 있는 더메크스투파(Dhamek Stupa)/454
- '또란(Toranas)'이라 불리는 4개의 관문 중 북문/455
- 산치에 있는 그레이트 스투빠(Great Stupa)와 서문/455
- 보드가야에 있는 마하보디 템플(Mahabodhi Temple)/455
- 날란다에 있는 사리 푸트라 신전과 사원(Sri Putra Chaitya & Temple No12)/455
- 마하보디 템플 내에 있는 Colossal Statue/455
- 베살리에 있는 베살리 스투파(The stupa Vaishali)/456
- 사르나트에 있는 부처의 최초 설법 장면을 재구성한 현대식 조형물/456
- 사르나트에 있는 물간디 꾸티 비하르(Mulgandh Kuti Vihara) 부처상/456
- 라즈기르에 있는 일본 산티 스투파(JapaneseS hanti Stupa)에 조성된 '잠자는 부처'/456
- 사르나트 고고학 박물관에 보관되어 있는
- 아소카 석주의 일부분/456
- 부처의 행적도(지도)/457

제7부
- 중국 산동성에 있는 태산 일출/465
- 중국 산동성에 있는 태산 전경/466~467
- 최상일봉(最上一峰)이라 새겨진 마애각석/469
- 태산 내에 있는 Bixia Temple에서 새해 복을 기원하는 중국인들/470
- 태산 남쪽 문으로 오르는 계단길/471
- 태산 정상에 있는 옥황전(玉皇殿)/472
- 졸정원 내 망사원/473
- 이화원 전경/474
- 이화원 내 장랑(긴 회랑)/475
- 예원의 실내장식/476
- 예원의 용취정(茸翠亭)/476
- 졸정원의 여름 연못/477
- 졸정원의 겨울/477
- 예원의 용머리 담/478
- 예원의 함벽루(涵碧樓)/480
- 부챠드 가든의 산책로 : 봄/481
- 예원의 밤풍경/482
- 승덕의 피서산장/490
- 부챠드 가든의 선큰정원(The Sunken Garden)/491

후기

　나의 심층 여행 에세이 《시간의 수레를 타고》는, 인도·티베트·네팔 중국 등 외국 여행 중에 받았던 문화적 충격이 자극이 되어 씌어진 것들이다. 지난 2006년 12월 한 달간의 인도 여행과 2007년 6월 한 달간의 티베트 네팔 여행이 비교적 힘들고 충격적인 탓이었는지 2007년 1월부터 동년 12월까지 밤낮을 가리지 않고 40여 편의 글을 쓸 수 있었다.
　솔직히 말하여, 나의 글은 이국(異國)의 역사·문화·자연 등을 단순히 혹은 과장하여 소개하는 데에 진정한 목적을 두지는 않았다. 특히, 여행하는 곳의 낯선 풍경이나 그곳에서 살아가는 사람들의 삶의 양태에 대해 필자의 상상력이란 날개를 달아서 그것들을 한낱 신비로운 세계로 꾸미려 노력하지도 않았다. 가능한 한 있는 그대로의 사실을 객관적으로 인지하면서 그 중심에 '나'라는 존재를 올려놓으려 애썼다. 무릇, 여행이란 내가 모르는 세상을 엿보고, 그곳에서 살아가는 사람들의 어제와 오늘을 이해하는 과정으로서, 결국은 나 자신의 삶으로, 나 자신의 집으로 되돌아오는 일이기 때문이다. 다시 말해, 여행 중에 보고 느끼고 생각했던 내용들이 나의 삶의 자양분이 되게 함으로써 어떠한 형태로든 자신에게 발전적 변화를 기대할 수 있어야 한다고 생각한다.

  이 책을 펴내면서 그래도 희망이 있었다면, 여행이 단순히 스쳐지나가는 '가벼운 즐김'이 아니라 자신의 삶에 직간접으로 영향을 미치는 자극(刺戟)이자 세상을 바라보는 시계(視界) 확대이며, 결과적으로는 인간 존재에 대한 깊은 이해(理解)라는 사실을 독자가 동감해 주리라 기대했었다는 점이다. 끝까지 일독해 준 여러분께 감사드리면서 이 책이 나오기까지의 과정에서 고마움을 꼭 전해야 할 분이 있음을 이 자리를 통해서 밝힌다.

  여행 후 끊임없이 문제를 제기하면서 자극을 주고 사진자료까지 기꺼이 내어준 여행가 김익련 님께 감사를 먼저 드린다. 그리고 여행 중에 만났다가 헤어진, 나의 심기(心氣)와 사유세계에 직간접으로 영향을 미쳤던 적지 않은 사람들에게도 감사를 드리고 싶다. 아울러, 원고 교정을 꼼꼼히 보아주고, 책까지 품격 있게 펴내준 내자(內子)에게도 마음으로부터 감사를 드린다. 아울러, 많은 사진 자료와 주석 편집을 위해서 정성을 기울여준 '신세림' 출판사 편집부 엄은미 양에게도 감사를 드린다.

2008년 2월

충무로 사무실에서 이나환

이시환의 심층 에세이

시간의 수레를 타고

2008년 02월 25일 초판인쇄
2008년 02월 29일 초판발행

지은이 : 이 시 환
펴낸이 : 이 혜 숙
펴낸곳 : 도서출판 신세림
100-015 서울특별시 중구 충무로5가 19-9 부성B/D 702호
등록일 : 1991. 12. 24
등록번호 : 제2-1298호
전화 : 02-2264-1972
팩스 : 02-2264-1973
E-mail : shinselim1972@yahoo.co.kr

정가 20,000원

ISBN 89-5800-067-8, 03810

* 잘못된 책은 구입하신 서점에서 바꾸어 드립니다.